사천 신해혁명사 연구

사천 신해혁명사 연구

지은이 박서진
발행일 2023년 10월 31일
발행인 이진숙 **펴낸곳** 충남대학교출판문화원
주소 대전광역시 유성구 대학로 99 **전화** 042-821-6045
홈페이지 http://www.cnupress.co.kr E-mail cnupress@cnu.ac.kr

ISBN 979-11-6503-216-6 93910
정 가 20,000원

사천 신해혁명사 연구

박서진

충남대학교출판문화원

서문

살다가 힘이 들면 종종 바닷가를 가는 사람도 있다. 바다는 고요할 때는 한없이 고요하고 조용하다. 어떤 때는 무서울 정도로 큰 파도가 밀려올 때도 있고 심지어 폭풍 해일이 발생하기도 한다. 고요한 때는 큰 파도가 밀려오거나 해일이 발생하기 전의 모습이고 파도나 해일이 발생하면 다시 고요한 바다로 돌아간다. 인간의 삶도 그러하고 역사도 그러하다. 기쁨과 슬픔, 행복과 불행, 성공과 실패 등 이 모든 것도 바다 물결의 변화라는 시각에서 보면 지나가는 길의 선상에 놓여 있고 누구나 경험하게 된다. 이러한 경험을 어떤 때는 체감할 때도 있고 전혀 느끼지 못하고 지나갈 때도 있다. 종착역이 없는 인생과 역사의 과정을 종착역이 있는 것으로 생각하면서 사는 사람도 있고 그렇지 않은 사람도 있다. 이 또한 정답은 없다. 정답이 없는 인생의 길도 어렵고 역사의 길을 이해하는 것도 쉽지 않다. 분명한 것은 누구나 자신의 길을 걸어가고 있다는 사실이다. 역사를 공부하면서 깨달은 교훈은 다른 사람이 가는 길이 어떠한 길이든 그 길을 존중해야 하고 각자 가는 길은 달라도 그 길을 갈 수밖에 없는 상황을 이해하려는 마음이 있어야 한다는 것이었다.

필자가 중국 사천지역의 역사에 관심을 가진 것은 대학원 석사과정에서 중국근대사 수업을 들으면서 시작되었다. 근대 사천지역의 역사에서 폭풍 해일이 발생한 것 중의 하나가 바로 사천보로운동이다. 신해혁명의 서막을 알리는 사건이다. 신해혁명은 황제지배체제를 무너뜨리고 동시에 이 혁명으로 만주족이 지배한 대청제국이 이슬처럼 사라졌다. 민중이 주인이 되는 민국이 수립되었다. 만약 사천보로운동이 일어나지 않았다면 무창봉기는 1년반은 늦어졌을 것이다. 신해혁명의 중심인물인 손문이 사천보로운동의 역사적 의미를 평가한 말이다.

사천보로운동은 무창봉기의 신호탄이자 신해혁명의 서막을 알리는 사건이었다. 사천보로운동은 사천 신해혁명사 연구에서 가장 중심적인 사건에 해당한다. 사천보로운동이 일어난 사천성은 중국 서남부에 위치하고 있으며 물산이 풍부하여 예로부터 천부지국(天府之國)으로 알려져 있다. 사천성 서부지역은 해발 2000미터 이상의 험준한 산이 많고 중국 최대의 강인 양자강이 사천성을 통과하고 있다. 청대 초기 호광전사천(湖廣塡四川)이라는 말이 유행할 정도로 호남성이나 호북성을 포함한 다른 성에서 이주한 이주민이 사천성으로 대거 유입되었다. 본서는 신해혁명기 사천지역에서 활동한 혁명파의 활동을 중심으로 사천 신해혁명의 전개 과정을 검토한 지방사적 연구 영역에 해당한다. 중국은 면적이 넓고 인구가 세계에서 가장 많은 국가에 해당한다. 한족을 비롯하여 수많은 민족으로 이루어진 다민족국가이다. 중국에서 설치된 가장 큰 행정 구역은 성(省)이다. 성 단위별로 보더라도 1개 성의 면적과 인구는 영국과 프랑스와 같은 국가의 범위 내에 있거나 초월하는 정도이다. 사천성의 면적은 한반도 전체 면적의 2.5배에 달한다.

중국은 역대 이래로 각 지역의 발전이 서로 달라 지역적 특성이 강하다. 사천성은 다른 성에 비해 면적이 넓고 인구가 많은 성에 속하는 지역이다. 한족뿐만 아니라 다양한 소수민족도 거주하는 지역이다. 중국사를 연구할 때 전국적인 범위에서 연구할 필요성도 있지만 지방사적 연구도 필요한 이유 중의 하나이다. 최근 국내 학계에서도 중국 지역사 연구가 종래보다 활발하게 진행되고 있다. 지역사 연구는 지역적 특성을 이해하는 데에도 일정한 역할을 하지만 전국적인 측면에서 전개된 어떤 사건을 이해하는 데에도 일정한 실마리를 제공해 주는 역할을 한다. 국내 학계에서 사천지역사에 대한 연구는 많지 않다. 국내에서 사천지역사 연구를 대표하는 연구자로는 이준갑 교수가 있다. 국내에서 이준갑 교수를 제외하고 사천지역에 관한 연구를 전문으로 하는 연구자는 거의 없는 실정이다.

근대 중국사의 시각에서 접근하더라도 사천성은 신해혁명의 도화선으로 널리 알려진 사천보로운동이 발생한 지역이다. 필자가 사천 신해혁명사를 연구하게 된 이유 중의 하나이다. 사천보로운동은 입헌파 신사가 중심이 된 입헌운동 내지는 이권회수운동으로 널리 알려져 있지만 실제는 이권회수운동이 전개되는 과정에서 혁명운동, 민중운동, 반제운동, 반봉건운동 등으로 전환된 다면적인 성격을 지니고 있다. 물론 혁명파 입장에서 보면 사천보로운동은 처음부터 이권회수운동의 의미는 존재하지 않고 민국혁명 내지는 공화혁명을 수행하기 위한 도구로 활용되었다.

본서는 필자가 일본 교토대학교 동양사학과 박사학위 논문으로 제출한 것을 토대로 집필했다. 박사학위 논문 중에서 신해혁명과 관련된 논문만 분류해서 정리했다. 또한 국내 학술지에 발표한 신해혁명 관련 논문도 정리해서 본서에 수록했다. 박사학위 논문은 일본어로 작성한 것이었다. 물론 박사학위 논문의 대다수는 국내 학술지에도 게재한 바 있다. 본서는 처음에 박사학위 논문 전체와 그동안 필자가 발표한 사천성 관련 논문을 모두 묶어《청대 사천 지역사 연구》혹은《청말민국기 사천지역사 연구》라는 제목으로 간행할 계획이었다. 책을 집필하는 과정에서 독자들에게 관심을 불러일으킬 수 있는 요소가 부족하다는 것을 절감했다. 고심 끝에 신해혁명은 일반인도 관심을 가지는 주제이고 필자가 작성한 논문도 사천 신해혁명이 중심이므로 사천지역에서 활동한 혁명파의 활동을 중심으로《사천 신해혁명사 연구》라는 주제로 집필 방향을 수정했다.

이 과정에서 기존에 발표한 논문은 한자가 너무 많이 사용되어 있었다. 그것은 필자가 초기에 일본어로 박사논문을 집필한 것에도 관련되어 있다. 일반 독자들도 읽을 수 있는 책을 집필한다는 생각을 가지고 논문 수정 작업을 하기 시작했다. 논문 수정이 생각보다 쉽지는 않았다. 한자로 된 용어나 문장을 일일이 수정하는 일은 너무나 번거롭고 지루한 작업이었다. 지루한 작업을 하던 과정에 집필하는 방법을 바꿀 필요성을 느꼈다. 기존에 발표한 논문을 전면적으로 수정하기 시작했다. 각주를 제외하고 본문의 모든 내용은 한글로 작성하고 가능하면 문장은 간결하게 작성했다. 한자식으로 표기되어 있는 인명이나 용어도 대부분 한글로 바꾸었다. 아울러 논문의 본문에서는 일반적으로 기술하지 않는 용어의 설명이나 독자들이 본서를 읽으면서 참고가 될만한 내용 등도 추가하여 집필했다.

본서는 신해혁명기 사천 혁명파 및 혁명파 신사의 동향을 검토했다. 제1장에서는 신해혁명기 사천에서 활동한 동맹회원 중 신사의 자격을 지닌 인물들을 검토했다. 동맹회원 중 과거공명을 지닌 신사를 입헌파 신사와 상대적인 개념인 혁명파 신사라는 용어를 사용해서 그들의 동향을 종합적으로 검토했다. 제2장에서는 신해혁명기 사천성에서 발생한 무장봉기를 검토했다. 사천성에서 발생한 무장봉기는 동맹회에서 주관한 무장봉기에 비해 규모도 작고 지역적인 특성을 지닌 무장봉기이다. 제3장에서는 사천보로운동의 다면적 성격에 대한 시론적 연구를 진행했다. 사천보로운동은 이권회수운동으로 시작했지만 성도혈안을 계기로 사천 전 지역에서 보로동지군이 조직되어 무장봉기의 형태로 진행되었다. 이는 사천에서 활동한 혁명파가 사천보로운동을 혁명운동으로 전환시킨 것에 있었다. 제4장에서는 촉군정부의 성립과 전개과정에 대해 검토했다. 촉군정부는 사천성에서 수립된 성 단위의 군정부 중의 하나이다. 동시에 혁명파가 중심이 된 혁명파 정권이다. 사천성은 성 단위의 군정부가 성도와 중경에 각각 수립되었다. 촉군정부는 중경에 수립된 군정부였고 혁명파의 활동이 강한 지역이 중경이었으므로 촉군정부는 혁명파 정권이 될 수 있었다. 제5장에서는 신해혁명 후 사천 동맹회원의 동향을 연구했다. 이 과정에서 웅극무와 양서감이라는 인물을 중심으로 2차혁명, 호국운동, 호법운동기의 동향을 파악했다. 동맹회원들은 통합적인 움직임도 있지만 분열적인 움직임도 있었다.

신해혁명기 입헌파 신사에 대한 연구는 많은 연구자에 의해 광범위하게 연구가 진행되었다. 이에 입헌파 신사라는 용어는 학계에서 일반적으로 사용되고 있다. 입헌파 신사와는 상대적인 개념으로 사용할 수 있는 혁명파 신사는 아직 학계에서 정립된 용어는 아니다. 필자는 신해혁명기 사천성에서 혁명파로 활동했던 신사층에 대한 관심을 석사과정부터 가지기 시작했다. 석사과정에서 사천 혁명파 신사를 연구하기 위해 사천성 지방지를 국내의 여러 대학 도서관을 전전하며 입수했다. 하지만 사천 신해혁명과 관련된 제한된 측면에서만 자료를 구할 수 밖에 없었다. 특히 사천성에서 활동한 혁명파 신사를 개별적으로 파악하기 위해서는 중국 사천으로 유학의 길을 떠나지 않으면 안 되었다. 혁명파 가운데 과거공명을 소지한 신사들을 개별적으로 조사하는 작업은 대단히 어려운 일이었다. 국내에서 연구를 진행하는 데 가장 큰 한계를 느낀 점은 관련 자료의 부족이었다.

필자는 사천사범대학교 역사학과 연구생의 신분으로 처음 중국에서 유학 생활을 시작했다. 중국은 각 지역마다 여러 유형의 방언이 있다. 사천 방언은 표준어와는 발음이나 성조가 상당히 달랐다. 연구생 신분으로 수업에 참가했을 때 사천 방언을 사용하시는 교수님의 수업 내용을 처음에는 전혀 알아듣지 못했다. 다행히 사천사범대학교 역사학과에서 중국근대사를 전공하시는 양티엔홍(楊天宏) 교수는 중국 학생의 석사과정 전공 수업임에도 불구하고 연구생 신분으로 수업에 참가한 필자를 위해 필기도구에 중요한 내용을 적어 수업 내용을 개략적으로 설명해 주시는 친절한 배려를 베풀어 주셨다. 필자가 사천 방언을 대충 알아듣기까지에는 약 1년간의 시간을 필요로 했다. 사천사범대학교 역사학과에서 사천

근대사와 관련된 수업에 참가하고 도서관에서 각종 자료를 수집한 후 사천을 대표하는 사천대학교로 이동했다. 사천대학교 역사학과에는 사천지역사 연구의 최고 권위자인 웨이잉타오(隗瀛濤) 교수가 강의를 하고 있었기 때문에 필자는 언어 습득에 편리한 사천사범대학교 역사학과에서 연구를 진행한 후에 사천대학교 역사학과로 유학생활의 경로를 바꾸었다. 사천사범대학교와 사천대학교에서 수집한 자료를 토대로 사천 혁명파 신사의 동향에 관한 글을 집필하기 시작했다.

사천 혁명파 신사에 관한 글을 입체적으로 구축하기 위해서는 여러 가지 난항을 겪어야 했다. 혁명파 신사라는 용어는 학계에서도 사용하지 않고 사료에도 혁명파 신사로 기술하는 경우는 없다. 사천에서 활동하고 있었던 동맹회원 중에 과거공명을 획득한 인물을 각 주현 단위로 한 명씩 찾아나가는 작업을 거의 2년 동안이나 진행할 수 밖에 없었다. 이 2년 동안 각종 자료를 검토한 후에 필자가 조사한 사천 혁명파 신사는 모두 120명이다. 자료를 더 많이 확보할 수 있었다면 이 숫자보다 약간 더 많은 혁명파 신사를 추출해서 연구를 진행할 수도 있었을 것이다. 다만 필자가 조사한 120명의 사천 혁명파 신사는 사천에서 활동하고 있었던 중심적인 혁명파 신사는 거의 망라했다고 자부할 수 있는 수치이다. 이 120명의 혁명파 신사를 추출하는 작업이 토대가 되어 신해혁명기 사천 혁명파 신사의 동향을 검토하는 데 가속도가 붙기 시작했다. 기회가 된다면 사천성 이외의 혁명파 신사에 대한 연구를 진행하고 싶었으나 현재까지도 이 연구는 하지 못하고 있는 것이 아쉬울 따름이다. 다른 지역의 혁명파 신사를 연구하려면 또다시 신사를 개별적으로 조사해서 그들의 동향을 파악해야 하는데 관련 자료를 입수하는 것도 쉽지 않고 개별적으로 신사를 추출하는 데에도 쉽지 않은 작업이다. 이러한 상황을 고려해 보면 다른 지역의 혁명파 신사를 연구하는데 많은 한계성을 지니고 있다는 점을 생각하지 않을 수 없다. 사천성 이외의 다른 지역에서도 혁명파 신사에 관한 개별적이고 구체적인 연구가 이루어진다면 신해혁명기 혁명파 신사에 관한 종합적인 논점을 제시할 수 있는 기회가 올 수 있을 것으로 기대하고 있다.

필자가 중국사를 전공으로 선택하게 된 배경에는 학부 과정에서 조병한 교수의 강의를 수강한 것이 계기가 되었다. 특히 조병한 교수의 중국근대사 강의와 청대 조익이 저술한 "이십이사차기(二十二史箚記)"라는 원전 강독 수업을 수강하면서 중국사에 관심을 가지게 되었다. 조병한 교수의 강의를 수강하지 않았다면 필자가 중국사를 전공으로 선택하지 않았을지도 모르겠다. 사천 신해혁명사에 관심을 가지게 된 계기는 대학원 사학과 석사과정에서 이개석 교수의 중국근대사 강의를 수강하면서 이 분야에 관해 본격적으로 관심을 가지고 구체적인 연구를 진행하기 시작했다. 이것이 계기가 되어 사천 유학으로 이어져 연구를 진행했던 것이었다. 중국 사천에서 석사논문의 기초적인 작업을 완성한 후 국내로 돌아와 석사논문을 제출할 상황이 되었다. 이 과정에서 필자의 논문에 대한 구조적인 문제점을 지적하시고 논문이 수정되어야 할 부분을 세심하게 검토하여 필자에게 가르침을 주신 분이 퇴임하신 이개석 교수였다. 조병한 교수와 이개석 교수 두 분은 내 마음속에 자리 잡고 있는 영원한 스승님이시다. 조병한 교수와 이개석 교수께 진심으로 감사드리고 싶다.

중국 유학 생활을 하면서 여러 선생님들로부터 많은 도움을 받았다. 사천사범대학교의 양티엔홍 교수, 사천대학교의 웨이잉타오 교수의 도움으로 다행히 자료 수집과 논문 작성에 필요한 여러 가지 도움을 받을 수 있었다. 사천에서 수집한 자료를 토대로 사천에서 석사논문의 기초적인 작업을 한 후에 귀국해서 국내 대학원에 석사논문을 제출했다. 이 과정에서 이개석 교수는 논문의 전체적인 틀을 잡는데 가장 큰 도움을 주셨다. 석사졸업 후 다행스럽게도 일본 나카지마헤이와재단에서 모집하는 아시아태평양 초청장학생으로 선발되어 일본 교토대학교 동양사연구실 연구생이 될 수 있었다. 이어 교토대학교 문학연구과 동양사학과 박사과정의 시험에 응시하여 박사과정에 입학했다. 교토대학교 동양사학과는 석박사통합과정으로 운영되고 있었다. 필자는 국내에서 석사학위를 받았기 때문에 교토대학교 동양사학과 석박사통합과정의 박사전기과정을 이수한 것으로 인정받을 수 있었다. 물론 석사논문을 일본어로 번역해서 제출해야만 했다. 석박사통합과정에서는 석사과정은 박사전기과정이고 박사과정은 박사후기과정에 해당했다. 필자는 박사과정에 입학한 후에도 신해혁명기 사천 혁명파의 동향에 관한 연구를 계속적으로 진행했다. 이 과정에서 교토대학교 동양사학과 후마 스스무(夫馬進) 지도교수와 스기야마 마사아키(杉山正明) 교수로부터 학문적 도움과 유학 생활에 많은 도움을 받았다. 후마 스스무 교수와 스기야마 마사아키 교수께 감사의 말씀을 드린다.

이 책을 출간하는 데 가장 큰 조언과 도움을 주신 분은 육군사관학교 군사사학과 이상훈 교수이다. 필자가 책을 출간할 생각조차 못하고 있었던 상황에서 그간의 연구를 모아 책을 집필할 수 있도록 동기부여를 해 주셨다. 그 외에도 이상훈 교수는 본서의 글을 세심하게 읽고 많은 조언을 해 주셨다. 이상훈 교수의 조언과 도움이 없었다면 본서를 집필할 생각도 못했을 것이다. 이상훈 교수께 진심으로 감사의 마음을 전하고 싶다. 중국 유학이나 일본 유학의 길을 인도해 주시고 물심양면으로 보살펴주신 임대희 교수께도 진심으로 감사드리고 싶다. 또한 작고하신 석사과정 지도교수이신 김한식 교수는 중국근대사를 체계적으로 공부하는 데 많은 도움을 주셨다. 김한식 교수께도 감사의 말씀을 올리고 싶다. 그 외에도 이 글을 작성하는 데에는 수많은 선생님과 선배님들의 도움을 받았다. 김세호 교수, 정순모 교수, 장의식 교수, 최덕경 교수, 이학로 교수, 도중만 교수, 강판권 교수, 장인성 교수, 정성일 교수, 박제균 교수, 임병덕 교수, 홍성구 교수, 김종건 교수, 전영섭 교수, 홍성화 교수 등으로부터 지금까지 학문적인 방면에서 많은 도움을 받았다. 이 자리를 빌려 진심으로 감사의 말씀을 드린다.

열악한 인문학 학술서 상황임에도 불구하고 흔쾌히 출간을 승낙해주신 충남대학교 출판문화원에도 감사드린다. 오랜 기간 병상에 누워계시는 어머님 김일화 여사는 어리석은 아들이 공부하는 것을 가장 자랑스럽게 생각하시고 지금까지 열렬하게 응원해 주시고 지원해 주셨는데 필자가 가장 존경하는 분 중의 한 분이시다. 어머님이 병상에서 일어나시는 데 조금이나마 이 책이 힘이 되기를 바라는 마음 간절하다. 항상 남편을 믿고 수십 년 동안 묵묵히 지켜봐 준 아내 성은정 박사께는 미안한 마음과 감사한 마음이 공존한다. 이 자리를 빌려 감사하다는 말을 전하고 싶다. 아빠의 중국사 연구에 동참해서 역사를 좋아하는 사랑하는 딸 박서영에게도 감사의 마음을 전한다. 작년부터 하늘에서 필자를 지켜봐 주시는 아버님께 이 책을 바친다.

2023년 8월 15일 대전 죽동에서

목차

제1장

신해혁명기 사천 혁명파 신사의 동향

Ⅰ. 머리말

Ⅱ. 사천 신사층의 분화와 추이

Ⅲ. 사천 혁명파 신사의 구성과 특징

Ⅳ. 사천보로운동 전 사천 혁명파 신사의 동향

Ⅴ. 사천보로운동의 전개 과정과 사천 혁명파 신사의 동향

Ⅵ. 맺음말

Ⅰ. 머리말

명대 중기부터 사회계층으로 주목받기 시작한 신사층은 명청시대에 지역 내에서 사회적 지배계층으로 공고한 지반을 닦았다. 신사(紳士)라는 명칭은 종래 일본에서 향신(鄕紳)이라는 명칭으로 널리 사용되었다. 중국학계에서 본래 신사라는 용어보다는 사신(士紳)이라는 용어를 널리 사용했다. 명청시대에 기록된 사료에는 신사를 사신(士紳), 진신(縉紳)으로 기술하기도 했다. 신사라는 명칭이 학계에서 널리 사용된 것은 국내 중국사 연구자의 연구성과[1]에 의한 것이었다. 명청시대 신사 연구의 세계적인 권위자로 인정받은 연구자는 민두기(閔斗基)와 오금성(吳金成)이다. 필자는 민두기와 오금성의 연구성과를 읽고 명청시대 신사에 관심을 가지게 되었다. 신해혁명기 사천 혁명파 신사의 연구도 이러한 관심의 연장선상에서 진행된 것이었다. 진사(進士), 거인(擧人), 공생(貢生), 감생(監生), 생원(生員)과 같은 과거공명을 소지한 신사층은 요역면제, 불체포특권, 관료에 준하는 복장, 신분의 종신보장 등과 같은 특권을 지니고 있었다. 이 때문에 관료는 아니지만 일반민과는 다른 특수한 계층이었

1) 閔斗基,『中國近代史硏究-紳士層의 思想과 行動-』, 一潮閣, 1973; 吳金成,『中國近世社會經濟史硏究』, 一潮閣, 1986.

다. 물론 신사층의 범주에는 퇴직관료나 각종 관함(官銜)을 소지한 자도 포함되며 때로는 현직관료라도 자신의 고향 일에 관여할 때에는 신사의 범주에 넣기도 한다. 이 때문에 명청시대에는 관료, 신사, 일반민이라는 구도하에 관신민(官紳民)이라는 지배질서가 형성되었다.

진사(進士)는 황제가 주관하는 최종시험인 전시(殿試)에 합격한 자에게 부여하는 과거공명(科擧功名)이다. 과거공명은 약칭해서 과명(科名)이라고도 했고 공명(功名)이라고도 했다. 1905년 과거제가 폐지된 후 신식학당 출신자나 해외유학생 출신자들 가운데에도 공명(功名)을 획득할 수 있었다. 이러한 경우에는 신공명(新功名)이라 했다. 과거공명은 신공명과 구분할 수 있는 용어였고 신공명과 상대적인 개념으로 구공명(舊功名)으로 부를 수 있다. 주현(州縣) 단위에서 신사(紳士)가 활동하는 상황을 보면 신사층 중에 진사 자격으로 활동하는 신사는 매우 적다. 1개 주나 현에서 배출되는 진사는 청대 전 시기에 1명 내지는 2명을 배출하는 주현도 있다. 진사가 되면 대부분 관료가 되고 또 진사 배출 인원도 극소수이기 때문에 진사가 각 주현에서 신사로 활동하는 비율은 대단히 낮았다. 진사는 기본적으로 진사 자격을 획득한 후 관료가 되기도 했지만, 퇴직관료에도 진사 출신은 많았다. 물론 지방에서 대기하고 있던 진사는 예비관료이자 동시에 지방 신사이기도 했다. 퇴직관료의 경우에는 자신의 고향으로 돌아와 활동하거나 때로는 부모상을 당해 고향에 내려와 활동하는 진사는 당연히 신사 중에서는 상층신사에 해당했다.

성(省) 단위에서 거행하는 향시(鄕試)에 합격하면 거인(擧人)이라고 했다. 거인을 지방에서는 라오예(老爺, 노야)라고도 했다. 라오예는 관료에게도 사용하는 호칭이었다. 라오예는 나으리, 어르신이라는 의미가 포함되어 있다. 명청시대에는 향시를 성시(省試)라고도 했다. 당송시대의 성시(省試)[2)]와는 전혀 다른 개념이다. 거인 출신자도 각 주현에서 배출되는 인원은 극히 적다. 1개 성에서 향시를 통해 배출하는 거인의 수는 60명에서 100명 정도가 일반적이다. 100명을 초과해서 선발하는 성(省)도 있었다. 향시의 정원은 각 성(省)에서 매년 거두는 세금의 총액을 기준으로 배분하였기 때문에 경제적 선진지역에서 거인을 배출하는 인원이 많았다. 거인이 많이 배출된다는 것은 진사를 많이 배출할 수 있는 확률이 높다는 것을 말한다. 진사를 많이 배출했다는 것은 관료를 많이 배출했다는 것과 관계가 있다. 1개 주(州)나 현(縣)의 기준에서 보면, 성(省)에서 거행하는 향시에 항상 거인을 배출하는 것은 아니었다. 사천성에서 간행된 지방지를 검토해 보면 1개의 주나 현에서 배출되는 거인은 청대 전체를 통틀어도 100명이 넘는 경우를 찾기는 어렵다. 각 주현의 거인 배출 상황은 달랐지만 어떤 특정 시기에 각 주나 현 단위에서 활동하는 거인의 수는 많지 않았다.

명청시대(明淸時代)에는 각 주현에서 과거시험을 시행하지는 않았다. 명청시대에 각 주현에서 시행하는 과거시험에 합격했다는 말은 엄밀하게 말하면 과거시험에 합격한 것이 아니라 지방 국립학교인 관학 입학시험에 합격한 것을 의미했다. 명청시대의 과거제도는 학교제도와 결합하여 운영되었다. 지방 관학인 부학(府學), 주학(州學), 현학(縣學)이나 중앙 관학인 국자감(國子監)에 입학하는 것은 과거시험에 응시할 수 있는 자격을 획득하는 것을 의미했다. 물론 모든 학생이 과거시험에 응시할 수 있는 것은 아니지만 적어도 특수한 경우를

---

2) 당송시대에는 중앙 최고 행정부서인 상서성 관할의 이부나 예부에서 과거시험을 관장했기 때문에 중앙에서 거행하는 시험을 상서성의 성을 차용하여 성시라고 했다. 이에 반해 명청시대에는 지방최고 행정구역을 省이라고 했다. 성에서 거행하는 과거시험을 성시라고 지칭했고 지방에서 거행한다는 의미로 향시라고도 했다.

제외하고 관학 학생의 자격은 선결 조건이었다. 이 때문에 각 주현에서 거행하는 관학 입학시험인 동시(童試)를 넓은 의미에서는 과거시험의 범주에 넣어서 과거시험이라고 부르기도 했다. 학교제도와 과거제도가 결합한 형태로 운영된 명청시대의 과거제도는 학교제도를 이해하지 않으면 과거제도를 이해하는 데 많은 제약이 있다.

근대중국 사회에서 각 주현 단위에서 활동한 신사 중에 진사나 거인은 적체된 인원을 합하더라도 생원에 비해 그 수가 대단히 적었다. 신해혁명기에도 신사는 생원을 중심으로 하는 하층신사들이 가장 많은 수를 차지했다. 혁명파 신사와 입헌파 신사를 비교하면, 진사, 거인, 퇴직관료 출신들은 혁명파 신사보다는 입헌파 신사에 더 많은 수가 포진되어 있었다. 인적 구성 비율로만 보면 혁명파 신사보다는 입헌파 신사들 가운데 상층신사의 비율이 높은 것은 사실이다. 주현 단위에서 활동하는 상층신사의 수는 대단히 적었지만 100여개 이상의 주현으로 이루어진 성(省)의 경우에는 성 단위에서 활동하는 상층신사는 100명 단위를 넘어서는 경우도 있고 적어도 수십 명 이상 활동하는 경우는 대단히 많다. 사천성 자의국 의원 가운데에도 상층신사는 수십 명 단위이다. 주현 단위에서 활동하는 상층신사의 수와 성 단위에서 활동하는 상층신사의 수를 고려하면서 해당시기 혁명파 신사의 동향을 검토해야 할 필요성이 있다는 것을 의미한다. 자의국 의원으로 활동하는 신사들은 대부분 입헌파 신사로 분류하는 경향성이 높다. 다만 광동성 자의국(諮議局) 같은 경우에는 이례적으로 자의국 의원 중에 혁명파 신사가 많다는 것은 놀라운 사실이다.

거인 아래에 있는 과거공명이 공생(貢生)이다. 생원 중에서 성적이 우수한 자가 중앙국립학교인 국자감에 입학한 경우에는 공생이라 했다. 명대의 공생으로는 세공생(歲貢生),[3] 선공생(選貢生)[4], 은공생(恩貢生),[5] 납공생(納貢生)[6]이 있었다. 청대의 공생으로는 발공생(拔貢生), 세공생, 은공생, 부공생(副貢生),[7] 우공생(優貢生),[8] 예공생(例貢生) 등이 있었다. 대체로 생원 중에서 성적이 우수한 자가 이러한 공생이 되었다. 명대의 납공생(納貢生)이나 청대의 예공생은 기부금을 주고 자격을 획득한 공생을 지칭한다. 이들을 비정도공생(非正途貢生)이라고도 한다. 말하자면 정도가 아닌 방법으로 공생이 되었다는 것을 의미한다. 예공생은 늠생, 증생, 부생 자격에 따라 늠공생, 증공생, 부공생으로 분류해서 지칭했다. 예공생(例貢生)을 연납공생(捐納貢生)이라고도 했다. 예공생은 정도공생(正途貢生)인 세공생, 발공생, 은공생, 부공생, 우공생보다는 그 지위가 낮았다. 주현에서 활동하는 공생의 비율은 진사나 거인보다는 높았지만 생원에 비하면 그 비율은 상당히 낮았다. 공생은 그 자격만으로 관직에 진출할 수 있었다. 대체로 교육직이나 하급관료에 진출하는 경향성이 높았다. 어떤 경우에는 공생 자격으로 지방 장관인 지현이 될 수도 있었다.

---

3) 세공생은 지방 관학인 부학, 주학, 현학의 학생인 생원 가운데 매년 혹은 2년에서 3년 단위로 우수한 생원을 선발하여 국자감에 보내 공부하게 한 경우에 해당한다.

4) 선공생은 청대의 발공생과 유사하다. 세공생처럼 매년 선발한다든지 2-3년마다 선발하는 것이 아니라 6년에 1번 선공생을 선발하든지 12년마다 1번 선공생을 선발하는 등과 같은 경우에 해당한다.

5) 은공생은 황제가 즉위하거나 국가에서 경사가 있는 경우에는 특별히 황제의 은덕으로 선발한 공생을 지칭한다.

6) 납공생은 기부금을 주고 공생의 자격을 취득한 경우에 해당한다. 청대에는 예공생이라고 했다. 납공생이나 예공생을 연납공생이라고도 했다.

7) 부공생은 향시에 낙방한 응시자 중에 우수한 자를 선발하여 부공생 자격을 주었다. 부공생을 부방(副榜)이라고도 했다. 부방공생을 줄여 부공생 혹은 부공이라고 한 것이다. 부방이라고 할 때의 부는 부수적, 부차적이라는 의미이고 방은 합격하다는 의미이다. 부방은 부차적으로 합격한 응시생이라는 의미가 있다.

8) 우공생은 3년마다 각 성의 교육 장관에 해당하는 제독학정이 우수한 생원을 선발하여 공생의 자격을 준 경우이다. 우공생이라고 할 때의 우는 우수하다는 의미이다.

감생(監生)은 중앙국립학교인 국자감 학생을 지칭한다. 감생을 태학생이라고도 했다. 명대의 감생에는 거감생(擧監生), 공감생(貢監生), 음감생(蔭監生), 예감생(例監生)이 있었다. 거감생은 거인 자격을 지니고 감생이 된 경우이다. 거인 자격이 감생 자격보다 높은 지위이기 때문에 거감생은 사실상 감생이 아니고 거인이라고 하는 것이 일반적이다. 공감생은 공생 자격으로 국자감에 입학한 경우이다. 명대의 공생은 넓은 의미에서 보면 감생의 유형에 포함시킬 수도 있지만 거인과 공생은 감생과는 다른 별개의 자격으로 취급했다. 대명제국이 건국된 초기에는 감생 신분으로 중앙관에 진출하기도 했다. 감생의 지위는 명대 중기부터 지속적으로 하락하여 청대 후기에 접어들면 대다수가 국자감에 가서 공부하지 않거나 기부금을 주고 감생 자격을 획득한 자가 다수를 이루게 되었다. 명대 초기의 감생은 청대의 감생보다 그 지위가 높았다. 명대 중기 이후 감생의 지위가 지속적으로 하락했다고 보면 된다. 이 때문에 청대의 공생은 감생보다 그 지위가 높았고 감생과는 별개의 공명으로 취급되었다. 음감생은 고위 관원의 자제들이 은음으로 국자감에 입학한 경우에 해당한다. 이들을 음생이라고도 했다. 예감생은 기부금을 주고 감생의 자격을 획득한 경우에 해당한다. 이들을 연납감생이라고도 했다. 태평천국운동 이후에는 연납감생의 수가 이전에 비해 엄청난 규모로 확대되었다. 이는 결국 감생의 지위가 하락했음을 의미하기도 했다. 청대 말기의 연납감생은 사실상 생원보다도 그 지위가 낮았다.

신사층을 구성하는 부류 중에 생원이 가장 많다. 생원(生員)은 지방 관학의 학생이다. 현재식으로 표현하면 지방 국립학교의 학생이라고 할 수 있다. 생원이라고 할 때의 생(生)은 학생을 지칭하고 원(員)은 문관 관료를 지칭한다. 현재 국가 공무원(公務員)이라고 사용하는 용어는 공적인 업무를 수행하는 문관 관료라는 의미가 포함되어 있다. 따라서 생원은 학생이지만 하급 문관 관료에 준하는 대우를 일정 정도 부여해 준다는 의미가 포함된 용어이다. 명청시대 대표적인 지방 관학으로는 부학, 주학, 현학이 있다. 생원을 지칭하는 용어로는 수재(秀才), 문생(文生), 무생(武生), 늠생(廩生), 증생(增生), 부생(附生), 상생(庠生) 등 다양하다. 수재는 생원의 별칭이다. 문생은 문과시험에 합격한 문생원을 지칭한다. 무생은 무과시험에 합격한 무생원이며 무수재라고도 한다. 늠생은 늠선생(廩膳生)의 약칭이며 생원 중에서 가장 우수하여 장학금을 받는 생원에 해당한다. 증생은 증광생의 약칭이며, 부생은 부학생의 약칭이다. 생원의 종류를 3종류로 분류할 때 늠생, 증생, 부생으로 분류하는데 대체로 성적순으로 차별화된 등급이었다. 상생(庠生)이라는 용어는 명청시대에 자주 사용되지는 않지만 중국 고대에 학생을 지칭하는 용어였다. 이 때문에 명청시대 지방 국립학교 학생인 생원을 해당시기의 사료에서 상생으로 기술하기도 했다. 제생(諸生)은 여러 부류의 학생이라는 의미로 생원, 감생, 공생 등을 통칭하여 제생이라고 하지만 제생이라고 기술된 사료에서도 생원이 가장 많은 수를 차지하고 있다.

생원이 신사 중에 가장 많은 수를 차지하고 있는 것은 사실이다. 상술한 바와 같이 생원은 지방국립학교 학생이라고 했다. 그렇다면 1개 주나 현 단위로 보면 생원의 수는 어느 정도일까에 대한 의문이 생길 수 있다. 1개 주현의 인구는 적은 경우에는 대체로 5만명 정도이고 많은 경우에는 20만명 정도로 추산할 수 있다. 이러한 인구를 지닌 주현에서 생원의 수를 명확하게 수치화할 수는 없다. 각 주현의 인구도 시기마다 변동이 있고 생원의 비율도 시기마다 변동이 있기 때문이다. 명대 초기 각 부, 주, 현에는 생원의 정원에 대한 규정이 있었다. 부학(府學)은 40명, 주학(州學)은 30명, 현학(縣學)은 20명이었다. 청대에도 기본적으로 명대의 규정을 답습했지만 주, 현의 크기에 따라 정원은 다르기도 했다. 1개 주나 현에서 모집하는 생원의 정원을 대체로 20명에서 40명 정도로 추산할 수 있다. 생원의 신분은 종신 보장이기 때문에 생원 자격을 지닌 자가 공생이나 거인, 진사 자격을 취득하지 않고 종신 생원 자격을 지닌 채 생존하고 있다고 가정할 때, 1개 주현에서 활동하는 생원들은 최대 100명에서 200명까지 활동하고 있다고 보면 된다. 생원 수가 100명이 되지 않는 주현도 당연히 있었다. 생원 자격을 지닌 자가 공생, 거인, 진사 자격을 취득하는 비율이 높아지면 생원의 비율이 약간 낮아진다고 보면 된다.

100명의 생원이 활동할 수 있는 주나 현을 보더라도 100명 가운데에 연령별로는 10대의 생원부터 70세 이상의 생원까지 다양하다. 어린 생원이나 70세 이상의 생원은 20대부터 50대까지의 생원에 비해 활동 반경이 줄어들 수 있다. 생원 중에는 가난해서 생활이 곤란한 생원도 있었다. 일부 생원은 농업을 전문으로 하는 생원도 있었고 상업을 전문으로 하는 생원도 있었다. 일부 생원은 의학을 전문으로 하는 생원도 있었으며 서예나 미술 등을 전문으로 하는 생원도 있었다. 다양한 방면에서 전문적인 일을 하면서 정치적인 활동과는 거리가 먼 생활을 하는 생원도 있었다. 이러한 생원들을 배제하고 나면 정치적인 활동을 하는 생원은 그 수가 다시 줄어들게 된다. 정치적인 활동을 하는 생원 중에 대표적인 생원들은 입헌운동에 적극적으로 참가하는 생원이 있고 혁명운동에 적극적으로 참가하는 생원이 있다. 이러한 정치적인 활동에 종사하는 생원들은 정치활동이 결국 자신의 생존과 직결된다. 이러한 점을 고려해 본다면 1개 주현에서 입헌파로 활동하든 혁명파로 활동하든 그 수는 전체 생원 중에서 비율이 상당히 낮을 수밖에 없다.

이러한 상황을 종합적으로 고려한다면 신해혁명기 1개 주현 단위에서 활동하고 있었던 혁명파 신사의 수를 추정할 수 있는 단서를 찾게 된다. 100명에서 200명 정도의 생원을 포함한 신사가 활동하는 주현에서 10명 이상의 혁명파 신사가 나타났다고 하면 이 10명이라는 수치는 결코 무시할 수 있는 수치가 아니라는 것을 알 수 있다. 필자가 파악한 사천 혁명파 신사 120명 가운데 파현 출신의 혁명파 신사는 총 18명이라는 수치를 확보할 수 있었다. 이 18명에는 일부 거인도 포함되어 있지만 대부분 생원 출신이다. 파현은 현재의 중경시에 해당한다. 중경 출신의 신사 중에 동맹회에 가입한 신사의 비율이 다른 주현보다 그 비율이 높았다. 신사 출신이 그 집안에서나 향촌 사회나 각종 단체 등에서 사회적 영향력을 행사할 수 있는 인물이라고 한다면 그가 동맹회원이 되어 활동하는 반경에서 혁명적 사상의 전파가 일반인의 활동에 비해 상당히 비중이 높은 형태로 나타나게 된다는 것을 추정할 수 있게 된다.

근대 중국사의 입장에서 보면 근대시기의 신사는 전통적인 신사와는 다른 유형으로 활동하기 시작했다. 특히 신해혁명기 신사층의 활동 방향은 다양한 형태로 전개되었다. 그 중의 대표적인 활동은 신식학당의 학생이 되거나 교원으로 활동하는 것과 같은 신식교육기관에서 활동하는 비율이 높았다. 또한 근대 기업을 설립하거나 해외 유학의 길을 선택하거나 신문이나 잡지를 간행하는 등과 같은 언론 활동을 활발하게 전개하기도 했다. 일부는 직업군인으로 전환하거나 반청비밀결사 단체인 회당(會黨)을 조직하거나 회당에 가입하여 혁명 활동에 참가하기도 했다.

신해혁명기 동맹회에 가입하여 혁명 활동에 참가한 부류에는 다양한 유형의 인물들로 분류할 수 있다. 그 중에서 명청시대 사회적 지배계층인 신사층이 동맹회에 가입하여 혁명 활동을 전개하는 경우도 있었다. 물론 당시의 신사층 중에는 신식학당의 학생 경력, 신식학당의 교원 경력, 해외 유학 경력 등 복합적인 경력을 지닌 신사도 있고 단일한 경력을 지닌 신사도 있었다. 때로는 혁명 활동에 참가한 신사 중에는 신식교육기관에서 교육을 받지 않고 전통적인 교육만 받은 신사도 있었다. 이러한 신사들조차 개인적으로 다양한 경로를 통해 신식교육과 접촉했을 것으로 추정된다. 중국에서 근대화가 진행되어 가는 과정에서 전통적인 신사도 정치적, 경제적, 사회적 근대화의 물결에 따라 구조적으로 변화하는 것은 당시의 시대적 추세이기도 했다.

신해혁명기 입헌운동에 참가한 신사들을 학계에서는 입헌파 신사라고 칭하고 있다. 이에 반해 혁명 활동에 참가한 신사들을 지칭하는 용어는 현재까지 학계에서 정립된 것은 없다. 필자는 신해혁명기 반청혁명단체인 동맹회에 가입하여 혁명 활동을 진행한 신사들을 "혁명파 신사"라고 지칭하고자 한다. 아울러 동맹회에 가입하지 않았더라도 지속적으로 혁명활동에 참가한 신사도 혁명파 신사의 범주에 포함시켜 검토할 것이다. 중국학계나 일본학계 그리고 국내학계에서도 현재까지 신해혁명기 혁명파 신사를 구체적으로 연구한 논문이나 저서는 없다고 해도 과언은 아니다. 이 때문에 혁명파 신사라는 용어가 아직 학계에서 정립되기에는 혁명파 신사에 대한 지역별 연구를 바탕으로 전 중국에서 활동한 혁명파 신사에 대한 구체적인 연구가 필요한 상황이다.

혁명파 신사의 활동에 관한 구체상을 연구해야 할 필요성이 있는 이유로는 여러 가지 요소를 들 수 있다. 예컨대 신해혁명기 학계에서 입헌파 신사로 파악하는 대표적인 부류의 인물로는 각성에서 활동하던 자의국 의원이 있다. 사천지역에서도 자의국 의원들을 기본적으로 입헌파 신사로 파악하는 것이 일반적이다. 다만 각 지역의 자의국 의원 중에는 혁명파도 존재했다. 특히 광동성 자의국에는 다수의 혁명파가 존재한 것으로 알려져 있다. 사천 자의국 의원 가운데 용명검 등 5명의 의원이 혁명파 신사 출신인데 그들은 자신의 신분을 숨기고 자의국에서 의정 활동을 진행했다. 그 결과 사천보로운동이 발생하자 사천보로동지회의 중심 인물은 외형적으로는 모두 입헌파 신사가 중심인 것으로 파악하지만 실제는 혁명파 신사 중에 자의국 의원으로 활동하던 동맹회원들이 보로동지회의 평화적인 보로운동을 사천 신해혁명으로 전환시킬 수 있도록 과격한 운동으로 전환시키는 데 적극적인 활동을 했다.

사천보로운동이 사천폭동으로 전환되는 데에는 여러 가지 원인을 찾을 수 있지만 자의국 의원 신분으로 보로운동에 참가한 혁명파 신사의 활동도 그 원인 중의 하나였다. 이 사실은 사천 혁명파 신사뿐만 아니라 전 중국에서 활동하고 있었던 혁명파 신사의 정치적 성향을 파악하면서 혁명파 신사조차 입헌파 신사로 파악할 수 있는 오류를 범할 수 있다는 것을 암시하고 있다. 성 단위에 설치된 지방의회인 자의국에서 의원 신분으로 의정 활동을 진행하던 혁명파 신사는 자신이 혁명파라는 신분을 숨기고 의정 활동을 진행했기 때문이다. 현재까지 성 단위의 범주를 벗어나 전 중국 차원에서 혁명파 신사가 신분을 숨기고 자의국 의원으로 의정 활동을 한 사례를 전문적으로 연구한 연구 논문은 존재하지 않는다. 이는 필자가 본고에서 사천 혁명파 신사에 대한 동향을 검토하게 된 이유 중의 하나이기도 하다. 이러한 문제의식을 기초로 필자는 신해혁명의 도화선이 된 것으로 학계에서 널리 알려진 사천보로운동이 발생한 사천성에서 혁명 활동을 진행한 사천 혁명파 신사에 관심을 가지고 연구를 진행했다.

신해혁명은 좁은 의미에서는 1911년 10월 10일 호북성 무창에서 발생한 무창봉기부터 1912년 1월 중화민국의 성립에 이르는 시기의 변혁 과정이며, 넓은 의미에서는 1894년 홍중회의 성립 내지는 1895년 중일전쟁의 패배 후부터 1913년에 발생한 2차혁명 내지는 1915년부터 발생한 호국운동까지 중국 사회의 전반적이면서도 급속한 변화 과정을 지칭한다.[9] 이 과정에서 만주족이 지배한 청조가 붕괴되었고 2천년간 유지되어 온 황제지배체제가 타도되었다. 동시에 아시아 최초의 공화국인 중화민국이 수립되는 변화가 일어났다. 이 때문에 신해혁명은 공화혁명 내지는 민국혁명이라고도 한다.[10] 지금까지 신해혁명사에 관해서는 다방면으로 연구되어 상당한 정도의 연구성과가 축적되어 왔다.[11] 그러나 신해혁명의 성격이나 기본적인 지도 세력, 혁명파의 역할에 대한 평가 등은 여전히 논란의 대상이 되고 있으며 최근에는 기존의 관념이나 방

---

9) 金衡鐘, 「辛亥革命의 展開」『講座中國史』 VI, 知識産業社, 1989, p.119.

10) 閔斗基, 『辛亥革命史-中國의 共和革命(1903-1913)』, 民音社, 1994; 배경한, 「동아시아역사 속의 신해혁명-공화혁명의 확산과 동아시아국제질서의 재편」『동양사학연구』, 117, 2011; 정혜중, 「동아시아 신해혁명의 기억-『申報』, 『每日申報』, 『讀賣新聞』 기사분석을 중심으로」『명청사연구』 36, 2011.

11) 신해혁명의 연구경향에 관해서는 中村義,「辛亥革命史をめぐって-とくに戰後の研究動向」『東洋學報』 45-4, 1983; 金衡鍾, 「辛亥革命의 展開」『講座中國史』 VI, 知識産業社, 1989; 林增平·郭漢民·饒懷民主編, 『辛亥革命史研究備要』, 湖南出版社, 1991; 李喜所·凌東夫主編, 『辛亥革命研究一覽』, 天津教育出版社, 1991 等이 참조가 된다.

식에서 벗어나 다양한 각도에서 연구가 진행되고 있다. 여기에는 명청시대의 사회적 지배계층으로 널리 알려진 신사층[12]과 신해혁명과의 상관관계를 밝히는 작업도 주목의 대상이 되었다.

그동안 진행되어 온 신해혁명기 신사층의 연구는 청말 신사층의 분화와 봉건신사의 변모에 대한 연구,[13] 신해혁명의 성격과 관련한 연구,[14] 부르조아계급과의 연관성을 다룬 연구,[15] 청말 신정기의 신사층의 동향을 다룬 연구 등이 있다.[16] 정치적 태도와 관련해서는 입헌파 신사의 이권회수운동이나 입헌운동[17]에 대한 논의가 주류를 이루고 있으며 지역적인 차원에서 신사층과 신해혁명과의 상관관계를 검토한 연구도 있다.[18] 이처럼 신해혁명기 신사층의 동향에 대해

---

12) 取士制度와 養士制度가 상호결합된 전통적인 紳士의 개념은 정치적으로는 각종 功名을 취득하여 봉건적인 특권을 가지고 자신의 고향에서 활동하는 자를 가리키며 때로는 現任官僚라도 자신의 고향일에 관여할 때는 紳士의 범주에 넣기도 한다. 경제적으로는 봉건토지소유제와 일정한 관계를 가지고 있으므로 地主階級의 일부에 해당한다. 그들의 사상적인 기초는 儒敎理念이며 봉건통치를 옹호하는 官民의 중간층에 위치하는 특수계층이라고 할 수 있다. 그러나 청말에 이르면 자본주의 경제, 문화의 발전을 거쳐 전통적인 紳士의 정치적, 경제적, 사상적인 기초가 점차 이완되어가는 과정에서 신사계층도 다양하게 분화하기 시작했다. 이에 따라 그들의 사회적인 지위나 역할도 변화되어 갔다. 따라서 청말부터의 紳士는 封建紳士와는 그 의미나 성격이 약간 차별성을 지닌 존재라고 할 수 있다. 本稿에서 언급하는 紳士도 封建紳士와는 구별되는 의미로 사용되었다.

13) 王先明, 「近代中國紳士階層的分化」『社會科學戰線』, 1987-3; 王先明, 「論近代社會中的紳士集團」『史學月刊』, 1989-2; 王先明, 「近代中國紳士集團轉型初探」『中國近代史』, 1990-10; 王先明, 「晩淸士紳基層社會地位的歷史變動」『歷史硏究』, 1996-1; 賀躍夫, 「滿淸士紳與中國的近代化」『中山大學學報』, 1993-3.

14) 市古宙三, 「鄕紳と辛亥革命」『近代中國の政治と社會』, 東京大學出版會, 1977.

15) 馬敏, 「辛亥革命時期的蘇州紳商」『辛亥革命史叢刊』 第8輯, 1991; 馬敏, 『官商之間:社會劇變中的近代紳商』, 天津人民出版社, 1995.

16) 金衡鐘, 『淸末 新政期의 硏究-江蘇省의 新政과 紳士層』, 서울대학교출판부, 2002.

17) 입헌파신사의 입헌운동에 대해서는 閔斗基, 『中國近代史硏究-紳士層의 思想과 行動』, 一潮閣, 1973; 李時岳, 『張謇和立憲派』, 中華書局, 1962; 張朋園, 『立憲派與辛亥革命』, 中央硏究院近代史硏究所, 1969; 張玉法, 『淸季的立憲團體』, 中央硏究院近代史硏究所, 1971; 侯宜杰, 『二十世紀初中國政治改革風潮』, 人民出版社, 1993; 韋慶遠 等, 『淸末憲政史』, 中國人民大學出版社, 1993 等이 있고, 입헌운동에 관한 연구사 정리는 侯宜杰, 「淸末立憲運動硏究史述評」『近代史硏究』, 1985-3; 尹惠英, 「變法運動과 立憲運動」『講座中國史』 Ⅳ, 1989 등이 참고가 된다.

18) 汪林茂, 「江浙士紳與辛亥革命」『近代史硏究』, 1993-1; 西川正夫, 「辛亥革命期における鄕紳の動向-四川省南溪縣-」『金澤大學法文學部論集史學編』 23, 1976; 夏井春喜, 「辛亥革命と蘇州鄕紳」

서는 다양한 형태로 연구가 진행되어 신사층의 토대가 무너져 버린 과거제 폐지를 전후하여 신사층의 다양한 활동 영역에 대한 이해의 폭이 넓어지게 되었다. 다만 지역적으로 연구범위가 제한적으로 진행되거나 정치적인 태도와 관련해서는 입헌파 신사의 활동이 연구의 중심이 되어 왔다. 그 결과 상대적으로 혁명파로 활동했던 혁명파 신사에 대한 관심이나 연구는 미진한 상태로 남아 있다.

신해혁명기 사천 혁명파신사의 동향을 파악하기 전, 우선 근대 사천 신사의 분화와 추이를 살펴본 후 혁명파 신사의 구성, 활동 영역, 사천 신해혁명과의 연관성 등을 검토하고자 한다. 이러한 검토가 충실하게 이루어진다면 이 곳에서 검토 대상이 되지 않았던 여타 지역의 혁명파 신사의 구성이나 활동영역 및 성격을 이해하는 데 일조할 수 있을 것으로 생각된다. 물론 신해혁명기 혁명파 신사의 동향을 검토하는데 있어 가장 어려운 점은 사료의 부족이다. 특히 지역적인 차원의 검토에서 이용할 수 있는 자료는 민국시기에 간행된 지방지이다. 그러나 이러한 지방지에서 수록되어 있는 혁명파 신사조차 파악하기는 쉽지 않다.[19] 이러한 자료의 한계를 극복하기 위해 민국시기에 간행된 지방지 외에 최근에 사천에서 간행된 지방지도 함께 이용할 것이다. 지금까지 혁명파 신사에 대한 구체적인 연구가 진행되지 않은 만큼 본고에서는 필자가 검토한 사천 혁명파 신사 120명을 중심으로 혁명파 신사의 구성적 특징이나 구체적인 활동 사례를 파악하는데 주안점을 둘 것이다.

『史朋』 28, 1996.

19) 이는 당시 지방지 편찬자와 일정한 관련성을 지니고 있다. 예컨대 民國『巴縣志』는 혁명파 신사 向楚가 중심이 되어 편찬되었고 혁명파의 활동에 관한 기록이 다른 지방지보다 많다. 민국 『파현지』와 유사한 성격의 지방지는 『大竹縣志』, 『榮縣志』, 『樂山縣志』 등이 있다.

Ⅱ. 사천 신사층의 분화와 추이

명조의 정치, 사회질서가 약화되어 가고 이장(里長), 이노인(里老人)을 근간으로 하는 이갑제(里甲制)의 질서유지 기능이 점차 약화되어 이갑제질서가 해체되어 가던 명대 중기 이후부터 하나의 사회계층으로 주목받기 시작한 신사층(紳士層)은 그 후 명청시대 사회적 지배계층으로 자리잡고 향촌질서를 유지하면서 국가권력과의 상호의존관계를 맺고 있었다는 점은 이미 지적된 바 있다.[20)]

아편전쟁을 계기로 유입된 서구 자본주의의 물결은 명청시대 사회적 지배계층이었던 신사층에게 다양한 변화를 동반할 수 있는 요소가 되었다. 하지만 아편전쟁 후 신사층의 변화를 불러일으키는 데 충분한 조건이 마련되지도 않았으며 신사층을 근본적으로 변화시키지는 못했다. 신사층의 변화에 가장 큰 전환점이 된 사건은 동양의 소국으로 인식되고 있었던 일본과의 전쟁인 청일전쟁이었다. 청일전쟁은 근대 중국사에서 청조에 안겨 준 가장 큰 충격적인 사건이었다. 청일전쟁 후 일부 신사들은 서구 문명에 대한 배타적인 요소가 상당히 완화되었다. 동시에 신사들의 활동 방향도 이전보다 다양하게 나타났다. 근대 기업의 설립에 참여하거나,

20) 吳金成, 「明·淸時代의 國家權力과 紳士」『講座中國史』Ⅳ, 知識産業社, 1989, pp.221-222.

신식교육에 관심을 가지고 국내 구식서원이나 신식학당에서 신식교육을 가르치거나 교육받기도 하고, 일부는 해외 유학의 길을 선택하기도 했다. 이는 신사층의 경제적, 사상적 기반의 변화를 의미하는 것이기도 했다. 하지만 당시 전근대 신사의 정치적 토대가 되었던 과거제가 폐지되지 않았기 때문에 완전한 의미의 변화를 동반한 것은 아니었다. 그 후 변법운동의 실패와 청조가 단행한 신정(新政)의 시행으로 신사층의 정치적, 경제적, 사상적 기반의 변화가 보다 가속화되었다.[21)]

이러한 상황을 배경으로 사천 신사층의 활동 영역도 다양하게 변화되기 시작했다. 그 중의 대표적인 것이 신식학당체계로의 편입을 들 수 있다.[22)] 20세기초 청조가 시행한 신정의 실시로 교육제도의 개혁이 단행되었는데 관리등용제도인 과거제도를 폐지하고 신식학당 졸업생을 채용하는 제도가 추진되었다. 이에 당시의 생원, 감생, 공생, 거인 등 과거공명을 소지한 신사층은 과거제 폐지 후 신식학당에 입학하거나 신식학당의 교원으로 활동하기 시작했다. 사천의 근대교육은 1896년에 시작되었다. 1907년 사천에는 7,775개의 신식학당이 운영되고 있었다. 당시 직례성의 8,300개에 이어 전국 2위의 수치였다. 학생수는 24.2만명이었고 이는 전국 최고의 수치였다. 제2위를 차지한 광동의 7.4만명의 거의 3배에 달했다. 1907년 전국 각 신식학당의 교사는 63,873명이었는데 사천성의 교사는 12,824명이었다. 전국 교사의 20%에 달했다.[23)]

1901년 청조는 신정을 선포했는데 같은 해 6월 유곤일, 장지동

---

21) 王先明, 「近代中國紳士階層的分化」『社會科學戰線』 1987-3, pp.166-168 참조.
22) 科擧體制의 해체와 紳士層의 反應에 대해서는 張義植, 「清末 科擧制 改廢에 대한 各界의 反應과 舊科擧層 對策」『東洋史學研究』 38, 1988 참조.
23) 隗瀛濤, 「四川保路運動是一場早期現代化運動」『文史雜志』, 2001-6, p.4.

이 함께 상주문을 올린 내용은 교육제도의 변화에 중요한 틀을 제공했다. 이 상주문에는 일본의 학교제도를 참조하여 신식학당을 널리 설립하여 근대적인 인재를 육성하는 방안이었다. 같은 해 8월 청조는 과거제 개혁의 일환으로 팔고문 폐지를 선포했다. 이는 과거시험의 답안을 작성하는 방법으로 채용된 팔고문이라는 형식에 얽매인 틀을 타파하는 것이었다. 같은 해 9월 전국의 모든 서원을 학당으로 바꾸도록 했다. 전국 각지에는 고등학당, 중학당, 소학당 등과 같은 각종 신식학당이 설립되는 계기가 마련되었다.[24)]

사천에서는 1902년 11월 사천총독 잠춘훤(岑春煊)[25)]이 사천 전 지역의 학당설립과 운영을 위해 천성학무처를 설치하면서 사천에서 신식학당이 널리 설립되는 계기가 마련되었다. 사천에서 학당 설립을 적극적으로 추진시키는 데 중요한 역할을 한 것은 신식학당 설립의 공로를 반영하여 관료들의 근무평가나 승진 등 장려책을 시행한 것에 있었다. 동시에 학당 설립을 허위로 보고하면 해당 관료들을 면직시키는 징계책도 시행했다. 1905년에 단행된 과거제 폐지는 사천지역에 신식학당 설립을 보다 광범위하게 추진하도록 했다. 이에 사천성에서 신식학당 설립과 운영을 위해 각종 조직과 기구가 출현했다. 학무처, 관서국, 권학국, 성학무조사소, 학무종핵소, 교육연구소, 사천교육총회 및 분회, 사숙개량회, 소학

---

24) 청조가 신정을 시행하는 과정에서 舊式書院은 일반적으로 新式學堂으로 변모했다. 일부는 局所나 家塾 등으로 바뀌는 경우도 있다. 예를 들면 雲陽縣의 飛鳳書院은 勸學所로, 象山書院은 家塾으로 바뀌는 것과 같은 경우이다. 民國『雲陽縣志』卷11, 學校.

25) 岑春煊은 1861년 광서성 서림에서 출생했다. 부친은 운귀총독을 역임한 잠육영이다. 1885년에 거인이 되었으며 恩蔭으로 관직에 진출했다. 광동포정사, 감숙포정사, 섬서순무, 산서순무, 사천총독, 양광총독을 역임했다. 1911년 조이풍 후임으로 사천총독에 임명되었으나 부임하기 전 무창봉기가 발발했고 결국 사천총독에 부임하지 않았다. 중화민국 성립 후 2차혁명, 호국운동에도 참가했다. 1918년 광동군정부의 주석총재가 되었다가 1920년 월계전쟁 후 정계에서 물러났다.

교육연구소 등을 들 수 있다.[26)]

청조가 신정을 시행한 후 각 지역에서 실립된 학당은 관료가 설립하는 경우도 있고 신사나 민간인이 설립하는 경우도 있다. 이를 당시의 용어로 표현하면 관판(官辦), 관신합판(官紳合辦), 신판(紳辦), 민판(民辦) 등으로 분류할 수 있다. 관판은 지방 정부나 관료가 설립한 학교이며, 관신합판은 관료와 신사가 공동으로 설립한 학교이고, 신판은 신사가 설립한 학교이며, 민판은 민간인이 설립한 학교였다. 양자강 하류 지역인 강소성 곤산현이나 신양현의 경우에는 광서연간부터 선통연간까지 46개의 신식학당이 설립되었는데 그 중에서 39개가 지방 신사에 의해 설립되었다. 강소성 남부에 위치하고 있었던 절강성 해녕현의 경우에는 1910년부터 1911년까지 설립된 50개의 중학당과 소학당 중에서 적어도 45개가 지방 신사에 의해 설립되었다.[27)] 이는 과거제 폐지 후 지방 신사들이 신식학당 설립에 참가한 비중이 높았다는 것을 반영해 주는 수치이다.

사천성의 경우도 양자강 하류 지역인 강소성이나 절강성과 동일하게 신식학당 설립에 지방 신사가 참여하는 비율이 높았다. 사천성 쌍류현, 팽산현의 경우, 1903년부터 1911년까지 설립된 학당은 각각 38개, 35개가 있었다.

---

26) 隗瀛濤主編,『辛亥革命與四川社會』, 成都出版社, 1991, pp.212-218.
27) 汪林茂,「江浙士紳與辛亥革命」『近代史硏究』, 1993-1, p.169.

〈표 1〉 1903-1911 쌍류현, 팽산현의 신식학당의 설립유형[28)]

지역	설립자	1903	1904	1905	1906	1907	1908	1909	1910	1911	합계	
쌍류현	관판			13			1				14	38
	관신합판			2	1						3	
	신판			1		10	6	3	1		21	
팽산현	관판	1									1	35
	신판	1	2	7	4	1	1	2	7	4	29	
	민판			1						4	5	

위의 표에서 알 수 있듯이 사천성 쌍류현에서는 1905년부터 신식학당의 설립이 본격적으로 추진되었다는 것을 알 수 있고 이는 1905년에 과거제 폐지가 선포된 것과 관계가 있다는 것을 알 수 있다. 쌍류현에서는 1905년부터 1911년까지 모두 38개의 학당이 설립되었다. 이 중에서 관판 14개, 관신합판 3개, 신판 21개로 분류할 수 있다. 1905년에는 지방정부나 관료가 설립한 학교가 13개나 되었다. 하지만 1907년부터 지방 신사가 설립한 학교가 모두 21개나 되었다. 쌍류현은 대체로 지방정부나 지방 신사가 신식학당을 설립하는 비율이 높고 그 중에서 지방 신사에 의해 설립한 학교 수가 가장 많았다. 이러한 상황은 사천 모든 지역에서 동일한 형태로 나타나는 것은 아니었다. 위의 표에서 언급한 바와 같이 팽산현의 경우, 1903년부터 1911년까지 35개의 신식학당이 설립되었다. 이 중에서 관판 1개, 신판 29개, 민판 5개가 있었다. 팽산현은 지방 신사가 설립한 학교가 압도적으로 많았다. 특히 지방

28) 이 표는 民國『雙流縣志』卷2, 學校. 民國『重修彭山縣志』卷4, 學校의 기록을 토대로 작성했다.

정부에서 설립한 관판은 팽산현에 비해 그 비율이 대단히 낮다. 이는 과거제 폐지 후 각 지역에서 설립된 학교가 다양한 형태로 분포하고 있었다는 점을 반영해 준다. 다만 과거제 폐지 후 신식학당 설립에 가장 적극적으로 참여한 부류가 지방 신사였다는 점은 동일하다. 신식학당의 설립에 참여한 신사들은 학당 설립의 공로를 인정받아 관품을 수여받기도 했다. 당시 사천성에서 간행된 《광익총보》라는 신문에는 지방 신사 중에 학당 설립의 공로를 인정받아 6품관을 수여받은 인물이 공개되어 있다. 감생 출신의 장회모, 왕춘잠, 이금림이 있고 종9품함의 관함을 지닌 조중의, 부공생 출신의 이수희, 문생 출신의 용연당, 몽가상, 장천우 등을 들 수 있다.[29)]

과거제 폐지를 전후하여 신사층이 학당설립에 적극적으로 참여하게 된 것은 한편으로는 명청대 향촌사회를 주도해 온 신사층이 그들의 정치적 토대였던 과거제 폐지와 함께 학당설립에 참여함으로써 새로운 성격의 사회적 기반을 다지려는 의도로 볼 수 있고, 다른 한편으로는 유교적 지식과 덕목에 입각한 봉건교육을 탈피하여 청조의 위기상황을 극복하기 위한 구국적 차원에서 근대적인 신식교육을 강화해 나가야 할 필요성을 절실히 인식하고 있었던 것이라고 볼 수 있다.

신사들은 신식학당의 설립뿐만 아니라 신식학당의 학생으로 편입되기도 했다. 전국적인 범위에서 보면 신식학당에 입학한 학생 가운데 각 주현에 널리 설립된 소학당은 과거공명을 취득하지 못한 동생(童生)이나 민간인이 주류를 이루었다. 중학당, 고등학당,

29)『廣益叢報』第24期, 紀聞.

대학당에 입학하는 학생 중에는 종래의 지방 관학생인 생원의 비율이 매우 높다. 예컨대 수도 북경에 설립된 경사대학당 사범관의 경우, 1906년 321명의 학생 중에 거인 출신이 43명, 공생 출신이 26명, 생원 출신이 164명이었다. 이 사범관에서 1906년 졸업한 22명의 광동성 출신 중에서 18명이 신사층이었다. 1907년에 졸업한 98명 중에서 거인 출신이 14명이고 그 외는 모두 공생, 감생, 늠생, 증생, 부생 출신이었다.[30)]

중학당이나 고등학당 등과 같은 신식학당에 입학하는 신사층의 비율이 높은 것은 사천성도 예외는 아니었다. 민국시기에 간행된 사천의 지방지에는 이와 같은 상황에 대해 "1905년 과거제 폐지를 알리는 조칙이 내려지자 각 부, 청, 주현의 늠생, 증생, 부생 중에 나이가 어리고 재능이 있는 자는 모두 원대한 포부를 안고 이를 실현하기 위해 해외로 유학을 하거나 지역에 설립된 학당에 입학하여 공부하는 상황이 출현했다"[31)]고 기술되어 있는 것처럼 과거제 폐지 후 부, 청, 주현의 연령대가 낮은 생원층이 해외 유학이나 신식학당에 입학하는 상황이 많았다는 점을 반영한다. 사천지역에 설립된 신식학당 중에 성 단위의 학당을 대표하는 것은 사천성의 중심지역인 성도에 설립한 사천고등학당(四川高等學堂)이다. 사천고등학당은 1902년 사천중서학당, 존경서원(尊經書院),[32)] 금강서원

30) 桑兵,『晚淸學堂學生與社會變遷』, 學林出版社, 1995, p.155.
31) "光緖三十年詔停科擧, 於是府廳州縣廩增附三學中之年小而有才華者, 皆欲宏此遠謨, 或游學外國, 或近學省城, 凡爲學堂蒸蒸日上矣." 民國『邛崍縣志』卷4, 學校志.
32) 존경서원은 1874년 양무운동시기에 건립된 신식서원에 해당한다. 당시의 사천총독 오당, 제독학정 장지동에 의해 설립되었다. 설립장소는 성도 남교장 석지사 부근이다. 초대 원장에는 공부시랑을 역임한 설환이었다. 존경서원은 전통적인 유교 교육 뿐만 아니라 서양의 학문도 가르쳤다. 대부분의 학생은 생원 출신이었고 그들은 사천 근대 지식인 중에서 중심적 역할을 했다. 존경서원의 원장을 역임한 유명한 인물로는 왕개운, 송육인 등이 있다. 존경서원 출신 중에 유명한 인물로는 무술육군자 중의 한 명인 양예를 필두로 오옥장, 장란, 낙성양 등이 있다.

이 합병하여 사천통성대학당(四川通省大學堂)으로 설립되었다. 그 후 청조는 수도 북경의 경사대학당을 제외하고 모든 각 성의 중심도시에 설립한 학당은 고등학당으로 개칭했다. 대학당이라는 명칭은 북경대학의 전신이라고 할 수 있는 경사대학당만 사용했다. 각 성에 설립한 고등학당은 현재 각 성을 대표하는 대학교의 전신에 해당한다. 사천고등학당도 현재 사천을 대표하는 대학인 사천대학교[33]의 전신이다. 사천고등학당은 신해혁명 후 사천관립고등학교로 개칭되었다. 사천고등학당이 설립될 초기 단계의 학생 구성을 보면 아래 〈표 2〉와 같다. (일반연령 25-30세)

〈표 2〉 1907-1908년 사천고등학당의 학생구성[34]

	늠공생	부공생	감생	늠생	증생	부생	문생	합계 (백분율)
우급이과사범 제3년제2기			8 (40.0)		3 (15.0)	9 (45.0)		20 (100%)
고등학당 보통갑반	1 (2.1)	1 (2.1)	10 (20.8)	7 (14.6)	4 (8.3)	25 (52.1)		48 (100%)
고등학당 보통을반			4 (12.1)	5 (15.2)	2 (6.1)	21 (63.7)	1 (3.0)	33 (100%)
우급이과사범 보통반	1 (2.1)	1 (2.1)	10 (20.8)	7 (14.6)	4 (8.3)	25 (52.1)		48 (100%)
고등정과 제1류			8 (50.0)	1 (6.3)	1 (6.3)	6 (37.5)		16 (100%)
고등정과 제2류			2 (16.7)			10 (83.3)		12 (100%)

33) 사천대학교는 1931년 11월 국립성도대학, 국립성도사범대학, 공립사천대학이 합병해서 성립되었다.

34) 隗瀛濤主編, 『四川近代史稿』, p.473의 표를 재구성하였음.

위의 〈표〉에서 보는 것처럼 1907부터 1908년까지 사천고등학당에 입학한 학생은 모두 생원, 감생, 공생 등과 같은 과거공명을 지닌 신사층이었다. 그 중에서 부생의 비율이 가장 높고 그 다음이 감생, 늠생 순이다. 공생은 부생이나 감생에 비해 그 비율이 낮다. 이는 공생이 수적인 측면에서 부생이나 감생에 비해 적은 것과도 일정한 관계가 있다. 주목할 만한 점은 각 성의 가장 중심적인 역할을 한 고등학당이 설립되었을 초기 단계에는 대체로 과거공명을 지닌 신사층이 입학했다는 점이다. 이는 과거제 폐지 후 종래의 국립학교 학생들이 신식교육을 위해 설립된 신식학교에 재입학한 것으로 이해해도 무방하다. 관료 진출 시스템의 변화로 인해 교육 시스템이 변화되었고 여기에는 교육과정의 변화와도 밀접한 관계가 있었다.

생원이나 감생 출신이 고등학당에 편입하는 비율이 높다는 점을 주현 단위의 지역적인 범주에서 검토해 보면 아래 〈표 3〉과 같다.

〈표 3〉 공래현 하층신사의 고등학당편입

현명	성명	공명	학당명	신공명	관직
공래현	진국번	부생	사천고등정과	거인	칠품소경관
	장치례	부생	사천고등정과	거인	주판(州判)
	오보란	부생	사천고등정과	거인	주판(州判)
	장치통	부생	사천우급사범과	거인	
	유범주	감생	사천우급사범과	거인	
	단반급	부생	사천고등정과	거인	
	계종맹	부생	사천고등정과	거인	

35) 이 표는 民國『邛崍縣志』卷4, 學校志의 기록을 토대로 작성했다.

위의 표에서 알 수 있듯이 공래현 출신의 하층신사인 부생 진국번, 부생 장치례, 부생 오보란, 부생 단반급, 부생 계종맹 등 5명은 사천고등학당 정과에 입학했다. 부생 장치통, 감생 유범주 등 2명은 사천고등학당 우급사범과에 입학했다. 민국시기에 간행된 《공래현지》의 기록을 토대로 하면 사천고등학당에 입학한 신사층 중에 부생 출신이 가장 많은 비율을 차지하고 있다. 이들은 사천고등학당 졸업 후 모두 신식학당 출신자에게 수여하는 신공명(新功名)[36]을 획득했다. 이들은 기본적으로 생원 이상의 자격을 지닌 과거공명층이었기 때문에 신공명을 수여할 때는 과거제 하에서 향시 합격자에게 수여한 거인 자격을 수여했다. 주현 단위의 학생들에게 신공명이 수여된 실상을 알 수 있는 좋은 정보이기도 하다. 신공명 거인 자격을 획득한 학생 중에서 진국번, 장치례, 오보란은 각각 7품소경관이나 지방관인 주판(州判)[37] 직위를 획득하기도 했다. 이는 신식학당 중에서 고등학당 졸업자가 졸업 후 관직을 얻는 사례 중의 하나이기도 하다.

생원이나 감생과 같은 하층신사들이 중학당에 입학하는 사례는 고등학당에 입학하는 사례보다 많지는 않고 일반적인 상황은 아니었다. 생원층 중에 나이가 어린 경우에는 종종 부(府) 단위에 설립된 중학당에 입학하는 경우가 있었다. 중학당은 일반적으로 주현의 상위단위인 부 단위에 설립된 신식학당이다. 중학당에는 하층신사 출신보다는 일반민 출신이거나 종래 과거제 하에서 지방관학

36) 신공명은 과거제도를 통해 획득하는 진사, 거인, 공생, 감생, 생원과 같은 과거공명과는 달리 신식학당이나 해외 유학생 등의 출신자에게 수여하는 공명을 지칭한다. 명칭은 과거공명과 큰 차이는 없었지만 과거제도를 통해 공명을 수여하는 것이 아니기 때문에 신공명이라고 했다.

37) 州判은 州의 장관인 知州의 佐官으로 품계는 종7품이었다. 직례주의 주판이고 있고 산주의 주판이 있다.

의 수험생이었던 동생 출신이 입학하는 비율이 높다. 사천 전체 지역에서 하층신사 출신 중에 중학당에 입학하는 사례를 찾는 것은 대단히 어렵다. 이는 하층신사가 중학당에 입학하는 비율도 낮기 때문이다. 필자가 파악한 사천 혁명파신사 120명 가운데 현재의 중경에 해당하고 당시에는 중경부 관할의 파현지역 출신자이며 하층신사였던 석청양이 중경부중학당에 입학한 사례를 포착할 수 있었다.[38] 석청양은 훗날 동맹회 성립 후 동맹회에 가입하여 사천 신해혁명에도 일정한 기여를 한 인물이었다. 하층신사들이 신식학당의 학생으로 입학하는 경우는 대체로 성 단위의 중심지역에 설립된 고등학당에 입학하는 비율이 가장 높다고 이해해도 무방하고 중학당이나 소학당에 하층신사가 입학하는 비율은 매우 낮았다고 볼 수 있다.

신식학당에는 일반학당 외에 전문적인 분야를 학습하는 전문학당도 설립되었다. 사천에는 여러 종류의 전문학당이 설립되었다. 법학 분야의 전문가를 양성하는 학당이 법정학당[39]이었다. 사천에서 설립된 법정학당에 신사층 출신자에게 입학을 허가한 학당도 설립되었다. 이를 신반법정학당(紳班法政學堂)이라고 하는데 이 학당은 1906년에 설립되었다. 1905년에 과거제가 폐지되었는데 1906년에 신반법정학당이 설립되었다는 것은 과거제 폐지 직후에 일반

38) 民國『巴縣志』卷10, 人物.

39) 法政學堂이 중국에서 처음 설립된 것은 1905년 6월 직례얼서법정학당이다. 이어 11월 보정에 직례법정학당, 광동성 광주에 광동법정학당이 설립되었다. 1905년 9월은 과거제도가 폐지된 시기였다. 법정학당의 설립 초기에는 후보관원이나 거인, 공생, 생원 등과 같은 신사들이 입학하는 비율이 높았다. 1908년 9월에 법정학당 졸업자에 대한 장려 규정이 제정되어 졸업자 중에는 관직을 수여받기도 했다. 사천성에 설립된 대표적인 법정학당에는 1906년에 설립된 관반법정학당과 신반법정학당을 들 수 있다. 관반법정학당은 8품이상의 관료들에게 입학을 허가했고 정원은 60명이었다. 신반법정학당은 각 주현의 거인, 공생, 감생, 생원 등의 신사들에게 입학을 허가했고 정원은 240명이었다.

학당 외에 전문학당이 설립되었다는 것을 반영한다. 학당 명칭에서 알 수 있듯이 이 학당은 과거공명을 소지한 학생들에게 입학을 허가했기 때문에 각 주현의 거인, 공생, 감생, 생원 자격을 지닌 자들이 입학했다.[40] 이들은 과거공명을 소지한 신사층이자 신식학당에 입학한 학생이었기에 당시의 기록에는 이들을 공부하는 신사라는 의미를 지닌 학신(學紳)으로도 표현했다. 신반법정학당의 학생들은 설립 초기에는 대부분 신사층 출신이 중심을 이루었지만 점차 과거공명을 소지하지 않은 일반인에게도 신반법정학당의 문호가 열린 것으로 보인다. 이는 영현 출신이자 동맹회원인 주국경이 과거공명을 소지하지 않은 인물이었지만 신반법정학당을 졸업한 사례를 통해서도 알 수 있다.[41] 일반학당이든 전문학당이든 초기에 하층신사들을 중심으로 구성된 신식학당도 과거제 폐지 후 과거공명층을 확보할 수 없는 상황으로 전개되면서 대부분의 학당들이 점차 일반인에게 입학을 허용할 수 밖에 없었다는 것은 당연한 일이기도 했다.

법정학당 외에 주목할만한 전문학당으로는 순경학당(巡警學堂)을 들 수 있다. 순경학당은 근대적인 경찰을 양성하기 위한 교육기관이었다. 순경학당은 과거제가 폐지된 해인 1905년에 수도 북경에서 처음 설립되었다. 이어 각 성의 중심도시와 각 부, 주, 현에도 설립되었다. 순경학당은 지역마다 명칭이 달라 경무학당, 경찰학당으로 칭하기도 했다. 고등순경학당은 일반적으로 각 성의 중심지에 설립되었고 3년 과정이있다. 설립 초기에는 대체로 거인, 공생, 생원 등의 과거공명을 소지한 신사가 대다수를 차지했고 중학당

40) 隗瀛濤主編, 『辛亥革命與四川社會』, 成都出版社, 1991, p.232.
41) 隗瀛濤·趙淸主編, 『四川辛亥革命史料』 (下), 四川人民出版社, 1982, p.280.

졸업자도 입학이 가능했다. 신사 중에는 생원이 가장 많기 때문에 순경학당에도 생원 출신이 많았다. 사천에 순경학당이 설립되는 시기는 1908년이었다. 1908년 사천성 성도에 고등순경학당이 설립되었는데 신식학당 가운데 특수한 학교이기도 했다. 이 학당은 반드시 신사층만 입학한 것은 아니었다. 하층신사가 입학한 사례를 지방지의 기록을 통해 확인할 수 있다. 선한현의 경우, 하층신사인 문생 석곤옥, 문생 염준서, 문생 나극물, 문생 이수자 등이 고등순경학당 졸업자였다.[42] 고등순경학당 외에도 경찰 양성 교육기관으로 성도 경찰전습소(警察傳習所)가 있다. 이 학당에도 하층신사 출신자가 입학한 사례를 포착할 수 있는데 한원현의 경우, 하층신사인 문생 나응문, 문생 주정남 등이 성도 경찰전습소 출신이었다.[43] 선한현, 한원현의 사례를 통해 보더라도 순경학당 졸업자 중의 신사는 거인이나 공생보다는 대체로 생원 출신이라는 점을 알 수 있다.

법정학당이나 순경학당 외에도 근대적인 군사 인재를 양성하기 위한 군사학당이 사천에도 설립되었다. 근대 중국에서 최초의 군사학당이라 할 수 있는 것은 1885년 천진에서 이홍장이 설립한 북양무비학당[44]이었다. 북양무비학당은 훗날 북양군벌의 거두로 알려진 단기서, 풍국장, 조곤, 왕사진 등을 배출한 학당이었다. 무비학당은 양무운동시기에 양무운동을 추진하는 과정에서 설립되었

---

42) 民國『宣漢縣志』卷12, 人物志1.
43) 民國『漢源縣志』卷5, 武備志上.
44) 北洋武備學堂은 천진에서 설립되었기에 천진무비학당이라고도 했다. 직례총독이자 북양대신 이홍장이 양무운동을 추진하는 과정에서 설립했다. 중국 최초의 근대적인 군사학당이라고 할 수 있다. 1889년 북양무비학당에서는 이 학교의 출신인 단기서, 오정원, 상덕전 등 5명을 독일에 국비로 유학을 보내 서구의 군사기술을 습득하게 했다.

기에 양무학당을 대표하는 교육기관이었다. 이에 1900년 이전에 이미 전국 각지에는 무비학당이 설립되었다. 사천을 대표하는 군사학당으로는 사천무비학당(四川武備學堂)[45]을 들 수 있다. 사천무비학당은 1902년 2월 사천총독 잠춘훤(岑春煊)이 재임할 때 성도 북교장(北校場) 인근에 설립되었고 정원은 200명이었다. 본과, 준본과, 속성과 등 3반으로 운영되었다. 그 중에서 본과와 준본과의 입학생은 대체로 사천성 출신 및 타성 출신의 거인, 공생, 생원, 감생 등 신사 출신을 모집했고 일부 부유층 자제도 있었다.[46] 과거제 폐지를 전후하여 설립된 이러한 군사학당에도 생원을 중심으로 하는 하층신사가 입학하는 비율이 높았다. 그 외의 군사학당으로는 사천육군변목대(四川陸軍弁目隊)가 있다. 사천육군변목대는 1906년 사천총독 석량(錫良)이 재임할 때 설립되었다. 이 학당의 입학생은 모두 780여명이 있었는데 10여명의 생원 출신도 포함되어 있었다.[47]

이처럼 일반학당 외에 법정학당이나 경찰학당, 군사학당 등과 같은 특수학당에 입학한 신사들이 존재했다는 것은 신사들의 활동 방향의 변화를 나타내준다. 과거체제 하에서 종래의 독서인층은 지방관학이든 중앙관학이든 학교에 입학하고 그 곳에서 일정한 자격을 취득한 후 성 단위에서 시행하는 향시를 거쳐 최종적으로 중앙에서 시행하는 회시, 전시를 통과하여 관직으로 진출했다. 하지

---

45) 사천성의 군사학당에는 사천무비학당 외에 사천육군변목대, 사천육군속성학당 등이 설립되었다. 사천무비학당 출신 중에 유명한 인물로는 동맹회원 팽가진 등이 있다. 사천군벌을 대표하는 인물 중에는 사천육군속성학당이나 사천육군변목대 출신이 다수를 차지했다. 대표적인 인물로는 유상, 양삼, 반문화 등이 있다.

46) "爲示諭投孜事. 照得川省於上年欽奉諭旨, 建設武備學堂, 去年二月內, 經前署總督部堂岑示諭, 招孜閤省及客籍舉貢生童幷綠營將弁駐防旗生等, 共取四百名, 內計正取二百名" 『四川官報』 甲辰, 第3冊, 新問.

47) 四川省文史研究館, 『四川軍閥史料』 第1輯, 四川人民出版社, 1981, p.6.

만 과거제 폐지 후 신사층은 일직선상으로 나아가던 관직진출의 문호가 폐쇄되고 다양한 경로를 통해 관직으로 진출할 수도 있었고 관직으로 진출하지 않아도 종전보다는 다양한 경로를 통해 그들의 활동반경을 넓히고 있었다는 점을 교육제도나 관료선발제도의 변화를 통해 알 수 있다.

신사들은 신식학당에 입학하여 학생의 자격을 취득하기도 했지만 동시에 신식학당의 교원으로 활동하기도 했다. 신식학당의 교원으로 활동한 신사들은 학생으로 입학한 신사보다 일반적으로 연령이 높고 학식이 뛰어난 자들이라고 볼 수 있다. 사천성의 각 지역에서 설립된 신식학당에 신사들이 교원으로 활동한 사례는 다양한 지역에서 확인할 수 있다. 1906년 초 곽말약이 낙산현 고등소학당에 입학했다. 당시 이 학당의 교원들은 모두 신사 출신으로 알려져 있다. 학당의 교장에 해당하는 감독에는 거인 출신의 진제민, 교감에 해당하는 학감에는 부공생 출신의 역서위, 교사에 해당하는 교습에는 늠생 출신이자 국비 일본 유학생 출신인 사평균과 늠생 출신인 유서림이 담당했다. 낙산고등소학당의 교원 4명 모두 과거공명을 소지한 신사였으며 후에 2명의 교습이 증원되었는데 증원된 교습에는 늠생 출신이자 일본 유학생 출신인 두소당과 늠생 출신이자 성도고등학당 졸업자 출신인 왕조당으로 충원되었다.[48] 여기서 주목할만 점은 교사에 해당하는 교습에는 과거제 하의 과거공명을 소지한 자들 중에 일본 유학의 경험이 있거나 고등학당 졸업자들로 충원되었다는 점이다. 이는 신식학당의 교육과정이 전근대 교육과정과는 달랐기 때문에 신식교육의 경험이 있는

48)「我的童年」『郭沫若選集』1卷 (上冊), 四川人民出版社, 1979, pp.64-77.

자들을 신식학당의 교사로 임명할 수 밖에 없었던 상황과 관련성을 지니고 있었다. 아울러 교장에 해당하는 감독에는 거인 출신이, 교감에 해당하는 학감에는 공생 출신이 충원되었는데 이들은 상층신사에 해당한다. 교사들은 대체로 생원 출신 중에서 신식교육의 경험이 있는 자들을 중심으로 충원된 것이었다. 사천 각 지역에서 설립된 신식학당의 감독과 학감에 거인이나 공생 이상의 상층신사들로 충임되는 정황을 확인하기 위해서는 민국시기에 간행된 지방지의 기록을 통해서도 많은 사례들을 확인할 수 있다.

신식학당의 교사에 해당하는 교습 출신자들은 생원 등의 하층신사 중에서 해외에 유학경험이 있거나 신식학당 졸업자들로 충원되었다는 점을 앞의 사례를 통해서 확인할 수 있었지만 당시 각 주현에서는 신식학당의 교사 중 소학당의 교원들을 양성하기 위해 사범전습소(師範傳習所)가 설립되었다. 사범전습소는 당시 신식학당에서 학생들을 가르치는 교사의 충원에 큰 역할을 담당했다. 사천성에서 사범전습소가 각 주현에서 설립되기 시작한 것은 과거제가 폐지되기 전인 1903년이다. 과거제가 폐지된 후 신식학당이 각 지역에서 광범위하게 설립되면 구식교육을 받은 인재들로 교원에 충원하기 어렵기 때문에 신식학당의 교원에 적합한 인재가 필요했고 적어도 과거제가 폐지되기 전까지 사범전습소 출신의 인재들이 필요했다. 이에 따라 1903년부터 1905년까지 사천성 전역에 110개의 사범전습소가 설립되었다. 사범전습소의 학생들은 대체로 생원 출신의 학생들로 채워졌다. 각 주현에 설립된 사범전습소의 학생이 하층신사였다는 점을 반영하는 대표적인 기록은 해당 시기에 관한 정보를 제공해 주는 지방지를 활용할 수도 있고 교육 관련 각종 자료를 검토할 수도 있다. 십방현의 지방지에는 초등소학당이 설립되면 이 학당의 교원들이 부족한 상황이 나타나기 때문에 초등소학당 설립 전에 사범전습소를 설립하여 교사를 양성했다는 기록이 있다. 사범전습소의 학생들은 생원 출신 60명을 선발했다.[49] 신식학당의 교사를 양성하는 사범전습소의 학생들은 대체로 과거 공명을 소지한 하층신사들이 중심이었다는 점을 십방현이라는 지역의 사례를 통해서 확인할 수 있다. 이는 사천성의 일개 지방인 십방현에서만 나타나는 특수한 상황은 아니고 사범전습소가 설립될 초기에는 대체로 하층신사들이 사범전습소에 입학하여 교원의 자격을 취득하는 것이 일반적이었던 것으로 생각된다.

신사들이 국내에 설립된 신식학당의 학생이 되거나 신식학당의 교원이 되는 사례를 통해 알 수 있는 점은 구식교육을 받은 신사들이 신식교육에서도 대단히 중요한 역할을 했다는 것이다. 동시에 신사들은 국내에서만 활동한 것이 아니라 해외에서 근대적인 교육을 받기 위해 해외 유학의 길을 선택하기도 했다. 중국 전역에서 해외유학생이 급증하는 시기는 대체로 1900년대 초기부터이고 특히 과거제 폐지를 전후하여 해외유학생의 수는 급격하게 증가했다. 사천지역에서도 해당 시기에 해외로 유학하는 학생들의 수가 급증했다. 1901년 사천에서 일본유학생 22명을 지방정부에서 처음 파견했다. 1906년 전국 유학생은 8,000여명이었다. 당시 사천성 출신의 유학생은 800명이었다. 전국 해외 유학생 중 10%를 차지했다.[50]

각 주현에서 간행된 민국 연간의 지방지에는 해외로 유학한 학

49) "淸光緖二十九年春間, 奉文各鄕初等小學限明年一律成立, 因師資缺乏, 故先設師範傳習所, 以養成合格敎師, 就學堂所買萬壽寺內設立, 由小學堂總理兼辦, 招考內外庠六十名, 入所肄業." 民國『重修什邡縣志』卷6, 學校.

50) 隗瀛濤, 「四川保路運動是一場早期現代化運動」『文史雜志』2001-6, p.5.

생들의 명단을 등재해 두는 사례도 발견할 수 있다. 예컨대 공래현의 경우, 늠생 출신의 하층신사인 민홍주는 광서 30년(1904년) 국비유학생으로 선발되어 일본으로 유학했고, 부생 출신의 하층신사인 채가열은 광서 31년(1905년) 국비유학생으로 선발되어 일본으로 유학했다. 부생 출신인 낙구성은 광서 32년(1906년) 자비로 일본으로 유학했다.[51] 공래현 외에 대죽현의 경우에는 거인 출신의 상층신사인 진숭기, 늠생 출신의 하층신사인 장운봉, 부생 출신의 당동봉, 공생 출신의 하휘방이 일본으로 유학한 해외유학생으로 대죽현 지방지에 등재되어 있다.[52]

어떤 자료에 의거하면 사천 출신의 신사가 해외유학생으로 대량 파견되는 시기는 1904년이다. 1904년 국비로 일본에 파견되는 학생은 모두 139명이고 그 중에서 생원 이상의 과거공명을 지닌 신사가 127명이다. 자비로 일본에 유학한 학생은 모두 19명인데 그 중에서 생원 이상의 과거공명을 소지한 신사가 13명이었다.[53] 1904년은 과거제가 폐지되기 바로 직전이고 사천에서 해외로 유학한 학생들은 기본적으로 과거공명을 소지한 신사들이 중심이었다는 것을 알려주고 있다. 물론 이는 과거제 폐지를 전후한 시기에 해당된다. 1900년대 초기에는 대체로 신사층이 해외로 유학하는 비율이 높다고 이해할 수 있다. 다만 과거제가 폐지된 후부터 과

---

51) 民國『邛崍縣志』卷4, 學校志.

52) 民國『續修大竹縣志』卷8, 選擧志, 高等畢業. 사천성 신사의 해외 유학생 수는 자료상의 한계로 정확한 수치를 알 수 없으나 신사층의 해외 유학 현황을 기록하고 있는 민국시기에 간행된 지방지에는 1개 縣에 적게는 2-3명 정도, 많게는 10여명 정도의 신사층이 해외 유학생 출신자로 기록되어 있다. 청말 사천성은 약 140개 주현으로 구성되어 있었는데 1개 縣에 평균 5명을 기준으로 계산하면 약 700여명의 신사층이 해외 유학생 출신자라는 수치를 얻을 수 있다. 다만 신사를 포함한 전체 해외 유학생 수는 수만 명에 달했다.

53)『四川官報』甲辰, 第10冊, 公牘.

거제 하의 과거공명 출신자들의 배출이 종료되고 신식교육을 받거나 신식교육을 받아야 하는 학생층이 일반민으로 점차 확대되기 때문에 해외유학생은 기본적으로 신사층이었다고 판단하는 것은 오해의 소지가 있다는 점을 간과해서는 안 된다.

해외 유학생은 국비 유학생과 사비 유학생으로 나눌 수 있다. 국비 유학생 중에서 반청단체인 동맹회에 가입하는 학생들도 볼 수 있다. 이 중에서 하층신사의 자격을 지닌 자가 국비로 일본에 파견되면 대체로 반청단체에 가입하는 비율이 높지는 않다. 사천지역에서 하층신사에 해당하는 자가 국비로 일본에 파견되어 반청단체인 동맹회에 가입하는 인물을 모두 파악하기는 사실상 불가능하다. 필자가 사천 전 지역에서 파악한 인물 중에는 6명의 인물이 신사 출신이자 국비유학생 출신으로 동맹회에 가입한 것을 확인할 수 있었다. 늠생 진금용, 문생 경창운, 늠생 동헌장, 늠생 증기서, 부생 도덕분, 문생 진도순이다. 교육제도나 과거제도와 관련성을 지니고 있었던 신사들의 활동 영역에서 신식교육과 관련성을 지니고 있었다는 점을 확인하는 것은 어렵지 않고 이들이 교육과 관련된 활동을 하는 것은 당연한 것이었다.

신사 중에는 근대 기업의 설립에도 적극적으로 참여했다. 웨이잉타오(隗瀛濤)의 연구에 의하면 사천에서 1891부터 1911년까지 설립된 기업은 모두 119개이다. 이 중에서 1891년부터 1900년까지 설립된 기업은 11개이고, 1901년부터 1911년까지 설립된 기업은 모두 108개이다. 119개의 기업 중에서 지방정부나 관료가 설립한 것이 7개, 관료와 상인이 연합하여 설립한 것이 3개, 상인이 설립한 것이 109개였다.[54] 웨이잉타오의 연구를 통해 알 수 있는 것은 20세기초부터 사천지역에서 설립된 기업은 대체로 민간인 출신이 중심이 되었다는 것을 의미한다. 웨이잉타오는 관료가 설립한 것을 관판, 관료와 상인이 연합하여 설립한 것을 관상합판, 상인이 설립한 것을 상판으로 분류하여 기술했다. 다만 그의 연구에서 기술하고 있는 상인이라는 의미 속에는 민간인 출신의 상인 뿐만 아니라 신사 출신의 상인까지 포함되어 있다. 이는 사천에서 설립된 기업의 유형을 보다 세분화시켜 표현하면 관판, 관신합판, 관상합판, 신판, 상판 등으로 분류할 수 있다는 것을 의미한다.

109개의 상판기업 중에는 신사가 참여한 경우도 확인이 되는데 아래 〈표 4〉와 같다.

54) 隗瀛濤主編, 『四川近代史稿』, 四川人民出版社, 1990, pp.229-245.

〈표 4〉 신해혁명전 사천 신사의 기업설립[55)]

설립시기	소재지	기업명	설립자	비고
1891	중경	삼창화시창	신사 등휘적, 등효가	입헌파
1899	중경	사합공사	거인 문동은	
1901	중경	유원포창	거인 손영 등	
1902	동천	비농사창	생원 진완계	
1903	중경	양해산화시창	생원 양해산	
1904	중경	동화화시공사	생원 변소오(변재)	혁명파
1905	중경	부천제지공사	문생 진숭공	혁명파
1905	나강	대곽산매광	신사 이모씨 등	
1905	악지	병서사창	생원 주병강	혁명파
1905	중경	부천조지창	문생 진숭공	혁명파
1905	강진	성중포창	생원 진방치	
1906	점강	대동영매광	신사 오모씨	
1906	합천	잠상공사	거인 장삼해	입헌파
1907	평무	평무석흑창	신사 허모씨	
1907	파현	대하와요공사	공생 진조우	
1907	봉절	보화매광공사	신사 등효가	입헌파
1908	합천	경위사창	거인 장삼해	입헌파
1908	중경	혜풍제혁공사	생원 온우송	혁명파
1908	중경	촉미사창	생원 석청양	혁명파
1908	성도	권업장발전부	생원 번공주	입헌파
1908	중경	촉천전등창	신사 유패고, 조자생	
1909	성도	인리리직포창	생원 번공주	입헌파
1909	강북	강북청매광	신사 양조걸 등	
1909	성도	계명전등공사	우공생 진양천	
1909	합강	합강매광	거인 유국은	
1909	성도	천전은광 천성실업공창	생원 오천성	
1910	성도	창복인쇄공사	생원 번공주	입헌파
1910	중경	욱동사창	생원 온우송	혁명파
1910	천남	영리공사	신사 나정, 주지홍, 장배작 등	혁명파

〈표 4〉에서 나타나듯이 신해혁명전 사천신사의 기업설립은 약 30개 정도이다. 청일전쟁후부터 신해혁명전까지 강남지역인 강소성, 절강성 2개 성에서 신사는 적어도 50-60여개의 기업을 설립했다.[56] 강소성이나 절강성과 비교해 볼 때 사천성의 신사가 참가한 기업 설립 수도 큰 차이를 보이는 것은 아니다. 다만 강소성이나 절강성은 경제적 선진지역이고 상업이 사천보다 발달한 지역이다. 강절지역에는 장건, 심운패, 허정림 등과 같은 대실업가가 활동했고 기업의 규모도 사천지역에 비해 강절지역에서 설립된 기업이 대체로 크다. 사천 신사가 기업을 설립한 것을 보면 사천에서 상업이 발달한 중경 중심의 천동지역 출신의 신사들이 기업 설립에 참가하는 비율이 다른 지역에 비해 높다. 이는 기업의 설립은 상업의 발달과 일정한 관련성을 지니고 있다는 것을 의미한다. 사천지역에서 신사들이 설립한 기업은 대체로 기계 공업 등과 같은 중공업으로 분류할 수 있는 기업보다는 방직, 제지, 잠상 등과 같은 경공업으로 분류할 수 있는 기업의 비율이 높다.

사천 신사 중에 기업을 설립한 인물들을 보면 정치적으로는 입헌파로 분류할 수 있는 인물도 있고 혁명파로 분류할 수 있는 인물도 있다. 혁명파 가운데 기업 설립에 참가한 인물을 보면 장배작, 주지홍, 변재, 진숭공, 석청양, 온우송 등을 들 수 있다. 혁명파 신사들은 혁명 활동 외에도 기업의 설립에 참가하여 혁명 자금을 모집하거나 기업을 혁명 활동의 근거지로 활용하기도 했다. 현

55) 〈표 4〉는 隗瀛濤主編, 『四川近代史稿』의 〈1891-1911年四川近代資本主義企業統計表〉를 기초로 재작성한 것이다. 그 외 『重慶文史資料』, 第23輯, p.184; 『岳池縣志』, 人物, p.558; 『四川近現代人物傳』 5輯, p.192; 『辛亥革命與四川社會』, p.323; 『四川辛亥革命史料』 (下), p.343의 기록도 참고하여 이 표를 작성했다.

56) 汪林茂, 「江浙士紳與辛亥革命」 『近代史研究』, 1993-1, p.164.

재까지 신해혁명기 중국 전역에서 혁명파 출신의 신사들이 기업을 설립하는 양상을 종합적으로 검토한 연구는 거의 없는 상황이기 때문에 혁명파 신사들의 기업 설립을 종합적으로 해명할 수는 없고 사실상 그러한 연구를 진행하려면 각 지역별 연구가 선행되어야 한다. 본고에서 사천지역에서 활동한 혁명파 신사들이 기업 설립에 참가한 현황을 검토한 것도 지역적인 차원에서 해명된 측면도 있지만 중국 전 지역의 혁명파 신사들의 기업 설립 상황을 이해하는 데 일정한 도움을 줄 수 있을 것으로 생각된다.

신해혁명기 사천 신사들의 다양한 활동 상황은 기업 설립 외에 신문, 잡지와 같은 근대적인 언론 매체를 통해 자신의 정치적 견해를 표출하기도 했다. 사천지역 출신의 신사가 신문이나 잡지를 간행하는 데 일정한 역할을 한 상황은 아래 〈표 5〉와 같다.

〈표 5〉 사천 신사의 신문, 잡지의 발행[57)]

명칭	간행시기	발행인	참가자
유보	1897	진사 송육인	거인 반청음, 거인 매제순
촉학보	1898	진사 송육인	공생 오지영, 진사 요평
유주신문	1898	거인 반청음	
산학보	1900	생원 부초촌	
계몽통속보	1901	생원 부초촌	
광익총보	1903	생원 주온장, 생원 양서감	
중경일보	1904	생원 변소오(변재)	
견성	1905	생원 뇌철애 등	
통속일보	1906	생원 부초촌	
사천	1907	오옥장	생원 뇌철애
촉보	1910	진사 포전준, 생원 주산	
사천보로 동지회보고	1911	거인 나륜	생원 등효가 등
서고보	1911	자의국의원 지량구	
평론보	1911	생원 주산	

위의 표를 통해 알 수 있듯이 사천에서 근대적인 최초의 신문이 간행되는 시기는 1897년이다. 이 시기는 변법운동이 고조되고 있던 시기이고 동시에 넓은 의미에서는 신해혁명기에도 포함되는 시기이다. 1897년에 간행된 사천 최초의 근대적인 신문은 진사 출신이자 사천 변법파를 대표하는 인물인 송육인(宋育仁)[58]이 간행한 《유보(渝報)》[59]이다. 유보라는 용어는 중경을 지칭하는 용어가 유(渝)이기 때문에 중경에서 간행한 신문을 의미한다. 중경을 통과하는 강에는 장강(長江)이 있고 장강의 지류인 가릉강(嘉陵江)도 있다. 가릉강을 유수(渝水) 혹은 낭수라고도 했다. 이 때문에 중경을 간단하게 부를 때는 유(渝)라고 했다. 유보의 간행은 입헌파 신사인 송육인이 중심적인 역할을 했지만 참가자의 명단을 보면 사천 혁명파 신사인 매제순도 이 신문의 간행에 참가했다.[60] 혁명파가 중심이 되어 간행한 신문, 잡지도 있는데 《광익총보(廣益叢報)》,[61] 《중

---

57) 위 표는 隗瀛濤主編, 『辛亥革命與四川社會』, p.312의 "四川近代知識人의 報刊發行表"를 기초로 재작성하였다. 발행인과 참여인의 공명은 필자가 추가했다. 潘清蔭의 功名은 民國『巴縣志』卷8, 選擧의 기록을 토대로 했다.

58) 宋育仁은 1857년 사천성 부순현에서 출생했다. 1876년 장지동이 창건한 존경서원에 입학했다. 존경서원은 당시 사천성에서 가장 진보적인 인물을 많이 배출한 곳이기도 했다. 특히 사천의 대표적인 변법운동가들은 존경서원 출신이 많았다. 예컨대 송육인, 양예, 요평, 오지영 등을 들 수 있다. 1886년 진사가 되어 한림원서길사, 한림원검토 등의 관직을 역임했다. 1895년 강유위가 조직한 강학회에도 참가했다. 그는 변법운동시기에 변법사상의 전파를 위해 다양한 활동을 전개했다. 그 중의 하나가 신문의 간행을 통해 변법사상을 전파하고자 했다.

59) 渝報는 중경에서 송육인이 창간한 신문으로 10일마다 간행하는 순보의 형식으로 간행되었다. 유보는 변법사상을 전파하는 데 큰 역할을 한 신문이었다. 유보의 간행은 송육인이 성도의 존경서원에 부임하기 전인 1898년 4월 15期의 간행을 끝으로 정간되었다. 하지만 송육인이 성도에서 1898년 5월 蜀學報를 간행했기 때문에 촉학보는 유보의 연장선상에서 간행된 신문이었다.

60) 民國『巴縣志』卷7, 學校.

61) 《廣益叢報》는 1902년 사천 혁명파 신사 양서감, 주필겸(온장) 등이 창간한 신문이다. 광익총보는 후에 동맹회중경지부의 기관지 역할을 했다. 사천성을 대표하는 혁명파 계열의 신문에 해당한다. 안중근 의사의 의거를 소재로 한 희곡으로 알려진 〈亡國恨傳奇〉가 광익총보에도 게재된 것이 국내에 알려진 바 있다.

경일보(重慶日報)》, 《견성(鵑聲)》,[62] 《사천(四川)》[63]이 대표적이다. 이 중에서 사천 혁명파신사가 간행한 대표적인 신문으로는 《광익총보》, 《중경일보》를 들 수 있다. 《촉보》와 《사천보로동지회보고》는 사천 입헌파 영수인 포전준, 나륜에 의해 각각 발행되어 입헌파 신사가 간행한 대표적인 신문에 해당한다.

신해혁명기 사천 출신의 신사들은 신정을 전후하여 설치되거나 증설된 지방 정부의 각 공국(公局)에서도 활동했다. 사천지역에 설치된 대표적인 공국으로는 여주의 전검관운총국, 부주의 통성토세총국이 있고 이는 지역에 설치된 공국이다. 그 외 발심국, 채방통성충효절의총국, 통성이금총국, 통성방군영무처, 성성보갑총국, 주향총국, 기기국, 은원총국, 통성학무처, 경찰총국, 계안관운염무총국, 사천천한철로공사, 관보서국, 상무총국, 광무총국, 표연총국, 주진총국, 경징총국, 권공총국, 청리재정국, 관고총국 등은 모두 사천성의 중심 지역인 성도에 설치된 공국이었다.[64] 성도에 설치된 총국 외에 각 주현에는 분국이 설치되었다. 이러한 공국의 총국이나 분국에 신사들이 활동한 정황을 통해 지방 신사들은 지방 정부의 업무에도 참가하여 지방에서 관치를 보좌하는 역할을 수행하고 있었음을 알 수 있다.[65)

---

62) 《鵑聲》은 사천성 부순현 출신의 혁명파 신사 뇌철애가 일본 동경에서 간행한 잡지이다. 뇌철애가 주필을 담당했다.

63) 《四川》은 1907년 사천성 영현 출신의 혁명파 吳玉章과 부순현 출신의 뇌철애가 일본 동경에서 간행한 잡지이다.

64) 周詢, 『蜀海叢談』 卷2, 各局所.

65) 西川正夫의 「辛亥革命期における郷紳の動向-四川省南溪縣-」에서 局所에서 활동하고 있는 신사들을 구체적으로 제시하고있다. 민국 지방지에서도 紳士의 局所 활동은 열거하기 어려울 정도로 많이 발견된다. 특히 신해혁명기 많은 신사층은 교육기구에서 활동하게 되는데 각 府, 廳, 州, 縣의 勸學所 視學이나 勸學員에는 대다수가 신사층이 담당했다. 예를 들면 蓬溪縣의 경우 광서 33年부터 민국 원년까지 勸學所의 視學을 보면 夏光鼎(拔貢), 梁仲舒(擧人), 胡祖虞(廩生), 徐大荷(廩生), 楊天鎭(增生)이 역임했다. 民國 『蓬溪縣志』 卷6, 教育篇.

Ⅲ. 사천 혁명파 신사의 구성과 특징

필자가 사천성에서 추출한 혁명파 신사는 120명이다. 이 120명은 사천성에서 활동한 혁명파 신사를 망라한 수치로 보아도 큰 무리는 없다. 이 수치를 토대로 전국에서 활동한 혁명파 신사를 추정해 볼 수 있다. 1개 성에서 활동한 혁명파 신사를 평균 100명으로 추산했을 때 전국 18개 성으로 보면 1,800명이라는 추정 수치를 얻을 수 있다. 물론 어떤 성에서는 100명을 추출하기 어려운 경우도 있을 것이고 어떤 성은 100명을 초과하는 수치를 확보할 수도 있을 것이다. 만약 전국에서 활동한 혁명파 신사 중에서 1,000명 정도의 인원을 파악할 수 있다면 신해혁명기 전 중국에서 활동한 혁명파 신사의 활동 상황을 종합적으로 검토하는 데 큰 도움을 얻을 수 있다. 필자가 추정하는 혁명파 신사의 혁명 활동의 특징은 첫째, 교육기구를 통해 혁명 사상을 전파하는 비율이 일반 혁명파보다 높다. 둘째, 각 지역에서 독자적인 혁명 활동을 하는 경향이 일반 혁명파보다 높다. 셋째, 손문과 수직적인 관계보다는 수평적인 관계에서 활동하려는 경향이 일반 혁명파보다 높다. 넷째, 자의국 의원에 당선되어 의정활동을 하는 비율이 일반 혁명파보다 높다.

전 중국의 범위에서 혁명파 신사로 분류할 수 있는 인물을 보면, 황흥(黃興, 생원), 송교인(宋教仁, 생원), 진형명(생원), 채원배(진사), 서석린(생원), 호한민(거인), 채악(蔡鍔, 생원),[66] 동필무(생원), 왕조명(생원), 황내상(黃乃裳, 거인),[67] 담인봉(譚人鳳, 생원), 거정(居正, 생원), 정잠(程潛, 생원), 조성(趙聲, 생원), 구봉갑(丘逢甲, 진사),[68] 진독수(생원), 손홍이(생원), 백문울(생원), 당계요(唐繼堯, 생원), 나패금(羅佩金, 생원), 진력산(秦力山, 생원), 이서성(李書城, 생원), 하자연(何子淵, 생원), 서경심(徐鏡心, 생원), 오정창(吳鼎昌, 생원), 우우임(于右任, 거인), 소력자(邵力子, 거인), 왕정양(王廷揚, 진사),[69] 손도인(孫道仁, 음생, 4품관함), 유사배(劉師培, 거인), 뉴영건(鈕永建, 생원), 왕경운(王慶雲, 생원),[70] 심정일(沈定一, 생원), 고응분(古応芬, 생원), 유아자(柳亞子, 생원), 정가정(程家檉, 생원), 곽희인(郭希仁, 거인),[71] 정악수(井岳秀, 무생원),[72] 전동(田桐, 거인), 단도(但燾, 생원), 손육균(孫毓筠, 늠공생), 여지이(呂志伊, 거인), 곡종수(谷鍾秀,

---

66) 蔡鍔의 동맹회 가입 시기에 관해서는 명확하지 않고 여러 설이 있다. 채악은 황흥, 이근원 등과는 일정한 교류는 했지만 주로 군사학당 교관이나 신군 지휘관으로 재직하고 있었기에 신해혁명 전에는 활발하게 혁명활동을 전개할 수가 없었다. 1911년 운남성 곤명에서 일으킨 중구봉기를 제외하고 채악의 혁명 활동은 비밀리에 전개되었기에 가시적인 성과는 찾기 어렵다.

67) 黃乃裳은 복건성 복주부 민청현에서 출생했다. 거인 자격을 획득한 후 강유위의 공거상서에 참여했고 변법운동에도 참가했다. 변법운동 실패 후에는 동맹회에 가입하여 혁명가로 변모했고 1907년에는 조주황강봉기에도 참가했다. 1909년에는 복건성 자의국 의원에 당선되었다.

68) 丘逢甲은 복건성 대만부 淡水廳에서 출생했다. 그는 진사 출신으로 공부주사를 역임했다. 양광학무처 시학, 광주부중학당 감독 등을 역임했다. 동맹회원 하자연 등과 함께 조주황강봉기에도 참가했다. 1909년 광동성 자의국 의원에 당선되어 광동성 자의국 부의장을 역임했다. 진사 자격을 지닌 혁명파는 극소수에 불과한데 구봉갑도 그 중의 한 명이다. 다만 구봉갑의 동맹회 가입 여부는 명확하지 않고 혁명파인 것은 분명하다.

69) 王廷揚은 절강성 금화부 출신이며 진사에 합격한 후 공부주사, 지현 등을 역임했다. 동맹회원이자 절강성 자의국 의원, 자정원 의원을 역임했다.

70) 王慶雲은 동맹회원이자 안휘성 자의국 의원을 역임했다. 그는 혁명단체 信義會를 조직하고 여러 차례 무장봉기를 거행했지만 실패했다. 그 후 농회, 단방국, 자의국을 통해 혁명 활동을 지속적으로 전개했다.

71) 郭希仁은 섬서성 임동현 출신이고 원명은 郭忠清이고 후에 곽희인으로 개명했다. 거인 출신으로 동맹회 회원이자 섬서성 자의국 부의장을 역임했다.

72) 井岳秀는 섬서성 포성현 출신으로 무생원 자격을 획득한 후 섬서무비학당을 졸업했다. 동맹회 회원이자 섬성성 자의국 의원을 역임했다. 무창봉기 후 섬서성 서안봉기에도 참가했다.

우공생), 오치휘(吳稚暉, 거인), 팽방동(彭邦棟, 생원), 이섭화(李燮和, 생원), 오록정(吳祿貞, 생원), 장임천(張任天, 생원), 여대삼(呂大森, 생원), 주진린(周震鱗, 생원), 이근원(李根源, 생원), 시상진(時象晉, 부공생)[73], 송육(松毓, 퇴직관료)[74], 이방(李芳, 유관함자, 자의국의원), 황염배(黃炎培, 거인)[75] 등이 있다. 그 외에도 각 성에서 활동한 혁명파 신사는 수없이 많다. 전국 각 성에서 활동한 혁명파 신사의 과거공명을 보면 대체로 생원이 가장 많다.

과거공명을 획득하지 않은 인물 중에는 스스로 과거공명의 취득을 포기하거나 과거공명 획득 일보 직전에 과거제 폐지로 인해 과거공명을 획득하지 못한 인물도 있다. 대표적인 인물로는 장병린, 이대조 등이 있다. 동맹회 총리 손문은 과거공명을 획득하지 않았기에 혁명파 신사는 아니다. 손문은 스스로 과거공명의 취득을 위한 노선을 걷지 않았기 때문에 과거공명을 취득하지 못했을 뿐이다. 해외유학생 출신자, 중학당, 고등학당의 출신자, 관반법정학당, 신반법정학당 출신자, 성(省)을 대표하는 무비학당 출신자 중에 과거 공명을 획득하지 못한 자가 있다면 그들도 실제는 과거공명을 획득한 부류와 동일선상에서 파악할 수 있는 신지식인층에 해당했다. 하지만 과거공명을 획득한 지식인 중에는 해외유학의 경력,

---

73) 時象晉은 1854년 호북성 지강현 출신으로 동맹회원이지만 호북성 자의국 의원으로 당선된 인물이다. 1885년 향시에 합격하여 낙방했지만 낙방생 중에 우수한 응시생에게 수여하는 副榜에 합격하여 공생 자격을 취득했다. 이어 현의 교유를 역임했고 지강고등소학당을 설립했다. 혁명단체인 과학보습소 조직에 참가했고 1909년에 호북성 자의국 의원에 당선되었다. 무창봉기 후 호북군정부 외교부 참의 등을 역임했다.

74) 松毓은 만주족으로 길림성 길림부 출신이다. 그는 흑룡강성 수화병비도, 길림특용도를 역임했다. 그는 《자치보》를 창간했고 자치연구소를 창립했다. 공민보로회 회장을 역임하기도 했다. 그의 동맹회 가입여부는 불명이지만 길림성을 대표하는 동맹회원 李芳과 함께 활동하면서 혁명의 길로 나아갔다. 만주족 중에 흔치 않은 혁명파였다.

75) 황염배는 동맹회원이자 강소성 자의국 의원을 역임했다.

중고등학당의 졸업 경력, 신반법정학당 졸업 경력 등 신식 교육을 받은 자도 다수였다. 특히 과거공명을 취득한 신사들은 신해혁명기 신식학당의 교원으로 진출하는 비율이 과거공명을 취득하지 못한 지식인들보다 압도적으로 많았다. 물론 민국 성립 후의 상황은 다르다. 혁명파 신사들은 과거공명과 신식교육의 자격을 모두 갖춘 부류가 많았기 때문에 신해혁명기에는 혁명파 신사라는 용어를 사용해서 그들의 동향을 검토할 이유는 있다. 특히 과거 공명을 획득한 혁명파 신사들은 왕조명 같은 인물을 제외하고는 대체로 손문과 노선을 달리하면서 혁명 활동을 진행하거나 혹은 독자적인 혁명 활동을 하기도 했다. 대표적인 인물이 황흥, 송교인, 채원배 등이다.

과거공명을 획득한 인물은 중공 성립 전까지도 지역 사회에서 사회적, 사상적 영향력을 행사할 수 있었고 심지어 그들이 관직으로 진출할 때에도 청대 과거제 하에서 획득한 과거 공명이 큰 역할을 했다. 민국 시기에 활동했던 인물들 중에 고위 관료들의 명단을 분석해 보면 진사, 거인, 생원 자격을 지닌 자들을 추출하는 것은 어렵지 않다. 진사나 거인 자격을 지닌 채 지역 사회에서 활동하는 인물이 있다면 관직을 취득하든 경제적인 부를 획득하든 관계없이 지역민들은 일반적으로 존중해 주었다. 심지어 생원조차도 거의 비슷한 대우를 받을 수 있었다. 또 그들은 민국 연간에 간행된 지방지를 편찬하는 데에도 중심적인 역할을 했다. 민국 연간에 설립된 신식학당의 설립이나 교원으로 활동하는 비율도 높았다. 고등학당이나 대학당에 입학하려면 예외적인 경우를 제외하고는 설립 당시에는 신사가 획득한 과거공명이 필요했다. 과거제가 폐지된 후 신해혁명 직전에 설치된 지방의회인 자의국 의원이나 국회에 해당하는 자정원 의원의 후보자격에는 다른 요건도 필요하지만 과거공명도 후보 자격의 요건 중의 하나였다. 자의국 의원이나 자정원 의원의 명단을 분석해 보면 예외적인 경우를 제외하고 대부분 지방 신사 출신이었다. 관직으로 진출하는 비율도 일반민보다는 높았다. 전통적인 신사의 특권은 누릴 수 없었지만 사회적 영향력까지 무너진 것은 아니었다. 심지어는 일정한 정치적, 사상적 영향력도 발휘할 수 있었다.

현재까지 혁명파로 활동한 신사들을 종합적으로 검토한 연구는 거의 없는 실정이다. 이 때문에 혁명파라는 용어는 사용되고 있지만 혁명파 신사라는 용어는 거의 사용되지 않고 있다. 혁명파 신사라는 용어는 입헌파 신사와는 상대적인 개념으로 사용될 수는 있지만 아직 학계에서 정립된 용어는 아니다. 입헌파 신사와는 상대적인 개념으로 혁명파 신사라는 용어를 사용하기 위해서는 각 지역별 혁명파 신사들에 대한 구체적인 연구가 선행되어야 한다.

필자는 신해혁명기 사천성에서 활동한 혁명파 신사를 연구하기 위해 사천에서 활동한 혁명파 가운데 과거공명을 소지한 신사들을 개별적으로 조사하기 시작했다. 국내에서 이 연구를 진행하기에는 관련 자료를 거의 입수할 수 없었다. 부득이하게 국내 석사과정 신분으로 중국 사천에 있는 대학에 유학의 길을 떠나게 되었다. 사천사범대학교과 사천대학교 역사학과 연구생 신분으로 유학하게 된 이유 중의 하나이다. 사천에서 약 2년간의 조사를 한 후에 필자가 파악한 사천 혁명파 신사는 모두 120명이다. 사천지역에서 활동한 120명의 혁명파 신사들은 중국 전 지역에서 활동한 혁명파 신사를 이해하는 데 기초적인 자료로 활용될 수 있을 것으로 생각된다. 차후 중국 각 지역에서 활동한 혁명파 신사에 대한 연구가 구체적으로 진행된다면 학계에서 혁명파 신사라는 용어를 일반적으로 사용할 수 있을 것으로 생각된다.

필자가 조사한 사천 혁명파 신사의 구성과 그 특징을 첫째, 과거공명 둘째, 연령 셋째, 출신지역의 분포 넷째, 신식교육과의 관련성 등으로 분류해서 검토해 보고자 한다. 첫째, 사천 혁명파 신사들의 과거공명을 입헌파 신사의 범주로 볼 수 있는 자의국의원과 비교해 보면 아래 〈표 6〉과 같다.

〈표 6〉 사천 혁명파신사와 자의국의원의 과거공명 분포

	진사	거인	공생	생원	기타	계
혁명파신사	0	13 (10.8%)	7 (5.8%)	98 (81.7%)	2 (1.7%)	120 (100%)
자의국의원	3 (1.8%)	45 (27.8%)	28 (17.3%)	70 (43.2%)	16 (9.9%)	162 (100%)

필자가 조사한 사천 혁명파 신사 120명 중에서 진사 자격을 지닌 자가 혁명파로 활동한 사례를 찾을 수는 없었다. 중국 전 지역에서 활동한 혁명파 신사 중에서 진사의 자격을 지닌 상층신사를 찾는 것은 대단히 어렵다. 혁명파 신사 중에서 진사 자격을 지닌 자가 동맹회에 가입하여 활동한 수는 전 중국에서 10명을 넘지 않을 것으로 추정된다. 물론 무창봉기 후 입헌파 신사가 혁명파로 전향한 경우까지 혁명파 신사의 범주에 넣게 되면 10명을 초과할 수는 있지만 여하튼 진사 자격을 지닌 자가 동맹회에 가입해서 활동한 경우는 극소수에 불과했다. 광복회를 조직하고 동맹회 성립 후 동맹회원으로 활동한 채원배는 진사 자격을 지니고 혁명에 적극적으로 참가한 인물이다. 각 성에서 활동한 자의국 의원 중에서

76) 자의국의원은 「四川諮議局構成表」『四川保路運動檔案選編』, 四川人民出版社, 1981에 의거하여 작성한 것임.

활동한 일부 동맹회원 중에는 진사 자격을 지닌 자들도 찾을 수는 있지만 극소수에 불과하다. 진사 자격을 지닌 자가 혁명파로 활동하는 사례가 다른 공명을 지닌 부류보다 그 수적인 측면에서 압도적으로 적은 비율을 차지하고 있었던 이유는 무엇일까? 이 의문에 대한 해답을 한마디로 설명하기는 어렵다. 그 원인을 추정해 보면, 첫째, 진사 출신의 수는 거인, 공생, 감생, 생원에 비해 압도적으로 그 수가 적었다. 둘째, 진사 출신은 기본적으로 관직경력자이거나 현직 관료로 재직하는 경우가 대부분이었고 하층신사에 비해 상대적으로 기득권층의 범주에서 파악할 수 있는 인물들이 바로 진사출신이었다. 진사 출신의 수가 거인, 공생, 감생, 생원에 비해 그 수가 압도적으로 적었지만 현직 관료를 분석해 보면 기본적으로 진사출신자라는 것을 알 수 있다. 이는 과거시험의 최종단계에 합격한 부류가 바로 진사 자격을 지닌 자이기 때문이다. 청대에 진사의 자격은 일종의 관직 진출 자격증이나 다름없었다. 물론 진사의 자격을 지니고도 여러 가지 사정으로 관직에 진출하지 않는 경우도 있었지만 이는 어디까지나 예외적인 현상에 불과했다. 진사출신자 중에 혁명파 신사로 활동하는 인물을 찾기가 어려운 이유는 바로 이러한 상황과 연관되어 있었다.

사천 혁명파 신사 중에서 필자가 조사한 거인 출신은 13명이다. 거인은 성 단위에서 거행하는 과거시험에 합격한 인물이고 상층신사에 해당한다. 거인 출신은 그 자격만으로 관직에 진출할 수는 있지만 회시를 거쳐 전시에 응시하여야만 최종 과거시험의 도전을 마치게 된다. 거인은 상층신사로 분류하고 주현 단위에서 볼 때 1개 주현에서 거인 출신자들은 극소수에 불과하다. 거인 자격을 지니고 혁명파로 활동하는 경우에는 혁명파 신사 중에서는 진사와 함께 가장 높은 과거공명을 지닌 부류에 속한다고 할 수 있다. 다만 진사 출신자들이 혁명파 신사로 활동하는 경우는 거의 없다. 사천지역에서 활동한 신사 중에서도 과거공명이 가장 높은 자격은 거인이었다.

거인 바로 아래의 과거공명은 공생이고 공생 자격을 지닌 혁명파 신사로는 사천에서 7명을 추출할 수 있었다. 사천지역의 혁명파 신사 중에 중앙국립학교 학생 신분인 감생출신은 파악할 수 없었다. 필자가 조사한 사천 혁명파 신사 120명 중에서 가장 많은 수를 차지하는 과거공명은 생원이고 120명 중에 98명을 점하고 있다. 여기에는 문과출신에 해당하는 문생원과 무과출신에 해당하는 무생원을 포함하는 수치이다.

사천 혁명파 신사 중 상층신사로 분류할 수 있는 공생, 거인 출신자는 전체 120명 중에 16.6%을 점하고 있으며, 생원을 중심으로 하는 하층신사는 81.7%를 점하고 있다. 혁명파 신사라고 한다면 기본적으로 생원을 중심으로 하는 하층신사가 대다수를 차지하고 있다는 것을 반영하는 수치이다. 신해혁명기 중앙관이든 지방관이든 고위 관료들은 기본적으로 진사가 다수를 차지하고 있었다. 진사출신자가 청조 정부의 관료 가운데 가장 중심적인 역할을 할 수밖에 없었던 것은 바로 관료선발제도인 과거제도와 밀접한 관련성을 지니고 있었기 때문이다. 명청시대 과거제도는 기본적으로 학교제도와 결합되어 운영되었기 때문에 지방 관학생인 생원층도 넓은 의미에서 보면 과거제의 초보단계의 시험에 합격한 부류로 파악하고 있는 이유이기도 하다. 생원 자격을 지니고 기본적으로 관직에 진출하는 경우는 거의 없다. 다만 태평천국운동 이후에 반란진압의 공로를 인정받거나 양무운동이나 변법운동에 참여하는 과정에서 관직을 얻는 경우는 있다. 이는 어디까지나 공로에 의해 관직을 획득한 경우이고 생원 자격 그 자체만으로 관직에 진출한 경우는 아니었다. 혁명파 신사 중에서 하층신사인 생원이 중심을 이루었다는 것은 국가권력에의 의존을 위주로 하는 관료나 국가권력과 비교적 가까운 거리에 있는 상층신사와 비교해 볼 때 생원은 국가권력과는 멀리 떨어져 있고 경제적, 사회적인 지위면에서도 일반민과 근거리간격을 유지하고 있으면서 국가통치권에 대항적인 세력으로 성장한 부류라고 할 수 있다.

혁명파 신사와 비교 대상이 되는 부류로는 입헌파 신사의 부류로 범칭되는 자의국 의원을 들 수 있다. 사천 자의국의원은 후보의원을 포함하여 모두 162명이 선출되었다. 이 중에서 진사는 3명, 거인은 45명, 공생은 28명, 생원은 70명, 기타 6명이다. 사천 자의국 의원의 구성을 보면 공생 이상의 과거공명을 지닌 자가 76명으로 46.9%를 차지하고 있고 생원을 중심으로 하는 하층신사는 70명으로 43.2%를 차지하고 있다. 혁명파 신사 중에서 하층신사가 차지하는 비율은 자의국 의원 중에서 하층신사가 차지하는 비율보다 압도적으로 높았다. 이는 혁명파 신사와 입헌파 신사 중에서 하층신사의 비율의 차이를 반영하는 수치라고 할 수 있다. 사천 자의국 의원에 당선된 숫자는 162명이고 자의국 의원의 피선거권자는 약 16만여명으로 알려져 있다. 자의국 의원에 당선되려면 일정한 경쟁력을 가져야 한다는 것을 말해준다. 이러한 경쟁력은 경제적인 배경, 사회적인 영향력, 과거공명 등과 일정한 연관성을 지니고 있었다. 이런 연유로 자의국 의원에 당선된 신사는 혁명파 신사보다 생원의 비율이 낮고 공생 이상의 상층신사의 비율이 높았던 것이다. 사천 자의국 의원 중에는 진사 출신의 포전준, 소상은 법부주사를 역임했고, 진사 출신의 유이명은 탁지부 주사를 역임했다. 거인 출신의 오천성, 이문희, 왕정좌는 내각중서를 역임했고, 거인 출신의 왕조치는 지현을 역임했다. 자의국 의원의 구성원들이 혁명파 신사의 구성원들보다 정치적, 사회적 지위면에서 우위에 있었음을 반영하고 있다.

현재까지 혁명파 신사에 관한 구체적인 연구는 진행되지 않고 있는 상황에서 신해혁명기 혁명파 신사의 구성적 특징에 관한 전체상을 일반화시켜 설명하기는 어렵다. 필자가 파악한 사천 혁명파 신사는 생원을 중심으로 하는 하층신사의 비율이 압도적으로 높았다는 것을 확인할 수 있었다. 과거공명을 기준으로 하는 사천 혁명파 신사의 특징을 통해서 볼 때 중국 전 지역에서 활동한 혁명파 신사는 일반적으로 공생 이상의 상층신사보다 생원을 중심으로 하는 하층신사의 비율이 압도적으로 높았을 것으로 추정된다. 지역적인 특성을 통해서 전체적인 특징을 추정할 수 있는 배경이 여기에 있다.

둘째, 사천 혁명파 신사의 연령 분포의 특징을 자의국의원의 연령 분포와 비교해 보면 아래 〈표 7〉에 있는 수치로 나타낼 수 있다.

〈표 7〉 사천혁명파신사와 자의국의원의 연령분포 (1909년 기준)[77]

	20대	30대	40대	50대	60대	70대	미상	계
혁명파 신사	25 (30.9%)	45 (55.5%)	8 (9.9%)	3 (3.7%)			39	120-39=81 (100%)
자의국 의원	0	69 (42.6%)	62 (38.3%)	25 (15.4%)	5 (3.1%)	1 (0.6%)	0	162 (100%)

77) 사천 자의국의원의 연령은 「四川諮議局構成表」『四川保路運動檔案選編』, 四川人民出版社, 1981에 의거하여 작성한 것임.

필자가 조사한 사천혁명파신사 120명 중 연령을 확인할 수 있는 경우는 모두 81명이다. 자료에 의하면[78] 자의국의원의 연령은 1909년을 기준으로 제시되어 있다. 자의국의원과 비교하기 위해 1909년을 기준으로 혁명파신사의 연령을 파악하면 20대가 25명, 30대가 45명, 40대가 8명, 50대가 3명으로 파악되었다. 사천 혁명파 신사 중에서 20대와 30대는 모두 70명으로 86.4%를 차지하고 있다. 40대 이후의 신사가 혁명파로 활동한 인원은 11명으로 13.6%를 차지하고 있다. 이는 사천에서 활동한 혁명파 신사의 연령적 특징을 나타내 주는 가장 큰 특징에 해당한다. 이를 통해 알 수 있는 것은 혁명파 신사는 40대 이후의 중년이나 노년의 신사보다는 20대 내지는 30대의 청장년층을 중심으로 하는 신사들이 중심이었다는 점을 반영해 주고 있다.

이에 반해 사천 자의국 의원의 연령별 분포를 보면, 전체 162명 중에서 20대는 보이지 않고 30대가 69명, 40대가 62명, 50대가 25명, 60대가 5명, 70대가 1명으로 구성되었다. 자의국 의원은 30대와 40대의 연령층이 162명 가운데 131명으로 80.9%를 차지하고 있다. 이는 자의국 의원의 연령층이 혁명파 신사의 연령층보다 더 높다는 것을 의미한다. 사천 자의국 의원의 구성원에는 50대 이후의 연령층도 31명으로 19.1%를 보이고 있다. 혁명파 신사의 구성원 중에 50대 이후의 연령층이 활발하게 혁명활동을 전개하는 인물들이 극히 적은 수를 이루고 있는 것과는 상반되는 연령별 특징으로 볼 수 있다.

셋째, 사천 혁명파 신사의 지역적 분포에 관해 살펴보면 아래

78) 四川省檔案館編, 「四川諮議局構成表」『四川保路運動案選編』.

〈표 8〉로 나타낼 수 있다.

〈표 8〉 사천 혁명파 신사의 지역적 분포[79]

	천동	천서	천남		천북
5도	천동도	성면용무도	천남영영도	건창상남도	천북도
인원	54	19	26	6	15
백분율	45%	15.8%	26.7%		12.5%

청말 사천성의 행정구역을 살펴보면 크게 5도(道), 15부(府), 9직례주(直隸州), 4직례청(直隸廳)으로 구성되어 있었다. 청대의 행정구역은 성, 도, 부, 직례주, 직례청, 주, 현으로 구성되어 있었다. 명청시대의 주와 현은 상하의 직속관계가 아닌 평행관계에 있는 동일 계통의 행정구역이었다. 다만 직례주와 직례청은 일반 주현보다 상급관계에 있는 행정구역이고 부와 같은 단계에 있는 행정구역이었다. 신해혁명기 사천성에는 5도가 설치되어 있었는데 천동도, 성면용무도, 천남영녕도, 건창상남도, 천북도이다. 사천성을 행정구역으로 나누지 않고 4개 권역으로 나누어 지칭하기도 하는데 이 때는 사천 동부지역을 천동지역, 서부지역을 천서지역, 남부지역을 천남지역, 북부지역을 천북지역이라고도 한다. 천동지역에 설치된 도는 천동도이고 천서지역에 설치된 도는 성면용무도이며, 천남지역에 설치된 도는 천남영녕도와 건창상남도이며, 천북지역에 설치된 도는 천북도이다. 도 아래에 설치된 행정구역이 부, 직례주, 직례청이다. 당시 사천성에는 부가 모두 15개가 설치되어 있

79) [부표 1] 사천 혁명파 신사의 구성표를 토대로 작성한 것이다.

었는데 성도부, 용안부, 중경부, 기주부, 수정부, 보녕부, 순경부, 동천부, 서주부, 영원부, 아주부, 가정부, 파안부, 강정부, 등과부이다. 직례주는 모두 9개 설치되어 있었는데 면주직례주, 무주직례주, 충주직례주, 유양직례주, 영녕직례주, 자주직례주, 여주직례주, 공주직례주, 미주직례주이다. 직례청은 모두 4개 설치되었는데 이번직례청, 송반직례청, 무공직례청, 석주직례청이다.[80] 이 중에서 직례청은 대체로 사천지역에서 가장 서쪽에 위치하고 있는 지역에 설치되었다.

위의 표를 통해 알 수 있듯이 사천에서 활동한 혁명파 신사의 출신 지역을 보면, 120명 중에 천동지역에 해당하는 천동도 출신이 54명으로 45.0%를 차지하고 있다. 천동지역의 중심지역은 중경이다. 중경지역을 중심으로 하는 하층신사가 사천에서 활동한 혁명파 신사의 다수를 차지하고 있음을 알 수 있다. 천서지역에 해당하는 성면용무도 출신은 19명으로 15.8%, 천남지역에 해당하는 천남영녕도와 건창상남도 출신의 혁명파 신사는 각각 25명과 6명으로 모두 32명인데 전체의 26.7%에 해당한다. 천북지역에 해당하는 천북도 출신은 15명으로 12.5%를 차지하고 있다. 출신지역의 비율이 높은 순으로 정리하면 천동〉천남〉천서〉천북 순으로 나타

80) 牛平漢主編, 『淸代政區沿革宗表』, 中國地圖出版社, 1990, pp.310-353 참조. 좀 더 구체적으로 나타내면 成都府(3州,13縣), 龍安府(4縣),重慶府(2州,1廳,11縣), 夔州府(6縣), 綏定府(1廳,6縣), 保寧府(2州,7縣), 順慶府(2州,6縣), 潼川府(8縣), 敍州府(2廳,11縣), 寧遠府(2廳,1州,4縣), 雅州府(1州,5縣), 嘉定府(1廳,7縣), 巴安府(1廳,2縣), 康定府(1廳,2縣), 登科府(2州,2縣), 綿州直隷州(5縣), 茂州直隷州(1縣), 忠州直隷州(3縣), 酉陽直隷州(3縣), 永寧直隷州(2縣), 資州直隷州(4縣),瀘州直隷州(3縣), 邛州直隷州(2縣), 眉州直隷州(4縣), 理番直隷廳, 松潘直隷廳, 懋功直隷廳, 石砫直隷廳으로 구성되어 있었다. 한편 宣統 三年 初 六日(1911,3,6)에는 康安道와 邊北道를 증설했다. 康安道는 建昌上南道에 관할되어 있던 打箭爐直隷廳을 康定府로 승격시키고 여기에 巴安府를 증설하여 이루어진 것이고, 邊北道는 登科府를 설치하여 歸屬한 것이었다.

낼 수 있다.

주현 단위로 세분화해서 살펴보면 사천에서 혁명파 신사의 배출이 가장 높은 지역은 파현(巴縣)이다. 파현은 중경부 관할의 현이고 현재의 중경시에 해당한다. 파현 출신의 혁명파 신사는 18명으로 현 단위로 보면 사천 전체에서 가장 많은 혁명파 신사가 포진되어 있는 지역이었다. 중경 출신의 혁명파 신사가 다른 지역 출신보다 많은 것은 여러 가지 요인에서 찾을 수 있다. 중경은 사천에서 상공업의 중심 지역이고 자본주의가 비교적 발달하였으며 서양의 문물을 사천에서는 가장 빨리 접촉할 수 있는 지역이었다. 또한《혁명군》의 저자 추용의 출신지였고 1907년 이후 사천 동맹회의 중심지역이었고 동맹회 중경지부가 설치된 지역이기도 했다. 특히 동맹회중경지부에서 중심적 역할을 한 혁명파 신사로는 양서감, 장배작, 매제순, 주지홍, 사지 등이 있는데 이들의 영향 하에 신사들이 동맹회에 가입하여 활동한 비율이 높았던 것으로 생각된다.

그 다음으로 천남지역의 부순현(富順縣) 출신이 12명, 천동지역의 대죽현 출신이 7명이다. 파현, 부순현, 대죽현은 모두 사천의 4대 강을 끼고 있다. 사천의 4대 강은 민강, 거강, 타강, 가릉강이다. 파현은 장강과 가릉강이 만나는 지역으로 사천 수륙교통의 중심이자 상업 중심지였다. 대죽현은 거강 유역에 위치하고 있으며 부순현은 타강 유역에 위치하고 있다. 파현, 대죽현, 부순현은 장강, 가릉강, 타강, 거강 루트의 수로교통망을 통해 혁명활동의 전개에 유리한 조건을 갖춘 지역이기도 하다. 천동지역을 대표하는 혁명파 신사로는 양서감, 주지홍, 사지 등이 있다. 천북지역을 대표하는 혁명파 신사로는 증성재가 있다. 천서남지역을 대표하는 혁명파 신사로는 장배작, 웅극무, 장무륭, 요택관 등이 있다.

넷째, 사천 혁명파 신사를 신식교육과의 관계에서 살펴보면 다음과 같다.

〈표 9〉 혁명파신사와 신식교육과의 상관관계[81]

	①	②	③	④	⑤	⑥	⑦	미상	합계
	학당학생	해외유학	학당교원	학당학생 해외유학	학당학생 학당교원	해외유학 학당교원	학당학생, 해외유학 학당교원		
인원	15	18	11	7	11	17	6	35	120
백분율	70.8%							29.2%	100%

〈표 9〉에 나타나는 바와 같이 사천 혁명파 신사 120명 중 ①, ②, ③, ④, ⑤, ⑥, ⑦에 해당하는 혁명파 신사는 모두 85명으로 전체의 70.8%를 차지하고 있는데 이 수치는 혁명파신사와 신식교육과의 상관관계를 나타내 준다. 신식교육과의 접촉면에서 볼 때 ④, ⑤, ⑥, ⑦은 한 명의 신사가 여러 경로를 통해 신식교육과 접촉하는 양상을 반영해 주고 있다. 특히 ⑦과 같은 경우의 신사는 한 명의 신사가 국내 신식학당으로 입학한 경력도 있고, 일본에 유학한 경력도 있으며 신식학당의 교원으로 활동한 경력도 있는 경우이다. 이를 통해 한 명의 혁명파 신사가 다양한 경로를 통해 신식교육과 접촉했다는 점을 알 수 있다. 이러한 혁명파 신사는 지방 하층신사 출신으로 파악할 수도 있고, 신식학당의 학생 출신으로 파악할 수도 있으며 동시에 신식학당의 교원 출신으로 파악

81) 이 표에서 언급하고 있는 학당학생은 국내 신식학당 학생의 경력이 있는 혁명파신사를 지칭하고, 해외유학은 대체로 일본으로 유학한 경력이 있는 혁명파신사를 지칭하며, 학당교원은 국내 신식학당 교원의 경력이 있는 혁명파신사를 지칭한다.

할 수도 있다는 점에 유의할 필요가 있다. 신사층과 신식교육과의 상관관계를 통해서 알 수 있는 것은 신해혁명기 신사의 계층적 성격을 단순하게 규정하는 것이 어렵다는 것을 알 수 있다. 〈표 9〉에서 알 수 있듯이 사천에서 활동한 120명의 혁명파 신사 중에서 국내 신식학당의 학생이나 교원으로 활동한 경력이 있는 경우는 모두 67명으로 55.8%에 해당하며, 일본으로 유학한 경력이 있는 경우는 40.8%를 차지하고 있다.

선행연구에 의하면 자의국의원과 신식교육과의 상관관계는 그다지 높지 않은 것으로 지적되고 있다. 전국 자의국의원 1,643명 중 167명(10.16%)만이 신식교육을 받았으며 그 중 국내 신식학당 졸업자는 62명으로 3.77%를 점하고 있고, 일본 유학생은 105명으로 6.39%를 점하고 있다.[82] 혁명파 신사는 자의국 의원보다 생원을 중심으로 하는 하층신사의 비율이 높고, 연령도 자의국 의원보다 낮았기 때문에 과거제 폐지를 전후하여 신식교육과 관련성을 지닌 비율이 높았던 것으로 생각된다.

82) 張朋園, 「立憲派的階級背景」『辛亥革命與近代中國-紀念辛亥革命八十周年國際學術討論會文集-』(上冊), 中華書局, 1991, p.651.

Ⅳ. 사천보로운동 전 사천 혁명파 신사의 동향

사천 신해혁명사에서 전환점이 되는 사건은 사천보로운동이다. 사천보로운동은 신해혁명사에서도 대단히 중요한 위치를 차지하고 있어 많은 연구자들의 관심을 불러일으켰다. 사천보로운동이 발생하기 전 사천 혁명파 신사가 어떠한 방법으로 혁명 활동을 전개한 것인지에 대한 해명은 사천보로운동의 발생과 그 후 사천보로운동이 사천폭동으로 전환되는 과정을 이해하는 데 선행되는 연구 주제이다. 이에 사천보로운동이 발생하기 전 사천 혁명파 신사들의 활동 영역에 대해 검토해 보고자 한다.

1905년 홍중회, 화홍회, 광복회 등과 같은 지역적 단위의 혁명단체가 통합되어 전국적 성격의 혁명단체인 동맹회가 일본의 중심지인 동경에서 조직되었다. 동맹회가 조직된 후 동맹회 총부에서는 사천 동맹회 지부의 활동 방향에 대한 임무를 하달했다. 각지에 흩어져 있는 혁명당원과 연대하여 혁명 근거지를 구축하고 혁명당의 세력을 확대함과 동시에 세력의 확대를 통해 무장봉기를 거행하도록 했다. 무장봉기를 거행하기 위해 학생들을 당원으로 흡수하고 각지의 비밀결사조직인 회당과 연대하고 신군과도 연합하여 무장봉기를 일으키도록 했다.[83] 동맹회의 혁명 활동에 대한 지시를 바탕으로 사천 동맹회의 혁명 활동에 대한 방향성도 다음과 같은 큰 틀에서 실행되었다. 첫째, 교육기구를 통한 혁명 활동 둘째, 회당과의 연대를 통한 혁명 활동 셋째, 기업의 설립을 통한 혁명 활동 넷째, 지방의회인 자의국 의원 신분을 활용한 혁명 활동 등을 들 수 있다.[84]

첫째, 사천 혁명파 신사는 다양한 신식학당을 근거지로 삼아 혁명 사상을 전파하고 동맹회 조직을 확대하였으며 무장봉기를 준비하는 등과 같은 혁명 활동을 전개했다. 사천 동맹회 지부의 혁명 활동에 대한 방향은 사천 혁명파 신사들의 혁명 활동과 일정한 연계성을 지니고 있었다. 사천 혁명파 신사 중에 신식학당의 교원으로 활동한 사례는 아래 〈표 10〉을 통해 확인할 수 있다.

83) 熊克武, 「辛亥前我參加的四川幾次武裝起義」『辛亥革命回憶錄』 第3輯, 文史資料出版社, 1981, p.5.
84) 隗瀛濤主編, 『四川近代史稿』, 四川人民出版社, 1990, pp.522-529.

〈표 10〉 혁명파신사와 신식학당의 교원 분포[85]

성명	학당명과 직책	성명	학당명과 직책
양서감	영녕중학당 감독 중경부중학당 감독	동수무	신반법정학당 교습
향초	영녕중학당 감독 중경부중학당 교습	동헌장	사천육군소학당 교습
매제순	중경부중학당 감독 기부중학당 감독	장배작	중경부중학당 학감 성도서속중학당 학감
증기서	파현중학당 감독	왕연단	성도철도학당 교습
당종요	왕구곡사법정학당 교무장	장지경	왕구곡사법정학당 감독
주지홍	영녕중학당 교습 천동사범학당 학감 파현여자사범학당 감독	사지	부순현관립학당 감독 파현여자사범학당 교습
주필겸	파현중학당 감독	왕검항	부순현립중학당 감독
장운봉	신반법정학당 교습	이종오	부순중학당 교습, 감독
유행도	사천고등학당 교습 중경부중학당 교습	조독	사천통성다무학당 감독 성도잠상학당 감독
경창운	선한현고등소학당 감독	양효기	가정부중학당 교습
웅조위	신반법정학당 교습 통성사범학당 교습	오준영	순경교련소 교원
부춘오	면죽제일사범학당 교습	담제안	중경법정학당 교습

위의 표에서 알 수 있듯이 사천 혁명파 신사는 신식학당의 교원으로 진출하여 활동한 상황을 알 수 있다. 신식학당의 교원으로

85) 이 표는 『四川辛亥革命史料』(上)(下), 民國 『巴縣志』, 民國 『富順縣志』, 『四川保路風雲錄』, 『四川近現代人物傳』 第1-6輯, 『蜀中先烈備徵錄』, 民國 『大竹縣志』, 『宣漢縣志』, 『綿竹縣志』, 民國 『巴中縣志』, 『大邑縣志』, 『四川文史資料選輯』, 『成都文史資料選輯』 等의 기록을 토대로 작성했다.

활동한 혁명파 신사는 비밀리에 혁명 활동을 전개했기 때문에 가시적인 형태로 나타나는 것은 아니었다. 대체로 혁명 사상을 전파하거나 일부 학생 가운데 그들을 동맹회원으로 가입시키거나 무장봉기를 계획하거나 동맹회원 간에 연대를 강화하거나 사천 동맹회 조직을 비밀리에 확대하는 등의 역할을 했다. 모든 활동이 비밀리에 전개되고 있었다는 점을 고려한다면 사천 신해혁명의 교두보 역할 내지는 혁명근거지 구축에서 대단히 중요한 역할을 했다고 평가할 수 있다.

먼저 천동지역에서 교원으로 활동한 혁명파 신사의 활동 방향을 살펴보면 다음과 같다. 사천 동맹회 지부가 사천에서 가장 빠른 시기에 조직된 지역은 중경이었다. 당시 중경은 파현(巴縣)이었다. 파현은 중경부(重慶府) 관할의 중심지였고 현재의 중경시에 해당한다. 당시 중경부는 11개의 현(縣), 2개의 주(州), 1개의 청(廳)을 관할했다. 11개 현에는 파현, 강진현, 장수현, 영천현, 영창현, 기강현, 남천현, 동량현, 대족현, 벽산현, 정원현이다. 2개의 주는 합주, 부주(涪州)이다. 1개의 청은 강북청이다. 동맹회 지부가 중경에서 조직되기 전, 늠생 출신의 동헌장, 문생 출신의 진숭공 등은 일본에서 동맹회 총리 손문의 명령을 하달받고 사천으로 귀국하여 혁명파와 연대를 모색했다. 이 때 중경지역에서 활동하고 있었던 양서감(楊庶堪)과 주지홍 등이 동맹회에 가입하였으며 이들과 연합하여 중경에서 동맹회 중경지부가 조직되었다.[86] 동맹회 중경지부의 중심 인물들은 대체로 혁명파 신사들이었다. 사천보로운동이

86) 『成都文史資料選輯』 第15輯, p.16. 同盟會는 本部를 東京에 두고 國內에는 東, 西, 南, 北, 中의 5개 支部를 두고 있었는데 西支部를 重慶에 설치하여 四川, 貴州, 新疆, 西藏, 甘肅의 5개 分部를 관할했다.

발생하기 전 동맹회 중경지부에서 가장 주안점을 둔 혁명활동은 신식학당이라는 교육기관을 통해 혁명 활동을 전개한 것이었다. 신해혁명기 혁명파의 혁명활동은 청조의 입장에서 보면 반역 행위이기 때문에 기본적으로 비밀리에 전개되었다. 혁명파라는 신분도 숨기고 혁명활동도 비밀리에 전개되는 상황에서 서적, 신문, 잡지 등 다양한 방법을 통해 혁명 사상을 선전하고 때로는 무장봉기를 일으키는 활동을 전개한 것은 전 중국에서 활동하던 혁명파들의 중심적인 활동 중의 하나였다. 이러한 상황에서 천동지역에서 활동하던 혁명파 신사들은 신식학당이라는 교육기관을 근거지로 혁명 활동을 전개한 것이었다.

동맹회 중경지부에서 활동하고 있었던 혁명파 신사들은 중경부중학당(重慶府中學堂)[87]을 근거지로 삼아 회의의 장소로 활용했다. 당시 학당의 교장을 감독(監督)이라 했다. 중경부중학당에 재임한 역대 감독을 보면, 거인 출신 왕세방(汪世芳), 거인 출신 두성장(杜成章), 일본 유학생 출신이자 생원 출신 동헌장(童憲章), 거인 출신 매제순(梅際郇), 늠생 출신 양서감(楊庶堪) 등을 들 수 있다. 이들은 모두 파현 출신이자 거인, 생원 등 지방 신사 출신이다. 동시에 대부분 사천 동맹회원이었다.[88] 양서감이 중경부중학당의 감독으로 재직하고 있을 당시에는 중경부중학당 학감에는 늠창현 출신의 혁명파 신사 장배작(張培爵)이 재직하고 있었다. 양서감과 장배작은

---

87) 중경부중학당의 전신은 東川書院이다. 청대 초기 巴縣 縣學 우측에 縉雲書院을 설치했다. 1738년 건륭 3년 중경 지부 李厚望은 渝州書院을 창건했다. 1750년 건륭 15년 巴縣 知縣 張兌和는 縉雲書院을 渝州書院에 병합했다. 1758년 川東兵備道 宋邦綏는 유주서원을 東川書院으로 개칭했다. 청대 말기 동천서원이 중경부중학당으로 바뀌었다. 易光烈, 「東川書院-重慶府中學堂的前身」『文史資料選輯』 第5輯; 民國 『巴縣志』 卷7, 學校 참조.

88) 『四川辛亥革命史料』 (下), p.376; 易光烈, 「東川書院-重慶府中學堂的前身」『文史資料選輯』 第5輯.

사천 동맹회 중경지부의 중심인물이기도 했다. 또한 당시 중경부 중학당에는 혁명파 신사 향초, 팽소농 등이 교원으로 활동하기도 했다.[89] 교장, 교감, 교사 등이 동맹회원으로 구성된 이러한 신식 학당은 학생들에게 혁명 사상을 전파하는 데 유리했다. 교장을 중심으로 교사까지 동질감을 지니고 혁명 활동을 할 수 있었다.

이 때문에 중경부중학당은 천동지역의 동맹회를 이끄는 근거지 역할을 하기에 가장 적합한 장소가 되었다. 특히 신식학당이라는 교육기관은 다른 어떤 장소보다 지방관료의 감시망에서 벗어나 신분을 은폐하고 혁명 활동을 논의하거나 혁명 사상을 전파시키는 데 유리한 장소로 활용될 수 있었다. 천동지역에는 중경부중학당 외에도 여러 신식학당에 혁명파 신사들이 교원으로 활동하고 있었다. 천동사범학당의 감독에는 혁명파 신사 양림이 재직하고 있었고, 학감에는 주지홍이 재직하고 있었다. 주지홍은 파현여자사범학당의 감독을 역임하기도 했다. 파현여자사범학당에는 혁명파 신사 사지(謝持)[90]가 교원으로 재직하기도 했다. 또한 파현중학당의 감독에는 혁명파 신사 주필겸이 재직했다.[91]

중경부중학당을 중심으로 중경부 관할의 많은 신식학당에서 혁명파 신사들이 활동하자 중경지부로 재임하고 있던 뉴전선(鈕傳善)도 이 사실을 감지하고 신식학당에 대해 감시를 하고 있는 상황이었다.[92] 하지만 신식학당에서 혁명 활동을 전개하고 있었던 교원

89) 隗瀛濤·趙淸主編, 『四川辛亥革命史料』(下) 및 『四川文史資料選輯』 第2輯 참조.

90) 謝持는 1876년 사천성 부순현에서 출생했다. 1899년 생원이 되었으며 여주경위학당을 졸업했다. 1907년에 동맹회에 가입한 후 부순현 동맹회의 중심인물이 되었다. 같은 해 성도봉기에도 참가했으나 실패한 후 상해로 이동했다. 민국 성립 중화혁명당에 가입했고 중국국민당이 조직된 후에는 국민당 당무주임을 역임했다. 제1차 국공합작시기 서산 벽운사에서 진행된 서산회의에 참가하여 서산회의파로 알려진 대표적인 인물이다.

91) 朱之洪, 「重慶中學建國起義紀念碑記」, 民國 『巴縣志』 金石, 卷20.

들이 무장봉기를 계획하거나 혹은 무장봉기를 실행하지 않는다면 혁명파라는 신분을 알기 어려웠고 혁명 활동에 관한 증거를 입수해서 체포하기는 매우 어려웠다. 동맹회원이 신식학당 교원 신분으로 혁명 활동을 하다가 발각되어 지방관에게 체포되는 경우는 거의 찾기 어렵다.

천서지역에서 신식학당을 근거지로 혁명 활동을 전개하고 있던 상황을 보면, 1906년 봄 동맹회 동경본부에서는 광서성 출신의 동맹회원 등가언을 사천에 파견하여 조직을 확대하려고 했으나 등가언이 사천의 정황을 숙지하지 못했기 때문에 사천 출신의 동맹회원 황복생, 웅극무, 사봉기 등이 사천으로 돌아와 사천지역에서 동맹회 조직을 확대하는 역할을 담당했다. 그들의 활동으로 사지, 조독, 증성재 등과 같은 하층신사들이 동맹회에 가입했다. 이들은 사천 서부의 중심지이자 사천의 정치적 중심지였던 성도에 설립되어 있던 제2소학당에서 혁명 활동을 전개하고 동맹회의 조직을 확대시켰다.[93] 또한 성도에 설립되었던 관반법정학당과 신반법정학당에도 혁명파 신사들이 활동했다. 곽말약의 증언에 의하면 "사천의 독립 후 3일째 되던 날 혁명파가 성도 남교장에서 성민대회(省民大會)를 개최했는데 대회에 참가한 혁명파 중에는 평소에 보았던 관반법정학당, 신반법정학당의 교원들이었고 그들은 본래 모두 혁명당 출신이었다."[94]라 하고 있듯이 사천을 대표하는 법정학당에도 혁명파가 교원으로 활동하고 있었다. 곽말약이 지칭하는 법정학당의 교원의 성명을 밝히지 않았기 때문에 누구를 지칭하는 것

---

92) 熊克武等撰, 「辛亥革命紀事」『重慶蜀軍政府資料選編』, p.9.
93) 於笙海·戴文鼎, 「四川同盟會員在孫中山領導下的革命活動」『成都文史資料選輯』第15輯, p.16.
94) 『郭沫若選集』第1卷 上冊, pp.251-252.

인지 명확하지 않다. 필자가 조사한 사천 혁명파 신사 중에 신반 법정학당에서 교원을 역임한 인물로는 동수무,[95] 웅조위,[96] 장운봉[97] 등이 있는데 곽말약이 성민대회에서 만난 혁명파 신사 중에는 아마도 동수무도 포함되어 있었을 것으로 추정된다.

천서지역에서 활동한 혁명파 신사는 기존에 설립된 신식학당의 교원으로 활동하기도 했지만 일부 혁명파 신사는 자신이 직접 신식학당을 설립하고 이 학당을 혁명근거지로 활용하기도 했다. 영현 출신의 혁명파 신사 용명검은 1909년 성도 사성사 인근에 법정학당을 설립하고 이 학당을 동맹회의 비밀기관으로 활용했고 이곳은 많은 동맹회원들이 운집한 거점 장소였다.[98] 융창현 출신의 장배작은 1906년 성도에서 서속중학당을 설립하고 자신은 학감으로 재직하면서 혁명 활동을 전개했다.[99]

천서지역에서 신식학당의 교원으로 활동한 혁명파 신사 중에는 학생들이 조직한 반청단체에 가입하여 활동한 내력도 발견할 수 있다. 사천성을 대표하는 신식학당인 사천고등학당에 재학하고 있던 일부 학생들은 도덕학회의 성격을 지닌 단체를 조직했다. 이 단체의 구체적인 명칭은 존재하지 않았던 것으로 보이며 일반인들이 이 단체를 실업단(實業團)이라 한 것으로 알려져 있다. 실업단이 조직되었을 초기에는 사천고등학당에 재학 중인 학생들이 중심이었는데 후에 통성사범학당 학생과 성도에 설립되어 있던 각종 신

95) "當時淸政府査拿革命黨人正嚴, 若無棲身之所, 勢難進行革命活動. 乃與邵明叔相約, 由邵聘請修武爲四川法政學堂紳班敎習." 董國祥 撰, 「董修武傳略」『四川辛亥革命史料』(下), 四川人民出版社, 1982.

96) 『綿竹縣志』, 四川科學技術出版社, 1992, p.708.

97) 民國「大竹縣志」卷26, 人物.

98) 曾紹敏, 「龍鳴劍」『四川近縣代人物傳』第2輯.

99) 隗瀛濤·趙淸主編, 『四川辛亥革命史料』(下), 四川人民出版社, 1982, p.405.

식학당에 재학하고 있는 학생도 이 단체에 가입했다. 동시에 신군 출신이나 사회 저명인사들도 일부 이 단체에 참가했다. 이 단체는 본래 도덕적인 수양을 하기 위한 단체라는 명목으로 조직되었지만 점차 반청 비밀단체의 성격으로 변화되어 단체 구성원들이 상당수 동맹회에 가입하기도 했다. 실업단에는 혁명파 신사인 장배작, 추결, 서감, 사지, 조독, 주지홍, 주온장, 요택관 등과 같은 사천 혁명파 신사도 다수 참가하여 활동했다.[100]

천남지역에 설립된 신식학당에서 혁명파 신사들이 교원으로 활동한 상황을 보면, 1906년 영녕주에 영녕중학당이 설립되었다. 이 학당의 감독에는 진사 출신의 이유한이 재직했는데 이유한은 혁명파는 아니었지만 영문 교습에 천동지역의 파현 출신이자 혁명파 신사 양서감, 중국문학 교습에는 양서감과 동향 출신의 혁명파 신사 향초를 초빙했다. 양서감과 향초는 중학당 교사 신분을 활용하여 학생들에게 혁명 사상을 전파시키고 이들을 동맹회에 가입시키면서 혁명 조직을 확장하는 것과 같은 혁명 활동을 전개했다. 혁명파 신사 양서감과 향초는 중학당 교원 신분을 이용하여 학생들의 자습실로 가서 학생들과 개인적 사담을 나누고 그들과 친근한 관계를 유지시켜 나갔다. 이어 추용이 저술한 《혁명군》, 장병린이 저술한 《구서(訄書)》 등과 같은 혁명 서적이나 동맹회에서 간행한 혁명 기관지인 《민보》 등을 비밀리에 소개했다. 양서감과 향초의 영향을 받은 영녕중학당의 학생들 가운데 동맹회에 가입하는 학생[101]들도 다수 존재했다.[102] 당시에 동맹회에 가입한

---

100) 鄧胥功, 「高等學堂學生與同盟會及實業團」『四川保路風雲錄』, pp.66-68.

101) 신해혁명시기 신식학당의 학생은 소학생, 중학생을 막론하고 지식인층에 속한다고 할 수 있다. 예컨대, 1908년의 통계에 의하면 四川省 綿州의 인구는 약 37만명이었는데 그 중 소학생은 2,826명, 중학생은 100명미만으로 1만명당 소학생비율은 0.76%에 해당된다. 莊開澤,

학생들의 명단을 열거하면 양백겸, 도자침, 엽린, 장이, 증함 등을 들 수 있다. 양서감, 향초와 같이 영녕중학당 교사 신분을 활용하여 학생들에게 혁명 사상을 전파시키고 그들의 제자들을 동맹회원으로 가입시킨 사례는 영녕중학당에만 해당되는 것은 아니었다. 사천 혁명파 신사들이 신식학당의 교원으로 재직하고 있을 때 그의 제자들이 동맹회에 가입한 대표적인 사례는 아래 〈표 11〉과 같다.

〈표 11〉 신식학당 내 동맹회에 가입한 학생과 교원으로 활동한 혁명파 신사[103]

학교명	교원	동맹회 가입 학생
중경부중학당	양서감, 향초, 장배작, 사지 매제순	오초, 위희성, 온소학, 이가중, 주병로 등서공, 석청양
면죽제일사범학당	부춘오	교의부, 마사량, 왕간청, 팽윤삼, 하애당
영녕중학당	양서감, 향초, 주지홍	양백겸, 도자침, 엽린, 장이, 증함

위의 표에 제시한 사례는 혁명파 신사가 신식학당의 교원으로 활동하면서 그들의 영향을 받고 동맹회에 가입한 그들의 제자들에 관한 명단이다. 혁명파 신사의 영향을 받고 동맹회에 가입한 학생 중에는 혁명 활동을 활발하게 전개한 인물들도 배출되는 데 그 중의 대표적인 인물로는 석청양, 장이 등을 들 수 있다.

상술한 바와 같이 사천 혁명파 신사들이 신식학당의 교원으로 활동하는 사례들을 검토해 보았다. 천동지역에서는 사천 동맹회

「辛亥革命時期綿州新學的興起」『綿陽市文史資料選刊』 第8輯, p.139.

102) 李鐵夫, 「永寧中學堂與同盟會」『四川保路風雲錄』, 四川人民出版社, p.71.

103) 이 표는 民國 『巴縣志』, 人物; 『南川縣志』, 人物; 『四川近縣代人物傳』 4輯; 『四川辛亥革命史料』 下; 『四川保路風雲錄』; 『綿竹縣志』, 人物 등의 기록을 토대로 작성했다.

기관부 역할을 한 중경부중학당을 중심으로 천동사범학당, 파현여자사범학당 등에서 혁명파 신사들이 활동했다. 천서지역에서는 사천고등학당을 중심으로 통성사범학당, 관반법정학당, 신반법정학당, 면죽제일사범학당 등에서 혁명 활동을 전개했다. 천남지역에서는 영녕중학당을 중심으로 혁명 활동을 전개했다. 신식학당에서 활동한 혁명파 신사들은 교육기관을 통해 학생들에게 혁명 사상을 전파하는 데에만 국한하지 않고 학생들에게 동맹회 가입을 허용하기도 했다. 이러한 신식학당 내의 혁명 활동은 사천보로운동이 격화되어가는 시기에 사천 신해혁명의 불씨를 확대시키는 데에도 큰 역할을 할 수 있었다.

신해혁명기 사천 혁명파 신사들은 거인, 공생, 생원 등과 같은 과거공명을 획득한 지식인이었으며 이들은 해외 유학의 경력, 신식학당의 졸업 등을 통해 신식학당의 교원으로 진출할 수 있었다. 신사 신분을 지니지 않은 혁명파보다 신사 신분을 지닌 자들이 신식학당의 교원으로 진출할 확률은 매우 높았다. 혁명파 신사들이 신식학당을 통해 혁명 활동을 할 수 있었던 것에는 그들의 교육적 배경, 사회적 배경 등과 일정한 관련성을 지니고 있었고 신사 자격을 지니지 않은 혁명파보다 학당이라는 교육기관을 통해 혁명 활동을 할 수 있는 유리한 조건을 지니고 있었다. 신식학당의 교원이 될 자격을 지니지 못한 일반인이 신식학당을 근거지로 혁명 활동을 하기에는 쉽지 않았다. 이는 신사층이 신식학당을 통해 혁명 활동을 전개한 부분은 신해혁명기 신사 자격을 지니지 않은 혁명파와 비교해서 혁명 활동의 방향성 차원에서 그 성격을 달리 할 수 있는 요소였다.

사천 혁명파 신사들이 신식학당이라는 교육기관을 근거지로 삼아 혁명 활동을 전개한 것은 동맹회의 중심인물인 손문의 혁명 사상과도 일맥상통하는 활동이었다. 손문은 혁명활동을 진행하는 과정에서 "신식학당을 근거지로 하여 혁명을 고취시키는 장소로 활용하는(以學堂爲鼓吹之地)"104) 방안을 제시했다. 동맹회가 조직된 후 동맹회의 주요 혁명 활동 가운데 신식학당을 혁명 활동의 근거지로 삼아 혁명 활동을 전개하는 것도 활발하게 전개되었는데 이 점도 손문의 혁명 사상과 일정한 관련성을 지니고 있었다고 볼 수 있다.

둘째, 혁명파 신사들은 하층민중과의 연대를 위해 반청비밀결사 조직인 회당과의 연합을 모색하여 혁명 활동을 전개했다. 신해혁명의 중심인물은 해외 유학생이거나 신식학당 출신자이거나 과거공명을 지닌 신사층이 중심이었다. 신해혁명이 전개되어 가는 과정에서 신해혁명의 지도층은 민중을 동원하여 혁명 활동을 전개하는 데 일정한 한계를 지니고 있었다는 점은 널리 알려진 사실이다. 공산주의자들이 민중들과 연대하여 공산주의 정권을 성립시킨 것과 비교해 보면 신해혁명의 지도 세력이 직접 민중들과 연대하여 혁명 활동을 전개한 측면에서는 명확하게 한계성을 지니고 있었던 것은 부인할 수 없는 사실이다. 다만 혁명 활동을 전개한 혁명파들은 민중과의 연대를 위해 민중을 기반으로 조직된 회당 세력과 연대를 모색하기도 했고 어떤 경우에는 혁명파가 직접 회당을 조직하거나 회당 내에서 지도적인 역할을 하기도 했다. 사천 혁명파 신사 중에 회당과의 연대를 모색하여 혁명 활동을 사례도 지역적인 활동 상황을 통해 확인할 수 있다. 천서지역에서 활동한 대표적인 혁명파로는 사영(佘英), 천동북지역에는 이소이, 장백상, 천서지역에

104) 孫穗芳, 『我的祖父孫中山』, 人民出版社, 1996, p.69.

는 고조림, 장달삼, 장첩선 등이 있는데 이 중에서 사천 혁명파 신사로는 사영, 이소이, 고조림, 장달삼 등이 대표적이다.[105]

사천 혁명파 신사 중에 회당 내에서 가장 활발한 활동을 전개한 인물은 천남지역의 여주 출신인 사영이다. 동맹회의 지도자 손문은 사천지역에서 활동하고 있던 비밀결사조직인 회당을 활용하여 무장봉기를 일으키는 것에 주목했다. 이에 사영은 손문의 요청으로 일본으로 건너가 손문을 접견했다. 당시 손문은 사영에게 "사천, 운남, 귀주의 회당을 책임지고 지도하는 서남대도독"이라는 중책에 임명했다.[106] 이는 서남지역에서 활동하고 있던 비밀결사조직을 통괄하는 핵심적 역할을 맡긴 것이나 다름없었다.

사영은 사천 남부에 위치하고 있는 여주 출신이며 그는 무과 시험에 합격하여 무생원의 자격을 지닌 하층신사였다. 여주는 중경으로 통하는 길목에 있으므로 그는 천남지역과 천동지역의 회당 세력을 혁명 세력으로 결집시키는 데 대단히 중요한 역할을 했다. 동시에 여주봉기, 강안봉기, 서부봉기, 융창봉기, 광안봉기, 가정봉기를 지도하는 데 핵심적인 역할을 했다.[107] 사영이 중심이 되어 실행한 무장봉기에 관한 구체적인 실태에 관해서는 제2장 신해혁명기 사천의 무장봉기에서 검토하고자 한다. 사영이 사천 서남지역의 회당 세력을 통해 활동을 전개한 결과 "사천성의 회당은 서남지역이 가장 활발했고 동북지역이 그 다음이다."[108]라고 하는

105) 辛亥革命時期 四川會黨의 活動에 관해서는 隗瀛燾·何一民, 「同盟會與四川會黨」『重慶文史資料選輯』 第13輯, 1981; 侯少煊·雁秋, 「哥老會的緣起與清王朝對他的鎮壓」『四川保路風雲錄』, 四川人民出版社, 1981; 隗瀛濤主編, 「會黨與辛亥革命」『辛亥革命與四川社會』, 成都出版社, 1991; 王純五, 『袍哥探秘』, 巴蜀書社, 1993; 大野德三, 「四川保路運動と哥老會」『東方學』 50, 1975; 西川正夫, 「辛亥革命と民衆運動-四川保路運動と哥老會」『講座中國近現代史』 3輯, 1978 등 참조.

106) 『成都文史資料選輯』 第15輯, p.3.

107) 『四川文史資料選輯』 第1輯, p.101.

기록을 통해 알 수 있듯이 사천지역에서 회당 세력의 활동이 가장 활발하게 전개된 곳은 사영이 활동하던 서남지역이었다.

서남지역 다음으로 활발하게 회당세력이 혁명활동을 전개한 곳은 사천 동북지역이었다. 서남지역에서 비밀결사조직인 회당 세력을 지도한 인물이 혁명파 신사인 사영이라고 한다면 동북지역에서 회당 세력을 지도한 인물은 바로 혁명파 신사 이소이(李紹伊)였다. 이소이는 동북지역에 위치하고 있는 대죽현 출신이며 생원 자격을 지닌 하층신사였다. 그가 조직한 회당은 효의회(孝義會)라는 단체였다. 사천보로운동이 격화되는 시기에 이소이는 효의회라는 비밀결사조직을 이용하여 대죽현에서 무장봉기를 거행하기도 했다. 생원 자격을 지닌 하층신사 이소이가 동맹회에 가입하게 되는 계기가 된 것은 대죽현 출신의 혁명파 신사 소덕명과 진봉석의 중재에 의한 결과였다. 1906년 대죽현 출신의 생원 출신이자 동맹회원인 소덕명(蕭德明)과 동향 출신의 생원 출신인 진봉석(陳鳳石) 등은 반청 비밀결사조직인 대죽서보사(大竹書報社)라는 단체를 조직했다. 이들은 이 조직을 통해 혁명 활동을 전개하면서 동향 출신의 생원이자 회당 세력을 이끌고 있었던 이소이와 접촉하고 이소이를 동맹회에 가입시켰다.[109] 회당 세력의 지도자 이소이가 동맹회에 가입하게 됨에 따라 그가 지도하는 효의회의 구성원들이 동맹회 활동에 참가하는 계기가 된 것이었다.

천남지역과 천북지역에 비해 회당 세력의 활동이 상대적으로 미약한 지역이라고 알려진 천서지역과 천동지역에서 혁명파 신사들이 회당과 연대하여 혁명 활동을 진행한 상황을 보면, 천서지역에

108) 『辛亥革命前十年間民變檔案史料』(下), 中華書局, 1985, p.782.
109) 民國『大竹縣志』卷6, 兵事錄; 卷9, 忠義.

서 활동한 대표적인 혁명파 신사로는 고조림과 장달삼을 들 수 있다. 고조림(高照林)은 숭녕현 출신이며 무생원의 자격을 획득한 하층신사였다. 그는 1907년 동맹회원 양정중의 소개로 동맹회에 가입하였고 1908년 양정중, 유리천 등은 회당 세력과 연대하여 천북지역에서 무장봉기를 거행하기로 모의했다. 장달삼(張達三)은 비현 출신이며 무생원의 자격을 획득한 하층신사였으며 비현 지역에서 회당 세력을 이끈 중심 인물이다. 그는 1907년에 일어난 성도봉기에 참여하였으나 실패했고 1908년 양정중의 소개로 동맹회에 가입하여 혁명파가 되었다.[110] 천동지역의 경우를 보면 1908년 5월 사천에서 활동하고 있었던 대표적인 회당인 가로회에 혁명파 신사 석청양, 주지홍, 주필겸 등이 참가했다. 이들은 가로회 회원의 신분을 이용하여 각 지역에서 활동하고 있는 가로회 구성원들과 연계하여 무장봉기를 준비했다.[111] 가로회라는 명칭의 비밀결사조직은 사천성의 다른 성 지역에도 등장하는 회당이다. 다만 사천지역 사람들은 가로회를 포가(袍哥)라고 불렀기 때문에[112] 사천에서는 포가라는 명칭도 널리 사용되었다.

이상과 같이 동맹회 회원들이 회당 세력의 지도자를 동맹회에 가입시키게 되면 민중이 다수 참가하고 있던 회당 내의 민중들을 직접 동맹회에 가입시키지 않아도 그들을 자발적이든 타율적이든 혁명 활동에 참가시킬 수 있었다. 동맹회의 지도세력이 민중과의 직접적인 연대는 하지 않더라도 민중을 혁명운동에 참가시키는 방법의 하나로 회당 세력과 연대하거나 회당 세력의 지도자를 동맹

110) 「高照林事略」『蜀中先烈備徵錄』卷2.
111) 王純五, 『袍哥探秘』, 巴蜀書社, 1993, p.123.
112) "蜀人呼哥老會爲袍哥." 『四川辛亥革命史料』(下), p.284.

회에 가입시키는 방법을 채용한 것이다.

셋째, 사천 혁명파 신사는 기업의 설립을 통하여 혁명의 거점지로 삼고 혁명활동을 전개했다. 사천 혁명파 신사가 기업을 설립한 상황에 대한 구체적인 기록을 찾기는 대단히 어려웠다. 이는 혁명파 신사라는 명칭을 사용해서 기업설립에 관해 기술하는 경우는 없기 때문이다. 필자가 사천 혁명파 신사를 조사하는 과정에서 혁명파 신사가 기업을 설립하는 기록을 산발적으로 포착할 수 있었다. 다만 혁명파 신사가 기업을 설립한 목적에 관한 기술도 거의 발견할 수 없었다. 전 중국에서 활동한 동맹회 회원들이 기업을 설립한 목적은 기업의 설립을 통해 혁명근거지로 삼고 동시에 혁명자금을 모집한 것으로 알려져 있다. 사천 혁명파 신사의 기업설립도 중국 전역에서 활동한 동맹회 회원과 큰 차이는 없었을 것으로 추정된다. 천동지역의 파현 출현이자 혁명파 신사인 석청양의 기업 설립과 관련한 단편적인 기술은 사천 혁명파 신사가 기업을 설립한 목적을 이해하는 데 일정한 단서를 제공해 줄 수 있을 것으로 생각된다. 석청양의 기업 설립에 관한 기록을 보면, "석청양이 촉미사창을 설립하여 그것을 혁명 거점으로 삼고 혁명을 도모했다."[113]라고 되어 있다. 석청양의 기업설립 목적은 중국 전역에서 활동하던 동맹회원이 기업을 설립한 목적과 큰 차이가 없다. 석청양은 1908년 사천에서 활동하던 대표적인 비밀결사조직인 포가(袍哥)에 가입했다. 사천에서 활동하던 포가라는 비밀결사 단체는 넓은 의미에서는 가로회(哥老會)라고 지칭하여 기술하기도 한다. 석청양은 자신이 설립한 촉미사창에서 가로회원들의 세력을 확대하

113) "籌設蜀眉絲廠, 就南岸爲機關, 密謀革命." 民國『巴縣志』卷10, 人物.

는 장소로써 활용하기도 했다.[114] 석청양 외에도 혁명파 신사가 기업을 설립한 상황을 예로 들면, 1904년 변재(변소오)는 중경에서 동화화시공사를 설립했고, 1905년 진숭공은 중경에서 부천제지공사와 부천조지창을 설립했다. 1910년 온우송은 중경에서 욱동사창을 설립했다. 사천 혁명파 신사 중에 기업을 설립한 상황을 보면 대체로 사천지역에서 가장 활발하게 혁명 운동을 전개한 도시이자 사천에서 가장 상공업이 발달한 도시인 중경에서 기업을 설립하는 경우가 가장 많았다.

넷째, 사천 혁명파 신사는 사천의 지방 의회인 자의국을 통해 혁명 활동을 비밀리에 전개했다. 자의국에서 활동한 의원들을 학계에서는 입헌파 신사의 범주로 파악하는 것이 일반적이다. 사천 혁명파 신사 중에 자의국 의원으로 활동한 인물도 존재했다. 이들은 외형적으로는 입헌파 신사로 지칭될 수 있었다. 하지만 그들은 실제로 동맹회원이고 혁명파 신사였다. 전 중국에서 활동한 혁명파 신사 중에 각 지역에 설치된 지방의회인 자의국 의원으로 활동한 인물도 존재한 것으로 알려져 있지만 각 지역에서 활동하던 혁명파 신사들이 자의국 의원으로 활동한 종합적이고 구체적인 연구는 현재까지 없는 실정이다. 혁명파 신사들이 자의국 의원의 신분을 활용하여 혁명 활동을 전개한 것은 신해혁명사를 이해하는 데 대단히 중요한 연구 주제이다. 이는 혁명파 신사가 자의국 의원 신분을 이용하여 지방 정부의 관료와 직접 접촉할 수 있는 루트를 확보하기가 용이하고 입헌파 신사와 합류한 상태에서 혁명 활동을 비밀리에 전개할 수 있기 때문이다. 다만 혁명파 신사 중에 자의

114) 王純五, 『袍哥探秘』, 巴蜀書社, 1993, p.123.

국 의원으로 당선되려면 피선거권자의 자격이 있어야 하고 일정한 경쟁을 통해 자의국 의원에 당선될 수 있었다. 이를 위해서는 과거공명을 지닌 신사 신분을 갖추어야 하거나 지방 사회에서 사회적 영향력이나 경제적 배경, 교육적 배경 등과 같은 조건이 필요했다.

사천지역에서 혁명파 신사 중에 자의국 의원으로 당선된 인물은 모두 5명이다. 물론 5명이라는 인물은 필자가 조사한 혁명파 신사의 범주 내에서 파악된 인물이다. 사천 혁명파 신사 중에 자의국 의원으로 당선된 인물을 열거하면, 영현 출신이자 생원 자격을 지닌 용명검, 만현 출신이자 거인 자격을 지닌 유성원, 운양현 출신이자 생원 자격을 지닌 정영도, 파현 출신이자 부공생 자격을 지닌 강반, 대죽현 출신이자 거인 자격을 지닌 강삼승 등을 들 수 있다.[115] 혁명파 신사가 각 성에서 입헌운동의 중심적인 역할을 한 자의국 의원으로 진출한 이유는 다양한 목적으로 설명할 수 있다. 이는 상술한 바와 같이 혁명파 신사가 신식학당의 교원이 될 수 있는 조건을 지니고 있는 경우라면 학당이라는 교육기관을 통해 신분을 은폐하면서 학생들에게 혁명 사상을 전파하고 혁명 활동의 근거지로 활용하면서 혁명 활동을 전개한 것과 유사한 측면에서 이해할 수 있다. 혁명파 신사 중에 자의국 의원으로 당선될 수 있는 자격을 갖춘 자들은 자의국이라는 지방 의회를 통해 그들의 정치적 지위를 확보할 수 있었고 자의국에서 거행하는 각종 회의에 자신의 정치적 견해를 피력할 수 있기 때문이다. 자의국 의원 중에서 지방 정부의 정책에 강력하게 비판하고 적극적인 의정

115) 韋慶遠著,「論諮議局」『檔房論史編集』, 福建人民出版社, 1983, p.403.

활동을 진행한 부류도 혁명파 신사가 자의국 의원의 자격으로 활동하는 경우가 많았다. 동맹회원이 각 성의 지방 의회인 자의국의 의원으로 당선되어 의정 활동을 하면서 혁명 활동을 비밀리에 전개한 것은 사천성에서만 나타나는 특수한 상황은 아니었다. 절강성, 광동성, 광서성, 귀주성, 섬서성, 산서성 자의국에서도 동맹회원이 자의국 의원으로 활동했다. 특히 광서성 자의국의 경우에는 자의국 의원 57명 중에서 10여명이 동맹회원이었던 것으로 알려져 있다.[116)]

116) 韋慶遠著, 앞의 글, p.403.

V. 사천보로운동의 전개 과정과 사천 혁명파 신사의 동향

1911년 5월 청조는 우전부대신 성선회를 통해 철도국유화 정책을 반포하고 동일한 시기에 만주족이 중심이 된 황족 내각이 성립되었다. 철도국유화 정책의 반포와 황족 내각의 성립으로 이권회수운동과 입헌운동에서 중심적 역할을 한 입헌파 신사도 청 정부의 입헌정책에 대한 의구심을 나타내고 각 지역에서 표면적으로는 입헌파 신사가 중심이 되어 보로운동을 활발하게 전개했다. 보로운동은 철도국유화 정책의 반포에 의해 호남성이나 사천성에서 가장 활발하게 전개되었다. 그 중에서 사천에서 일어난 보로운동이 가장 과격하게 전개되기 시작했다. 사천보로운동은 초기에는 자의국 의원으로 활동하고 있었던 입헌파 신사가 중심이 되어 이 운동을 이끌고 있었다. 다만 자의국 의원으로 활동하고 있었던 용명검, 정영도, 유성원 등과 같은 혁명파 신사는 사천보로운동을 혁명으로 전환시킬 계기로 삼으려고 비밀리에 혁명 활동을 전개했다. 사천보로운동의 발생과 전개 과정에서 혁명파 신사는 어떠한 행보를 보이고 있었는가에 대해 본 장에서 그들의 동향을 구체적으로 검토해 보고자 한다.

청조가 반포한 철도국유화 정책이 사천에 전해진 후 사천에서 활동하고 있던 입헌파 신사들도 철도국유화 정책에 기본적으로 반대하는 입장을 표명했다. 다만 입헌파신사 등효가(鄧孝可)는 《촉보(蜀報)》라는 신문에 청조의 철도국유화 정책에는 반대하지만 소극적인 태도를 표명하는 글을 발표했다. 그는 현재 보유하고 있는 자금은 보존하고 이미 사용한 자금을 마련하여 주주들에게 돌려줄 것을 요구하는 조건부적인 요구를 주장했다. 이에 대해 혁명파 신사이자 동맹회원인 용명검은 자의국 의원의 신분을 이용하여 청조의 철도국유화정책을 강경하게 반대하는 입장을 표명했다. 용명검은 천한철로공사 임시고동회(臨時股東會, 임시주주회)에서 등효가의 주장을 비판하면서 공개적으로 입헌파 신사의 보로운동에 대한 소극적인 태도에 대해 불만을 표명했다.[117] 이는 혁명파 신사가 자의국 의원으로 활동하면서 봉기를 거행할 기회를 기다리고 있는 와중에 보로운동을 촉발시켜 혁명으로 전환시키려는 의도 중의 하나였다. 결국 입헌파 신사인 등효가는 청조가 철도국유화정책을 시행하기 위해 외국으로부터 차관을 받은 것은 헌정을 근본적으로 파괴하는 것[118]이라고 비판하면서 철도국유화정책에 반대하는 입장을 강력하게 표명했다.

6월 7일 천한철로고동대표임시회의(川漢鐵路股東代表臨時會議)가 사천성의 중심지역인 성도에서 개최됨과 동시에 보로운동의 중심적인 역할을 하게 되는 단체인 사천보로동지회가 조직되었다. 사천보로동지회는 자의국 의장이자 입헌파신사인 포전준(蒲殿俊)이 회장, 자의국 부의장이자 입헌파 신사인 나륜(羅綸)이 부의장으로 선

117) 『四川文史資料選輯』 第1輯, p.14.
118) 鄧孝可, 「答病氓」 『四川保路同志會報告』 第21號.

출되었다. 입헌파 신사가 중심이 된 사천보로동지회의 투쟁목표는 "파약보로(破約保路)의 종지(宗旨)를 고수하고 기타 문제에 대해서는 언급하지 않는다"[119]고 한 것처럼 혁명파의 투쟁방향인 무장봉기와는 다른 파약보로라는 소극적인 투쟁 방향을 설정했다. 파약보로라고 할 때의 파약은 청 정부가 1911년 5월 20일 월한철로와 천한철로의 부설을 위해 미국, 영국, 독일, 프랑스 4개국 은행단과 대규모 차관을 체결한 계약을 파기할 것을 주장한 것이다. 이는 청조가 철도국유화정책을 통해 서구 열강으로부터 차관을 얻고 철도권을 서양 열강에게 이양하는 것에 대한 반대 의지를 표명한 것이다. 이 때문에 파약은 철로권을 보호한다는 의미인 보로와 연동되어 파약보로라고 한 것이었다. 동시에 파약보로라는 의미에는 무장봉기를 통해 청조를 전복하려는 혁명파의 투쟁 방향과는 달리 평화적으로 청조 정부의 정책에 대항한다는 의미도 내포되어 있었다. 사천의 정치적 중심도시인 성도에서는 입헌파 신사가 중심이 되어 사천보로운동을 지도하면서 평화적인 방법을 통해 자신들의 의견을 관철시키려는 움직임을 보이고 있었다. 이러한 와중에 성도에서 활동하고 있었던 자의국 의원 신분의 혁명파 신사는 사천보로운동을 혁명으로 전환시킬 방법을 모색하고 있었다. 성도에서 조직된 사천보로동지회는 총무부, 문독부, 교섭부, 강연부 4개의 부서를 설치했다. 사천 보로동지회의 회장 포전준과 부회장 나륜은 입헌파 신사였고 그들은 사천 자의국의 의장과 부의장이기도 했다. 다만 총무부, 문독부, 교섭부, 강연부의 부장에는 입헌파 신사 뿐만 아니라 혁명파 신사도 혁명파라는 신분을 은폐하면서 보

119) 『四川保路同志會報告』 第3號.

로운동을 이끌고 있었다. 보로동지회 총무부 부장에는 자의국 의원이자 혁명파 신사였던 강삼승이 담당했고, 교섭부 부장에는 자의국 의원이자 혁명파 신사였던 유성원과 자의국 부의장 나륜이 담당했고 강연부 부장에는 자의국 의원이자 혁명파 신사인 정영도가 담당했다. 문독부 부장에는 입헌파 신사 등효가가 담당했다.[120] 물론 성도 보로동지회총회의 지도세력 가운데 혁명파신사는 그들의 신분을 폭로하지 않았기 때문에 입헌파 신사와 혁명파 신사가 공식적으로 연합해서 이 운동을 이끌었다고 하기는 어렵다. 혁명파 신사는 자신의 신분을 드러내지 않고 입헌파 신사와 보로운동을 지도하고 있었는데 보로운동을 보다 과격화시키는 데 결정적인 역할을 한 것은 사천보로동지회의 각 부서에서 혁명파 신사 강삼승, 유성원, 정영도 등이 중심적인 역할을 하면서 사천보로동지회를 이끌고 있었던 것과 일정한 관련성을 지니고 있었다.

성도와는 달리 사천 동부지역의 중심지이자 상공업의 중심도시인 중경에서는 혁명파 신사가 보로운동을 이끌고 있었다. 성도에서 사천보로동지회가 조직되는 시기에 중경에서도 중경보로동지협회가 조직되었다. 중경보로동지협회에서는 혁명파 신사인 주지홍(朱之洪), 매수남(梅樹南), 유조음(劉祖蔭), 이시준(李時俊) 등이 중경보로동지협회의 대표로 추대되었다. 물론 중경보로동지협회의 대표에는 혁명파 신사 뿐만 아니라 중경 출신의 신사인 주효봉, 여농원, 하욱광, 호림 등도 공동 대표로 추대되었다. 다만 중경보로동지협회에서는 성도에서 성립한 사천보로동지회와는 달리 혁명파 신사

120) 隗瀛濤,『四川保路運動史』, 四川人民出版社, 1981, p.216에는 교섭부 부장에 나륜으로 기술하고 있다. 戴執禮編,『四川保路運動史料彙纂』(中), p.673에는 교섭부 부장에 나륜, 유성원 2명을 기술하고 있다. 아마도 나륜은 보로동지회 부의장이었기에 교섭부 부장은 나륜에 이어 유성원이 담당했을 것으로 생각된다.

가 주도적으로 영향력을 행사할 수 있는 계기가 마련되었다고 볼 수 있다. 1907년 사천의 정치적 중심도시인 성도에서 혁명파가 중심이 되어 일으킨 성도봉기가 실패한 후 사천 동맹회의 중심 지역은 사실상 사천 동부의 중심도시인 중경지역으로 이동했다. 이에 따라 중경에서 활동하고 있었던 동맹회원들이 사천 동맹회의 중심적인 역할을 하게 되었다.

중경에서 활동하고 있던 혁명파 신사들은 사천보로운동을 계기로 청조를 전복시키고 민국을 건설하려는 혁명운동으로 전환시키려는 구체적인 실행계획을 이행하려고 시도했다. 혁명파 신사 주지홍을 중경고동대표(重慶股東代表, 천한철로공사 중경 주주의 대표)의 자격으로 성도에 파견할 때 사천 동맹회지부장인 양서감은 "그대가 이번에 가거든 포전준, 나륜과 함께 혁명을 도모하기에는 충분하지 않다"라고 하면서 자의국 의원의 대표이자 입헌파 신사인 포전준과 나륜과의 연대에는 반대 입장을 표명한 것이다. 이는 입헌파 신사가 중심이 되어 전개되는 사천보로운동이 평화적인 방법을 통한 투쟁에 불과했기 때문에 사천 동맹회에서는 이들과 연대하는 것보다 동맹회가 중심이 되어 보로운동을 격화시켜 혁명 투쟁으로 전환시키려고 계획하고 있었기 때문이다.

양서감의 명령을 받은 주지홍은 성도로 파견되어 한편으로는 특별고동대회(特別股東大會)를 통해 상인들에게는 파시(罷市, 철시)를 촉구하고 학생들에게는 파과(罷課, 동맹휴학)를 선동했다. 다른 한편으로는 생원 출신이자 혁명파 신사 조독, 늠생 출신이자 혁명파 신사 용명검, 동맹회원 방조진, 장이 및 봉황산 신군 중에서 혁명파로 활동한 동맹회원들과 혁명의 활동에 대해 논의했다. 입헌파 신사 입장에서 보면 사천보로운동은 이권회수운동의 일환으로 볼 수 있지만 혁명파 신사 입장에서 보면 사천보로운동은 이권회수운동의 차원이 아니라 사천에서 혁명을 전개하기 위한 방향으로 전환되기를 바랐다. 1907년에 발생한 성도봉기가 실패한 후 성도와 그 인근지역에서 활동하던 혁명파에 대한 감시가 이전보다 강화되었기 때문에 무장봉기는 성도에서 일으키는 것보다 다른 지역에서 무장봉기를 일으키고 봉기가 진행되는 상황에 따라 성도에서 내응하기로 결정했다. 이 결정에 의해 각 지역에서는 무장봉기의 실행을 가시화하고 있었다. 영현지역의 무장봉기는 혁명파 신사 용명검, 왕천걸 등이 주도하기로 결정했고, 부순현과 부순현 인근지역인 자류정은 혁명파 신사 조독 등이 중심이 되어 무장봉기를 실행하기로 결정했다. 정연현 지역은 동맹회원 방조진이 무장봉기를 주도하고, 청신현 지역은 동맹회원 장이 등이 무장봉기를 실행하기로 결정했다.[121]

성도에서 조직된 사천보로동지회는 성립된 지 보름도 지나지 않아 회원이 10만명에 이르렀다. 각 주현이나 향진에도 보로동지회 분회가 성립되었다. 보로동지회는 각 지역에 설치된 국소(局所)인 조고국(租股局), 고동분회(股東分會, 주주분회) 및 각 자치회, 교육회, 농회, 상회, 권학소, 보갑국의 구성원과 공동으로 조직된 것이었다. 보로동지회는 다양한 조직이나 단체의 연합적 성격을 지녔다고 할 수 있다. 사천 각 지역에서는 보로동지회의 분회적 성격을 지니는 보로동지협회가 조직되었다. "사천인들이 보로운동 초기에 동지회는 모두 신사들이 조직했다"[122]라는 기록에서 알 수 있듯이 보로동지회나 분회를 지도한 세력은 지방 신사층이었다. 사천보로

---

121) 民國『巴縣志』卷22,「蜀軍革命始末」.
122) "川人爭路之初, 同志會俱由正紳組織." 民國『名山新縣志』卷16, 事紀.

운동에는 여성들도 참가했다. 여성들이 중심이 되어 “사천여자보로동지회”가 조직되었다. 동시에 소학당의 학생, 중학당의 학생, 승려, 도사들도 사천보로운동에 합세했다. 사천 서북지역에 거주하고 있었던 소수민족 출신도 사천보로운동에 참가했다. 사천보로운동에 참가하는 인원도 폭증하고 애초부터 혁명파는 이 운동을 혁명으로 전환시키려고 했기 때문에 보로운동은 평화적인 시위의 단계를 벗어나 점차 과격한 운동으로 전개되었다. 사천보로운동을 이끌었던 입헌파 신사는 민중들의 폭력적이고 과격한 운동을 반대하며 평화적인 방법으로 이 운동을 진행시키도록 하는 문명쟁로(文明爭路)를 주장했다.

상인들의 파시운동, 학생들의 파과운동이 격화되어 가는 과정에서 점차 폭력을 동반한 과격한 운동으로 발전되었다. 입헌파 신사가 우려한 민중들의 시위는 여러 가지 형태로 나타났다. 시가지에서 대규모 집해를 거행하는 행위, 폭동을 동반하는 행위, 교회를 파괴하는 행위, 지방 관료를 모욕하는 행위 등으로 나타났다. 성도에서 발생한 상인들의 파시와 학생들의 파과는 사천 전역으로 확대되었다. 이 과정에서 경징국(經徵局), 자치국(自治局), 순경분서(巡警分署) 등을 파괴하는 행위까지 발생했다. 입헌파 신사는 이러한 폭력적인 시위를 진정시키기 위해 관료, 신사, 상인, 학생 및 지식인의 연합체인 관신상학계연합회(官紳商學界聯合會)를 조직하여 보로운동을 평화적으로 이끌려고 시도했으나 효과를 거두지 못했다.

9월에 접어들어 사천 민중들은 파시, 파과운동 외에 세금 징수에 대항하는 항연투쟁이나 항세투쟁을 전개했다. 9월 6일 철로고동대표대회(鐵路股東代表大會)가 성도에서 개최되었다. 청조의 중앙정부에서는 당시 사천총독으로 재임하고 있던 조이풍(趙爾豊)에게 민중들의 폭력적인 투쟁을 강력하게 진압하도록 명령했다. 결국 9월 7일 사천총독 조이풍은 보로동지회와 천한철로공사[123]의 중심적 역할을 하고 있었던 포전준, 나륜, 안해, 장란, 등효가, 호영, 팽분, 강삼승, 엽병승, 왕명신 등을 체포했다. 사실 사천총독 조이풍은 사천보로운동을 강력하게 진압할 생각은 없었다. 사천총독 조이풍이 온건하게 대응하자 청조 정부는 조이풍에게 사천보로운동을 강력하게 진압하지 않으면 처벌하겠다고 엄포를 놓은 상황이었기에 조이풍은 부득이하게 사천보로동지회의 수뇌부를 체포하기에 이른 것이었다.

체포된 인물들은 사천을 대표하는 입헌파 신사이자 자의국 의원이 중심이었다. 조이풍은 사천보로운동의 중심 인물들을 체포한 후 보로운동의 중심적 역할을 한 단체인 사천보로동지회 및 천한철로공사를 폐쇄시켰다. 조이풍이 사천보로운동의 중심 인물들을 체포하자 성도의 민중들이 총독관서 앞에서 대규모 집회를 개최하고 그들의 석방을 요구하는 시위를 전개했다. 사천총독 조이풍은 시위를 전개하던 민중들에게 발포를 명령했고 이 과정에서 시위에 합세한 민중들이 대규모로 사상자가 발생하는 사건으로 이어졌다. 이를 성도혈안(成都血案)이라고 한다. 성도혈안은 사천보로운동의 전개 과정에서 전환점이 되는 사건이었다. 성도혈안 전까지 표면적으로는 보로운동의 중심적인 역할은 입헌파 신사들이 담당하는 것처럼 보여졌다.[124] 입헌파 신사들이 중심이 된 보로운동은 기본적으로 이권회수운동의 범위 내에서 평화적인 방법으로 그들의 의견을 관철시키려는 방법을 고수했다. 하지만 보로운동에 참가한 혁

---

123) 川漢鐵路公司에 대해서는 隗瀛濤, 『四川保路運動史』, pp.152-204 참조.

124) 隗瀛濤, 『四川保路運動史』, 四川人民出版社, 1981, pp.227-237.

명파나 민중들은 과격한 운동으로 전환시켜 나갔고 그 결과 성도혈안으로 이어진 것이었다. 사천보로운동의 초기단계에는 가시적으로는 입헌파 신사들이 중심이 되어 보로운동을 주도했는데 중경에서 사천 혁명파를 이끌었던 혁명파 신사들은 보로운동을 이용하여 혁명을 실행하려고 계획한 것이었다. 혁명파 신사들의 이와 같은 전략에 관해 사료상의 기술에는 "보로의 이름을 내걸고 투쟁했지만 안으로는 혁명의 결실을 거두기 위한 행위"라고 기술하고 있다.[125)]

성도혈안이 발생한 후 사천보로운동의 투쟁은 새로운 국면으로 접어들었다. 사천보로동지회는 사천보로동지군으로 개칭되었다. 사천보로동지군이 성립되었다는 것은 보로운동이 이권회수운동의 차원에서 이루어지는 것이 아니라 무장봉기를 동반한 혁명의 과정으로 전개된다는 것을 의미했다. 동시에 보로동지군의 성립은 투쟁방식에 있어서도 무장투쟁 단계로 전환되었다는 것을 의미했다. 말하자면 사천폭동의 출발점을 알리는 신호탄이 바로 보로동지군의 성립이라고 할 수 있다. 사천보로운동이 신해혁명의 도화선이 된 사건으로 알려진 배경에는 사천보로운동이 단순한 이권회수운동의 범주에서 이루어진 것이 아니라 실제로는 청조를 전복하고 민국을 건설하려는 공화혁명의 일환으로 전환되면서 무장투쟁으로 이어졌던 것과 관련성을 지니고 있었다.

사천보로운동이 보로동지군의 성립과 함께 무장투쟁 단계로 전환되는 시점에 성도혈안 발생 전에 체포되었던 사천보로동지회의 회장 포전준 등을 중심으로 하는 입헌파 신사들은 출옥했다. 그들

125) 『四川文史資料選輯』 第1輯, p.102.

은 출옥 후 〈사천 전 지역의 민중에게 고하는 글〉을 발표하면서 실질적으로 보로동지회의 목적은 이미 관철되었으니 무장투쟁을 중지할 것을 요청했다.[126] 보로동지군의 성립으로 보로운동이 보다 과격하게 전개되자 사천보로동지회의 회장이자 자의국 의장인 사천 입헌파 신사를 대표하는 포전준과 사천 입헌파 신사는 사천 지역에서 사천폭동이 발생하는 것에 대해 심각하게 우려를 표시한 것이었다. 하지만 사천보로동지군이 성립한 후부터 사천에서 활동하던 입헌파 신사들 중에는 혁명파와 연합하여 무장봉기를 거행하는 인물도 나타나기 시작했다. 사천 신해혁명사에서 성도혈안이 전환점이 되었다는 것을 반영하는 대표적인 사례이다. 입헌파 신사 가운데 무장투쟁에 적극적으로 참여한 인물의 활동을 보면, 기강현 출신의 자의국 의원이자 입헌파 신사 지여건은 성도혈안이 발생한 후 사천에서 활동하던 가로회라는 비밀결사조직의 리더이며 공진회원이기도 한 혁명파 지열오와 혁명파 신사 양금운, 위무진 등과 연대하여 무장봉기를 일으킨 후 기강현군정부를 성립시키기도 했다.[127] 선한현 출신의 염승근은 현승을 역임한 인물로 신해혁명기 자의국 의원 겸 천한철로공사의 동사(董事) 역할을 한 입헌파 신사였다. 그는 보로동지군이 각 지역에서 본격적으로 무장봉기를 거행하자 선한현에서 보로동지군을 이끌고 무장봉기를 발동하여 선한 지역에서 군정부를 수립했다.[128]

성도혈안 발생 후 사천 혁명파 신사들은 무장봉기를 일으키기 위해 오랜 기간 준비해 온 것을 실행할 수 있는 절호의 기회로

126)『四川文史資料選輯』第1輯, pp.14-21.
127) 政協四川省文史資料研究委員會,『四川保路風雲錄』, 四川人民出版社, 1981, pp.188-192.
128)『四川保路風雲錄』, 1981, pp.201-212.

포착했다. 사천 자의국 의원이자 혁명파 신사인 용명검과 혁명파 신사 조독은 "사천총독 조이풍이 우선 포전준과 나륜을 체포한 후 사천보로운동을 소탕하려고 하니 각 지역에서 활동하는 동지들은 신속히 일어나 스스로를 구하고 스스로를 보호하라."[129]는 글을 목판에 대량으로 새겼다. 이 목판에 새긴 글을 성도의 중심 지역을 통과하여 흐르는 강인 금강에 띄워 각 지역으로 보냈다. 이를 흐르는 강물에 띄워 보내는 전보라는 의미로 "수전보(水電報)"라고 불렀다. 수전보를 통해 사천 각 지역에서는 일반 민중들에게 급박하게 전개되어 가고 있는 사천보로운동의 상황을 널리 알리는 데 큰 역할을 한 것으로 알려져 있다.

해당시기 천동지역에서 활동하던 동맹회 중경지부에서도 성도혈안 발생 후 무장봉기를 일으킬 기회가 온 것으로 판단하고 무장봉기를 실행하기로 결정했다. 사천보로운동 발생 전까지 혁명파 신사의 중심 인물들은 신식학당을 근거지로 비밀리에 혁명 활동을 전개하고 무장봉기를 일으킬 시기를 기다리고 있었다. 성도혈안의 발생으로 사천에서 활동하고 있던 혁명파 신사뿐만 아니라 모든 동맹회원들이 기다리고 준비해 온 무장봉기를 사천 전 지역으로 확대시킬 절호의 기호를 마련해 주었다. 이에 사천지역의 동맹회를 이끌고 있었던 동맹회 중경지부의 핵심 인물인 혁명파 신사 양서감과 장배작 등은 사천에서 무장봉기를 일으키기 위해 개별적으로 실행해야 할 임무를 분담했다. 양서감은 재정담당과 무장봉기를 통괄하는 책임을 맡았다. 장배작은 무기의 운송이나 각 지역에서 활동하고 있던 보로동지군과의 연락을 책임지는 역할을 담당했

129) 黃綬, 「四川保路運動親歷記」『成都文史資料選輯』第1輯, p.37.

다. 파현 출신의 혁명파 신사 주지홍은 군대와의 연대나 각종 소식을 전달하는 역할을 맡았다. 부순현 출신의 혁명파 신사 사지는 혁명의 선전 활동을 책임지는 역할을 담당했다.[130] 사천지역의 동맹회 중심기구 역할을 한 동맹회 중경지부에서 무장봉기의 실행을 알리는 결정을 내리고 각자의 역할을 맡은 후 각 지역에서 활동하고 있던 보로동지군은 마침내 무장봉기를 전면적으로 실행하기에 이르렀다. 이 과정에서 혁명파 신사들이 중심이 되어 보로동지군을 이끌고 각 지역에서 무장봉기를 거행한 상황은 아래 〈표 12〉와 같다.

〈표 12〉 혁명파 신사가 지도한 보로동지군의 정황[131]

성명	보로동지군 명칭	성명	보로동지군 명칭
도철	부순동지군	양금운, 위무진	기강동지군
이소이	대죽동지군	조독	자공중로동지군
증성재	천북동지군	양상남	서영서로동지군
고아형	부릉동지군	황방	천남동지군
고행촌	숭녕동지군	용명검	영현동지군
여회근	의창로공동지군	장달삼	비현동지군
능전	강유현동지군		

성도혈안 발생 후 조직된 사천보로동지군은 사천 전 지역에서 조직되었다. 당시 사천에서 조직된 동지군은 모두 126개로 알려져

130) 『成都文史資料選輯』 第1輯, p.150; 民國 『巴縣志』 卷22, 蜀軍革命始末.
131) 위 표는 隗瀛濤 主編, 『四川近代史稿』의 "四川保路同志軍主要負責人一覽表"를 토대로 재작성하였음.

있다. 그 중에서 동맹회원이 중심이 되어 동지군을 이끌었던 지역은 58개 지역이었다.[132] 58개 지역 중에서 혁명파 신사가 중심이 되어 동지군을 이끌고 무장봉기를 실행한 지역은 13개 지역이다. 보로동지군이 조직되기 전부터 대죽현에서 효의회라는 회당을 이끌었던 이소이를 비롯하여 부릉현의 고아형, 기강현의 양금운과 위무진 등은 천동지역에서 동지군을 이끌고 무장봉기를 이끌었던 인물들이다. 숭녕현의 고행촌, 비현의 장달삼, 강유현의 능전은 천서지역에서 활동했고, 천남지역에서는 천남지역 동지군의 총사령관인 황방이 천남동지군을 지도했다. 그 외 부순현의 도철, 자공현의 조독, 영현의 용명검, 서녕현의 양상남 등이 천남지역에서 동지군을 이끌고 활동한 혁명파 신사였다. 혁명파 신사가 이끄는 동지군이 다른 지역에 비해 비교적 적었던 천북지역에서는 증성재가 천북동지군의 총사령관 역할을 담당하면서 천북지역의 동지군을 이끌고 무장봉기를 실행한 혁명파 신사였다. 각 지역에서 보로동지군을 통솔하면서 무장봉기를 거행한 혁명파 신사들은 대부분 생원의 자격을 지닌 하층신사들이었고 이들은 비밀결사조직인 회당과 연대하에 동지군 활동을 한 경우도 있었다. 합천현 출신의 여회근은 사천 인근 지역인 호북성 의창에서 철도노동자를 규합하여 의창로공동지군을 이끌고 활동했다.[133]

혁명파 신사가 중심이 된 보로동지군의 활동 지역에서는 지방신사들이 보로동지군에 대항하기 위해 지방 의용군을 이끌고 대항하기도 했다.[134] 보로동지군에 대항한 지방 신사들은 지방에 조직

132) 隗瀛濤主編, 『四川近代史稿』, 四川人民出版社, 1990, p.672.

133) 戴執禮編, 『四川保路運動史料彙纂』(中), pp.1089-1090.

134) 『四川保路風運錄』, p.89. 보로운동시기 보로동지군이 각 주현의 현성에 진입하였을 때 지방신사들이 단련을 조직하여 수성의 책임을 맡은 것은 청대 신사들이 단련을 조직하여 향촌을

되어 있는 단련국의 병사들을 이끌고 현성쟁탈전을 전개했다. 남계현의 경우를 살펴보면, 남계현 인근 지역인 부순현 출신의 혁명파 신사 도철이 부순동지군을 이끌고 남계현성으로 진입하자 남계현 출신의 신사 동진, 증학령 등은 성방국을 설치하여 군대를 모집했고 남계현 출신의 포옥항 등이 이끄는 군대와 연합하여 보로동지군에 대항하는 방어군을 조직했다. 이들은 지방 관군과 연대하여 보로동지군의 현성 공격에 대치하면서 보로동지군에 대항했다.[135] 혁명파 신사 도철(涂哲)은 부순현 출신이고 생원 자격을 지닌 하층신사였다. 그는 동향 출신인 혁명파 신사 조독의 소개로 동맹회에 가입했다. 도철은 1910년 8월 사천 동남지역에서 무장봉기를 실행하기로 계획했으나 기밀이 누설되어 무장봉기는 실패했다. 지방관료가 도철에 대한 체포령을 내리자 그는 운남성, 귀주성 등으로 이동하여 혁명 활동을 전개하면서 사천으로 회귀하기를 기다리고 있었다. 그 후 사천에서 보로동지군의 무장투쟁이 활발하게 진행되자 사천으로 돌아와 부순현에서 부순현동지군을 조직하여 인근지역인 남계현으로 진출하여 남계현성을 둘러싼 공방전이 전개되었다. 이 때 남계현 출신의 지방 신사가 이끌고 있었던 현성 방어군과 쟁탈전을 벌였던 것이다.[136] 대죽현에서 효의회(孝

방위한 것과 그 맥을 같이 한다고 볼 수 있다. 청대 사천의 향촌방위를 담당한 지방신사의 일례를 들면, 운양현의 賈維祥은 생원이었는데 嘉慶初 教匪들이 소요하자 鄉勇 수백인을 이끌고 教匪들을 해산시키며 향촌을 방위했다. 民國『雲陽縣志』卷35, 士女. 사천보로운동시기 守城을 담당한 지방신사의 입장에서 볼 때 보로동지군은 상술한 教匪와 그 성격을 같이 하는 것이므로 그들의 수성임무는 향촌방위적 성격이 강하다고 할 수 있다.

135) 西川正夫, 앞의글, pp.78-79. 그 외 보로동지군의 진입당시 향신들이 단련을 조직하여 守城 활동을 벌이는 경우를 보면 "州牧張又栻集紳李本善·劉汝安·李含菁, 籌民團二百名, 招城防兵一百名, 井將城廂巡警·西區鄉鎮巡警歸井團防, 速加訓練, 以防之." 民國『巴中縣志』第3編, 政事志下, 紀亂.

136) 「烈士涂哲事略」『蜀中先烈備徵錄』卷2; 『四川辛亥革命史料』(下), p.445.

義會)라는 회당을 조직하고 사천 동북지역에서 반청 무장투쟁을 전개하고 있었던 혁명파 신사 이소이는 사천 전 지역에서 보로동지군이 무장봉기를 거행하던 시기에 대죽현과 그 인근 지역에서 회당을 중심으로 하는 대죽보로동지군을 이끌고 무장봉기를 실행했다. 이소이는 대죽보로동지군을 이끌고 대죽현 인근 지역을 점령한 후에 대죽현성을 공격하려고 계획했다. 대죽현 출신의 지방 신사 황전신과 구반계[137]는 이소이의 보로동지군과 현성쟁탈전을 벌였지만 이소이의 보로동지군에 패배하고 대죽현성이 점령되었다. 대죽현성을 점령한 이소이는 무장봉기 성공 후 천동북통령이 되어 악지현, 광안현, 달현, 신녕현 등의 지역에서 무장봉기를 실행했다.[138]

사천 혁명파 신사가 보로동지군을 이끌고 각 지역에서 본격적으로 무장봉기를 실행하던 시기는 호북성에서 무창봉기가 발생하기 바로 직전이거나 직후에 해당한다. 무창봉기의 성공으로 호북성에 악군군정부가 성립된 후 전국 각 지역에서는 군정부가 성립되는데 사천지역에서도 무창봉기를 전후하여 보로동지군이 사천 전 지역에서 무장봉기를 일으켰고 이 때문에 사천에서도 군정부가 출현하기에 이르렀다.

성 단위에서 벗어나 현 단위의 시각에서 보면, 전 중국에서 가장 일찍 군정부가 출현한 지역은 사천성 영현(榮縣)이었다. 이른바 영현군정부(榮縣軍政府)이다. 영현군정부가 성립한 시기는 호북성에서 무창봉기가 발생되기 보름 전에 해당하는 1911년 9월 25일 내지는 9월 28일[139]이다. 영현은 사천성에서 남부지역에 위치하고

137) 黃殿臣과 歐攀桂의 科名은『大竹縣志』卷26, 人物, 重慶出版社, 1992, p.787.
138) 民國『續修大竹縣志』卷6, 武備志, 兵事錄.

있다. 영현 출신을 대표하는 혁명파 신사로는 용명검과 왕천걸이 있다. 용명검은 혁명파 신사이지만 자신의 신분을 숨기고 자의국 의원으로 당선되어 의정 활동에 참가한 인물 중의 하나이다. 그는 생원자격을 지닌 하층신사이지만 성도고등학당에 입학한 이력도 있고 일본으로 유학한 경력도 있다. 또한 성도에서 법정학당을 설립하기도 했다. 보로동지군이 각지에서 활동하던 시기에 용명검은 영현보로동지군을 이끌고 사천 각 지역에서 청조의 부대와 격전을 벌이다가 실패하고 퇴각하는 과정에서 병사했다.[140] 영현보로동지군의 지도자 용명검의 사망은 영현 출신의 동맹회원 오옥장과 혁명파 신사 왕천걸 등이 합세하여 영현지역에서 영현군정부를 성립시키는 데 촉매제 역할을 했다.[141] 생원 자격을 지닌 하층신사 왕천걸은 영현지역을 대표하는 부유층 집안의 자제였다. 그의 가문은 청대 초기 호남성에서 사천성으로 이주한 이주민 계열에 속한다. 그는 정연현 출신의 동맹회원 웅극무의 소개로 동맹회에 가입했다. 그는 사천보로동지군이 조직되던 시기에 화양현의 진재갱과 함께 사천혁명군 동로전군통령으로 추대되어 활동한 인물이기도 하다.[142]

현 단위의 범주에서 벗어나 사천에서 성립된 성 단위의 군정부는 다른 지역과는 달리 여러 개가 출현했다. 사천 동부지역에서는 1911년 11월 22일 중경에서 촉군정부가 성립되었다. 사천 서부지

139) 榮縣軍政府의 성립시기에 관해서는 何一民, 「辛亥革命史事考三則」, 『近代史硏究』, 87-5 참조.
140) 『四川辛亥革命史料』 (下), pp.236-237.
141) 영현군정부의 성립과 관련된 오옥장의 구체적인 활동에 관해서는 吳玉章, 『辛亥革命』, 人民出版社, 1961 참조. 용명검과 왕천걸의 활동에 관해서는 『四川辛亥革命史料』 (下), pp.236-237, pp.204-208 참조.
142) 『四川辛亥革命史料』 (下), pp.204-208.

역에서는 11월 27일 성도에서 대한사천군정부가 출현했다.[143] 대한사천군정부가 성립한 후 보름도 경과하지 않은 12월 9일 성도병변이 발생하면서 대한사천군정부는 무너지고 사천군정부가 탄생되었다. 이는 대한사천군정부가 입헌파 신사가 중심이 되어 권력을 장악하는 구조였기 때문에 혁명파 정권의 성격을 지닌 사천군정부로 전환된 것으로 이해해도 무방하다.

사천 동부지역의 촉군정부와 사천 서부지역의 사천군정부는 최종적으로 통합의 길을 모색하지 않으면 안 되었다. 통합하는 과정에서 여러 가지 절차와 논의가 진행되면서 통합은 단기간에 결실을 맺지 못했다. 최종적으로는 각 군정부에서 제시한 조건이 합의되기까지 장기간의 시일을 필요로 했다. 그 결과 1912년 4월 27일 촉군정부와 사천군정부가 통합되어 성유양군합병정부가 탄생되었다.[144] 다른 지역에 비해 사천성 지역에서 통합군정부의 출현이 늦었던 이유는 상술한 배경과 밀접한 관련성을 지니고 있었다.

사천에서 성립한 여러 개의 군정부에서 사천 혁명파 신사가 주도적인 역할을 한 군정부는 중경에서 성립한 촉군정부였다. 이는 신해혁명기 사천 동맹회 중경지부를 이끌고 있었던 세력이 양서감, 장배작, 주지홍, 향초 등과 같은 중경 출신의 혁명파 신사들이었기 때문이다. 촉군정부 성립 후 혁명파 신사가 담당한 직책을 보면, 도독에 장배작, 고문에 양서감, 주지홍, 비서원장에 향초, 총

143) 11월 24일 성도에서는 지방 관료와 입헌파 신사 간에 사천의 독립자치에 관한 협의를 진행하고 사천독립조약 30조를 체결했다. 이 독립조약은 입헌파 신사가 제출하고 조이풍이 동의한 내용도 있고, 조이풍이 제출하고 입헌파 신사가 동의한 내용도 있다. 이어 11월 27일 성도에서 大漢四川軍政府가 수립되었다. 도독에는 입헌파 신사 포전준이, 부도독에는 청조의 구관료 주경란이 선출되었다. 戴執禮編, 『四川保路運動史料彙纂』 (下), pp.1869-1877.

144) 隗瀛濤主編, 『四川近代史稿』, 四川人民出版社, 1990, p.729.

무처장에 사지, 행정부장에 매수남, 외교부장에 강반, 심계원장에 이시준, 예현관장에 진도순이 배치되었다. 이를 통해 볼 때 촉군 정부는 사실상 사천에서 활동하고 있었던 혁명파 신사 정권이라고 해도 과언은 아니었다. 이는 동맹회 중경지부를 이끌고 있었던 중심 인물이 혁명파 신사였고 이 때문에 중경에서 성립한 촉군정부의 중심적 직책을 혁명파 신사가 장악할 수 있었다.

하지만 성도에서 성립한 대한사천군정부와 사천군정부에는 촉군 정부와 비교하면 혁명파 신사가 중심적인 역할을 하는 직책을 담당하지는 못했다. 중경에서 성립한 촉군정부와 성도에서 성립한 사천군정부가 통합되어 성도에서 성립한 성유양군합병정부에서는 성도 지역에서 활동한 동맹회원과 중경지역에서 활동한 혁명파 신사들이 일정하게 권력을 배분하는 구조였다.

VI. 맺음말

본고에서는 신해혁명기 사천 혁명파 신사의 동향에 대해 검토했다. 현재까지 혁명파 신사라는 용어는 학계에서 널리 사용되는 개념은 아니다. 본고에서는 정치적인 입장에서 볼 때 입헌파 신사와 상대적인 개념으로 혁명파 신사라는 용어를 사용했다. 과거제 폐지를 전후하여 사천 신사층의 활동 영역을 정리하면 다음과 같다. 첫째, 신식학당체계로의 편입을 들 수 있다. 여기에는 국내 신식학당의 학생으로 입학하거나 신식학당의 교원으로 진출하는 경향이 뚜렷하다. 동시에 신사층은 과거제 폐지를 전후하여 신식학당의 설립에도 중심적인 역할을 했다. 둘째, 해외유학의 길을 선택하는 경우이다. 해외 유학은 국가에 지원을 받아 국비로 유학을 가는 경우도 있고 사비로 유학을 가는 경우도 있었다. 1900년대 이후 신사들이 해외로 유학할 때 대체로 일본으로 유학하는 비율이 가장 높았다. 셋째, 근대 기업의 설립이다. 사천 신사들의 기업 설립은 신정을 계기로 급속하게 증가하고 주로 중경을 중심으로 하는 천동지역에 다수 분포했다. 넷째, 신문이나 잡지의 발행을 통해 언론 활동에 종사하는 경우이다. 사천 신사들이 간행한 신문이나 잡지는 10여종에 이르고 변법사상이나 혁명사상을 전파하는 데 중요한 역할을 했다. 다섯째, 정치적인 입장에서 보면, 크게 입헌파와 혁명파로 분류할 수 있다. 신해혁명기 입헌파 신사를 대표하는 부류는 자의국 의원들이고 혁명파 신사를 대표하는 부류는 동맹회에 가입하여 활동한 신사들이었다.

신해혁명기 필자가 파악한 사천 혁명파 신사는 모두 120명이다. 필자가 파악한 사천 혁명파 신사의 구성적 특징을 보면 다음과 같다. 첫째, 과거공명을 기준으로 하면, 진사, 거인, 공생보다는 생원을 중심으로 하는 하층신사가 혁명파 신사의 대다수를 차지하고 있었다. 이는 전 중국에서 활동한 혁명파 신사도 사천 혁명파 신사와 유사한 특징을 지니고 있었다는 점을 추정하는 데 실마리를 제공해 준다. 특히 진사 자격을 지닌 인물이 동맹회에 가입하여 혁명활동에 참가한 사례를 사천지역에서는 찾을 수 없었다. 전 중국의 범위에서 보더라도 진사 자격을 지닌 자가 동맹회에 가입한 경우는 거의 찾기 어렵다. 광복회를 조직하고 활동하다가 동맹회에 가입한 채원배는 진사 자격을 소지한 인물이지만 이러한 경우는 극히 드문 사례이다. 거인이나 공생 출신도 동맹회원에 가입하는 비율이 생원에 비해 대단히 낮았다. 이에 반해 사천 자의국 의원의 과거공명을 보면, 진사가 3명, 거인은 45명, 공생은 28명, 생원이 70명이다. 공생 이상의 상층신사의 비율이 생원을 중심으로 하는 하층신사의 비율과 비슷한 수치를 나타내고 있다.

둘째, 연령층을 기준으로 하면, 사천 혁명파 신사는 30대가 다수를 차지하고 있고 그 다음이 20대이다. 물론 자의국 의원의 연령과 비교하기 위해 1909년의 연령을 기준으로 했기 때문에 30대가 20대보다 많은 비율을 보이고 있지만 실제로 사천 혁명파 신사가 혁명활동을 시작한 시기로 보면 연령대가 더 낮아질 수 있다. 사천 혁명파 신사는 대체로 20대의 청년층이나 30대의 장년층이 중심을 이루고 있었다. 사천 혁명파 신사 가운데 50대 이상의 신사가 동맹회에 가입하여 혁명 활동을 하는 사례를 찾는 것은 대단히 어려운 일이었다. 이에 반해 입헌파 신사로 파악하는 사천 자의국 의원은 30대와 40대의 장년층이 중심이었고 50대의 비율도 혁명파 신사보다는 다수를 이루고 있었다. 사천 자의국 의원 중에는 50대도 25명이나 되었고 60대 5명, 70대도 1명이 자의국 의원으로 활동했다. 입헌파 신사는 혁명파 신사보다 연령층이 상대적으로 높은 편에 속한다.

셋째, 지역적 분포를 기준으로 하면, 사천의 동부지역에 해당하는 천동도 출신이 가장 많은 비율을 차지하고 있었다. 사천에서 혁명파 신사들이 가장 많은 지역은 파현이다. 파현은 중경부 관할의 현이고 현재의 중경시에 해당한다. 사천 동부지역의 중심도시는 중경이다. 사천 동부에서도 중경 출신의 혁명파 신사가 가장 많은 비율을 차지하고 있었다. 중경은 사천에서 가장 상공업이 발달하고 수로 교통이 발달한 지역이다. 신해혁명기 혁명 서적 중에서 가장 파급효과가 컸던 《혁명군》를 저술한 추용도 중경 출신이다. 사천에서 가장 빨리 개항된 개항지도 중경이었다. 중경 지역의 신사가 다른 도시에 비해 동맹회원으로 활동한 비율이 상대적으로 높았던 이유를 한마디로 설명하기는 어렵다. 다만 상술한 중경이라는 도시의 특수성에서 기인한다고 볼 수 있다. 사천 혁명파 신사를 4개 권역으로 나누어 비율이 높은 순으로 정리하면 천동〉천남〉천서〉천북 순으로 나타낼 수 있다.

넷째, 신식교육과의 관계를 기준으로 보면, 사천 혁명파 신사 중에 신식학당에 입학하거나 신식학당의 교원으로 활동하거나 해외 유학의 경력이 있는 경우가 대다수를 차지하고 있었다. 물론 한 명의 신사가 신식학당의 학생, 신식학당의 교원, 해외 유학의 경력 등 다양한 경력을 지닌 경우도 있었다. 그렇기 때문에 이러한 신사의 경우에는 신식학당의 학생으로 파악할 수도 있고 신식학당의 교원으로 파악할 수도 있고 해외유학생으로 파악할 수도 있다. 당시 신식교육을 접촉하는 경로는 다양했기 때문에 신식교육과 신사와의 관계를 파악할 때에는 단선적으로 파악할 수도 있지만 복합적인 측면에서 파악할 필요성도 있다는 것을 반영하고 있다. 또한 신해혁명기의 신사는 과거제도라는 제도적 장치에서만 배출된 전통 신사와는 그 성격이 다르다는 점을 반영해 주고 있다. 신해혁명기의 신사는 전통적인 유교적 이념에 입각한 교육을 중심으로 시행한 과거제를 통해 진사, 거인, 공생, 감생, 생원이라는 과거공명을 획득했고 신식학당의 학생, 신식학당의 교원, 해외 유학생 등과 같이 신식교육과도 다양하게 접촉했다. 근대 신사는 사상적인 측면에서 구식교육과 신식교육을 모두 흡수한 경우도 많았다. 이는 근대 신사는 사상적인 측면에서 전통적인 신사와 다르다는 점을 나타내 주고 있고 이로 말미암아 그들의 활동방향도 전통 신사와는 서로 달랐다. 입헌파 신사는 혁명파 신사에 비해 상대적으로 신식교육을 접촉한 비율이 상대적으로 낮다. 혁명파 신사는 자의국 의원보다 생원을 중심으로 하는 하층신사의 비율이 높고, 연령층도 자의국 의원보다 낮았기 때문에 과거제 폐지를 전후하여 신식교육과 관련성을 지닌 비율이 높았던 것으로 생각된다.

신해혁명 전 혁명파 신사들의 활동영역을 정리하면 다음과 같다. 첫째, 신식학당 등과 같은 교육기구를 통하여 혁명사상을 전파하거나 동맹회원을 확대시키고 이곳을 혁명활동의 거점지로 활용하면서 혁명활동을 엄호했다. 천동지역에서는 중경부중학당, 천서지역에서는 사천고등학당, 통성사범학당, 천남지역에서는 영녕중학당이 사천 혁명파 신사들이 활동한 대표적인 신식학당이었다. 사천지역의 동맹회원 중에서 교육기구를 통한 혁명활동의 전개는 주로 혁명파 신사가 담당했다.

둘째, 하층민중들의 동원력을 확보하기 위해 회당의 지도자와 연계하거나 회당의 지도자로 활동하기도 했다. 사천 혁명파 신사 가운데 대표적인 회당의 지도자로 활동한 인물은 사영, 이소이 등이 있다. 그 외 고조림, 장달삼 등도 사천 동맹회원 중에서 회당을 이끈 대표적인 인물이었다. 셋째, 기업의 설립을 통하여 혁명의 거점지로 삼고 혁명활동을 전개하기도 했다. 넷째, 일부 혁명파 신사는 합법적인 기구인 사천 자의국의 의원으로 당선되어 비밀리에 혁명 활동을 전개하기도 했다.

사천보로운동이 본격적으로 전개되던 시기의 혁명파는 입헌파 신사가 주장하던 문명쟁로나 파약보로라는 평화적이고 질서있는 투쟁을 수단으로 삼아 보로운동을 혁명운동으로 전환시키기 위한 활동을 비밀리에 전개했다. 혁명파 신사의 입장에서 보면, 철로권을 수호한다는 보로(保路)는 혁명투쟁을 위한 도구로 활용했다. 사천보로운동의 투쟁은 지속적으로 민중들의 참가도 많아지고 회당과의 연계도 활발해지면서 평화적인 시위에서 과격한 시위로 전환되었다. 특히 학생들은 파과, 상인들은 파시, 노동자들은 파공이라는 삼파투쟁을 전개했다. 사천보로운동이 갈수록 과격화되고 민중들의 참가가 많아지면서 청조 정부는 사천총독 조이풍에게 강력하게 진압하도록 압박을 가했다. 그 결과 사천총독 조이풍은 사천보로동지회의 수뇌부들을 체포했다. 이에 체포된 보로동지회 수뇌부들을 석방하라는 민중들의 대규모 시위가 진행되자 조이풍은 이들에게 발포하여 다수의 사상자가 발생하는 성도혈안이 발생했다.

성도혈안을 계기로 사천보로동지회는 사천보로동지군으로 개칭되어 활동했다. 동시에 사천보로동지군은 보로운동의 범위를 뛰어넘어 청조를 타도하고 민국을 건립하려는 혁명투쟁을 전개했다. 보로동지군을 이끈 주도적인 세력은 입헌파 신사가 아니라 동맹회원이거나 동맹회원중에서 혁명파 신사들이었다. 사천보로운동이 전개되던 시기에 사천 동맹회의 중심지역은 중경지역이었다. 사천 동맹회 중경지부를 장악하고 있던 양서감, 장배작, 주지홍 등과 같은 혁명파 신사는 보로운동의 노선을 무장투쟁으로 신속히 전환하면서 무장봉기를 통괄했다. 혁명파 신사들은 회당과 연합하여 보로동지군을 이끌고 현성쟁탈전에도 적극적으로 참여했고 각 주현의 독립에도 일정한 영향을 주었다.

호북성 무창에서 무장봉기가 성공하자 사천지역에서도 성 단위의 군정부가 수립되기 시작했다. 그리하여 동맹회 중경지부를 이끌고 있었던 중경지역의 혁명파 신사가 중심이 되어 중경에 촉군정부가 수립되었다. 이어 성도에는 대한사천군정부가 성립되었지만 성도병변의 발생으로 사천군정부로 개칭되었다. 사천지역에서는 성도와 중경에서 각각 성 단위의 군정부가 수립된 것이었다. 그 중에서 중경에서 성립한 촉군정부는 혁명파 정권이었고 신해혁명기부터 중경에서 활발하게 활동한 혁명파 신사들이 촉군정부를 장악했다. 사천보로운동의 전개과정, 민중들의 참여, 입헌파와 혁명파의 활동 등을 통해 사천보로운동의 다양한 성격에 관한 다면적 성격에 관해서는 제3장 사천보로운동의 다면적 성격을 둘러싼 일고찰에서 구체적으로 검토해 보고자 한다.

[부표 1] 사천 혁명파 신사 구성표

아래 [부표 1]은 필자가 조사한 사천 혁명파 신사 120명에 대한 명단과 관련 내용을 표로 구성한 것이다.

* 필자가 파악한 사천 혁명파 신사 120명은 후술하는 참고문헌을 바탕으로 작성한 것이다. 그 외 특이사항은 다음과 같이 정리해 둔다.

1. 朱之洪의 科名은 不明이나 民國『新修合川縣志』卷44, 鄉賢3에는 "諸生朱之洪", 『廣益叢報』 第九年, 第13期, 紀聞에 "朱紳之洪"으로 표기되어 있다.
2. 劉祖蔭, 李時俊의 科名은 民國『巴縣志』卷8, 選擧 참조.
3. 童憲章, 陳道循, 陳金鏞, 涂德芬의 科名은『四川官報』甲辰, 第10冊, 公牘의 留日學生名單 참조.
4. 陳崇功의 科名은『四川官報』乙巳, 28冊, 新問 참조.
5. 程瑩度, 張知競의 科名, 原名은 民國『雲陽縣志』卷34, 士女, 生員表 참조.
6. 朱蘊章(必謙)의 科名은『四川文史資料選輯』, 第33輯 참조.
7. 凌闐(鵬雲)의 生年은 不明이나 '1911년 사망 당시 35세'라고 기록되어 있는데 이를 근거로 1876년생으로 표기했다.『蜀中先烈備徵錄』卷2 참조.
8. 黃方은 科名所持者는 아니지만 "捐有職銜"이라는 것을 근거로 有官銜者로 표기했다.『辛亥革命前十年間民變檔案史料』(下), p.774 참조.
9. 黔江縣의 王克明은 동맹회 가입시기는 불명이나 "(附生溫朝鍾)與同邑增生王克明倡言革命, 私立社會, 到處演說誘惑愚民, 從者日衆"과 "逆黨王克明"을 근거로 혁명파신사에 포함시켰다.『辛亥革命前十年間民變檔案史料』(下), pp.804-805 참조.
10. 溫朝鍾은 본래 호북성 함풍현에서 출생했고 생원 자격을 지닌 혁명파 신사였다. 그는 사천성 검강현에서 활동한 혁명파 신사였고 중앙정부에서도 그를 검강현 출신으로 파악했다.

성명	출생년	출신지	과거 공명	동맹회 가입 연도	신식 학당 입학	해외 유학	신식 학당 교원	경력 및 기타
楊庶堪 (滄白)	1881	巴縣	廩生	1906		○	○	- 공강회원 - 영녕중학당 교장 - 중경부중학당 교장 - 촉군정부 고문 - 성유양군 합병정부 외교부장
向楚 (仙喬)	1877	巴縣	擧人	1906			○	- 조희(趙熙)의 제자 - 내각중서 - 중경부중학당 교원 - 촉군정부 비서원 원장 - 민국 파현지 편찬
石青陽 (蘊光)	1878 (1879)	巴縣	秀才	1906	○	○		- 중경부중학당 졸업 - 촉군정부 의용군 표통 - 동맹회중경지부 이사 - 촉미사창, 잠상전습소 설립
吳駿英 (梅修)		巴縣	廩生			○		- 촉군정부 비서원 문서국장
龔秉樞 (魯生)	1865	巴縣	擧人	1906				- 촉군정부 행정부 부부장 - 부친 공함은 제생(諸生) 출신
溫友松 (仁椿)	1867	巴縣	秀才	1908				- 회족 출신 - 개지학당 설립 - 혜풍제혁공사, 욱동사창 설립 - 중경봉기에 참가 - 상무시보 간행
曾紀瑞 (吉之)	1872	巴縣	廩生	1910		○	○	- 파현중학당 감독 - 파현 시학(視學) - 부친 증이중 수재 출신

성명	출생년	출신지	과거 공명	동맹회 가입 연도	신식 학당 입학	해외 유학	신식 학당 교원	경력 및 기타
陳崇功 (新知)		巴縣	文生	1905		○	○	- 공강회원 - 촉군정부 교통부 부부장
童憲章 (文琴)		巴縣	廩生	1905		○	○	- 사천군정부 총정무처 부총리
梅際郇 (黍雨)	1873	巴縣	擧人	1906			○	- 공강회원 - 양서감 등과 광익총보 창간 - 중경체육학당 교장 - 중경부중학당 교장 - 기부중학당 교장 - 제1기 사천성 참의회 의원
梅樹南	1843	巴縣	秀才					- 양산 교유(敎諭) - 감숙성 위원현 지현 - 촉군정부 행정부 부장
江潘	1879	巴縣	附貢生			○		- 사천성 자의국 의원
李時俊		巴縣	擧人					- 촉군정부 심계원 원장
任鴻雋 (叔永)	1886	墊江縣 巴縣	秀才		○	○	○	- 점강현 출생 - 파현 동시에 응시하여 생원이 됨 - 중경부중학당 졸업 - 손문 비서 - 미국 콜롬비아대학교 졸업
劉祖蔭		巴縣	擧人					- 중경교육회 회장 - 촉군정부 재정부 부부장

성명	출생년	출신지	과거 공명	동맹회 가입 연도	신식 학당 입학	해외 유학	신식 학당 교원	경력 및 기타
朱之洪 (叔痴)	1871	巴縣	諸生	1905			○	- 공강회원 - 중경보로동지협회 회장 - 파현여자사범학당 교장 - 중경교육회 회장 - 중경대학 설립 - 촉군정부 고문
朱蘊章 (必謙)	1876	巴縣	秀才			○	○	- 동맹회원 주지홍의 동생 - 공강회원 - 국비 일본 유학생 - 파현중학당 교장 - 사천육군소학당 교원 - 중경봉기에 참가 - 촉군정부 총무처 부처장
李漢周		巴縣	秀才					- 이백조(李伯釗, 양상곤 부인)의 부친
陳鳳石 (一夔)	1876	大竹縣	秀才	1905		○		- 대죽현교육회 부회장 - 대죽성향공소 부의장 - 대죽서보사 회원
李紹伊 (一齋)	1856	大竹縣	秀才	1906				- 회당의 지도자 - 1894년 효의회 조직 - 대죽서보사 조직 - 대죽현동지군을 영도
江三乘 (敍倫)	1873	大竹縣	擧人	1906		○		- 성도 교유 - 사천성 자의국 의원 - 사천보로동지회 대표 - 조부 강국영 현 교유 역임

성명	출생년	출신지	과거 공명	동맹회 가입 연도	신식 학당 입학	해외 유학	신식 학당 교원	경력 및 기타
蕭德明(靜軒)	1880	大竹縣	秀 才	1906	○	○	○	- 대죽서보사 회원 - 촉군정부 하천동 안무사
張懋隆(簡廷)	1886(1888)	大竹縣	諸生	1906		○		- 대죽서보사 회원
蔣克莊(光容)	1868	大竹縣	廩生	1909				
蔣雲鳳	1883	大竹縣	廩生			○	○	- 신반법정학당 교원 - 권학소 시학(視學)
劉行道(士志)	1869	達縣	擧人	1906			○	- 내각중서 - 사천고등학당 교원 - 가정부중학당 교원
尹耀先(敬前)	1877	達縣	廩生			○		- 달현 의사회 부의장
吳鼎昌(達銓)	1884	達縣(華陽縣)	秀才			○		- 일본 국비 유학생 - 북경법정학당 교원 - 동맹회 평의부 평의원 - 대공보 사장
陳炳堃	1876	達縣	增生	1906				- 달현 의사회 의장
黎蘊生		達縣	秀才					
陳道循(伯珩)	1877	隆昌縣	文生	1906		○	○	- 성도철도학당 교원 - 성도서속중학당 교원 - 촉군정부 예현관 관장
薛國珊(瀛海)		隆昌縣	諸生					

성명	출생년	출신지	과거 공명	동맹회 가입 연도	신식 학당 입학	해외 유학	신식 학당 교원	경력 및 기타
張培爵 (列五)	1876	隆昌縣	秀才	1906	○		○	- 사천고등학당 학생 - 1907년 성도봉기 실패 - 성도서속중학당 교감 - 중경부중학당 교감 - 촉군정부 도독 - 성유양군합병정부 부도독
程鍾漢 (澤相)		隆昌縣	附生		○			
潘大謀 (大聰)	1879	開 縣	秀才	1906	○		○	- 성도통성사범학당 학생 - 섬서성 봉상중학당 교원
唐宗堯 (重華)	1877	開縣	秀才	1907	○	○	○	- 성도가정중학당 졸업 - 일본 국비유학생 선발 - 일본 와세대대학 졸업 - 심양봉천법정학당 교원 - 성도왕구족법정학당 교무장 - 국민당 사천지부 이사
潘大道 (力山)	1888	開縣	秀才			○	○	- 일본 와세다대학 졸업 - 사천성 법정전문학당 교원 - 성도법제국 국장
王夏 (玉泉)	1887	開縣	秀才	1908		○		
楊錦雲 (文蔚)	1885	綦江縣	秀才	1907		○		- 촉군정부 중로선위사 (中路宣慰使)
李雪琴 (世昌)	1873	綦江縣	廩生				○	

성명	출생년	출신지	과거 공명	동맹회 가입 연도	신식 학당 입학	해외 유학	신식 학당 교원	경력 및 기타
危撫震	1880	綦江縣	秀才	1911	○			- 사천통성경관학당 졸업
程瑩度 (鳳儀)	1878	雲陽縣	秀才			○	○	- 일본 명치대학 졸업 - 성도신반법정학당 교원 - 사천 자의국의원 - 사천보로동지회 강연부 부장
張知競		雲陽縣	秀才			○		- 천로특별고동회 대표
劉聲元	1876	萬 縣	擧人	1910			○	- 사천 자의국 의원 - 만현고등소학당 교장
溫朝鍾	1879	黔江縣	附生	1907				- 호북성 함풍현 출생 - 소수민족인 토가족 출신 - 성도통성사범학당 졸업 - 철혈영웅회 조직
王克明		黔江縣	增生					- 검강봉기에 온조종과 함께 참가
卞鼐 (小吾)	1872	江津縣	廩生				○	- "중경일보" 창간 - 동화화시공사 설립 - 동문학당, 여공강습소 설립 - 1908년 "중경일보" 사건으로 체포되어 옥사
景昌運 (少柳)	1872	宣漢縣	文生			○	○	- 선한현고등소학당 교장 - 권학소 시학(視學) - 동향보로동지협회 회장

성명	출생년	출신지	과거 공명	동맹회 가입 연도	신식 학당 입학	해외 유학	신식 학당 교원	경력 및 기타
涂德芬		長壽縣	秀才	1907		○		- 국비 일본 유학생 - 장수현봉기에 참가 - 장수현군정부 참모장
冉雪峰	1878 (1879)	巫山縣	廩生				○	- 호북의학관 관장 - 의학자, 공진회원 - 무창봉기에 참가 - 악군도독부 도독 여원홍의 군사 비서
高亞衡 (德泰)	1879	涪州 (涪陵縣)	秀才			○		- 부주 순경교련소 경찰국장 - 부릉동지군 영도 - 부릉군정부 총사령관
黎懷瑾		合川縣	廩貢生	1906	○	○		- 합천에서 여씨가학 설립 - 일본 유학 - 합천에서 도주 후 호북성 의창에서 혁명활동 전개 - 의창철로노동자 투쟁 지도
秦肅三		忠州	候補知縣					- 충현 의사회 의장
鄒杰 (漢卿)		酉陽縣	庠生	1907	○		○	- 사천고등학당 졸업 - 실업단원
이상 천동도 출신 54명								
林烺青	1871	灌 縣	秀才					
高杏村 (照林)	1863	崇寧縣	武生	1908				- 가로회 지도자 - 숭녕현보로동지군 지도자
張達三 (中元)	1870	郫縣	武生	1908				- 회당 지도자 - 비현보로동지군 지도자

성명	출생년	출신지	과거 공명	동맹회 가입 연도	신식 학당 입학	해외 유학	신식 학당 교원	경력 및 기타
毋國安(小田)	1858	廣漢縣(漢州)	秀才	1907				- 회당 지도자 - 용담사봉기 참여
鄧子頑(瑩詩)	1876	新津縣	廩生	1906		○	○	- 천남보로동지군 지도자
陳子猷(嘉勛)	1882	新津縣	秀才		○	○		- 사천무비학당 졸업 - 신군 교련관
熊兆謂(濟周)	1870	綿竹縣	秀才	1907		○	○	- 성도신반법정학당 교원 - 통성사범학당 교원
傅春吾		綿竹縣	秀才	1907		○	○	- 면죽제1사범학당 교장
陳金鏞(新齋)	1875	梓潼縣	廩生	1906		○	○	- 용안고등소학당 교장
高培基(福渠)		梓潼縣	秀才					- 재동현 회당 지도자
高培英		梓潼縣	秀才					
高培元		梓潼縣	秀才					- 내각중서
覃際安(育賢)	1866	彭 縣	擧人			○	○	- 중경법정학당 교원
杜雲翘(開公)	1880	平武縣	秀才	1908	○			- 사천통성사범학당 졸업
李樹勛	1888	溫江縣	秀才	1908	○			- 육군변목속성학당 졸업 - 신군제33사단 혼성협 소대장
楊白鹿(承伊)	1872	彭縣	貢生	1911				- 팽현봉기 지도자
劉鼎彝	1874	彭縣	秀才			○		- 팽현고등소학당 설립
余舒(蒼一)	1880	成都縣	擧人	1908		○		
凌闐(鵬雲)	1876	江油縣	優貢生				○	- 강유고등소학당 교원 - 강유봉기의 지도자
이상 성면용무도 출신 19명								

성명	출생년	출신지	과거 공명	동맹회 가입 연도	신식 학당 입학	해외 유학	신식 학당 교원	경력 및 기타
雷鐵崖 (昭性)	1873	富順縣	秀才	1905	○	○	○	-『견성(鵑聲)』 주필 - 오옥장과『사천(四川)』 간행 - 중화민국총통부 비서
易昌檝	1862	富順縣	秀才	1906			○	- 여주경위학당 교감
曺篤 (叔實)	1874	富順縣	秀才	1906	○		○	- 사천통성다무학당 교장 - 자공중로동지군 지도자
李宗吾	1879	富順縣	秀才	1907	○		○	- 사천고등학당 졸업 - 신공명 거인 출신 - 부순현중학당 교장 -『후흑학(厚黑學)』 저술
謝持 (慧生)	1876	富順縣	秀才	1907				- 여주 경위학당 졸업 - 부순현제2관립소학당 설립 - 성도봉기 참가 - 파현여자사범학당 교원 - 촉군정부 총무처 처장 - 중화혁명당 총무부 부부장
涂哲 (炳齋)		富順縣	秀才	1907				- 부순현보로동지군 지도자 - 남계현봉기 지도자 - 남계현군정부 군정부장 - 부순현군정부 군정부장

성명	출생년	출신지	과거 공명	동맹회 가입 연도	신식 학당 입학	해외 유학	신식 학당 교원	경력 및 기타
寥澤寬(緖初)	1870	富順縣	擧人	1907			○	- 부순현 권학원(勸學員) - 성도봉기 참가 - 천남동로보로동지군 참가
寥秋華		富順縣	秀才	1907				
王儉恒		富順縣	秀才	1907	○		○	- 부순현립중학당 교장 - 성도봉기 참가
張光厚(天民)	1881	富順縣	秀才			○		- 와세다대학 졸업 - 혁명단체 남사(南社) 회원
郭武勛(績成)	1858	富順縣	拔貢生	1907				- 부순현보로동지군 참가 - 민국초기 부순현 초대 현지사
劉仕選	1877	富順縣	秀才					
李筱亭	1880	宜賓縣	秀才	1907	○		○	- 사천통성사범학당 졸업 - 서주중학당 교원 - 1911년 의빈봉기 참가
黃柳靑		宜賓縣	擧人			○		
王子能	1881	宜賓縣	秀才		○			- 사천고등학당 졸업
黃方	1882	永寧州	有官銜者	1907	○			- 사천군정부 참모부장
陳延烈		永寧州	拔貢生		○			- 북경법정대학 졸업
楊湘南		永寧州	秀才					
林泳骨		資中縣	秀才	1906		○	○	- 사천동맹회성도 지부장
曾省齋	1869	筠連縣	秀才	1906				- 여주봉기, 강안봉기 참가 - 광안봉기 참가 - 대한촉북군정부 도독

성명	출생년	출신지	과거 공명	동맹회 가입 연도	신식 학당 입학	해외 유학	신식 학당 교원	경력 및 기타
陳憲民		筠連縣	庠生		○			
王右瑜(椅昌)	1881	井研縣	秀才	1905	○	○		- 성도동문학당 졸업 - 국비 일본 유학생 - 일본육군사관학교 졸업 - 사천도독부 참모부 부장
佘英(竟成)	1874	瀘州	武生	1906				- 여주 가로회 지도자 - 광안봉기 주도
譚創之		榮經縣	秀才	1907		○		
李肅和	1869	沐川縣	廪生					
寥希賢	1885	合江縣	秀才	1905	○	○		- 사천 유일동향회 회장 - 잡지 『사천(四川)』의 편집 겸 발행인
이상 천남영녕도 출신 26명								
龍鳴劍(骨珊)	1877	榮縣	廪生	1907	○	○	○	- 성도우급사범학당 졸업 - 일본 와세대대학 졸업 - 사천 자의국 의원 - 사성사법정전문학당 설립 - 영현보로동지군 지도자
彭劭農(贊堯)	1876	夾江縣	秀才			○	○	- 동경 굉문사범학당 졸업 - 대동사(大同社) 회원
楊驍騎	1887	大邑縣	秀才	1911	○		○	- 중경헌병사령관
張治祥(輯五)	1883	彭山縣	秀才	1905		○		- 성도봉기 참가

성명	출생년	출신지	과거 공명	동맹회 가입 연도	신식 학당 입학	해외 유학	신식 학당 교원	경력 및 기타
楊家禎		蒲江縣	秀才		○			- 사천통성법정학당 졸업 - 포강현보로동지군 참가
王柄章		樂山縣	秀才		○			
이상 건창상남도 출신 6명								
朱炳江	1879	岳志縣	秀才	1908				- 광안봉기 참가 - 병서사창 설립
石廉泉	1875	岳志縣	秀才					- 악지현보로동지군 참가
張雅南	1876	廣安縣	秀才					- 대한촉북군정부 부도독
劉雲門	1875	安岳縣	擧人			○		
王硯丹	1875	安岳縣	廩生			○	○	- 성도철도학당 교원
陶澤焜		蒼溪縣	武生		○			
舒子銘	1875	蒼溪縣	秀才			○		- 사천성의회 의원
劉壽川(培祿)	1877	儀隴縣	秀才		○	○	○	- 사천고등학당 졸업 - 국비 일본 유학생 - 순경부중학당 교장 - 제1기 성의회 의원 - 주덕(朱德)의 스승
徐堪(代堪)	1888	三臺縣	秀才	1907	○			- 사천통성사범학당 졸업 - 사천고등경관학당 졸업 - 촉군정부 제4표통(標統)

성명	출생년	출신지	과거 공명	동맹회 가입 연도	신식 학당 입학	해외 유학	신식 학당 교원	경력 및 기타
董修武(特生)	1879	巴中縣	秀才	1905	○	○		- 일본 명치대학 졸업 - 사천신반법정학당 교원 - 중국동맹회 평의부 평의원 - 사천군정부 총정무처 총리 겸 재정부장 - 성유양군합병정부 총정무처 총리
張樞翹	1873	南部縣	恩貢生			○	○	- 일본 홍문사범학당 졸업 - 보정중학당 교원
孔震生	1882	閬中縣	秀才		○		○	- 사천고등학당 졸업
吳非白	1890	蓬安縣	秀才		○			
王襄		鄰水縣	秀才		○		○	
이상 천북도 출신 15명								

제2장

신해혁명기 사천의 반청 무장봉기

Ⅰ. 머리말

Ⅱ. 광안봉기의 계획과 전개과정

Ⅲ. 가정봉기의 계획과 전개과정

Ⅳ. 검강봉기의 계획과 전개과정

Ⅴ. 맺음말

Ⅰ. 머리말

1905년 일본 동경에서 각지의 혁명단체가 연합하여 전국적인 성격의 혁명단체인 동맹회가 조직되었다. 동맹회 조직 후 동맹회의 활동은 크게 무장봉기의 실행,[145] 신식학당을 근거지로 혁명사상의 전파와 조직의 확대, 비밀결사조직인 회당과의 연대, 혁명 자금의 모집 등으로 진행되었다. 이 중에서 동맹회 회원들이 중심이 되어 일으킨 대표적인 무장봉기로는 1906년 강서성 평향, 호남성 유양, 예릉에서 일으킨 평유례봉기를 시작으로 1907년 광동성 황강에서 거행한 황강봉기, 같은 해 광동성 혜주에서 거행한 혜주칠여호봉기, 같은 해 안휘성 안경에서 일어난 안경봉기, 같은 해 광동성 흠주와 방성에서 일어난 흠주방성봉기, 같은 해 광서성 진남관에서 거행된 진남관봉기가 있다. 이어 1908년 운남성 하구에서 일어난 하구봉기가 있고 1910년 광주 신군을 동원해서 거행한 광주신군봉기가 있으며 1911년 광동성 광주 황화강에서 일으킨 광주황화강봉기 등이 있다. 1911년 10월 무창봉기가 성공하기 전까지 동맹회에서 거행한 무장봉기는 모두 실패했다. 무장봉기는 혁명파

145) 李平秀, 「20세기 초 중국의 공화혁명과 비밀결사동맹회와 천지회의 무장기의를 중심으로」 『중국근현대사연구』 54, 2012.

의 혁명 활동 가운데 가장 중심적인 활동이었지만 동맹회가 주관한 무장봉기도 호북성 신군이 중심이 되어 일으킨 무창봉기를 제외하고 모두 실패로 끝난 이유는 무엇일까에 대한 의문은 신해혁명을 이해하는 데 대단히 중요한 문제 중의 하나이다. 사실상 호북성에서 발생한 무창봉기도 엄밀한 의미에서 보면 장강 중류지역에서 활동하고 있었던 문학사나 공진회라는 혁명단체 소속의 신군들이 연합하여 일으킨 봉기에 불과하다고 해도 과언이 아니다.

필자는 사천 신해혁명사를 연구하는 과정에서 사천 혁명파 신사에 대한 동향에 대해 구체적인 연구를 진행했다. 이 과정에서 신해혁명기 사천성에서 발생한 대표적인 무장봉기는 어떠한 것이 있었고 어떠한 과정을 통해 진행된 것인지에 대한 문제에 관해서 관심을 가지지 않을 수 없었다. 물론 동맹회가 주관한 무장봉기의 규모도 그다지 크지 않은 경우도 많고 비교적 규모가 큰 무장봉기도 실제적인 성과를 거두지 못했다. 이런 상황을 고려한다면 중국에서 비교적 변경지역에 해당하는 사천성 지역에서 일으킨 무장봉기의 규모는 당연히 소규모였을 것이고 동시에 실패로 끝날 가능성이 높다는 것은 충분히 추정적으로도 이해할 수 있는 문제이다. 무창봉기 전까지 동맹회에서 주관한 무장봉기가 모두 실패로 끝났다고 하지만 사실상 무장봉기는 실패한 것으로만 단정할 수는 없다. 동맹회에서 무장봉기를 일으킬 때마다 반드시 성공할 것으로 판단하고 무장봉기를 거행한 것은 아니었다.

신해혁명기 혁명파가 일으킨 무장봉기는 민국혁명을 수행하기 위한 혁명 투쟁 방법 중의 하나였다. 이는 혁명을 수행하는 대표적인 수단이었다. 무장봉기가 실패하든 성공하든 참가한 다수의 혁명파 구성원들이 사망하거나 부상당하거나 체포되어 심지어 반역죄로 사형을 당하는 것까지 고려해서 무장봉기를 거행하는 것이었다. 이는 무장봉기를 통해 혁명의 불씨를 확대시키는 역할을 하기 위한 것으로 이해할 수 있다. 무장봉기 과정에서 발생하는 사망자, 사상자 등은 때로는 혁명파에게 혁명에 대한 당위성과 혁명에 대한 의욕을 강화시키는 데 촉매제 역할이 되기도 했다. 무장봉기의 실제적인 의미를 이해한다면 무장봉기의 성공과 실패에 대한 측면이나 무장봉기의 규모에 대한 측면만 고려해서 역사적 의미를 부여할 필요성은 없다.

중국 서남부지역인 사천성에서 발생한 소규모 무장봉기를 구체적으로 검토해야 하는 이유는 무장봉기의 규모나 성공 여부에 대한 문제를 해명하기 위한 것은 아니다. 동맹회에서 주관한 대표적인 무장봉기는 널리 알려진 무장봉기지만 각 지역에서 발생한 무장봉기에 대한 연구는 상대적으로 극히 제한적으로 이루어져 왔고 그 실태에 대한 구체상이 검증되어 진 것은 아니다. 여기에는 각 지역에서 거행된 소규모 무장봉기에 대한 관심이 적을 뿐만 아니라 역사적 의미도 있어서도 그 위치가 낮게 평가될 수 있는 요소가 있기 때문이다. 필자가 사천 신해혁명사를 연구하는 과정에서 사천에서 발생한 소규모의 무장봉기를 검토한 이유는 상술한 한계성도 충분히 고려하고 있는 상황에서 사천보로운동이 사천폭동으로 전환된 배경에는 무장봉기의 경험이 축적된 산물로도 볼 수 있다는 점을 고려했기 때문이다. 동시에 사천 신해혁명[146]의 전개

146) 사천신해혁명사 연구는 사천보로운동의 연구가 중심이 되어 왔는데 사천보로운동을 종합적으로 연구한 것으로는 隗瀛濤, 『四川保路運動史』, 四川人民出版社, 1981이 있다. 사천보로운동 전후 입헌파의 활동에 관해서는 趙清·黃存勖, 「保路運動前的四川立憲派」『四川大學學報』 20, 1983; 陳國勇, 「四川保路運動中的立憲派」『南充師範學院學報』, 1983 등이 있으며, 혁명파 특히 혁명파 신사의 동향에 관해서는 朴玟澈(朴敍眞), 「辛亥革命期 四川省 入盟紳士의 動

과정을 보다 입체적으로 이해하기 위해서는 혁명파의 혁명활동 중에서 가장 핵심이 되는 무장봉기에 관한 구체상을 해명하는 작업도 필요하다고 생각되었다. 이러한 점을 고려해서 제한된 사료이고 비교적 소규모의 무장봉기이지만 그 실태에 대해 해명할 수 있는 기회를 얻고자 했다.

1911년 사천성에서 발생한 사천보로운동은 신해혁명의 도화선이라고 불리우며 신해혁명사에서 대단히 중요한 의미를 지니고 있다. 사천보로운동은 1911년 9월에 발생한 성도혈안의 발생으로 전환기를 맞이하게 된 점에 대해서는 제1장에서 서술한 바와 같다. 사천보로운동은 초기단계에서는 폭력적인 시위를 반대하며 평화적인 투쟁 방법이 중심이었다. 하지만 성도혈안 발생 후 사천보로운동은 평화적인 시위단계에서 벗어나 무장투쟁으로 이어졌다. 사천보로동지회는 사천보로동지군(四川保路同志軍)으로 개칭했다. 이는 사천보로운동이 단순한 이권회수운동의 범주에서만 진행된 것이 아니라 민국혁명의 일환으로 전개되어 가고 있다는 것을 반영해 준다.

사천성에서 1911년 9월부터 보로동지군이 조직적으로 활동하고 사천 전 지역에서 무장봉기가 일어나 사천폭동이라고 지칭할 정도로 사천성은 무창봉기(武昌蜂起) 발발전부터 전 중국에서 가장 활발하게 반청 세력들이 보로운동을 통해서 무장투쟁을 전개한 곳이 되었다. 이러한 무장투쟁은 갑자기 일어난 것이 아니라 신해혁명 전부터 사천 출신의 동맹회원들이 일으킨 무장봉기의 경험이 축적

向」『中國史硏究』4, 1998이 있다. 사천보로운동과 會黨과의 관계에 관한 연구로는 大野德三,「四川保路運動と哥老會」『東方學』50, 1975; 西川正夫,「辛亥革命と民衆運動-四川保路運動と哥老會-」『講座中國近現代史』3, 1978 등이 있다. 그 외 紳商階級과 보로운동과의 관계를 밝힌 野澤豊,「辛亥革命の階級構造-四川暴動と紳商階級」『歷史學硏究』150, 1953 등이 있다.

된 결과이기도 했다. 1905년 동맹회가 조직되자 동맹회의 중심인물들이 주도하는 무장봉기도 전국 각 지역에서 발생했다. 현재까지 신해혁명 전 사천에서 일어난 무장봉기는 연구자들이 관심을 가지고 구체적인 연구를 진행할 만큼 학계에서 주목받지는 못했다.

신해혁명의 도화선이 된 사천보로운동이 발생한 사천지역에서 신해혁명 전 어떠한 무장봉기가 거행된 것인가를 검토하는 작업은 사천 신해혁명사를 이해하는데 대단히 중요한 의미를 지니고 있다. 신해혁명 발발 전에 일어난 사천지역의 무장봉기는 대체로 1907년부터 본격화되기 시작했다. 신해혁명 발생 직전에 사천에서는 여러 차례 무장봉기가 발생했지만 학계에서 알려진 봉기는 많지 않다. 1907년 사천성 출신의 동맹회원들은 사천 서남부에 해당하는 강안, 여주, 성도 등 여러 지역에서 무장봉기를 일으킬 계획을 세웠다. 하지만 봉기가 실행되기 전에 계획이 누설되어 모두 실패했다. 1907년 사천 서부지역의 중심지인 성도에서 거행된 성도봉기는 사천보로운동사 내지는 사천 신해혁명사에서의 시각에서 보면 널리 알려진 봉기이고 서부지역에서 거행한 대표적인 봉기 중의 하나이다. 성도봉기가 실패하자 사천성의 중심지역이자 사천 서부 동맹회의 중심지역인 성도나 그 인근 지역은 혁명파에 대한 청조의 감시망이 이전보다 더욱 강화되기 시작했다.

사천 서부지역의 범위를 벗어나 사천 동부, 남부, 북부지역에서 일어난 대표적인 무장봉기로는 광안봉기, 가정봉기, 검강봉기를 들 수 있다. 이러한 봉기는 동맹회에서 일으킨 전국적 성격의 무장봉기에 비해 그 규모도 작고 거의 알려져 있지 않은 무장봉기이다. 하지만 사천 신해혁명사를 보다 입체적으로 이해하기 위해서는 규모도 작고 학계에서도 주목받지 못하고 있었던 사천지역에서 발생한 무장봉기에 대한 연구도 진행되어야 할 필요성이 있다. 본고에서는 사천 북부지역에서 거행된 광안봉기, 사천 남부지역에서 거행된 가정봉기, 사천 동부지역에서 거행된 검강봉기의 전개과정을 검토하고자 한다. 이를 통해 서부지역에서 발생한 성도봉기와 함께 사천 각 지역에서 발생한 무장봉기의 성격을 이해하는 데 일조할 수 있을 것으로 생각된다. 또한 지역적인 범위 외에 시기적인 범위에 입각해서 볼 때에도 1907년의 성도봉기, 1909년 2월의 광안봉기, 1909년 12월의 가정봉기, 1910년의 검강봉기로 진행되기 때문에 사천지역에서 발생한 무장봉기를 시기별로 순차적으로 진행되어가는 과정을 이해할 수도 있다. 이에 본고에서는 광안봉기, 가정봉기, 검강봉기를 주도한 중심적인 인물, 봉기의 계획, 봉기의 전개 과정 등을 순차적으로 검토하면서 신해혁명 전 사천에서 발생한 무장봉기의 실태를 규명해 보고자 한다.

Ⅱ. 광안봉기의 계획과 전개과정

광안주(廣安州)는 순경부(順慶府) 관할의 주(州)이고 사천의 동북부 지역에 위치하고 있다.[147] 이곳은 사천의 4대강의 하나인 거강(渠江) 유역에 위치하고 있으며 이 거강을 통하여 서남쪽으로는 사천 동부 최대의 도시이자 혁명의 중심도시인 중경으로 진출할 수 있다. 지금까지 남아 있는 자료 가운데 광안봉기 연구에 가장 유용하게 이용할 수 있고 가장 구체적인 정보를 제공해 주는 자료는 광안봉기를 주도한 인물인 웅극무(熊克武)가 기술한 회고록이 있다.[148] 그 외 광안봉기에 참여한 인물들에 관해서 기록한 지방지의 인물전이나 각종 자료를 묶어 사료집으로 편찬한 『사천신해혁명사료』가 있다.

광안봉기의 전개 과정에서 중심적 역할을 한 인물로는 웅극무(熊克武)와 사영(佘英)을 들 수 있다. 웅극무는 사천 혁명파 중에서 대표적인 동맹회원 중의 하나이고 전 중국 차원에서도 신해혁명기에 활동한 동맹회원 가운데 전혀 알려지지 않은 인물은 아니다. 웅극

147) 清末 順慶府는 廣安州, 蓬州의 2개 州와 南充縣, 岳池縣, 西充縣, 營山縣, 儀隴縣, 鄰水縣 등 6개현을 관할하고 있었다. 牛平漢主編, 『清代政區沿革綜表』, 中國地圖出版社, 1990, p.315.

148) 中國人民政治協商會議全國委員會 文史資料研究委員會編, 熊克武, 「辛亥前我參加的四川幾次武裝起義」『辛亥革命回憶錄』第3輯, 文史資料出版社, 1981.

무의 자는 금범(錦帆)이며, 1885년 12월 26일 사천성 정연현에서 출생했다. 그의 선조의 적관은 호남성 마양현이기에 그는 사천성에 거주하고 있던 이주민 계열에 속한다. 1903년 웅극무는 사천에서 일본어 학습의 교육기관이기도 한 성도의 동문학당(東文學堂)에 입학했고 이 학교에서 동문수학한 인물로는 훗날 동맹회원이 되는 단무신(但懋辛), 유광열(劉光烈), 대계도(戴季陶) 등이 있다. 동문학당에서 공부한 이력은 그가 일본 유학의 길을 선택하는 데 많은 도움을 주었다. 1904년 웅극무는 일본의 동빈학당(東斌學堂, 일본명으로는 도힌가쿠도)에 입학하여 군사학을 습득했다. 동빈학당은 법학자이자 아시아주의자로 널리 알려진 테라오 도오루(寺尾亨)가 설립한 사립학교로 많은 중국 유학생이 이곳에서 유학한 학당으로 널리 알려져 있다. 이어 1905년 8월 일본 동경에서 동맹회가 조직되자 사천 출신의 동맹회원 황복생의 소개로 동맹회에 가입했고 동맹회 평의회 평의원으로 선출되었다.[149] 이는 그가 동맹회 내에서도 일정한 지위를 가진 인물이라는 것을 반영해 주고 있다.

사영(佘英)은 자가 경성이고 본명은 준영(俊英)이다. 1874년 여주(瀘州) 소시(小市)에서 출생했고 그의 집안은 가난했다. 유년기부터 여주 소시에서 활동하고 있던 비밀결사단체인 가로회(哥老會)[150] 의 자기(義字旗)[151] 궁구(宮口)에 가입하기도 했다. 1894년 무과시험에 합격하여 무생원이 되었는데 무생원은 무수재 혹은 무생이라고도

149) 任一民 主編, 『四川近現代人物傳』第1輯, 四川省社會科學院出版社, 1985, p.93.

150) 四川省에서는 哥老會를 袍哥라 부르기도 했다. 『四川辛亥革命史料』(下), p.284.

151) 四川에서 활동한 哥老會(袍哥)는 5개의 堂口가 있었다. 仁字, 義字, 禮字, 智字, 信字 堂口이다. 成都를 중심으로 하는 川西지역에 仁字號가 많았고 重慶을 중심으로 하는 川東지역에 義字號가 많았다. 각 堂口의 핵심 구성원들을 설명해 주는 말로는 "仁字期士庶紳商, 義字期賣買客商, 禮字期要刀弄槍"이라는 俗語가 있었다. 王純五, 『袍哥探秘』, 巴蜀書社, 1993, pp.25-26.

했다. 무생원도 문생원과 함께 하층신사의 범주에 속한다. 그의 무예 스승은 동향 출신이자 상층신사의 범주에 해당하는 무거인(武擧人) 출신의 이효은(李孝恩)이었다. 사영은 무생원이 된 후 지방 사회에서 일정한 사회적 지위를 얻을 수 있게 되었다. 이 때문에 가로회 소시 의자궁구의 중심적 역할을 하는 타파자(舵把子)로 추대되었다. 타파자는 가로회 조직 내부에서 일정한 지위를 획득한 자를 의미한다. 그가 무생원 출신의 자격을 지니고 타파자로 추대되었다는 것은 비밀결사조직인 회당에서도 그의 영향력을 행사할 수 있다는 것을 의미했다. 이는 혁명 활동을 진행하는 과정에서 회당 세력을 활용할 수 있었다. 이어 1906년 일본 유학의 길을 떠났고 일본에서 손문을 접견한 후 동맹회에 가입했다. 동맹회 회원의 자격으로 1907년 여주봉기(瀘州蜂起), 강안봉기(江安起義)를 거행했지만 실패했고 1909년 광안봉기(廣安蜂起)를 일으켰다.[152)]

웅극무와 사영이 중심이 되어 일으킨 광안봉기에서 우선 검토해야 할 부분은 봉기를 실행하기 위해 필요한 무기의 조달문제이다. 무장봉기를 실행하기 위해서는 총기류 등과 같은 무기가 필요했는데 지방 단위에서 무기를 조달하는 것은 쉬운 일이 아니었다. 무기의 구입 장소나 무기 구입을 위한 비용의 마련 등과 같은 문제를 해결하지 않으면 안 되었다. 사천성에서 일어난 무장봉기를 검

152) 『四川近現代人物傳』第2輯, pp.66-70. “佘英, 字竟成, 四川瀘州. 家務農, 性慷慨, 好任俠. 讀書粗知大義, 棄而講武, 嫻劍擊騎射, 應試, 得游武庠. 瀘爲直隷州, 地當長江沱江之交, 爲川南重鎭. 英廣結遠近豪雋, 嘗爲鄉人及地方公益爭不平. 州牧以其爲地方所重, 擢領衛隊, 緝捕匪盜, 捍御桑梓, 屢獲保獎武職. 時淸政日非, 外禍日迫, 革命風潮亦深入川境, 獲讀革命軍警世鐘諸書, 民族大義因之而生. 時以其書播講于市, 聽者動容. 州牧示禁, 復馳鄉宣傳, 不稍畏避. 川省留東同盟會黨人黃復生等聞其聲名, 乃函招東渡, 由黃復生熊克武介見孫文, 遂加盟.” 『四川辛亥革命史料』(下), p.281. “佘竟成, 瀘州人, 不能詳其出生本末. 故爲哥老會渠魁, 蜀人呼哥老會爲袍哥, 渠魁則俗謂之大爺,亦稱大哥也. 竟成跳梁敘瀘間久, 爲地方官吏所購捕者數矣.” 『四川辛亥革命史料』(下), p.284.

토하는 과정에서 무기 조달 문제에 관해 기술하는 정보를 얻을 수 있는 자료는 거의 찾기 어려웠다. 다행히도 광안봉기에 참가한 웅극무와 사영에 관한 활동 내력을 기록한 자료에는 광안봉기에 사용된 무기의 구입과 관련한 기록이 있었다. 이 기록에는 "1908년 웅극무와 사영은 일본 동경으로 건너갔다. 그곳에서 사천성 영현을 대표하는 동맹회원 오옥장[153]과 근대 일본의 사회운동가로 널리 알려져 있고 중국 혁명파에게 많은 도움을 준 미야자키 도텐(宮崎滔天)[154]의 도움을 받고 총 30여정과 실탄 2,000여발을 구입하여 귀국했다"[155]라고 되어 있다.

웅극무가 구입한 총의 종류에 대해서는 구체적으로 알 수 없다. 권총은 크기가 작아 국내에 반입하기에 용이하고 사용하기에 편리하기 때문에 웅극무가 구입한 총은 권총일 가능성이 높다. 대체로 동맹회원들이 사용한 무기는 권총을 사용한 경우가 많았다. 이 권총은 웅극무를 중심으로 하는 동맹회원들이 사용했을 가능성이 높고 사영이 이끄는 회당 세력 중의 중심인물도 권총을 사용했지만 회당에 참가한 대다수의 민중들은 칼이나 죽창 등과 같은 전근대적인 무기를 사용했을 것으로 추정된다. 다만 웅극무와 사영이 구입한 총과 탄약을 모두 사천으로 반입하는 것은 쉬운 일은 아니었을 것이기에 구입한 무기를 모두 사천으로 반입할 수 있었던 것인

153) 吳玉章의 原名은 永珊이며, 1878년12월 30일 四川省 榮縣에서 출생했다. 1903년 3월 일본으로 유학하였고, 1905년 同盟會 성립 후에 동맹회 평의부 평의원으로 선출되었다. 『四川近現代人物傳』 第1輯, pp.1-7.

154) 미야자키 도텐(宮崎滔天)의 본명은 미야자키 토라조(宮崎寅藏)이다. 그는 1871년 현재의 구마모토현 아라오시에서 출생했다. 그의 선조는 헤이안시대의 유명한 정치인이자 학자인 스가와라노 미치자네로 알려져 있다. 그는 중국의 혁명가 손문, 조선 개화파 김옥균과도 친밀한 관계를 지닌 아시아주의자로 널리 알려져 있다.

155) 『四川近現代人物傳』 第1輯, p.94.

지 그렇지 않으면 청조 관원의 감시망을 피하기 위해 일부의 무기만 반입한 것인지에 관한 구체적인 정황은 알 수 없다. 동맹회원들이 해외에서 무기를 구입한 후 중국 내지로 반입할 때 청조 관원들의 조사나 감시로 인해 어떤 경우에는 무기를 버리고 도주하는 상황은 종종 있었기 때문이다. 분명한 사실은 광안봉기에 필요한 무기를 해외에서 구입하여 국내로 반입하는 경로를 선택하고 있었다는 점이다.

웅극무와 사영은 일본에서 무기를 구입한 후 사천으로 돌아와 균련현 출신의 혁명파 신사 증성재(曾省齋)[156]와 연합하여 무장봉기를 거행하기로 계획했다. 봉기 날짜는 1909년 2월 10일이었고 봉기지역은 광안주였다. 정연련 출신의 웅극무와 여주 출신의 사영이 광안주에서 무장봉기를 거행하게 된 이유에 대해서는 웅극무가 훗날 자신의 회고록을 기술하면서 이에 관한 정보를 제공해 주고 있다. 웅극무의 회고록을 토대로 그 이유를 설명하면, 첫째, 광안주는 거강이라는 큰 강을 끼고 있는 지역이므로 이 강을 이용하여 봉기 세력이 이동하기에 편리하고 다른 지역의 혁명 세력과 정보를 소통하기에 용이했다. 둘째, 광안주 인근에는 험준한 산악지대로 이루어져 있었는데 이러한 지리적 위치를 이용하여 봉기군이 은폐할 수 있는 장소로 활용하기가 유리했다. 셋째, 광안주와 그 인근 지역인 대죽현, 장수현 등에는 동맹회원들이 300여명이나 활

156) 曾省齋는 1869년 사천성 균련현에서 출생했으며 생원 자격을 지닌 하층신사이다. 1906년에 동맹회에 가입했고 1907년부터 사영과 함께 강안, 여주, 서부에서 무장봉기를 거행했으나 모두 실패했다. 1911년 11월 광안주를 점령하고 촉북군정부를 수립한 후에 촉북군정부 도독이 되었다.『四川近現代人物傳』第5輯, p.95. “曾省齋, 筠連人. 生于民國紀元前四十二年. 幼習帖括業, 應試中秀才. 痛滿清政府岐視漢人, 喪權辱國, 不屑供驅使, 棄去. 加入中國同盟會.” 民國『續修筠連縣志』卷7, 人文志, 行誼.

동하고 있었다. 이곳의 동맹회원들과 연대하여 봉기군의 규모를 확대할 수 있었다. 넷째, 민중들이 대규모로 참가하고 있는 회당 세력과 연대할 수 있는 점을 고려했다. 광안봉기의 중심인물인 사영도 가로회라고 하는 회당을 이끌고 있었고 대죽현 출신의 혁명파 신사 이소이(李紹伊)[157]는 대죽현에서 자신이 조직한 효의회를 이끌고 있었다. 다섯째, 광안봉기를 거행하기 전까지 사천에서 일어난 무장봉기는 대체로 사천 서부지역이나 남부 지역에서 일어났다. 이 때문에 지방 정부에서 사천 서부와 남부지역에 대한 혁명파에 대한 감시망이 강화되었다. 사천 서부나 남부지역에 비해 상대적으로 사천 북부에 해당하는 광안주에 대한 지방 정부의 감시망이 약화되고 동시에 광안주에 주둔하고 있는 정규부대의 수도 매우 적었다.[158]

광안봉기를 일으켰던 웅극무의 회고록을 토대로 무장봉기를 거행하는 지역의 선택에 대한 이유를 구체적으로 알 수 있었다. 동맹회원 웅극무와 사영 등이 무장봉기를 거행하려고 시도했던 지역을 선택할 때에 고려의 대상이 된 것을 알 수 있는 중요한 정보이다. 무장봉기의 선택지를 선정할 때 고려한 사항을 정리해 보면, 첫째, 강이나 산악지대가 있는 지리적 위치를 고려했다는 점 둘째, 해당지역과 인근지역에서 활동하고 있는 동맹회원들과의 연대를 모색하고 있었다는 점 셋째, 민중들이 다수 참가하고 있는 비밀결사조직인 회당 세력과의 연대를 통해 봉기군의 규모를 확대하려고

157) 『四川近現代人物傳』 第4輯, pp.94-97. “李紹伊, 字一齋, 性情豪邁, 膽力過人, 弱冠游郡庠, 卽棄舉業, 從事于長槍大戟. (中略) 縣中多哥老會, 承鄭延平遺敎, 號日漢流, 實陰與滿洲人爲難, 積久亡國仇, 專以詐力侵掠鄕里, 州縣官至不能詰. 鄕人苦之, 更集一會日孝義, 群奉紹伊爲之魁.” 民國『大竹縣志』卷9, 忠義, 李紹伊傳.

158) “以廣安無駐兵” “知州吳愷昏庸, 武備廢弛.” 『四川辛亥革命史料』(下), p.284, p.462.

시도한 점 넷째, 지방정부의 감시망이 약하거나 지방 정규부대의 규모가 비교적 작은 지역을 고려한 점 등으로 압축할 수 있다.

무장봉기를 거행할 지역을 선택한 후 무장봉기를 일으킬 수순이나 방법에 관해 검토해 보면 다음과 같다. 첫째, 무장봉기를 거행하기 위해 일본으로부터 무기를 구입해서 일정정도의 무기를 확보했지만 무장봉기를 실행하기에는 무기가 부족했다. 이러한 상황을 보완하기 위해 지방 정규부대가 소지하고 있는 무기를 탈취하려는 계획을 세웠다. 지방 정규군이 소지하고 있는 무기를 탈취하기 위한 실행부대는 사영이 이끌고 있던 회당 세력이었고 구성원의 수는 약 400여명이었다. 이들은 광안주에 주둔하고 있던 순방영을 습격하여 무기를 탈취하려고 했다. 사영의 회당세력과 연대하여 무기탈취에 참가하려고 한 동맹회원으로는 여운종, 진운구, 소소선, 유신종, 팽정강 등 수십 여명이 가세했다. 둘째, 광안주 정규부대의 무기를 탈취한 후 광안주 관청에 대해 공격할 계획이었다. 광안주 공격의 중심 인물로는 웅극무를 중심으로 진병,[159] 하종서, 진현충, 하종청, 남효선, 왕송정[160], 진욱구 등 사천에서 활동하고 있었던 동맹회원들이었다. 여기에 사영 등이 이끄는 회당 세력과 합세하여 광안주를 공격하려고 계획했다. 셋째, 광안주가 함락되면 인근 지역인 대죽현, 영녕현, 점강현, 장수현 등의 지역에서 활동

159) "秦炳, 名昌恩, 字燧生, 一字炳烈, 四川廣安州人. (中略) 初與伍安全肄業順慶府中學堂, 旋同赴成都, 入陸軍弁目隊. (中略) 與同學朱海錕等善. 朱爲介紹, 互相援引, 始入同盟會"『四川辛亥革命史料』(下), p.462.

160) "王松亭, 樂山縣人. 淸宣統元年己酉, 同熊克武起義廣安, 事敗亡走萬縣, 謀再擧. 奸人周玉廷密報于縣署, 警務長陳天沛,洪國筌率隊捕獲. 君知不免, 慷慨自陳, 遂及于難. 時三月十三日, 死時年三十歲."『四川辛亥革命史料』(下), p.210. "該匪王松亭卽楊松亭, 又名楊枋枋." 中國第一歷史檔案館·北京師範大學歷史系 編選, 『辛亥革命前十年間民變檔案史料』(下), 中華書局, 1985, p.786.

하고 있던 동맹회원들과 연대하여 사천 북부지역의 중심지역인 낭중현을 공격하여 그곳을 혁명근거지로 삼아 혁명지역을 확대시키려고 했다.

광안봉기를 실행하려고 한 절차를 정리해 보면, 정규부대의 무기 탈취→광안주 공격→광안주 인근 지역에 대한 공격→사천 북부 중심지역에 대한 공격→혁명근거지의 수립으로 요약할 수 있다. 광안봉기의 계획대로 순차적으로 봉기가 성공하여 최종적으로는 낭중지역에 혁명근거지를 구축할 수 있었는지 그렇지 않으면 봉기가 실패한 것인지 등등을 검토해 볼 필요성이 있다. 동시에 봉기가 실패했다면 실패한 원인은 무엇인가에 대해 해명할 수 있다면 지방 단위에서 거행된 무장 봉기의 과정과 실패 원인을 이해하는데 일정한 실마리를 제공할 수 있을 것으로 생각된다.

광안봉기는 1909년 2월 10일 거행하기로 계획되었다. 봉기 당일날 균련현 출신의 혁명파 신사 증성재가 사천 남부지역의 혁명당원 60여명을 모아 무장봉기의 대열에 합류하기로 했다. 봉기 날짜가 되자 각 지역에서 광안봉기에 참가하기로 약속한 혁명당원들이 예상보다 적은 수가 집결했다. 많은 사람들은 광안에서 해산하고 봉기 날짜를 연기하자고 요구하기도 했다. 하지만 증성재 등이 처음 거사를 계획하기로 한 날짜에 봉기를 실행해야 한다고 강력하게 주장[161]하였기에 광안봉기는 계획대로 2월 10일[162]에 거행되었다. 광안봉기가 실행되기 바로 직전부터 동맹회원 내부에서 봉기

161) 『四川辛亥革命史料』(下), pp.494-495.

162) 1909년 2월 10일에 광안봉기에 거행되었다는 것을 알려주는 관련 기록으로는 "劉啓斌, 字子良, 蜀北廣安縣人. (中略) 宣統元年二月初十日, 糾合同志熊錦帆, 吳從周等百餘人, 以迅雷不及掩耳之計奪取廣安鹽務巡防槍械, 翼獲響應, 因力弱失敗, 僅以身免."을 통해 알 수 있다. 『四川辛亥革命史料』(下), p.257.

에 참가하는 인원이 적어 봉기 날짜를 연기하자는 논의가 일어났다는 것은 광안봉기에 참가한 동맹회원의 수가 많지 않았음을 반영하고 있다.

이러한 와중에 봉기가 시작되던 날부터 봉기군에 참가하고 있던 회당 구성원들이 불만을 표출했다. 여기에는 광안봉기에 참가하려고 했던 동맹회원들이 예상외로 적게 모여 봉기에 가장 중요한 역할을 하게 되는 봉기군은 회당 구성원들이 될 것이라고 생각한 것도 그들이 불만을 표출시킨 원인 중의 하나라고 추정된다. 사영이 이끄는 회당의 구성원들은 광안봉기가 거행되기 몇 일 전부터 이미 광안주에 도착하여 비밀리에 주둔하고 있었다. 이들은 광안주 지역 내의 다관(茶館)에서 주둔하고 있었는데 봉기를 거행하는 당일, 회당의 지도자인 사영에게 경제적인 어려움을 호소하면서 봉기에 불만을 품고 소란을 피우기도 했다. 사영과 함께 광안봉기를 주도한 웅극무가 이 사실을 전해 듣고 회당 구성원이 주둔하고 있는 곳으로 가서 그들을 진정시키기에 이르렀다.

광안봉기를 본격적으로 실행하기 전부터 봉기를 실행하는 데 장애적인 요소가 있었던 것이다. 광안봉기의 실행은 웅극무가 이끄는 동맹회원과 사영이 이끄는 회당 구성원들의 연대하에 광안주 관청을 공격하는 것이었다. 이 과정에서 광안주를 방어하던 순방영 소속의 지방군과 광안봉기군 간에 광안주청의 공방전을 둘러싸고 격전이 벌어졌다. 하지만 순방영 군대의 포위 공격을 받고 전투는 패배하면서 퇴각했다. 이 과정에서 봉기에 참가한 동맹회원 중에서 하종서, 왕아동, 소현철, 광옥전, 남효선, 뇌신, 진운구, 왕소신 등 19명이 체포되었다.[163] 웅극무를 중심으로 하는 일부 동맹회원들은 도주에 성공했다. 웅극무 등은 동맹회원들이 밀집하고 있던 성도로 은신처를 찾아 비밀리에 혁명 활동을 전개하면서 광안봉기는 실패로 끝났다.[164] 회당 세력을 이끌고 광안봉기에 참가한 사영은 천남 지역인 영현으로 이동하여 가정봉기를 거행했다. 사영이 중심이 되어 거행했던 가정봉기에 관해서는 제3절에서 구체적으로 검토하고자 한다. 한편 광안봉기에 참여한 낙산현 출신의 왕송정은 광안봉기가 실패하자 만현 지역으로 도주한 뒤 재차 봉기를 도모했다. 하지만 누군가의 밀고에 의해 지방관서에 체포당한 뒤 스스로 목숨을 끊었다. 그가 사망한 시기는 광안봉기가 실패한 지 약 1개월이 지난 3월 30일이었고 그의 나이 30세였다.[165]

광안봉기가 전개되는 과정을 통해 이 무장봉기가 실패한 이유에 대해 정리해 볼 필요가 있다. 광안봉기에 대한 구체적인 기록이 적고 웅극무의 회고록과 그 외 각종 자료에 산발적이고 단편적으로 기록되어 있는 것을 토대로 광안봉기의 계획과 전개과정을 검토한 자료상의 한계는 있다. 하지만 광안봉기가 실패한 원인에 관해서는 봉기의 진행 과정을 통해 몇 가지 그 단서를 찾아볼 수 있다. 첫째, 광안봉기에서 중심적인 역할을 담당할 동맹회원의 인원이 계획단계에서 확보해야 할 숫자보다 부족한 부분을 지적하지 않을 수 없다. 웅극무, 사영을 비롯하여 광안봉기에 참가한 동맹회원의 수는 단편적이고 산발적인 기록을 종합해도 100명을 넘지 않았던 것으로 추정된다. 대체로 50-60여명의 동맹회원이 광안봉기에 참여했던 것으로 보인다. 둘째, 무장봉기를 거행하기 직전에 무장봉기를 거행해야 할 시기에 대해 연기를 주장하는 부류도 다

163) 戴執禮編, 『四川保路運動史料彙纂』(上), p.128.
164) 熊克武, 『辛亥革命回憶錄』, pp.19-20.
165) 『四川辛亥革命史料』(下), p.210.

수 존재했다. 무장봉기를 거행하던 당일 무장봉기에 참가하는 인원 중에 다수를 차지하는 회당의 구성원들이 회당 지도자 사영에게 불만을 표시하고 소란을 야기했다. 이는 무장봉기에 장애적인 요소가 되었다. 무장봉기에 참가하는 구성원들의 단합보다는 분열적 성향이 나타나고 있었던 것이다. 셋째, 무장봉기에 참가하는 인원의 부족과 분열적 성향으로 인해 광안주청을 방어하던 지방군과의 쟁탈전에 패배하고 참가자 중에서 다수의 동맹회원이 체포되어 광안봉기를 지속적으로 전개시킬 의욕을 상실했다. 동시에 봉기의 중심 인물도 다른 지역으로 도주함에 따라 광안봉기가 종식되었다는 점이다. 특히 광안봉기에 참가한 인원이나 세력의 규모가 광안주를 방어하고 있던 지방군에 대항하여 군사적인 승리를 거둘 수 없는 미약한 상태로 공격을 시도했다는 점이 실패의 가장 큰 요소라고 할 수 있다.

하지만 광안봉기의 실패는 사천지역에서 활동하고 있었던 동맹회원에게 무장봉기의 실패에 대한 원인을 분석하고 다른 지역에서 무장봉기를 일으킬 때 실패의 경험을 토대로 새로운 전략이나 방법을 모색할 수 있는 경험을 축적시켰다. 광안봉기 후 광안봉기의 중심적인 역할을 한 사영이 천남지역의 가정부로 이동하여 가정봉기를 거행한 것은 광안봉기의 단절성이 아니라 광안봉기의 연속성으로 볼 수 있다. 광안봉기에 참가했던 균련현 출신의 동맹회원 증성재는 1911년 11월 20일 광안주를 점령하고 다음 날 11월 21일 대한촉북군정부(大漢蜀北軍政府)[166]를 수립했다. 광안봉기는 실패

166) 사천 북부에서 활동한 동맹회원 가운데 가장 중심적 인물이었던 증성재 등이 보로동지군을 이끌고 광안주를 점령한 것은 11월 20일이었다. 이어 11월 21일 광안에서 대한촉북군정부를 수립했다. 도독에는 증성재, 부도독에는 장아남이 선출되었다. 촉북군정부가 수립된 후 그 다음날 11월 22일 중경에서 蜀軍政府가 수립되었다.

했지만 최종적으로는 광안봉기에 참가했던 증성재는 광안에서 무장봉기를 성공하고 지방 정부를 수립하는 데 성공했다. 한편 광안봉기의 중심인물인 웅극무는 성도로 은신처를 옮기고 그곳에서 동맹회원들과 연대하에 가정봉기를 일으킬 계획을 세우고 있었다. 그 결과 광안봉기의 중심인물인 웅극무와 사영은 사천 남부 지역인 가정지역으로 이동하여 가정봉기를 거행하기에 이르렀다. 말하자면 가정봉기는 광안봉기의 연속선상에서 이루어진 무장봉기의 성격으로 파악할 수 있다.

Ⅲ. 가정봉기의 계획과 전개과정

가정봉기(嘉定蜂起)라고 할 때의 가정은 가정현이 아니라 가정부를 지칭한다. 당시 가정부는 건창상남도의 관할지역이다. 가정부는 주현과 동급인 산청(散廳)에 해당하는 아변청과 낙산현, 아미현, 협강현, 홍아현, 건위현, 영현, 위원현 등 7개 현을 관할하고 있었다.[167] 청대 지방행정 구역인 부(府) 아래에 설치된 청(廳), 주, 현은 모두 동급 행정구역이지만 청과 주(州) 가운데 직례청과 직례주는 부와 동급의 특수한 행정구역이다. 이 때문에 직례청과 직례주는 하부 행정구역인 여러 개의 현을 관할하기도 했다. 현에는 직례현이 설치되지 않았기 때문에 산현이라는 명칭을 사용할 필요가 없었다. 청과 주는 부와 동급의 행정구역인 직례청, 직례주가 있었기 때문에 직례청, 직례주와 구분하기 위해 현과 동급인 청과 주는 산청(散廳), 산주(散州)라고 칭했다. 직례라는 용어를 사용하지 않는 청(廳)과 주(州)는 기본적으로 산청과 산주를 의미했다. 부와 동급인 직례청과 직례주는 직례라는 명칭을 붙여 표기하여 산청과 산주와 구분했다.

사료상에서 기술하고 있는 가정봉기는 가정부에서 관할하는 가

167) 牛平漢主編, 『清代政區沿革綜表』, 中國地圖出版社, 1990, p.318.

정부 전 지역에서 발생한 것이 아니라 가정부의 치소인 낙산현을 중심으로 발생했다. 가정봉기는 사실상 낙산현을 중심으로 발생했기 때문에 낙산봉기라고 해도 무방하다. 다만 낙산현에서 거행된 봉기는 실패하고 낙산현 인근 지역에서도 봉기의 여파가 이어졌기 때문에 가정봉기라고 할 수 있고 가정봉기에 관해 기술하고 있는 관련 자료에도 낙산봉기라 하지 않고 가정봉기라고 기술했다.

1909년 2월에 거행되었던 광안봉기가 실패한 후 광안봉기를 이끌었던 중심인물 중의 하나인 사영은 사천성 남부에 위치하고 있던 영현으로 이동했다. 지방관청에서 사영에 대한 체포령[168]이 내려진 가운데 사영은 영현으로 이동하여 신분을 은폐하면서 무장봉기를 거행할 준비를 진행하고 있었다. 광안봉기가 실패한 지 6개월이 지난 시점인 1909년 9월 가정지부 단우란(段友蘭)은 광안봉기의 중심인물인 사영의 동향과 그의 체포를 둘러싼 조사과정에 대한 공문을 작성하여 사천총독 조이손(趙爾巽)[169]에게 송부했다. 가정지부 단우란이 사천총독에게 보낸 공문서를 통해 사영에 대한 동향과 지방관의 대응에 대해 검토해 보고자 한다. 가정지부 단우란의 공문서에는,

168) 사영에 대한 체포령에 관한 내용은「署嘉定知府段友蘭爲遵飭密拿革黨佘俊臣事致總督稟(宣統元年9月22日)」「樂山縣知縣周建華爲先後查捕佘俊臣情形事致總督稟(宣統元年9月28日)」「四川營務處爲委派干員緝拿革黨佘俊臣事致總督詳(宣統元年9月30日)」등과 같은 공문에서 그 내용을 구체적으로 알 수 있다.『辛亥革命前十年間民變檔案史料』(下), pp.789-792.

169) 趙爾巽은 漢軍 正藍旗人 출신이다. 그는 1844년에 출생했으며 그의 출생지에 관해서는 요녕성 봉천설과 산동성 래주설이 있다. 1867년 거인이 되었으며 1874년에 진사가 되었다. 한림원서길사, 한림원편수를 거쳐 각 성의 안찰사, 포정사, 순무, 장군, 총독 등을 역임했다. 1908년에 사천총독에 부임했다. 그의 후임으로 사천총독에 부임한 조이풍은 그의 동생이다. 1911년 신해혁명이 발발할 당시 그는 동삼성총독에 재임하고 있었다. 조이손의 유일한 아들 조천석은 훗날 봉천파의 중심인물 장작림의 딸과 혼인했다. 조이손은 대청제국의 정사인《청사고》편찬에 중심적 역할을 한 인물로 유명하다.

"대인각하께 글을 올립니다. '선통 원년(1909년) 9월 24일 혁명당인 사준신(사영을 지칭함)이 낙산현, 건위현 등지에서 민중들을 끌어들여 그들을 선동하고 있기에 그의 동향을 세밀하게 정찰하여 여러 가지 방법을 통해 그를 체포하라'는 문서를 총독 각하로부터 비밀리에 받았습니다. 이에 본인은 각 지방으로 비밀리에 공문을 하달하여 사영을 엄밀하게 조사하여 체포하도록 명령하였습니다. 조사한 바에 의하면 사준신(사영)은 바로 사경신이라는 인물로 그의 본적은 여주 소시 출신으로 본래부터 회당을 조직하여 활동하고 있다가 작년 혁명당에 가입하여 무장봉기를 도모하다가 실패한 후 도주하던 중 가정부 관할의 각 지역에서 활동하던 회당과 내통하면서 마침내 가정부, 아주, 미주 등지의 여러 곳에 다니면서 은닉하고 있었습니다. 금년 5월 저는 그가 홍아현, 영경현과 접경지역인 동창구 일대에 숨어 있다는 소식을 듣고는 즉시 그의 이름을 내걸고 체포하기 위해 노력했습니다. 그가 이 소식을 듣고는 외곽지역에서 전전하다가 영원현 지역으로 잠입했습니다. 금년 8월 사준신이 회당 세력에게 비밀리에 구호를 전하면서 가정부 등의 각 지역에서 민중들을 규합하여 선동하고 있어 제가 이미 관원을 파견하여 비밀리에 그의 동향을 조사하도록 했습니다. 사준신은 고향에 떨어져 다른 지역에서 오랜 기간 회당 세력과 연대하여 활동하였기에 각지의 회당세력들은 그가 은닉하도록 도와주는 상황에 이르렀습니다. 그는 비밀리에 활동하고 있기에 그의 종적을 찾기에는 대단히 어렵고 그를 도와주는 부류들도 많아 그를 조사하여 체포하기가 여간 어려운 것이 아닙니다. 그러므로 (사준신을 체포하려면) 그들이 사용하는 구호를 찾아내어 입수하지 않으면 그 조직에 잠입할 수가 없고, 그 조직에 잠입하지 않으면 사준신의 종적을 정탐할 수가 없습니다. 제가 보름 정도 이 방법을 모색했으나 아직 효과를 거두지 못했습니다. 지금 낙산현 지현 주건화[170]에게 여러 가지 방법을 강구하여 그를 반드시 체포하라는 밀령을 하달했습니다. 낙산현 안곡장의 보정(保正) 유원부는 유청천이라는 인물로 낙산현 지현 주건화의 보고에 의하면 '유청천은 처음에는 회당에 가입했다가 보정을 맡고 난 후로 사악한 행위를 고쳐 올바른 행위를 하는 길로 돌아온 것입니다. 최근 몇

170) 원문의 周令은 樂山縣 知縣인 周建華를 지칭한다. 『辛亥革命前十年間民變檔案史料』 (下), p.790.

> 년동안 그의 활동에는 조금도 잘못된 곳은 없지만 다른 지역과 교역하는 경우도 많이 있기 때문에 사준신과 내통하고 있는지 아닌지에 대해 즉시 조사해야 할 필요성이 있습니다. 또한 양붕고는 건위현에서 활동하고 있는 저명한 회당 지도자인데 그를 오랫동안 체포하지 못하고 있어 현재 각종 방법으로 그의 체포를 위해 노력하고 있는 중입니다.'라는 (낙산현 지현의) 보고를 받았습니다."[171]

라고 되어 있다. 상술한 바와 같이 가정지부 단우란이 사천총독 조이손에게 올린 공문서는 광안봉기 실패 후 가정부 지역으로 이동한 혁명파 신사 사영의 동향과 그에 대한 체포를 위해 활동하는 지방관들의 동선을 찾아낼 수 있는 중요한 정보를 제공하는 자료이다. 필자가 그의 공문 내용을 구체적으로 인용하여 기술한 이유 중의 하나이다. 이는 이 공문서의 내용을 통해 가정부를 관할하는 지방장관 단우란이 인식하고 있었던 사영에 대한 생각, 사영의 동선을 파악하고 그를 체포하기 위한 방법, 사영 체포를 위한 절차, 사영을 둘러싼 세력에 대한 인식 등과 같은 정보를 얻을 수 있다는 것을 의미한다.

---

171) "大人閣下, 敬稟者: 宣統元年九月十四日奉憲臺密札, 訪聞革黨佘俊臣在樂犍等處煽惑勾引, 飭卽密飭所屬, 嚴密偵察, 購線踩緝, 務獲稟辦. 等因, 奉此. 遵卽飛札密飭各屬, 一體嚴密查拿去後. 伏查該匪佘俊臣卽佘敬臣, 籍居瀘州小市, 初原上流會黨, 因上年潛入革黨, 圖謀滋事未遂, 被拿逃逸, 與嘉定各處會黨聲息素通, 遂竄匿嘉·雅·眉各處. 本年五月內, 知府風聞該匪在洪雅·榮經交界之銅廠溝一帶藏匿, 卽借查屬爲名, 擬出其不意, 前往捕拿. 詎該匪聞風, 卽由僻徑竄入寧遠以內. 八月, 又風聞該匪支使黨羽, 傳有秘密口號, 在嘉定等處煽惑勾結, 業已派人密訪. 惟該匪在外日久, 已與下等會匪爲伍, 到處有匪容留, 踪迹極爲詭秘, 耳目又多, 查拿頗不容易, 非先將其口號探得, 不能使人混入彼黨, 非使人混入彼黨, 不能偵探佘俊臣踪迹之所在, 籌劃半月有餘, 尙未得手. 現又密飭周令廣設方略, 以期必獲. 至樂山安谷場保正劉源溥卽劉淸泉, 據周令稱, 初原會黨, 自當公以來, 改邪歸正. 近數年內幷無不合之處, 且在外貿易時多, 與佘俊臣是否相通, 卽再密查酌辦. 楊鵬高系犍爲著匪, 久拿未獲, 現亦設法購緝. 知府竊以佘俊臣旣自命爲革黨, 勢必到處散布邪說, 勾結黨羽, 希翼乘間以逞. 日久不除, 終必釀出事故, 所謂萌芽不折, 將尋斧柯. 現已飭屬嚴密查拿, 仍自派得力之人, 密爲偵探, 果有踪影, 卽當設法捕拿, 務獲稟請究辦, 斷不敢掉以輕心, 貽患將來, 上煩憲廑, 而干咎戾. 所有遵飭嚴密查拿佘俊臣情形, 理合稟請憲臺俯賜察核示遵." 『辛亥革命前十年間民變檔案史料』(下), pp.789-790.

가정지부 단우란이 사영 체포령을 적극적으로 취하게 된 배경에는 사천성 최고의 장관인 사천총독 조이손이 그에게 사영 체포령을 하달한 것에서 비롯되었다. 사영에 대한 조사와 체포는 부 단계의 차원에서 이루어진 것이 아니라 성 단위의 단계에서 이루어진 것이고 적어도 사천총독이 직접 가정지부에게 체포령을 하달할 정도로 사천 최고의 지방 장관이 그에 대한 동향을 주시하고 있었던 것이었다. 사천총독의 명령을 받은 가정지부 단우란은 가정부 관할의 각 지방에 공문을 하달하여 사영의 동향에 대한 조사와 체포를 명령하는 공문을 하달했다.

공문서에 보면 "사준신은 바로 사경신이라는 인물"로 기술하고 있다. 사영은 평소 사준신이라는 이름으로 활동했기에 지방정부에서는 사준신으로 파악하고 있고 경신은 그의 자이기 때문에 사영이라는 본명보다는 사경신이라는 자를 사용한 성명이나 혹은 사준신이라는 가명으로 그를 파악하고 있다는 것을 알 수 있다. 이는 혁명파가 혁명 활동을 하면서 그의 본명을 사용하지 않고 가명을 사용하여 활동하는 경우가 많기 때문에 일어나는 현상이다. 동맹회의 지도자 손문도 여러 개의 가명을 사용하여 활동한 것은 널리 알려진 사실이다.

사영은 1909년 일어난 광안봉기의 주동자로 알려져 지방 정부에서 그의 동향을 주시하고 있었다. 그가 광안봉기 실패 후 가정부 관할의 각 지역으로 전전하면서 비밀결사조직인 회당과 연계하면서 비밀리에 활동하고 있었다는 것을 지방정부 차원에서 파악하고 있었다. 그리하여 지방정부는 그에 대한 체포령을 발동하여 그의 동선을 지속적으로 조사하고 있었다. 사영은 자신에게 체포령이 내려져 있다는 것을 알고 자신과 접촉하고 있는 혁명당원에게는 구호를 만들어 지방정부의 관원들이 혁명당에 잠입하는 것을 경계하고 있었다. 사영은 종래 비밀결사조직의 지도자로 활동한 이력이 있기 때문에 가정부 관할에서 은닉할 때에도 주로 비밀결사조직의 비호를 받고 은닉하고 있었다는 것을 알 수 있다. 지방정부에서는 사영을 체포하기 위해 체포조를 투입하여 회당 내에 잠입을 시도하는 방법을 강구했으나 실패했다. 그 결과 종래 회당에서 활동한 이력이 있는 인물을 조사하여 그들을 통해 사영을 체포하려고 시도하고 있었다는 것을 확인할 수 있다. 상술한 바와 같이 가정봉기가 발발하기 전 가정부의 지방장관 뿐만 아니라 사천총독까지 관심을 가지고 광안봉기의 중심인물이었던 사영에 대한 대대적인 조사가 이루어지고 그에 대한 체포령이 내려져 있다는 것을 확인할 수 있었다. 이는 지방정부에서도 혁명파의 활동과 무장봉기에 대한 감시망을 강화하고 있다는 것을 반영하는 것이다.

가정부 지역에서 사영에 대한 감시망을 강화하고 있는 와중에 사영과 함께 광안봉기를 거행한 웅극무는 성도지역으로 이동하여 그곳에서 동맹회원 요운종, 정석구, 여충, 유신종, 정덕번, 진병, 팽정강 등과 차후의 무장봉기를 계획할 것에 대한 논의를 진행했다. 동시에 융창현 출신이자 중경동맹회지부에서 중심적 역할을 하고 있었던 혁명파 신사 장배작(張培爵)[172] 등과도 만나 무장봉기의 거행에 대한 계획을 모의했다. 이러한 과정을 거쳐 최종적으로 가정봉기[173]를 실행하기로 결정되었다. 이러한 논의는 1909년 5월

172) "張培爵, 字列五, 四川榮隆間人, 故嘗爲隆諸生." 民國『巴縣志』卷九下, 官師下, 民國都督.

173) 嘉定蜂起에 관한 내용을 전해주는 기록을 보면 "王烈士九皐, 士人也. 世居蜀之嘉定城內. (中略) 己酉, 英等謀攻嘉定之計定, 秘告烈士, 遂百計運動所部, 得三十九人挾槍同逃. 冬月初八日至嘉定境. 初十日偕稅·佘軍攻破樂屬桐子場·板橋溪等處所駐清軍營壘, 幷劫嘉河炮船八隻, 獲快槍百餘支, 斷電線以阻淸官吏消息, 遍貼漢軍文告, 以安人心. 將率軍潛渡, 入據嘉定城, 適英暴

영현 방가충에 은신하여 혁명활동을 진행하고 있었던 동맹회원 단무신(但懋辛)[174]의 은신처에 모여 결정한 것이었다. 광안봉기의 중심인물인 웅극무 등이 광안봉기 실패 후 새로운 봉기지역을 설정하면서 왜 사천 남부에 위치하고 있는 가정부 지역에서 무장봉기를 거행하려고 시도한 것인지에 대한 원인을 검토해 보면 다음과 같다.

첫째, 당시 양산(凉山)에 거주하고 있던 소수민족인 이족(彝族)의 소요 사태가 발생하여 가정부 인근 각 주현에 설치되어 있었던 25개 순방영 소속의 군대를 파견하여 이 사태를 진압하기 위해 양산으로 출동한 상태였다. 광안봉기 때 봉기군은 순방영 소속의 방어군에게 패배해서 봉기가 실패했다. 이러한 지역방어 역할을 하던 순방영의 부대가 다른 지역으로 이동한 상황이 발생한 곳이 가정부 지역이었다. 양산은 소수민족인 이족이 거주하는 지역인데 사천성 최남단에 위치하고 있어 사천성 남부지역에 위치하고 있던 가정부 관할의 부대를 파견하여 그곳의 소요 사태를 진압하려고

疾稍延, 場保密報嘉守, 遂嚴備以待. 及至, 攻之不克, 乃從稅謀, 率師往屏山與熊克武軍合, 共圖叙府. 甫至叙屬之宋家村, 適清防軍朱·陳·李, 三統領兵追之, 同鎮邊營兵協擊, 烈士指揮所部死力抵御, 槍斃防軍多人. 自是日已刻直戰至酉刻, 彈盡, 烈士乃突圍出, 然足脛已中毒彈, 創甚不能行, 匿附近鐵螻寺, 被防軍偵獲. 嘉守以烈士系軍官, 欲釋之. 乃大聲罵詈, 自認革命黨不諱, 遂于冬十一月十六日與毛長興同就義嘉定城東市."『四川辛亥革命史料』(下), p.202. "己酉嘉定之役, 在鍾麟家先期計劃, 約定由樂邑童場起義. 其時童場團練, 各以槍支相助."『四川辛亥革命史料』(下), p.280. "廖宗綸(騰霄)......清宣統元年, 與縣中黨人稅錫疇·程德藩·鄒國賓·稅聯三·曹受宜諸人及佘竟成等, 于十二月十二日奪樂邑童家場團局快槍數十隻, 一面聯合住嘉軍隊, 密謀即于腊月底在嘉起義. 佘英等失敗, 騰霄獶主張再舉于叙·井之間. 從游者常數十人, 而奇峰之名益噪, 政府懸二千金捕之. 後聞佘英被擒, 將就戮, 騰霄率衆黑夜劫于屏之殺場, 負行出城, 始知非眞佘英也. 君甚自責孟浪, 而清兵追之, 衆寡不敵, 被擒, 同程德藩·鄒國賓·稅聯三·曹受宜先後在嘉遇害. 當宗綸被逮."『四川辛亥革命史料』(下), p.587 등이 참조가 된다.

174) 但懋辛의 자는 怒剛이며, 1886년 1월 25일 사천성 英縣 方家沖에서 출생했다. 1903년 成都 東文學堂에 입학했다. 같은 해 熊克武와 함께 일본으로 유학했다. 1904년 일본의 東斌學堂에 들어가 군사학을 배웠다. 1905년 8월 同盟會에 가입하고 同盟會 評議會 評議員으로 선출되었다.『四川近現代人物傳』第5輯, p.109.

한 것이었다. 이처럼 가정부 관할의 지역 방어군이 외지로 파견되어 군사적 약점이 노출되어 있었던 것을 웅극무 등이 간파하고 있었던 것이다. 둘째, 가정부 관할의 여러 주현에서 활동하고 있었던 동맹회원들의 수가 많았다. 셋째, 가정부 지역에 조직되어 있던 단련 중에는 일부 동맹회원이 장악하고 있었다. 넷째, 왕송정이 이끄는 회당 세력 및 기타 가정부 지역에서 활동하고 있던 회당과 연대하여 봉기에 참가하는 구성원의 규모를 확대시킬 수 있었다.[175] 가정부 지역은 상술한 바와 같이 동맹회원들이 무장봉기를 거행할 여러 가지 조건을 지니고 있던 지역 중의 하나였다.

가정봉기 전에 실행한 광안봉기를 거행하기 전에는 무장봉기에 필요한 무기는 웅극무가 일본에 가서 총과 실탄을 구입하고 또 광안지역에 주둔하고 있던 정규부대인 순방영을 습격하여 무기를 탈취하려고 하는 것과 같은 방법으로 무기를 조달하려고 한 것을 이미 상술했다. 가정봉기를 거행하기 위해 필요한 무기와 경비 조달에 관해 검토해 보면 다음과 같다. 봉기진행을 위한 자금의 마련에 관한 산발적인 기록을 살펴보면, 가정봉기의 중심인물인 웅극무는 숭녕현 출신의 주균시라는 인물의 부친으로부터 수백 냥을 빌려 봉기를 일으키는 데 일정한 자금을 확보했다. 또 송연이라는 인물은 자신이 소유하고 있는 토지와 재산을 팔아 2,000냥에 해당하는 자금을 확보하여 가정봉기를 일으키는 데 필요한 양식과 무기를 확보하는 데 자금을 지원했다.[176] 가정봉기를 거행하는 데 필요한 무기나 물자를 구입하기 위해 무장봉기에 도움을 줄 수 있

175) 熊克武, 『辛亥革命回憶錄』, p.20.
176) "宋淵, 號維章, 又號鐵生, 少豪俠. (中略) 商之佘英·熊克武·程緯·汪澤·佘絶起義嘉定, 將所有田產二千元變賣, 聯合成都·嘉定·敘府各黨人, 制備餉械," 『四川辛亥革命史料』 (下), p.271.

는 자에게 자금을 빌리거나 누군가의 자금 지원에 의해 일정한 자금을 확보하고 무기나 양식을 조달했던 것이었다. 그 외에도 부족한 무기 공급을 원활하게 하기 위해 광안봉기와 동일한 방법으로 지방에 설치된 부대를 습격하여 무기를 탈취하는 방법을 모색하기도 했다.

가정봉기의 개시를 알리는 종소리가 울렸다는 표현을 쓰기에 적합한 날이라고 할 수 있는 1909년 12월 13일이 되었다. 이 날은 2월에 거행된 광안봉기가 실패한 지 약 10개월이 지난 시점에 해당한다. 봉기가 거행되던 당일, 가정봉기의 중심인물인 웅극무, 사영 등은 양세준, 송연령, 세종린,[177] 진병, 정덕번, 조독,[178] 세연삼,[179] 진공백,[180] 주독, 단유주, 요본광, 주국경,[181] 추국빈,[182] 단극계, 단작주, 요평청, 진왕도, 요문도 등 수백 명의 동맹회원들과 연합하여 가정의 동가장, 백마경, 토주장, 판교계 등지에 설치되어 있던 단련국을 습격하여 수백 정의 무기와 실탄을 탈취했다.

---

177) "稅鍾麟, 字錫疇, 別號樹人. (中略) 淸光緖乙巳, 同鄏犧·吳嘉讀游學東洋, 住弘文師範, 隨又入實業學校硏究理化. (中略) 鍾麟獨負規劃嘉·犍方面責任, 于是遂有擧義嘉城之事." 「稅鍾麟事略」『四川辛亥革命史料』(下), p.508.

178) 曹篤의 자는 叔實이다. 1874년 富順縣 自流井에서 출생했다. 1899년 雷鐵崖, 謝持 등과 함께 秀才가 되었다. 1900년 瀘州經緯學堂에 입학하여 吳玉章, 黃復生, 謝持, 黃方, 陶闓 등과 同學이 되었다. 1902년 경위학당을 졸업하고 富順縣立 高等小學堂의 敎習이 되었다. 1903년 부순현에 私立經緯學堂을 설립했다. 1906년 黃復生, 謝奉琦의 소개로 同盟會에 가입했다. 1907년 江安蜂起, 瀘州蜂起에 참가했다. 1910년 四川通省 茶務學堂의 監督으로 부임했다. 1911년 동지군을 조직하여 부순현, 영현의 독립에 주도적인 역할을 했다. 『四川近現代人物傳』 第3輯, pp.113-119.

179) "稅聯三, 字萬升, 與同學鄒國賓·曹受宜·廖宗倫·稅鍾麟等最稱莫逆, 自是志趣遂益發展." 『四川辛亥革命史料』(下), p.510.

180) 陳孔白의 字는 居驥이며, 1881년 사천 井硏縣 龍潭鄕에서 출생했다. 熊克武와 同鄕人으로 熊克武의 소개를 받고 1906년 同盟會에 가입했다. 『四川近現代人物傳』, 4輯, pp.71-72.

181) "國經, 字点塵, 榮縣人, 畢業紳班法政學堂. (中略) 己酉九月, 同曹受宜等謀取嘉定, 集黨數百人, 劫取樂山縣屬板橋溪等處快槍數十支, 幷劫船八支." 『四川辛亥革命史料』(下), p.280.

182) "(鄒)國賓, 井硏人. (中略) 己酉夏, 與(稅)臨三之叔錫疇等議于嘉定·叙州·自貢三路幷擧." 『四川辛亥革命史料』(下), p.360.

무장봉기를 실행할 지역의 선정과 봉기에 필요한 무기와 자금을 일정정도 확보한 후에 정식으로 무장봉기를 선포했다.[183] 단련국을 습격하여 무기를 탈취하는 데 성공할 수 있었던 요인은 여러 가지로 설명할 수 있지만 "가정 동가장의 단련은 본래 동맹회의 혁명당인과 관계를 맺고 있었기 때문에 습격에 성공할 수 있었다."라고 하는 것처럼 단련국 내에 활동하고 있던 동맹회원들의 지원을 받고 무기 탈취에 성공한 것이었다. 광안봉기를 거행할 당시에는 지방 정규부대인 순방영을 공격하여 무기를 탈취하려고 계획했으나 순방영의 공격을 받고 봉기가 실패했다. 이러한 실패 경험을 교훈으로 삼아 가정봉기를 거행할 당시에는 민간인으로 조직된 의용군 성격의 기구인 단련국을 습격하여 무기를 탈취하는 방법을 채택한 것이었다. 순방영 내에 동맹회원이 침투하여 활동하는 것보다 단련국 내부로 동맹회원이 침투하여 활동하는 것이 더 용이했다. 실제 단련국 내에 동맹회원이 침투하여 활동한 상황에서 무기 탈취에 성공할 수 있었다. 이전에 거행했던 무장봉기의 실패를 교훈으로 삼아 축적된 경험의 부산물이었다.

단련국 습격에 성공한 후 봉기의 분위기는 절정에 이르렀고 가정성을 공격하려고 시도했다. 그런데 가정성 공격 직전에 봉기군 내부에 문제가 발생했다. 가정봉기에서 참가인원 중 다수를 차지하고 있는 구성원은 사영이 이끄는 회당 세력이었다. 그런데 회당의 지도자이자 혁명파 신사 사영은 말라리아 증상이 나타났다. 가정봉기에 가장 많은 규모의 인원이 동원될 수 있는 단체가 바로 회당이었는데 회당의 지도자 사영의 신체적 이상 증세가 나타남으

183) 熊克武, 『辛亥革命回憶錄』, p.22. 그 외 당시 무기의 탈취에 관해서는 "計得快槍三十餘支, 劫炮船八隻, 得淸水師槍百餘支"라는 기록이 있다. 『四川辛亥革命史料』(下), p.360.

로 인해 가정봉기는 정상적으로 진행하기 어려운 상황에 놓였다. 웅극무를 중심으로 하는 가정봉기의 중심인물은 가정봉기의 계획을 전면적으로 수정하지 않을 수 없었다. 아울러 가정봉기군 내부에도 의견이 분분하게 갈라지게 되었다. 최종적으로 가정 인근 지역인 병산현으로 진격하려는 계획으로 수정되었다.

봉기계획을 전면적으로 수정하는 과정에서 봉기의 시간이 지체되고 봉기군에 대항하기 위한 지방 방위군의 반격을 받고 퇴각하기에 이르렀다. 이에 가정봉기는 단련국을 습격하여 무기를 탈취하는 성과를 거둔 것 외에 본격적인 무장봉기를 수행하기도 전에 가정지역에서 실행한 무장봉기가 실패로 돌아가는 결말을 맺었다.[184] 12월 13일 가정봉기는 실패로 끝나고 그 다음날인 12월 14일 아침, 봉기군은 가정 신장에서 병산을 거쳐 가정 접경지역인 송가촌으로 이동했다. 이에 청조 지방군대가 도주하는 봉기군을 추격했다. 여기서 청조의 지방군대와 처음으로 격렬한 전투를 벌이게 되었다. 송가촌전투 초기에는 가정지역에서 파견된 지방군이 봉기군과 공방전을 벌였지만 얼마 후 마변지역에서 지방군의 지원병이 도착했다. 송가촌에 집결하고 있던 봉기군은 양면 공격을 받기에 이르렀다. 결국 봉기군은 송가촌에서 병산현으로 후퇴했다. 후퇴하는 도중에 뇌파지역의 정규부대와 전투를 벌였고 이 전투에서도 패배했다. 결국 봉기군은 사방으로 분산되어 도주하게 되었고 가정봉기는 완전히 실패로 막을 내렸다. 가정봉기가 실패한 후 인근지역으로 이동하여 주둔하거나 이동하는 과정에서 청조의 지방군과 격전을 벌이게 되었고 동맹회원과 회당의 구성원 200여명

184) 熊克武, 『辛亥革命回憶錄』, pp.22-23.

이 사망했다. 이는 당시까지 거행된 무장봉기 가운데 최대의 희생자를 낸 전투였다. 또한 가정봉기에 참가했던 동맹회원 중 사망하지 않은 경우에는 지방정부에 체포당하는 상황까지 이르렀다.[185)]

가정봉기가 행해지던 지역은 사료상에서는 대부분 “가정”으로 기술하고 이 봉기를 “가정봉기”로 기술하고 있지만 실제로 가정봉기를 거행한 지역은 가정부의 치소인 낙산현에 해당한다. 낙산현도 가정부 관할의 지역이기 때문에 가정봉기라고 한 것이다. 다만 낙산현 지역에서 거행하려고 한 봉기는 무기를 탈취하는 것 외에 현성을 공격하는 것과 같은 본격적인 봉기는 실행조차 하지 못하고 낙산현에서 후퇴했다. 이어 봉기군은 낙산현 인근지역으로 이동하여 주둔하거나 이동과정에서 청조의 지방군대와 격전을 벌여 수백명의 사상자를 내고 봉기는 막을 내렸다. 가정봉기가 진행되는 과정에서 실제 전투가 벌어진 곳은 낙산현 지역이 아니라 낙산 인근지역이기 때문에 낙산봉기라고 하지 않고 가정봉기라고 기술한 것으로 생각된다.

2월에 거행된 광안봉기, 12월에 거행된 가정봉기가 실패한 공통점을 찾을 수 있다. 이 봉기의 중심 인물은 웅극무와 사영이었다. 그 중 사영은 봉기에 참여할 최대의 구성원인 회당을 지도하는 회당의 지도자이기도 했다. 하지만 광안봉기에서는 회당의 구성원이 봉기에 불만을 품고 소란을 피우는 등 봉기에 적극성을 보이지 않는 행위를 하면서 분열적 성향이 나타났다. 가정봉기에서는 회당을 이끄는 지도자 사영이 말라리아라는 병에 걸려 가정지역에서 봉기를 거행하는 것을 뒤로 하고 다른 지역으로 봉기를 거행하기

185) 熊克武, 앞의 글, p.23.

로 계획을 수정하면서 이 봉기는 실패로 끝났다. 무장봉기에서 가장 많은 인원을 봉기에 참여시킬 수 있는 조직은 회당이었다. 그런데 회당 구성원들이 봉기에 참여할 적극성이 부족하든지 회당의 지도자가 적극적으로 봉기에 참여할 수 없는 상황이 되면 무장봉기가 실패로 끝나게 되었다는 것을 확인할 수 있다.

두 차례에 걸친 무장봉기의 실패의 원인을 분석하는 과정에서 실패 원인에 대해 다양한 견해를 제시할 수 있다. 다만 이 중에서 동맹회원과 회당과의 연합을 통한 무장봉기에 대해 고려해야 할 단서를 제공해 주고 있다. 회당은 민중 세력의 연합체이고 동맹회원보다 다수를 구성하고 있는 것이 일반적이다. 소수의 동맹회원만으로 주현 단위의 지방을 공격하여 지방에 독립된 정권을 수립하는 것은 사실상 불가능하다. 이러한 한계를 극복하기 위해 다수의 민중이 참가하여 조직된 회당과의 연대를 통해 봉기규모를 확대시키고 봉기의 성과를 기대할 수 있었다. 두 차례에 걸친 무장봉기에 모두 사영이 이끄는 회당 구성원이 참가했으나 봉기가 거행되는 상황에서 회당 구성원의 활약은 기대만큼 미치지 못했다. 이는 회당에 참가한 민중들이 혁명의식을 확고하게 정립한 상태에서 참가한 것은 아니라고 할 수 있다. 동맹회원들이 지나치게 낙관적인 태도를 가지고 회당 세력과 연합하여 무장봉기를 거행했던 것으로 볼 수 있다. 회당과의 연대나 회당을 이끄는 지도자가 회당의 구성원을 봉기에 참여시키기 전에 가장 중점적으로 해결해야 할 요소는 바로 회당 구성원에 대한 혁명의식을 고조시키고 무장봉기를 반드시 거행할 수 밖에 없는 당위성을 명확하게 정립시키는 것이 선행되어야 한다는 것을 반영하고 있다. 이것이 바로 실패 경험의 축적과정이기도 했다.

IV. 검강봉기의 계획과 전개과정

천북지역에서 발생한 광안봉기와 천남지역에서 발생한 가정봉기에 이어 천동지역에서 발생한 봉기는 검강봉기(黔江蜂起)이다. 검강현(黔江縣)[186]은 사천성과 호북성과 호남성의 접경지역에 위치하는 곳으로[187] 사천성에서는 동부지역에 해당한다. 검강현은 청대 초기 중경부 관할 지역이었다가 옹정 12년 검팽청 관할로 변경되었다. 그 후 건륭 원년 검팽청이 폐지되고 유양직례주 관할의 현이 되었다.[188] 이곳은 지리적으로 험준한 산이 많은 지역인데 명말청조 이자성의 농민반란군의 잔여부대인 "기동13가(夔東十三家)"의 근거지였으며 태평천국의 익왕 석달개가 천경사변 후 사천으로 진입했을 당시 검강현민들이 석달개군을 지원하기도 했다. 동치 연간에는 검강교안(黔江教案)이 발생하기도 했다.[189] 광서연간에는 홍수, 가뭄, 우박 등과 같은 자연재해가 빈번하게 발생했고 역병이 창궐

186) 黔江縣 名稱의 유례에 관해서는 "縣本無江, 其以黔江名者, 緣黔中所出之烏江, 以爲名." 光緖 『黔江縣志』 卷1, 地輿, 沿革. 청대 초기에 黔江縣은 重庆府 관할이었다. 1735년 雍正 13년에 유양직례주가 설치되면서 검강현은 유양직례주 관할이 되었다.

187) "黔爲楚蜀接壤之區" 라고 되어 있듯이 검강현은 호북성, 호남성과 인접하고 있다. 光緖 『黔江縣志』 卷首, 原序.

188) "國朝爲黔江縣屬重慶府, 雍正十二年改屬黔彭廳爲縣治, 乾隆元年廳廢屬酉州." 光緖 『黔江縣志』 卷1, 地與, 沿革. 유양직례주는 3개의 현을 관할하고 있었는데 黔江縣, 彭水縣, 秀山縣이다. 牛平漢主編, 앞의책, p.313.

189) 『四川近現代人物傳』, 第4輯, p.311.

하여 어떤 마을에는 많은 촌민들이 사망하기도 했다.[190]

사천지역의 학계뿐만 아니라 중국 학계에서도 거의 알려지지 않는 검강봉기는 학계의 주목을 받지 못하는 만큼 검강봉기에 관해 기술하고 있는 자료는 대단히 제한적이다. 이는 검강봉기를 거행한 중심인물인 온조종이 동맹회 뿐만 아니라 사천 동맹회 내에서도 잘 알려져 있지 않은 인물이기도 하고 검강지역은 동맹회원들이 활발하게 혁명 활동을 전개한 지역도 아니고 사천 신해혁명사나 사천 보로운동사에서도 주목받는 지역은 아니기 때문이다. 검강봉기의 실태에 관한 정보를 제공해 주는 자료를 입수하는 것은 대단히 어렵다. 그만큼 이 봉기에 대한 기록이 적다는 것을 의미한다. 필자가 검강봉기를 처음 접했던 것도 사천 신해혁명사를 연구하는 과정에서 해당시기에 일어난 각종 반란에 관한 사료의 모음집인 당안자료를 입수해서 검토할 수 있는 기회를 가지게 되었을 때였다.

이 당안자료에는 해당시기의 지방관이 황제에게 이 봉기에 관한 실태에 관해 상주문을 올린 기록이 포함되어 있었다. 이 때문에 검강봉기의 실태나 전개과정에 관한 검토는 지방관이 올린 상주문이 토대가 될 수 밖에 없었다. 상주문은 지방관의 시선으로 봉기나 봉기를 일으킨 중심인물을 바라보고 황제에게 그 실태를 보고하는 기록물에 해당한다. 이 때문에 상주문에는 봉기를 반란으로 규정하고 봉기의 중심인물을 역비(逆匪)라고 지칭하는 등과 같이 묘사하고 있다. 반란의 중심인물을 역비라고 지칭하는 것은 "반역을 행하는 도적"이라는 의미가 내포되어 있는 용어이다. 필자는

190) "光緖二年夏五月, 大雨水, 西門外, 隄岸盡決水溢, 城中街衖. 二年夏六月, 旱, 五里鄉疫. 四年夏四月, 大水, 城中水深二三尺. 五年夏四月, 大雨雹. 疫疾果作, 大木鄉人死過半. 七年夏, 旱, 民大飢, 餓死頗衆, 賣子女者相屬. 九年夏六月癸卯, 大水. 十六年春, 淫雨, 夏大水. 十七年夏六月, 疾民多死." 光緖『黔江縣志』卷5, 祥異, pp.52-59.

이러한 사료를 인용하여 번역하는 과정에서 가능하면 원문에 기술되어 있는 표현으로 번역을 진행하지만 어떤 경우에는 중립적인 시선에서 바라본 용어로 기술하고자 한다. 예컨대 봉기는 정부 입장에서 보면 “반란”으로 기술하고 봉기를 일으키는 입장에서 보면 “기의”라고 기술하는 것이 일반적이다. 반란이나 기의를 중립적인 시각에서 볼 수 있는 “봉기”라는 용어를 사용하여 기술하고자 하는 이유는 여기에 있다.

검강봉기에 관한 실태를 알려주는 상주문을 보면, 호리사천총독(護理四川總督)으로 재임하고 있었던 왕인문(王人文)이 검강봉기를 진압한 후에 황제에게 올린 상주문이 있다. 호리사천총독이라고 할 때의 호리(護理)는 대리(代理)라는 의미로 이해해도 무방하지만 엄밀하게 말하면 단순한 대리가 아니고 해당 관직에 결원이 생겼을 때 그 관직보다 아래 등급의 관원이 임시로 대리직무를 수행할 때 지칭하는 용어이다. 1911년 선통 3년 4월 호리사천총독 왕인문이 황제에게 올린 상주문의 전반부를 보면,

> “소신이 조사하여 보니 선통 2년(1910년) 12월 초 유양주(실제는 유양직례주) 관할의 검강현의 역비(逆匪)[191] 온조종(溫朝鍾)[192]은 비밀리에 혁명당에 가입하고 1,000명의 민중을 모아 현 치소(治所)를 공격하여 함락시키고

191) 동맹회원이라는 용어 대신 반란을 일으킨 도적이라는 의미로 逆匪로 기술하고 있다.

192) 溫朝鍾은 1878년 호북성 함풍현에서 출생했다. 그는 소수민족인 토가족 출신이다. 그는 호북성 함풍현 출신이지만 함풍현과 인접하고 있는 사천성 검강현에서 활동했다. 1904년 사천성 검강현 현학의 생원이 되었다. 그 후 1905년에 과거제가 폐지되었기 때문에 더 이상 과거공부를 할 필요성이 없었다. 과거제 폐지 후 성도의 통성사범학당에 합격했으나 학업을 포기하고 사천성, 귀주성, 호북성, 호남성 등을 전전하면서 무술을 익히거나 폭탄을 제조하는 방법도 익혔다. 1906년 검강현 출신의 동맹회원 진지헌의 소개로 동맹회에 가입했다. 그 후 그는 “풍속개량회”, “철혈영웅회” 등과 같은 비밀결사단체를 조직하여 혁명 활동을 전개했다. 1910년 12월 검강현 출신의 하층신사 왕극명 등과 연대하여 검강봉기를 일으키고 검강봉기 실패 후 체포되어 처형되었다.

관청, 감옥, 교당을 파괴하고 불태웠습니다. 이미 전임 사천총독 조이손은 각 부대로 하여금 이들을 진압하도록 전보로 명령을 내리고 동시에 호남성, 호북성 등의 각 성에도 군대를 파견하여 진압하라는 내용의 전보를 보냈습니다. 그리하여 사천에 주둔하고 있던 군대는 현 치소를 수복하고 호북성 군대와 연대하여 주동자를 사로잡아 참수한 뒤 잔여 세력을 조사하여 체포하고 진압 후의 혼란한 상황을 정돈하였는데 이와 같은 정황을 전보로 보고하고 이를 안건으로 처리해 보존해 두었습니다. 12월 24일 군기처에서 전보로 전달해 온 황제의 유지에는 다음과 같은 내용이 있었습니다. (총독) 조이손이 전보로 보고하기를 '반역의 주모자 온조종은 파수평에서 사로잡아 정법(正法, 사형을 집행)으로 처리하고 아울러 함께 반역한 무리들을 여러 명 사로잡고 무기와 기치(旗幟)를 빼앗아 현재 이에 대한 처리를 하고 있는 중입니다.'라는 상주문을 올린 것을 소신이 알고 있는 바입니다. (이에 황제 폐하께서는) '왕인문은 서징(瑞澂)[193]과 함께 이들의 소란을 진압한 뒤 이들을 계속 조사하고 체포한 후에 잔당들을 소탕함과 동시에 처리한 정황을 상세히 보고하라. 이 반란을 진압한 각 관원들 중에서 그 공로를 판별하여 포상을 청구하되 포상을 위해 허위보고와 같이 공로를 남발하여 보고하지 않도록 하라.'는 유지를 하달하셨습니다. 소신이 호리사천총독에 부임한 후 황제의 유지를 받잡고 호광총독 서징과 함께 각 부대에 역도들을 조사하여 체포하고 이들을 진압하도록 명령하였습니다. 지금 지방 관원들의 보고에 의하면 지방은 일률적으로 안정을 되찾아 사천성, 호북성 두 성의 백성들은 모두 평상시와 같이 평안하게 생활하고 있사옵니다. 지금부터 현재까지 이

193) 瑞澂은 몽골족 출신이며 대학사 琦善의 손자이자 흑룡강장군 恭鏜의 아들이다. 도대, 안찰사, 포정사, 순무 등을 거쳐 1909년 서리호광총독이 되었다가 1910년 호광총독에 부임했다. 1911년 10월 호북성 무창에서 무창봉기가 발발했을 당시에도 호광총독에 재임 중이었다. 무창봉기가 발발하자 한구, 무호, 구강, 상해를 거쳐 일본으로 도주했다. 1915년 상해에서 병사했다. 武昌蜂起가 발발할 당시에 관한 瑞澂의 기록을 보면, "瑞澂, 字莘儒, 滿洲正黃旗人, 大學士琦善孫, 將軍恭鏜子. 以貢生官刑部筆帖式. (中略) 三年七月, 被命會辦川漢粵漢鐵路. 居無何, 督辦端方上言鄂境鐵路收歸國有, 詔嘉之. 越月, 武昌變起. 先是黨人謀亂於武昌, 瑞澂初聞報, 憂懼失措, 漫不爲備, 惟懸賞告密, 得黨人名冊, 多列軍人名, 左右察知僞造, 請銷毁以安衆心. 瑞澂必欲按名捕之, 獲三十二人, 誅其三, 輒以平亂聞. 詔嘉其弭患初萌, 定亂俄頃, 命就擒獲諸人嚴鞫, 並緝逃亡, 於是軍心騷動, 翌日遂變. 瑞澂棄城走, 詔革職, 仍令權總督事, 戴罪圖功, 並令陸軍大臣廕昌督師往討, 薩鎮冰率兵艦, 程允和率水師援之, 而瑞澂已乘兵艦由漢口而蕪湖而九江, 且至上海矣."라고 되어 있다. 『清史稿』 卷471, 列傳258, 瑞澂傳.

반란을 진압해 온 과정에 대해 황제 폐하께 상세히 보고드리옵니다."[194]

라고 기술되어 있다. 호리사천총독 왕인문이 올린 상주문 전반부의 내용을 검토해 보면, 검강봉기가 일어난 시기는 1910년 12월이며 이 상주문은 검강봉기를 진압한 후인 1911년 4월에 황제에게 올린 글이다. 온조종이 거행한 검강봉기에 참가한 인원의 규모는 1,000여명 정도라고 기술되어 있는데 이 규모는 지방정부 차원에서 봉기에 참가한 인원 수로 보면 참가자의 규모가 상당히 큰 부류에 속하는 봉기라고 할 수 있다. 다만 황제에게 보고하는 상주문의 내용에는 실제 봉기에 참가한 인원보다 그 수를 확대하여 보고하는 경향도 있기 때문에 1,000여명이라는 수치는 다소 과장된 참가자의 수치일 가능성도 있지만 호북성에 지원군을 요청해서 진압해야 하는 상황까지 고려하면 실제 1,000여명이거나 그 이상의 인원이 참가했을 가능성도 있다. 다만 본래 봉기에 참가한 인원 외에도 현성이 점령된 후에 그들을 따르는 민중들이 합세하여 그 규모가 상상 외로 증가했을 가능성도 배제할 수 없다.

온조종과 봉기 참가자가 봉기를 거행하는 과정에서 행한 불법적인 행위로 파악한 내용을 보면, 검강현 치소를 공격하여 함락시킨 후 관청, 감옥, 교당 등을 파괴하고 불태우는 반역행위를 한 것으로 파악하고 있다. 광안봉기나 가정봉기는 봉기 초기단계에 모두

---

194) "竊查宣統二年十二月初間, 酉陽州屬黔江縣逆匪溫朝鍾, 潛通革黨, 嘯聚千人, 攻陷縣治, 焚毁衙署, 監獄, 教堂. 當經前督臣趙爾巽電飭各營馳往剿辦, 并電咨湘·鄂界連各省派兵會剿. 旋經川軍收復縣治, 會同鄂軍擒斬首要, 及搜捕餘黨, 辦理善後各情形, 均經先後撮要電奏在案. 十二月二十四日, 承准軍機處電傳欽奉諭旨, 趙爾巽電奏, 逆首溫朝鍾在跛水坪生擒正法, 并擒匪黨多名, 奪獲槍械, 旗幟多件等語, 辦理尙屬妥屬. 著王人文會同瑞澂彈壓搜捕, 以清餘孽, 并將前後辦理情形詳細具奏. 其出力各員, 准其擇尤請奬, 毋許冒濫. 欽此. 臣接護督篆後, 欽遵會同湖廣督臣瑞澂, 分飭營屬, 認眞搜捕彈壓. 現據稟報: 地方一律肅清, 川鄂兩省人民均各照常安堵, 謹將先後辦理情形爲我皇上詳細陳之."『辛亥革命前十年間民變檔案史料』(下), p.804.

진압되어 실패했지만 검강봉기는 현성을 공격하여 일시적으로 현의 중심지역을 점령하는 성과를 거두었다. 현성을 공격하여 점령한 무장봉기는 사천폭동이 본격화되는 시점을 제외하고 극히 이례적인 것이었다. 검강현 차원에서 봉기를 진압하기 어려운 상황이었다는 점을 반영해 주고 있다. 그리하여 무장봉기가 발생했을 당시의 사천총독 조이손은 검강봉기의 발생 소식을 듣고 성 단위에서 관할하고 있는 정규부대의 투입과 동시에 인근성인 호북성의 군대에도 협조 요청을 하여 호북성의 군대를 지원받은 후 이 봉기를 소탕했던 것이다.

봉기를 소탕하는 과정에서 검강봉기의 중심인물인 온조종이 포로로 잡혀 반역죄에 대한 특례법이 적용되어 해당지역에서 즉시 처형당하는 취지정법[195]에 처해졌다. 아울러 잔당들의 조사와 체포도 행해졌고 현청도 수복된 것이었다. 검강봉기는 사천성 부대와 호북성 부대가 연대하여 진압해야 할 정도의 규모라는 점은 분명했다. 황제가 호리사천총독 왕인문과 호광총독 서징이 회동해서 반란을 진압하도록 명령할 정도의 규모라는 것을 상주문을 통해 확인할 수 있었다. 상주문의 서두 부분에서는 검강봉기의 전체적인 맥락이나 진압에 대한 상황을 보고하고 있는데 상주문 중반부부터 검강봉기의 진압과정에 대해 비교적 구체적으로 기술하고 있으므로 이 상주문의 내용을 통해 검강봉기의 진압과정에 대해 보다 구체적으로 접근해 보고자 한다. 검강봉기의 진압과정에 관한 내막을 기술한 상주문의 내용을 보면,

---

195) 就地正法은 범죄인을 해당지역에서 즉시 사형에 집행하는 것을 말한다. 일반적으로 반역죄를 범한 죄인들에게 집행되었다. 청대 사형죄를 범한 범죄인은 반드시 조정에 보고하고 법률이 정하는 절차에 따라 사형을 집행했다. 하지만 반역죄를 범한 죄인들은 해당 지역에서 즉시 사형을 집행한 후에 조정에 보고하는 것을 허용했다.

"조사하여 보니 검강현은 유양주의 관할이며 이곳의 동북은 호북성 함풍현과 인접하고 있으며 서북은 유양, 팽수와 인접하고 있습니다. 현성(縣城)은 여러 산으로 둘러쌓여 있어 성곽을 축조하지 않고 외곽에 위치해 있습니다. 이번 반란의 주모자인 온조종은 이 현의 부생(附生) 출신인데 소행이 바르지 않고 반란을 일으켜 부생 자격을 박탈당했습니다. 그는 같은 지역출신이자 증생(增生) 자격을 지닌 왕극명과 혁명을 부르짖고 비밀결사단체를 조직하여 각지에서 연설하며 어리석은 백성들을 선동하니 그를 따르는 무리들이 날이 갈수록 그 수가 늘어나 결국 반란을 일으키기에 이르른 것입니다. 선통 2년(1910년) 12월 초 팽수현의 봉지산에서 봉기를 의논하고 봉기 날짜를 결정하였는데 이미 검강현 지현 왕치장은 이 사실을 듣고 정탐하여 그를 체포하려고 시도하기에 이르렀습니다. 해당 반역자는 모의가 이미 누설되었다는 것을 알고 곧장 반란군을 이끌고 산으로 내려와 각지에서 무리들을 모으니 그를 따르는 무리들이 1,000여 명에 이르렀습니다. 12월 7일 아침 반란군은 3로로 나누어 현성을 공격하자 지현 왕치창(王幟昌)은 신속히 향용 300여명을 모집하여 그들로 하여금 반란군을 방어하게 했습니다. 무거인(武擧人) 출신의 손상례가 향용을 이끌고 대아구에 주둔하여 방어하자 반란군들은 벌떼처럼 들고 일어나 손상례가 이끄는 향용을 공격하니 향용들은 아직 훈련을 받지 못한 병사들이어서 맥없이 반란군에게 패배했습니다. 무거인 손상례는 몸에 수없는 부상을 입고 전투를 벌이다가 전투 중에 사망했고 전민저 등 5명의 향용 소속의 병사도 사망하고 결국 현성이 함락되기에 이르렀습니다. 지현 왕치창은 관인을 가지고 보남로로 퇴각하여 단련을 모아 적군이 진공하는 길을 막았습니다. 반란군들은 현성에 진입한 후에 민심을 얻기 위해 백성들에게 온정을 베푸는 척하면서 다른 한편으로는 관청과 감옥을 불태우고 교당을 파괴하고 약탈했습니다. 당시 교민들은 이 소식을 듣고는 놀라서 도주하여 그들의 피해는 그다지 큰 것은 아닙니다. 감옥에도 단지 심문당하거나 구금되는 일부를 제외하고는 심하게 통제하지는 않았습니다. 그 외 양식 창고나 민간 거주지는 모두 혼란한 상황은 발생하지 않았습니다. 반란군들은 비록 현성을 함락시켰지만 성곽이 없는 현성을 지키려다 보니 험준한 곳에 나누어 주둔하면서 지원군의 공격을 방어하려고 준비했습니다. 동시에 단민들에게 압력을 가하여 임무를 부여하고

> 군량을 지급했습니다. 이에 반란군들을 따르는 자들이 날로 증가하여 그들의 세력이 날로 팽창하게 된 것입니다."[196)]

라고 기록되어 있다. 상술한 상주문에는 검강봉기의 경과과정을 비교적 구체적으로 기술하고 있고 이 기록만을 토대로 하더라도 검강봉기의 실태에 관한 윤곽을 잡을 수 있는 정도의 내용이다. 검강봉기를 주도한 온조종은 검강현에 거주하는 소수민족인 토가족(土家族) 출신이며 동맹회원이다.[197)] 그는 본래 호북성 함풍현 출생이지만 사천성 검강현에서 활동하기도 했다. 그는 부생(附生) 자격을 지닌 하층신사에 해당하므로 혁명파 신사에 해당한다. 그와 함께 검강봉기에 참여한 왕극명은 검강현의 증생(增生) 출신으로 하층신사이며 역시 혁명파 신사였다. 온조종 등은 11월 담무림, 왕운립(王雲笠), 황옥산, 왕극명, 왕비연 등과 팔면산 소남해에서 철혈회(鐵血會)라는 혁명 단체를 조직했다. 그들은 호북성의 함풍현과 사천성의 검강현, 유양주 등지에서 회원들을 확대했고 철혈회 회원이 10,000여 명으로 확대되었다.[198)] 혁명파 신사 온조종과 왕극명이 검강봉기를 논의하고 계획한 지역은 인근의 팽수현의 봉지산

---

196) "査黔江縣屬隷酉陽州, 其地東北與湖北咸豊縣界連, 西北與酉陽,彭水接壤, 縣治處萬山之中, 并非修建城郭, 僻在一隅. 此次倡亂逆首溫朝鍾, 系屬該縣附生, 素行狂悖, 因案斥革, 與同邑增生王克明倡言革命, 私立社會, 到處演說誘惑愚民, 從者日衆, 遂潛謀不軌. 宣統二年十二月初, 在彭水縣鳳池山聚議約期起事, 經該縣知縣王幟昌訪聞偵捕. 該逆知密謀已泄, 即率衆下山, 沿途裏脇, 衆至千餘. 初七日早, 分三路撲犯縣治. 王幟昌已倉猝招募鄉勇三百餘名, 分扎六隘抵御. 武擧孫常禮率鄉勇駐防大啞口, 匪等蜂涌攻撲, 鄉勇未經訓練, 交綏即潰, 武擧孫常禮身受百餘傷, 力戰陳亡, 勇丁錢敏箸五人死之, 隨陷縣治. 王幟昌帶印退保南路, 集團堵截. 該匪入城, 意在要結人心, 施其故智, 僅焚毁衙署·監獄, 并毁掠教堂. 維時教士已聞警遷避, 損失無多. 獄內也只待質, 外結, 羈禁十餘被其縱逸. 此外倉廒民居均未騷擾. 匪等雖陷縣治, 以無城可守, 仍分駐險要以遏援師, 并日迫團民派丁供粮. 脇從越衆, 匪勢越張."『辛亥革命前十年間民變檔案史料』(下), p.804-805.

197) 溫朝鍾의 字는 靜澄이며, 土家族출신으로, 활동할 때에는 가명으로 孔保華라는 이름을 사용하기도 했다. 1907년 중경에서 동맹회에 가입했다.『四川近現代人物傳』, 第4輯, p.311.

198) 戴執禮編,『四川保路運動史料彙纂』(上), p.129.

이라는 산간에서 비밀리에 모의된 것이었다. 하지만 그들의 봉기 계획이 도중에 누설되어 실제 봉기를 거행하기로 한 날짜를 앞당겨 급히 봉지산에서 내려와 무리들을 모아 1,000여명의 봉기군을 이끌고 검강현성을 공격했다. 봉기를 거행한 날짜는 1910년 12월 5일이었다. 웅극무 등이 일으킨 천남지역의 가정봉기보다 약 1년이 경과한 시점이었다.

1,000여명이라는 대규모 봉기군에 대항하여 현성 방어전을 전개한 부대는 지방 정규부대가 아니라 무거인(武擧人) 자격을 지닌 상층신사 손상례가 이끄는 지방의 의용군 성격을 지니는 향용이었고 그 규모는 300명에 불과했다. 상주문에는 당시 검강현에는 현성을 방어할 정규부대가 없었고 성곽도 없었다고 기술되어 있는 것으로 보아 지방 정규부대는 아주 적은 수가 배치되어 있었을 것이고 현성 방어를 위해 급히 민간 의용병을 모집해서 방어전을 전개했던 것으로 판단된다.

현성을 공격하는 봉기군의 규모는 손상례가 이끄는 방어군보다 훨씬 많은 수였고 특히 현성방어전에 참가한 방어군은 민간인을 급히 모집한 의용병이었기 때문에 군사적 훈련도 받지 못한 자들로 구성되었던 것이다. 현성방어전에 참가했던 상층신사 손상례도 방어전이 전개되던 과정에서 장렬히 전사하고 참가한 향병도 일부 전사하기에 이르렀고 결국 봉기군에 의해 검강현성이 점령되었던 것이다. 특히 검강현성은 검강현에서 구석진 외곽에 위치해 있었고 성곽도 축조되지 않아 현성방어는 쉽지 않았던 것으로 판단된다. 물론 봉기군이 검강현성을 점령한 후에 사천성과 호북성의 지원부대에 대항해서 현성을 방어하는 것도 쉽지 않아 지원군이 봉기군에게 점령당한 현성을 수복하는 것도 동일했다.

봉기군이 현성을 공격하고 파괴하거나 약탈한 대상은 현청과 감옥, 교당이 중심이었다. 그 외 민간인이나 민간인의 거주지 혹은 양식저장소 등에 대한 약탈은 없었던 것으로 보인다. 봉기군들은 민심을 얻기 위해 민중들에 대한 위해를 가하지 않았으며 의용병인 단민들도 일부 회유하여 봉기군에 흡수시켜 그들의 세력이 보다 더 확장될 수 있었다.

현성이 함락된 후 검강봉기군의 세력이 확대되면서 검강봉기는 상위관청인 유양직례주의 지원군 뿐만 아니라 사천성의 장관인 총독이 관할하는 부대 그리고 사천성 인근의 각 성의 지원군까지 합세해서 진압해야 하는 상황에 이르렀다. 검강봉기군의 검강현성 점령으로 인해 사태가 상당히 긴박하게 전개되었다는 것을 알 수 있다. 검강현성 수복을 위해 사천 지방 정부의 대응은 어떠한 과정으로 전개되었고 어떠한 과정으로 검강봉기가 최종단계로 진행되는지에 관한 구체적인 실태를 재구성하기 위해 왕인문의 상주문 내용을 검토해 보면,

> "전임 사천총독 조이손의 긴급 전보를 받은 후 유양직례주의 방어군에게 신속히 검강현으로 이동하여 반란군을 진압하라는 긴급 전문을 보내고 동시에 사천 동부지역의 각 부대에 지원병력을 보내라는 명령을 하달하였습니다. 다른 한편으로는 인접하고 있는 호남성, 호북성, 귀주성 3성에도 전보를 각각 보내 군대를 보내 지원을 요청하였습니다. 12일,[199] 천군좌로 순방군 제3영 관대 유서금은 군대를 인솔하여 (검강현지현) 왕치창이 이끄는 단련과 합류하여 남로에서 진격했습니다. 당시 서리 유양주 지주인 양조룡도 군사를 이끌고 도착했습니다. 반란군은 사자패에서 3로로 나누어 상호

199) 원문에는 12月로 표기되어 있으나, 12日의 誤記인 것으로 생각되므로 본고에서는 12일로 표기했다.

호응하면서 아군과 대항하였는데 아군이 총을 쏘고 포위하며 공격하니 반란군의 사망자가 100여명이나 되었습니다. 반란군은 마침내 버티지 못하고 성을 버리고 도주하게 되었습니다. 이에 다시 그들을 추격하여 수십 명의 반란군을 죽였으며 생포한 반란군은 시운산 등 8명이나 되며 이들을 심문한 후 처형했습니다. 노획한 반란군의 말은 2필이며 대포는 9대이고 총탄과 기치는 수도 없이 많았고 마침내 현성을 수복했습니다. 왕치창은 검강현에 잔류하면서 반란을 수습하고 현민을 안무하였으며, (유양주 지주) 양조룡과 (순방군 관대) 유서금은 군대와 단련을 이끌고 도주하는 반란군을 계속 추격하였습니다. 당시 호북성 순방영 관대 왕택오는 군사를 이끌고 지원하러 와서 사천 군대와 연합하여 반란군을 학당만, 사반계 등지까지 추격하여 사살하거나 포로로 잡은 반란군이 매우 많았습니다. 결국 반란군은 뿔뿔이 흩어져 반란군의 형세는 곤란한 상황이 되었습니다. 16일 (호북성) 함풍현의 파수평으로 도주한 반란군 주모자 온조종은 잔류 병력을 이끌고 팔각묘에 주둔하면서 험준한 지형을 이용하여 아군의 공격에 대한 방어를 하고 있었습니다. 당일 밤 사천군과 호북군은 이들을 추격하여 3방면에서 포위공격하자 반란군은 대포를 쏘며 항거하였습니다. 동이 틀 무렵이 되어 각 부대는 맹렬하게 반란군을 공격하고 총과 대포로 대응하자 반란군 사망자가 30여명이나 되었고 생포한 반란군은 주모자 온조종 등 25명이나 되며 노획한 총포와 기치도 많았습니다. 양조룡이 온조종의 몸상태를 체크해 보니 전투에서 부상을 당한 정도가 중대해서 심문을 통해 자백을 받을 수 없게 되자 즉시 반역자인 백미정 등 7명과 함께 처형하고 민심을 바로잡았습니다. 반역자 왕극명도 도주하여 몸을 은닉하고 있었는데 그도 또한 단련의 구성원에게 발각되어 사살당했습니다. 역모에 참가한 수괴들이 하나 하나 제거되고 도주하거나 체포되지 않은 잔여 반란군들 또한 계속해서 소탕되었습니다. 반란군에게 위협을 느끼고 반란에 가담한 어리석은 민중들은 결코 반역에 가담하는 것에는 달가와 한 것은 아니기에 죄를 면해야 하는 자와 처벌해야 하는 자를 가려 이들에 대한 처리를 완료했습니다. 그 결과 검강현, 함풍현 두 현의 백성들은 각각 평상시와 같이 생업에 안주하고 있습니다. 검강현 지현 왕치장은 이미 면직되었으며 반란 진압 후의 처리문제는 새로 부임한 서리 지현 문극에게 적절한 방법을 강구하여 처리하도록 명령하였습니다. 조사해 보니 반란군에 의해 교당(천주교당)이 손실되었으므로 해당지역에서 자금을 모아 처리하도록 했고 피해를 본 백성들은 분별하여 구휼하도록 했습니다. 반란군의 방화에 소실된 관청, 감옥은 (전임지현) 왕치창에게 책임지고 배상하여 보수하게 했습니다. 반란을 틈타 도주한 죄수들은 명단을 파악하여 체포하도록 했습니다. (중략) 무거인 손상례 등은 적을 방어하면서 전사했으므로 공로에 따라 포상을 논의해서 처리하도록 하며, 검강현 지현 왕치창은 비록 성이 없고 병사가 없어 현성 방어에 실패한 부분도 있지만 반역 주모자인 온조종이 평시에 민중들을 선동하고 반란을 도모한 것을 조금도 파악하지 않고 반란이 일어나서도 방어에는 소홀함이 있었기에 이는 실로 직무에 적합하지 않은 처사에 해당하는 것입니다. 후에 비록 단련을 조직하여 현성 수복에 참가했을지라도 그를 혁직시켜 징계의 본보기로 삼아야 한다고 생각됩니다.[200]

라고 되어 있다. 상술한 상주문의 기록에는 반란군이 현성을 점령한 것에 대한 사천 지방정부의 구체적인 대응, 지원군의 상황, 현성 수복 과정, 반란군과의 전투 과정, 반란 주모자와 반란군의 처리과정, 검강현 지현에 대한 처벌 등에 대한 구체적인 정보가

200) "前督臣趙爾巽接到警電, 當經飛電酉陽州防軍就近星馳剿辦, 并飭川東各營前往應援. 一面分電連界湘鄂黔三省派兵會剿防堵. 十二月, 川軍左露巡防第二營管帶劉舒錦, 督率弁兵, 會同王熾昌團練由南路進攻. 適署酉陽州知州楊兆龍亦率兵繼至. 匪等于沙子壩分三路爲犄角, 以拒我軍, 我軍放槍環擊, 斃匪百餘名, 匪遂不支, 棄城潰圍逃逸, 復追斬數十匪, 生擒悍匪施雲山等八名, 訊明正法. 奪獲賊馬二匹, 大炮九尊, 槍彈旗幟無算, 遂收復縣治. 王熾昌留縣淸整安撫, 楊兆龍, 劉舒錦仍率兵團跟追. 値鄂軍巡防管帶王澤吾領兵來援, 會同川軍追匪于學堂灣, 蛇盤溪等處, 斬獲甚多, 匪堂星散, 賊勢窮促. 十六日, 竄至咸豊縣屬破水坪, 逆首溫朝鍾率死黨踞八角廟, 負隅固守. 是夜川鄂兩軍追至, 三面圍攻, 匪等然炮抵拒. 黎明, 各軍奮勇猛擊, 槍炮齊施, 斃匪三十餘名, 生擒逆首溫朝鍾等二十五名, 奪獲槍炮, 旗幟多件. 楊兆龍提驗溫朝鍾, 受傷甚重, 不能訊供, 當與其死黨白美廷等七名一并正法, 以快人心. 逆黨王克明竄匿, 亦旋經鄉團搜得擊斃. 謀逆首要次第殲除, 漏网余孽亦先後獲辦. 其被逼脇鄕愚, 并非甘心從逆, 免予深究, 以安反側. 黔·咸兩縣人民當各照常安業. 黔江縣知縣王熾昌先已撤任, 善後事宜飭令接署縣文極妥籌辦理. 刻已查明教堂損失, 就地籌款, 與被害民人分別撫恤, 立約了結. 被焚之衙署, 監獄, 責成王熾昌賠修. 乘間逃逸監犯, 按名飭緝. (中略) 武擧孫常禮等御賊捐軀, 并請勅部從尤議恤. 至黔江縣知縣王熾昌, 雖因無城無兵失守縣治, 惟于逆首溫朝鍾平日惑衆謀亂毫無覺察, 臨事又疏于防范, 實屬有負職守, 後雖集團隨同收復, 仍應請予革職, 以示懲戒."『辛亥革命前十年間民變檔案史料』(下), pp.805-806.

수록되어 있다.

검강현성이 점령되자 이 사실을 전달받은 해당시기의 사천총독 조이손은 검강현을 관할하는 상급행정구역인 유양직례주의 방어군과 사천 동부에 주둔하고 있는 부대에 지원군을 파견하라는 명령을 하달하고 동시에 호남성, 호북성, 귀주성 3성에도 지원군을 요청했다. 검강봉기는 사천성 병력만으로 진압이 어려울 정도로 규모가 작지 않다는 것을 반영하고 있다. 사천총독 조이손의 명령을 받고 검강현에 도착한 사천 내 지원 병력은 천군좌로 순방군 제3영의 부대와 유양주 지주가 이끄는 부대였다. 이들 지원군과 검강현 지현이 민간인을 모집하여 조직한 단련 병력이 연합하여 검강현성 수복전을 진행했다. 봉기군이 검강현성을 점령한 날은 12월 7일이고 검강현성이 수복된 날은 12월 12일 내지는 12월 13일에 해당한다. 이를 통해 볼 때 검강봉기군이 검강현성을 점령한 기간은 최소 5일에서 최대 7일로 추정할 수 있다.

검강현성 수복전 과정에서 진압군과 봉기군 간의 격렬한 전투가 발생하여 봉기군의 사망자가 100여명이 넘었고 생포된 자도 8명이나 되었다. 결국 봉기군이 패배하고 현성이 수복되었다. 상주문에는 진압군의 사상자에 대한 인원을 기술하고 있지 않아 진압군의 인적 손실에 대해서는 알 수가 없다. 현성이 수복된 후 검강현 지현은 검강현 내에 잔류하면서 현청 수복 후의 혼란을 수습하는 역할을 했고, 지원군 부대를 인솔했던 양조룡과 순방군 군대 유서금은 도주하는 봉기군을 추격했다. 호북성의 지원군이 도착한 시점에 이미 현성이 수복된 단계였다. 호북성의 순방영 부대를 이끌고 검강현에 도착한 왕택오 부대는 봉기군의 추격전에 합세했다. 검강봉기가 거행된 지 약 열흘이 지난 시점인 12월 16일 봉기군의 지도자 온조종이 이끄는 봉기군은 검강현과 인접하고 있던 호북성 함풍현 파수평으로 도주했다. 파수평에서 사천군과 호북성 두 성의 합동부대와 온조종이 이끄는 잔류병력과 전투를 벌였다. 이 전투를 파수평전투라고 지칭할 수 있다. 파수평전투는 12월 16일 밤부터 12월 17일 새벽까지 진행되었다. 이 전투 과정에서 봉기군의 사망자가 30여명 발생했고 봉기군 주동자인 온조종 등 25명이 생포되었다. 검강봉기군의 중심인물이자 혁명파 신사 온조종은 생포당한 후에 처형되었고 온조종과 함께 봉기에 참가한 혁명파 신사 왕극명도 도주과정에서 추격군에 발각되어 전투를 하는 과정에서 사망했다.

사천호리총독 왕인문의 상주문을 토대로 검강봉기에 참가한 봉기군의 사망자는 최소 160명에서 최대 200명으로 추정할 수 있지만 상주문에 기술되어 있는 참가 인원이나 사망 인원은 개략적으로 추정할 수 있는 수치에 가까운 것으로 볼 수 있고 정확한 수치로 확정할 수 있는 것은 아닐 수 있다는 점을 고려할 필요는 있다. 다만 검강봉기군이 현성을 점령할 정도의 규모였다는 점과 봉기군을 진압하기 위해 사천동로 순방영과 유양주 지주가 이끄는 지원군이 검강현 지현이 조직한 단련과 합세하여 현성 수복전을 전개해야 하는 상황이었다는 점을 고려해 보면 상주문에 기술되어 있는 사망자의 수는 지나치게 과장되어 보고된 인원은 아닐 수 있다는 점이다.

봉기가 진압된 후 책임과 공적에 대한 처리 문제의 경과 과정을 보면, 검강현성을 봉기군에게 탈취당한 검강현의 지방 장관인 지현 왕치창은 면직되었고 현성과 감옥 등이 봉기군에게 소실된 피해 부분에 대한 배상책임도 그에게 부담시켰다. 현성 방어를 위해 단련을 조직하여 항거하다가 사망한 무거인 자격을 지닌 상층신사 손상례에 대해서는 공로를 인정받아 포상 대상자가 되었다.

이상으로 검강현 출신의 하층신사이자 동맹회원 온조종이 중심이 되어 거행한 검강봉기는 호북성 등 인접 성에 지원군을 요청할 정도로 급박한 상황까지 전개되었다는 것을 알 수 있다. 봉기군은 검강현성을 일시적으로 점령하는 성과도 거두었다. 손문이 중심이 되어 활동한 전국적 성격의 혁명단체인 동맹회가 주관한 무장봉기에서도 1911년 10월에 발생한 무창봉기 전까지 특정 지역의 지방 관청과 현성을 일시적으로 점령하는 과정까지 이행된 무장봉기는 거의 찾을 수가 없다. 사천보로동지군이 조직되기 전까지 사천지역 내에서 실행한 다수의 무장봉기에서도 현성을 점령한 무장봉기는 찾기 어렵다. 따라서 사천 동부지역인 검강현에서 발생한 검강봉기는 무창봉기 전 동맹회원이 지도적인 역할을 하여 실행한 무장봉기 가운데 현성 점령을 일시적으로 성공한 대표적인 봉기 중의 하나라는 의미를 부여할 수 있다. 봉기군에 참가한 인원도 1,000여명에 육박하는 대규모 부대였다. 무창봉기 전까지 거행된 무장봉기 가운데 1,000여명 이상이 참가하는 무장봉기보다 수십명 내지는 수백명 단위로 전개된 무장봉기가 일반적이었고 1,000명 이상이 참가한 무장봉기는 상대적으로 규모가 큰 무장봉기로 평가할 수 있다.

다만 검강봉기에 참가한 1,000명에 육박하는 참가자의 구성원들이 모두 동맹회에 가입한 혁명파는 아니었던 것으로 추정된다. 검강봉기의 지도자 온조종과 봉기에 참여한 왕극명 등 중심인물은 동맹회원이거나 혁명파로 분류할 수 있지만 대다수 참가자들은 검강현에 거주하는 현민들이 중심이 되었을 것으로 추정된다. 동맹회의 입장에서 보면 혁명파가 주도한 혁명 투쟁의 일환으로 무장봉기가 진행된 것으로 평가할 수 있지만 참가자 구성원을 중심으로 보면 검강현민들이 지방 정부에 항거한 민중봉기로 평가할 수 있는 측면도 있고 청조의 입장에서 보면 민중들의 반란인 민란 내지는 민변으로 볼 수 있었다. 검강봉기에 관한 기록이 민변당안자료에 수록된 것도 동일한 맥락으로 이해할 수 있다.

검강봉기를 통해 알 수 있는 점은 혁명파가 주도한 무장봉기는 반드시 혁명파 구성원들만이 참가하여 무장봉기가 전개된 것은 아닐 수 있다는 점이다. 검강봉기는 혁명파와 지역 민중들이 합세하여 거행된 무장봉기의 실태를 이해하는 데 일정한 단서를 제공해주는 중요한 봉기로 평가할 수 있다. 학계에서 널리 알려져 있지 않거나 관심에서 벗어난 무장봉기에 관한 실태를 지역적인 단위에서 구체적으로 검증해야 할 필요성에 대한 공감대가 형성될 수 있는 요소가 여기에 있다.

V. 맺음말

본고에서는 신해혁명기 사천성에서 실행된 무장봉기 중에서 광안봉기, 가정봉기, 검강봉기의 전개 과정에 대해 검토했다. 동맹회원을 중심으로 하는 혁명파의 활동 가운데 동맹회원의 확대, 혁명 사상의 전파, 혁명 자금의 모집 등도 중요한 혁명 활동이었지만 가장 중심적인 혁명투쟁 방법은 무장봉기를 통해 혁명근거지를 확보하고 이를 바탕으로 민국혁명을 수행하는 것이었다. 하지만 신해혁명기 무창봉기가 일어나기 전 동맹회에서 주관한 무장봉기는 모두 실패했다. 무장봉기가 실패한 가장 큰 원인은 무장봉기에 참가한 인원도 적고 무기도 부족했으며 지방 정부를 장악할 정도의 군사력도 확보하지 못한 상태에서 무장봉기를 거행했기 때문이다.

신해혁명기에 거행된 무장봉기는 무창봉기를 제외하고 대부분 실패했다. 하지만 사실상 무장봉기는 실패한 것으로만 단정할 수는 없다. 혁명파가 일으킨 무장봉기는 민국혁명을 수행하기 위한 혁명투쟁 방법 중의 하나였기 때문이다. 교육기관이나 혁명 서적, 신문, 잡지 등을 통해 혁명 사상을 전파하고 동맹회원들을 확대하는 등의 혁명 활동은 민국혁명을 수행하기 위한 과정의 선상에서 진행된 것이었다. 무장봉기도 민국혁명을 수행하기 위한 과정이었고 동시에 민국 혁명을 수행하기 위한 가장 최종적인 투쟁 방법이기도 했다. 무장봉기가 실패하여 혁명파가 혁명을 포기했다고 한다면 무장봉기의 실패는 혁명의 실패로 직결될 수 있다. 하지만 신해혁명기 전국 각지에서 일어난 크고 작은 무장봉기는 그 수를 헤아리기 어려울 정도이다. 실패한 무장봉기는 혁명의 불씨를 확대시키는 역할을 한 것이었고 혁명의 불씨를 소멸시키는 역할을 한 것은 아니었다. 실패한 무장봉기는 오히려 혁명파에게 혁명에 대한 당위성과 혁명에 대한 의욕을 강화시키는 데 촉매제 역할을 했다. 이것이 신해혁명기 수도 없이 실패한 무장봉기의 실제적인 의미이다. 따라서 무장봉기의 규모나 실패 요소만 고려해서 역사적 의미를 부여할 필요성은 없다.

필자가 본고에서 중국 서남부지역인 사천성에서 발생한 소규모 무장봉기를 구체적으로 검토한 이유는 무장봉기의 규모나 성공 여부에 대한 문제를 해명하기 위한 것은 아니었다. 사천에서 발생한 소규모의 무장봉기를 검토한 이유는 사천보로운동이 사천폭동으로 전환된 배경에는 무장봉기의 경험이 축적된 산물로도 볼 수 있다는 점을 고려했기 때문이다. 동시에 사천 신해혁명의 전개 과정을 보다 입체적으로 이해하기 위해서는 혁명파의 활동 중에서 가장 핵심이 되는 무장봉기에 관한 구체상을 해명하는 작업도 필요했기 때문이다.

사천성에서 1911년 9월부터 보로동지군이 조직적으로 활동하고 사천 전 지역에서 무장봉기가 일어나 사천폭동이라고 지칭할 정도로 사천성은 전 중국에서 가장 활발하게 반청 세력들이 보로운동을 통해서 무장투쟁을 전개한 곳이었다. 이러한 무장투쟁은 갑자기 일어난 것이 아니라 신해혁명 전부터 사천 출신의 동맹회원들이 일으킨 무장봉기의 경험이 축적된 결과이기도 했다. 사천지역의 무장봉기는 대체로 1907년부터 본격화되기 시작했다. 신해혁명 발생 직전에 사천에서는 여러 차례 무장봉기가 발생했다. 1907년 사천성 출신의 동맹회원들은 사천 서남부에 해당하는 강안, 여주, 성도 등 여러 지역에서 무장봉기를 일으킬 계획을 세웠다. 하지만 봉기가 실행되기 전에 계획이 누설되어 모두 실패했다. 특히 1907년 성도에서 거행된 성도봉기가 실패하자 성도나 그 인근지역은 혁명파에 대한 청조의 감시망이 이전보다 더욱 강화되기 시작했다. 그 후부터 사천지역의 무장봉기는 성도나 그 인근지역보다 다른 지역에서 거행되었다. 이러한 무장봉기 중에서 대표적인 것으로는 광안봉기, 가정봉기, 검강봉기를 들 수 있다.

광안봉기에서 중심적 역할을 한 인물은 웅극무(熊克武)와 사영(佘英)이었다. 광안봉기를 거행하기 위한 무기조달은 일부는 일본에서 무기를 구입하여 국내로 반입했으며 일부는 지방정규 부대를 습격하여 무기를 탈취했다. 봉기 날짜는 1909년 2월 10일이었다. 광안지역은 거강을 이용하여 정보 소통이나 이동에 편리했고 험준한 산악지대도 인근에 위치하고 있어 은폐하기에도 유리했다. 광안주와 그 인근지역에는 다수의 동맹회원들이 활동했고 대죽현 등에는 동맹회원이 회당을 조직하여 세력을 확대한 인물도 있었다. 광안주는 혁명파의 감시망도 서부지역에 비해 약했고 방어하고 있던 정규부대의 수도 적었다.

광안주가 함락되면 다른 지역의 동맹회원과 연합하여 북부의 중심지인 낭중현을 공격하여 그곳을 혁명근거지로 삼으려고 계획했다. 봉기가 거행되는 당일 날 광안봉기에 참가하기로 한 동맹회원들이 예상외로 적은 수가 집결했다. 이 때문에 봉기 날짜를 연기해야 한다는 목소리도 높았다. 동맹회원 증성재의 강력한 주장으로 봉기는 계획대로 2월 10일 거행되었다. 하지만 봉기 당일 날 사영이 이끄는 회당의 구성원들이 봉기에 불만을 품고 소란을 야기했다. 참가한 동맹회원의 수도 예상보다 적었고 봉기 참가자 중에 다수를 이루는 회당의 구성원들이 봉기에 불만을 품고 있었던 점은 무장봉기가 실패할 가능성을 안고 시작되었다.

이러한 상황하에 웅극무와 사영을 중심으로 하는 봉기군은 광안주 관청에 대한 공격을 시도했다. 광안주를 방어하던 순방영 소속의 지방군과 광안봉기군 간에 광안주청의 공방전을 둘러싸고 격전이 벌어졌다. 순방영 군대의 포위 공격을 받고 전투는 패배하면서 퇴각했다. 웅극무와 사영을 중심으로 하는 일부 동맹회원들은 도주에 성공했다. 광안봉기에 참가한 군사적 규모가 광안주를 방어하고 있던 지방군에 대항하여 승리를 거둘 수 없는 미약한 상태로 공격한 것이 실패의 가장 큰 요소였다. 하지만 광안봉기의 실패는 무장봉기의 실패를 교훈으로 새로운 전략이나 방법을 모색할 수 있는 경험을 축적시켰다. 광안봉기 실패 후 웅극무와 사영이 가정봉기를 거행한 것은 광안봉기의 단절이 아니라 광안봉기의 연속으로 볼 수 있다.

1909년 2월에 거행되었던 광안봉기가 실패한 지 약 10개월 후인 12월에 광안봉기의 지도자 웅극자와 사영은 가정봉기를 실행했다. 사영은 광안봉기 실패 후 가정부 지역으로 이동하여 비밀리에 혁명 활동을 진행하면서 봉기를 준비했다. 이 과정에서 지방정부에서는 사영 체포령을 내려 그의 체포를 위해 각종 방법을 사용했으나 실패했다. 웅극무는 광안봉기 실패 후 성도로 이동하여 무장봉기를 준비했다. 가정봉기는 1909년 5월 영현 방가충에서 은신하고 있었던 동맹회원 단무신의 거처에서 결정되었다. 당시 양산지역에서 발생한 소수민족인 이족의 소요 사태를 진압하기 위해 가정부 소속의 지방부대가 양산으로 대거 이동한 상황이었다. 가정부 지역에는 단련 내에 일부 동맹회원들이 침투되어 있던 상황이고 동맹회원이 이끄는 회당과 연대하여 봉기를 일으킬 수 있는 지역이었다.

가정봉기에 필요한 자금은 동맹회원에게 협조적인 인물들에게 빌리거나 지원을 받아 조달했다. 무기의 조달은 단련국을 습격하여 무기를 탈취하는 방법을 사용했다. 광안봉기에는 지방정규 부대의 무기 탈취를 시도했으나 가정봉기에는 단련국의 무기 탈취를 시도한 것이었다. 단련국을 습격하여 무기를 탈취하는 데 성공한 봉기군은 가정성 공격을 시도하기 바로 직전에 돌발상황이 발생했다. 가정봉기의 중심인물인 사영이 신체적으로 이상 증세가 나타났다. 말라리아 증상이 발생한 것이었다. 사영은 회당의 지도자이자 가정봉기의 중심인물이었다. 결국 가정공격을 취소하고 인근지역인 병산현으로 이동하여 봉기를 진행하기로 계획을 수정했다. 이 과정에서 지방 정규부대의 공격을 받고 가정성 공격을 시도하지도 못한 채 부대를 다른 곳으로 이동시켜야 했다.

청조의 지방군대와 도주하던 봉기군 간에 일어난 격렬한 전투는 이동 과정에서 발생했다. 이른바 송가촌전투였다. 이 전투에서는 청조의 지원병력이 도착하여 부대 규모가 확대되었다. 결국 봉기군은 병산현으로 후퇴했다. 후퇴 과정에서 다시 청조 군대와 전투를 진행했고 이 전투에서도 패배했다. 두 차례에 걸친 전투에서 동맹회원과 회당의 구성원 중 약 200여명의 사망자가 발생했고 다수의 체포자도 발생했다. 당시까지 거행된 사천지역 내 무장봉기 가운데 최대의 희생자를 낸 전투라고 할 수 있다.

천북지역에서 발생한 광안봉기와 천남지역에서 발생한 가정봉기에 이어 천동지역에서 발생한 봉기는 검강봉기(黔江蜂起)이다. 검강봉기는 1910년 12월에 발생했다. 검강봉기를 거행한 중심인물은 온조종이다. 온조종은 소수민족인 토가족 출신이고 부생의 자격을 지닌 하층신사였다. 그는 검강현과 인접한 호북성 함풍현 출신이지만 인접지역인 사천성 검강현에서 활동하다가 검강봉기를 주도했다. 그와 함께 검강봉기에 참여한 왕극명은 증생을 자격을 지닌 검강현의 하층신사였다. 온조종과 왕극명이 봉기를 거행하기로 한 날짜는 12월 7일이었으나 봉기 계획이 누설되어 날짜를 앞당겨 봉기를 거행했는데 봉기가 거행된 정확한 일자는 불명이다. 검강현성이 점령된 날짜가 12월 7일이었기에 봉기가 개시된 날짜는 하루 내지 이틀 전으로 추정된다. 검강현에는 현 중심지에 성곽이 축조되어 있지 않았고 정규부대도 거의 없었다. 1,000명의 봉기군이 검강현성을 점령하는 데 조건이 갖추어져 있었다. 1,000여 명의 봉기군이 현성을 공격하자 지방정규군이 거의 없던 상황이어서 검강현의 상층신사 손상례가 의용군 300명을 조직하여 방어했으나 봉기군보다 인원이 적어 현성 방어는 실패했고 손상례도 전사했다.

봉기군은 현성을 공격한 후 현청이나 감옥, 교당을 약탈하고 방화했다. 그 외 민간인을 해치거나 민간인의 거주지 등에 대한 약탈은 하지 않았다. 의용병인 단련의 구성원들도 회유하여 봉기군에 흡수시키기도 했다. 검강현성이 봉기군에게 점령이 되자 사천총독 조이손은 검강현의 상급기관인 유양직례주와 사천 동부에 주둔하고 있는 부대에 지원군 파견을 명령했다. 동시에 호남성, 호북성 등 인접 성에도 지원군을 요청했다. 도착한 지원 병력은 천군좌로 순방군과 유양주 지주가 인솔하는 부대였다. 여기에 검강현 지현이 긴급하게 모집한 의용군이 있었다. 검강현성 수복을 둘러싼 공방전이 격렬하게 진행되었다. 검강봉기군이 검강현성을 점령한 기간은 최소 5일에서 최대 7일로 추정된다. 검강현성 수복전에서 봉기군의 사망자가 100여명이 넘었고 생포된 자도 다수 발생했다. 결국 봉기군이 패배하고 현성은 수복되었다.

현성을 수복한 청조의 진압군은 도주하는 봉기군을 추격했다. 호북성에서 지원군이 도착한 시점에서는 이미 현성이 수복된 상태였다. 결국 봉기군을 추격하는 과정에서 사천성 부대와 호북성 부대가 연합하여 추격전을 전개했다. 봉기군의 지도자 온조종은 인접지역인 호북성 함풍현 파수평으로 도주했다. 파수평에서 온조종의 잔류병력과 또다시 전투가 이어졌다. 파수평전투가 거행된 시기는 12월 16일 밤부터 12월 17일 새벽까지이고 이 전투에서 잔류 봉기군이 패배하고 대부분 포로가 되었다. 온조종 등은 즉시 처형당했다. 이른바 반역자를 해당지역에서 처형한 뒤 사후 조정에 보고하는 "취지정법(就地正法)"이 행해졌던 것이다.

하층신사이자 동맹회원 온조종이 중심이 되어 거행한 검강봉기는 호북성 등 인접 성에 지원군을 요청할 정도로 급박한 상황까지 전개되었다는 것을 알 수 있다. 봉기군은 검강현성을 일시적으로 점령하는 성과도 거두었다. 검강봉기는 현성 점령을 일시적으로 성공한 대표적인 봉기 중의 하나였다. 봉기군에 참가한 인원도 1,000여명에 육박하는 대규모 부대였다. 다만 검강봉기에 참가한 1,000여명에 육박하는 참가자의 구성원들이 모두 동맹회에 가입한 혁명파는 아니었던 것으로 추정된다. 검강봉기의 지도자 온조종과 봉기에 참여한 왕극명 등 중심인물은 동맹회원이거나 혁명파로 분류할 수 있지만 대다수 참가자들은 검강현에 거주하는 현민들이 중심이 되었을 것으로 추정된다. 동맹회의 입장에서 보면 혁명파가 주도한 혁명 투쟁의 일환으로 무장봉기가 진행된 것으로 평가할 수 있지만 참가자 구성원을 중심으로 보면 검강현민들이 지방정부에 항거한 민중봉기로 평가할 수 있는 측면도 있고 청조의 입장에서 보면 민중들의 반란인 민란 내지는 민변으로 볼 수 있었다. 검강봉기는 혁명파와 지역 민중들이 합세하여 거행된 무장봉기의 실태를 이해하는 데 일정한 단서를 제공해 주는 중요한 봉기로 평가할 수 있다.

사천지역의 동맹회원들은 사천지역에서만 무장봉기를 일으킨 것은 아니었다. 광서 34년 1908년 3월 운남성 하구에서 일어난 운남하구봉기에도 사천성 출신의 동맹회원이 참가했다. 유배체(喩培棣), 이하장(李遐璋), 설량(薛良), 하기의(何其義) 등을 들 수 있다. 1911년 3월 광동성 광주에서 일어난 광주황화강봉기에도 사천성 출신의 동맹회원들이 참가했다. 광안봉기, 가정봉기를 주도한 웅극무를 비롯하여 유배륜, 진병, 요국량, 단무신 등의 사천성 출신 동맹회원이 참가했다.[201] 사천성 출신의 동맹회원들은 동맹회 내에서도 신뢰감을 주었다. 신해혁명기 혁명파의 중심인물이었던 장병린은 "동맹회 가운데 사천성 출신이 있다면 이는 믿을만하다."고 했다. 이는 동맹회 내부에서 사천성 출신에 대한 대표적인 평가였다.[202]

사천보로운동이 격화되어 각지에서 사천보로동지군이 조직되면서 무장봉기는 사천 전 지역에서 일어났다. 그 결과 1911년 9월 25일 전 중국에서 최초로 현 단위의 군정부인 영현군정부가 수립되었다. 이어 11월 21일 사천성 점강현에서 대한촉북군정부가 수

201) 戴執禮編, 『四川保路運動史料彙纂』(上), pp.127-129.
202) 戴執禮編, 『四川保路運動史料彙纂』(上), p.151.

립되었다. 광안봉기에 참여한 혁명파 신사 증성재는 대한촉북군정부의 도독이 되었다. 다음 날인 11월 22일 사천성 중경에서 성 단위의 군정부인 촉군정부가 수립되었다. 동맹회중경지부의 중심인물이자 혁명파 신사 장배작이 도독으로 선출되었다. 일시적으로 실패한 무장봉기는 결국 성공한 무장봉기로 결실을 맺었다. 소규모의 투쟁은 소규모로 끝나지 않고 지속적으로 이어진다면 대규모의 투쟁으로 확대되어 최종적으로는 목표점에 도달한다. 필자가 신해혁명기 사천에서 발생한 소규모의 무장봉기를 연구한 이유도 여기에 있다. 사천보로운동이 일어나기 전까지 사천에서 혁명파가 일으킨 무장봉기는 모두 실패했지만 이는 실패가 아니었다. 포기하지 않는 실패, 실패를 교훈으로 한 경험은 실패가 아니었고 끊임없는 도전의 과정이었다.

제3장

사천보로운동의 다면적 성격을 둘러싼 일고찰

Ⅰ. 머리말

신해혁명의 도화선으로 널리 알려진 사천보로운동을 입헌운동이나 이권회수운동의 성격으로 볼 것인지 아니면 혁명운동의 성격으로 볼 것인지에 대한 평가를 둘러싸고 현재까지 학계에서 명확하게 해명된 것은 아니다. 사천보로운동의 성격을 둘러싸고 진행된 논의는 사천 신해혁명사에서 대단히 중요한 문제이다. 1911년 10월 호북성 무창에서 무창봉기가 발생하기 전 사천성에서는 1911년 6월부터 사천보로운동이 본격적으로 진행되기 시작했다. 사천보로운동은 입헌파 신사가 중심이 된 이권회수운동이나 입헌운동의 일환으로 접근하는 경향이 강하다.[203] 청조가 반포한 철도국유화정책에 직접 관계되는 철로는 천한철로[204]와 월한철로가 가장 중심이었다. 보로운동이 발생하는 지역도 이 철로와 관련되는 지역이었다. 보로운동이 발생한 대표적인 지역으로는 사천성, 호남성, 호북성, 광동성을 들 수 있다. 각지에서 발생한 보로운동 가운데 가장 과격하고 격렬하게 진행된 곳은 바로 사천에서 일어난 사천보

203) 野澤豊, 「辛亥革命の階級構成-四川暴動と商紳階級」『歷史學硏究』 150, 1951; 市古宙三, 「四川保路運動の首腦部」『近代中國の政治と社會』, 東京大學出版會, 1971; 隗瀛濤, 『四川保路運動史』, 四川人民出版社, 1981 등 참조.

204) 천한철로는 1903년 사천총독 錫良이 민영의 일종인 官督商辦으로 부설하는 것을 골자로 한 상주문을 보내면서 논의된 철로이다.

로운동이었다.

사천보로운동은 초기에는 비교적 평화적인 방법으로 진행되었다. 하지만 사천보로운동은 시일이 지날수록 과격화되고 민중들의 참여도 높아졌다. 사천보로운동이 과격하게 전개되자 청조 정부는 사천총독 조이풍에게 강력하게 진압하도록 압박했다. 그 결과 1911년 9월 사천총독 조이풍은 보로운동의 수뇌부를 체포했다. 체포자들의 석방을 요구하는 민중들이 총독관서 앞에서 대규모 시위를 벌였다. 조이풍은 민중들에게 발포하여 다수의 사상자가 발생했다. 이른바 성도혈안(成都血案)이다. 혈안이라는 용어는 피로 얼룩진 사건이라는 의미가 내포되어 있다. 성도혈안의 발생은 사천보로운동의 전환점이 되었다. 사천보로동지회는 사천보로동지군으로 개칭되어 무장봉기를 동반한 혁명투쟁으로 전환되기 시작했다. 각 지역에서 조직된 보로동지군은 사실상 민중들이 참가한 의용군이나 다름없었다. 보로동지군은 무장봉기를 거행하면서 지방 정부를 공격하고 혁명 정부를 수립하려는 것에 목표를 두었다. 이 시기의 사천보로운동은 단순한 이권회수운동이나 보로운동은 아니었다. 이른바 혁명운동의 일환이었다. 보로동지군을 조직하여 보로동지군을 이끌고 각 지역에서 무장봉기를 주도한 것은 사천지역에서 활동한 동맹회원과 동맹회원과 연계된 회당 세력이었다. 사천보로운동의 성격은 이권회수운동 내지는 보로운동으로만 파악할 수 있는 것이 아니라 동맹회가 지속적으로 추진해 온 혁명투쟁 내지는 혁명운동의 의미도 내포되어 있었다.

사천보로운동의 초기 단계에서는 자의국 의원이 중심이 된 입헌파 신사가 사천보로운동을 이끌었다. "보로동지회는 보황당인이 조직하여 운영된 것이 대다수이다."[205]라는 기록이 있다. 여기서 보황당인은 사천에서 활동하고 있었던 자의국 의원을 중심으로 하는 입헌파 신사를 지칭한다. 상술한 기록처럼 사천보로동지회를 조직하고 동지회를 이끈 것은 입헌파 신사라는 점은 부인할 수 없다. 하지만 사천보로동지회의 활동에 관해 기록되어 있는 자료에 입헌파의 활동으로 기록되어 있는 활동 중에는 실질적으로 혁명파의 활동으로 파악할 수 있는 부분도 다양한 측면에서 추출할 수 있다. 당시 혁명파는 자신의 신분을 숨기고 보로운동에 참가하여 활동했기 때문에 사천보로운동에 관한 활동은 대부분 입헌파 내지는 자의국 의원이 중심이 된 것으로 기술될 수 밖에 없었다는 점을 주의할 필요가 있다.

사천보로운동의 초기단계에서 중심적 역할을 한 자의국 의원은 파약보로(破約保路)를 주장하면서 투쟁을 전개했다. 자의국 의원들은 정치적으로는 입헌군주제를 고수한 입헌파 신사였다는 점은 널리 알려져 있는 사실이다. 그들은 혁명파가 주장한 황제지배체제를 타도하고 공화제국가를 건립하는 것에는 기본적으로 반대의 입장을 지닌 부류들이었다. 입헌파는 입헌운동 내지는 이권회수운동의 범위 내에서 보로운동이 전개되기를 원했다. 입헌파는 보로운동이 평화적인 방법으로 진행되기를 원했기 때문에 문명쟁로(文明爭路)를 주장했다. 문명쟁로는 폭력을 동반한 폭동이 일어나는 것을 반대하고 어디까지나 파약보로라는 목표를 쟁취하기 위해 평화적인 방법으로 투쟁이 진행되는 것을 의미했다. 이에 반해 혁명파는 보로운동을 혁명운동으로 전환시킬 계기로 활용하여 최종적으로는 공화제 국가가 수립되기를 원했다. 혁명파 입장에서 보면 사천보로

205) "保路同志會, 又多爲保皇黨人所倡辦." 隗瀛濤·趙淸主編, 『四川辛亥革命史料』(上), 四川人民出版社, 1981, p.472.

운동은 혁명을 실행하기 위한 도구에 불과했고 실제로 사천보로운동은 그러한 방향으로 진행되었다.

사천성에서 혁명운동을 촉발시킨 계기는 여러 방면에서 찾을 수 있다. 전 중국에서 보면 청일전쟁의 패배는 혁명파 탄생을 알리는 신호탄이 되었다. 손문이 하와이 호놀룰루에서 혁명단체인 흥중회(興中會)를 조직한 것도 이 시기였다. 사천지역에서 활동한 혁명가 중에 청일전쟁의 패배 후 혁명운동에 참가한 부류도 많았다. 청일전쟁이 종료된 지 3년 후 무술변법운동도 실패했다. 변법운동의 실패는 무술육군자의 처형으로 사실상 종지부를 찍었다. 무술육군자 중에 사천성 출신도 2명이 포함되어 있다. 바로 양예와 유광제이다. 양예(楊銳)[206]는 사천성 면죽현 출신이고 유광제(劉光第)[207]는 사천성 부순현 출신이다. 서태후 일파가 일으킨 무술정변에 의해 양예와 유광제가 처형된 것은 사천성에서 엄청난 반향을 불러일으켰다. 특히 변법운동시기 변법운동에 관심이 있었던 지방 신사들 가운데에는 중국을 구하는 길은 혁명밖에 없다고 생각하고 혁명의 길로 전환하기도 했다.

무술변법이 실패한 지 5년 후 1903년 사천성 파현 출신이자 《혁명군(革命軍)》의 저자 추용(鄒容)이 소보안(蘇報案)[208]에 연루되어

---

206) 楊銳는 사천성 면죽현에서 출생했다. 성도의 존경서원을 졸업한 후 순천향시에 응시하여 거인이 되었다. 이어 내각중서를 역임했다. 1898년 군기장경이 되어 정치 개혁에 참가했다. 하지만 서태후 일파에 의한 무술정변으로 담사동, 유광제, 임욱, 양심수, 강광인 등과 함께 처형되어 무술육군자 중의 한 명이 되었다. 그의 묘지는 사천성 綿竹縣 남문 밖에 있는 南軒祠 옆에 있다.

207) 劉光第는 사천성 부순현에서 출생했다. 선조의 적관은 복건성이며 客家人에 해당한다. 1883년에 전시에 합격하여 進士가 되어 형부주사 등을 역임했다. 무술운동시기 양예, 담사동 등과 정치 개혁에 참가했고 保國會에도 참가했다. 유광제도 무술정변 후 체포되어 처형되었고 무술육군자 중의 한 명이다. 그의 묘지는 부순현 烈士陵園에 있다.

208) 蘇報案이라고 할 때의 案은 사건을 의미한다. 소보는 상해에서 간행된 신문이다. 소보에서는 청조 를 전복하고 민국을 건립하는 혁명과 관련된 글이 많이 게재되었다. 1903년 6월 소보

체포당했다. 이어 1905년 추용은 수감 중에 감옥에서 사망했다. 파현은 현재의 중경시에 해당한다. 추용의 사망은 사천성 동부의 중심지이자 사천성 최대의 상공업 중심도시인 중경 출신의 지식인과 민중에게 큰 충격을 안겨주었다. 그가 저술한 《혁명군(革命軍)》은 신해혁명기 혁명 사상을 전파하는 데 가장 큰 영향을 준 혁명 서적이었다. 청일전쟁의 패배, 무술육군자 가운데 사천성 출신의 양예와 유광제의 사망, 혁명가 추용의 옥사로 이어진 일련의 사건은 사천성 지역의 지식인들에게 혁명의 길로 인도하는 데 가장 큰 영향을 주었다. 추용이 사망한 지 약 6년 후 사천성에서 사천 신해혁명의 출발을 알리는 사천보로운동이 일어났다. 동맹회원을 포함한 사천 혁명파에게 사천보로운동은 혁명의 당위성을 실천하기 위한 무대로 활용될 수 있었다. 사천보로운동은 혁명파에게 보로운동의 의미는 존재하지 않고 오로지 청조를 타도하고 민국을 건립하기 위한 혁명운동의 촉매제 역할을 했다.

현재까지 사천보로운동의 성격에 관해서는 일치된 견해는 없고 크게 신사나 지주 등이 중심이 된 이권회수운동 내지는 입헌운동[209]으로 평가하는 것이 일반적이다. 그 외 대규모 민중이 참여한 반제국주의운동[210]이었다는 견해도 있고 동맹회의 혁명운동[211]으로 보는 견해도 있다. 사천보로운동의 성격은 어떤 관점이나 기준에서 파악하느냐에 따라 다양한 성격을 지니는 운동으로 평가할

를 간행하던 소보관을 청조 관원이 수색하여 소보 간행과 관련된 자를 체포했다. 당시 체포된 혁명파 중에는 추용과 장병린도 포함되어 있었다. 소보라는 잡지도 정간되고 소보를 발행하던 장소도 폐쇄되었다. 이를 소보사건이라는 의미의 蘇報案이라고 칭했다.

209) 市古宙三,「四川保路運動の首腦部」『近代中國の政治と社會』, 東京大學出版會, 1971.

210) 隗瀛濤,『四川保路運動史』, 四川人民出版社, 1981; 西川正夫,「辛亥革命と民衆運動-四川保路運動と哥老會」『講座中國近現代史』3, 東京大學出版會, 1978.

211) 朴玖澈,「四川保路運動과 同盟會員」『明淸史硏究』22, 2004.

수 있다. 입헌파 신사의 입장에서 보면 사천보로운동은 어디까지나 입헌운동 내지는 이권회수운동의 범주 내에서 투쟁했다. 이에 반해 혁명파 입장에서 보면 보로는 혁명운동을 위한 도구에 불과했고 보로운동은 혁명운동의 연장선상에서 진행되었다. 보로운동에 참가한 민중의 입장에서 보면 보로운동은 민중의 권리를 수호하기 위한 민중운동, 봉건적 지배체제에 저항한 반봉건운동, 제국주의 열강에 대항하여 주권을 수호하기 위한 반제운동, 망국의 위기를 극복하기 위한 보국운동 내지는 애국운동 등으로 볼 수 있다.

본고에서는 사천보로운동이 전개되어 가는 과정을 구체적으로 추적하면서 사천보로운동의 다면적 성격에 관해 분석해 보고자 한다. 분석 과정에서 사천보로동지회의 성립, 성도혈안의 발생, 사회보로동지군의 성립이라는 틀 속에서 사천보로운동의 변화 양상과 성격에 대해 해명하고자 한다.

Ⅱ. 사천보로동지회의 성립과 사천보로운동의 전개과정

"신해혁명이 발발한 것은 사천보로운동에서 연유하고, 사천보로운동은 청조의 철도국유화정책에서 연유한다."[212]라는 말에서 알 수 있듯이 청조가 반포한 철도국유화정책은 사천보로운동을 촉발시켰고 사천보로운동은 신해혁명을 촉발시켰다. 사천성은 다른 성에 비해 지리적으로 육상 교통이 불편하여 철도부설이 필요했다. 사천성 출신의 일본 유학생이 처음 사천성에 철도부설을 주장했다. 그 후 사천총독 석량(錫良)이 청조 정부에 천한철로(川漢鐵路)의 부설을 요청하자 광서제는 이를 비준하였고 천한철로의 부설이 결정되었다. 천한철로의 부설은 관판(官辦)에서 관독상판(官督商辦)으로 변경되었다가 최종적으로 상판(商辦)으로 결정되었다. 관판은 철도의 국영화였고 관독상판은 국영과 민영의 결합이었으며 상판은 민영화를 의미했다. 철도부설을 민영화하기 위해 1904년 1월 성도에 천한철로공사(川漢鐵路公司)[213]가 설립되었다. 철도부설을 위한 자금

212) "辛亥革命之起由乎川變, 川變由乎鐵路收歸國有." 戴執禮編, 『四川保路運動史料彙纂』(上), p.110.

213) 川漢鐵路公司는 1903년 6월 사천총독으로 부임한 석량의 건의에 의해 1904년 1월 성도에서 설립되었다. 천한철로는 사천성 성도, 내강, 중경을 거쳐 호북성 한구에 이르는 철로였다. 1905년 1월 석량은 <천한철로총공사집고장정>을 제정했다. 이 장정은 철로를 건설할

은 천한철로공사에서 주식을 발행하여 자금을 모집했다. 천한철로의 노선은 호북성 한구에서 의창을 거쳐 사천성의 기주, 중경, 내강, 간양, 성도에 이르는 구간이며 총 길이는 약 2,000㎞에 달했고 부설비용은 약 5,000만냥이었다. 1909년부터 착공되기 시작한 천한철로는 일부 구간이 완공되는 성과를 거두었지만 자금이 부족한 상황에서 철도의 건설 속도는 대단히 느리게 진행되었다.

1911년 5월 8일 황족내각(皇族內閣)이 성립되었다. 다음 날인 5월 9일 정부는 철도국유화정책을 반포했고 5월 18일 단방(端方)을 월한천한철로독판대신에 임명했다. 철도국유화정책의 소식이 사천에도 전달되었다. 처음에는 철도국유화정책을 환영하는 사천 출신의 관료도 있었다.[214] 호리사천총독(護理四川總督)으로 재임하고 있었던 왕인문(王人文)[215]이 중앙부처인 우전부, 탁지부로부터 철도국유화정책에 관한 긴급 전보를 받은 것은 5월 10일이었다. 이틀 후 왕인문은 천한철로공사의 주주대표인 팽란촌, 주주부대표인 도영화

자금 모집과 관련한 규정이고 자금의 모집은 토지소유자들에게 매년 세금을 징수할 때 징수액에 의거하여 약 3%를 철로 부설의 자금으로 활용하기 위해 주식을 배당했다. 이러한 주식을 租股라고 했다. 사천성에서 천한철로의 부설 자금은 민중들이 주식을 매입하는 형태로 조달하는 조고가 가장 큰 비중을 차지했다. 이는 사천보로운동에 많은 민중들이 참여하는 계기가 되었다. 천한철로의 착공식은 호북성 의창에서 거행되었고, 천한철로 부설의 총책임자는 중국 철도의 아버지로 불리우는 詹天佑가 담당했다.

214) 戴執禮編, 『四川保路運動史料彙纂』(上), p.553-557.

215) 王人文은 운남성 대리에서 1854년 출생했다. 자가 채신이며 호는 표군이다. 그는 운남성에서 다수 거주하고 있는 소수민족인 白族 출신이다. 1887년 진사가 되어 귀주, 광동, 섬서 등에서 지방관을 역임했다. 1911년 3월 천전변무대신에 임명되었는데 당시 사천총독 조이손이 동북지역의 동삼성총독으로 임명되자 사천총독은 조이손의 동생 조이풍이 임명되었다. 조이풍 부임하기 전에 왕인문이 잠시 호리사천총독으로 재임할 예정이었다. 그가 호리총독이 된 지 얼마되지 않은 사이에 사천보로운동이 일어났다. 왕인문은 사천보로운동에 비교적 동조적인 입장이었고 보로동지회의 청원을 받고 청조 정부에 파약보로를 주장하는 글을 올리기도 했다. 사천보로운동이 당시 활발하게 전개될 수 있었던 것은 호리사천총독 왕인문이 강력하게 보로운동을 진압하지 않고 오히려 동조적인 입장에 있었다는 점을 주의할 필요는 있다. 조이풍이 사천총독에 부임한 후에도 성도혈안 발생전까지는 보로운동을 강력하게 진압하지는 않았다.

등과 만나 철도국유화정책에 대한 대응책을 논의했다. 그 후 팽란촌은 사천 자의국 의장이자 사천 입헌파를 대표하는 포전준, 자의국 부의장 나륜 등 입헌파 신사들과 만나 이 논의를 보다 구체화하기 시작했다. 당시 포전준, 나륜 등은 천한철로공사 임시주주회를 개최하여 이 회의에서 주주들의 의견을 모아 보로운동의 투쟁 방법을 결정해야 한다는 의견을 피력했다. 철도국유화정책은 천한철로공사의 주주로 참가하고 있었던 민중들도 이 소식을 전해 듣고 보로운동을 위해 적극적으로 투쟁할 것을 주장했다. 주주를 당시에는 고동(股東)이라 했고 주주회를 고동회(股東會)라 했다. 고동회는 정기회와 임시회 2종류가 있었다. 정기회는 매년 2월에 개최했다. 임시회는 긴급한 사건이 발생하면 개최되었다.[216]

5월 16일 천한철로공사 측에서 중앙부처인 우전부에 철도국유화정책을 중단하고 원안에 따라 천한철로는 국가운영이 아니라 민간운영으로 추진되어야 한다는 긴급 전보를 보냈다. 하지만 청조 정부는 천한철로의 국유화정책을 변경할 준비도 하지 않았다. 사천 출신의 중앙부처에서 근무하고 있었던 관료들도 철도국유화정책에 반대했다. 청조의 철도국유화정책의 반포에 의해 호남성, 호북성에서 가장 빨리 보로운동을 전개했다. 이어 광동성에서도 보로운동이 전개되고 있던 상황이었다. 사천지역에서도 보로운동을 조속히 진행시킬 필요성이 요구되는 시점이었다. 호남성, 호북성 등 타성에서 전개되고 있던 보로운동의 소식은 천한철로공사의 주주들에게 보로운동이 사천에서도 조속히 전개되어야 한다는 생각에 불을 지폈다. 철로를 민영화하기 위한 자금을 확보하는 데 가장 높은

216) 戴執禮編, 『四川保路運動史料彙纂』(上), p.328.

비중을 차지한 것은 세금의 형태로 징수하여 주주들을 모집한 조고(租股)[217]였다. 조고는 반강제성을 동반한 형태로 철도 민영화에 민중들이 참가하도록 한 것이었다. 그런데 청조 정부는 철도국유화정책을 철회하지 않고 도리어 사천성, 호남성에서 시행하던 조고를 정지하도록 명령했다. 천한철도공사에서 발행한 주식 가운데 주주의 비율이 가장 높은 것은 조고의 방식으로 참가한 주주들이었다. 이 때문에 조고를 정지한다는 것은 철도의 민영화를 차단하는 것과 같은 조치였고 보로운동을 더욱 촉발시켰다. 사천의 입헌파 신사가 간행한 《촉보(蜀報)》라는 신문에서는 입헌파 신사가 철도국유화에 반대하는 글을 지속적으로 게재했다.

하지만 당시 천한철로공사가 중심이 된 투쟁의 방법은 사천총독을 통해 사천성의 분위기를 대변하는 상주문을 황제에게 올려 철도국유화정책을 철회하도록 하는 것이었다. 이는 대단히 온건하고 소극적인 투쟁 방법이었다. 사천 자의국 의원이나 천한철로공사에서는 호리사천총독 왕인문에게 문서를 보내 황제에게 상주문을 올리도록 요청했다. 왕인문이 올린 상주문은 청조 정부로부터 오히려 질타를 받았다.[218] 한편 5월 28일 천한철로공사는 임시주주회를 개최했다. 회의에 참가한 주주는 720명이었다. 이 주주회에 참가한 대다수는 입헌파 내지는 입헌파를 지지하는 사람들이었다.

217) 천한철도의 민영화를 추진하기 위한 자금 조달에서 가장 큰 비중을 차지한 것은 투자자를 유치하는 주식의 모집이었다. 주식의 모집 방법에는 크게 3종류가 있었다. 租股, 購股, 商股이다. 구고는 자본가를 대상으로 모집한 주식이다. 상고는 부유상인을 대상으로 모집한 주식인데 특히 염업에 종사하는 廠運商과 土藥商이 중심이었다. 조고는 토지소유자를 대상으로 모집한 주식이다. 주식은 50량에 해당하는 주식을 整股 혹은 整股票라 했고 5량에 해당하는 주식을 小股 혹은 소고표라 했다. 조고는 토지소유자를 대상으로 세금을 징수할 때 소고표나 정고표의 주식을 모집했다. 川漢鐵路의 租股에 관해서는 鮮于浩, 「試論川路租股」『歷史研究』 82-2 참조.

218) 「淸帝申斥川護督王人文諭」『四川保路運動史料彙纂』(中), p.647.

이 회의에 참가한 입헌파 신사 등효가 등은 조건적인 요구를 주장하고 근본적인 철도국유정책에 대한 반대 의견을 제시하지는 않았다. 조건적인 요구는 철도국유정책을 승인하는 전제 하에 철도민영화에 투자한 자금을 전면적으로 주주들에게 반환할 것을 주장한 것이었다. 주주의 부류에는 세금의 성격을 지닌 조고라는 형태로 주주가 된 경우가 가장 많았다. 이에 사천지역의 민중들의 상당수가 민영화를 추진한 천한철도공사의 주주였다. 당시 임시주주회에 참가한 많은 주주들은 입헌파 신사의 조건부적인 요구 주장에 반대하는 입장을 표명했다. 임시주주회에 참가한 주주들의 의견이 다양하게 나뉘어져 있었다. 다만 700여명의 주주들이 모여 회의를 개최했다는 점은 차후 많은 주주들이 자신들의 권리를 찾기 위해 대규모의 집회를 개최할 수 있는 단서가 마련되었다는 측면에서 중요한 의의가 있는 회의였다. 동시에 보로운동을 보다 조직적으로 실행하기 위한 단체의 조직이 필요했다. 청조의 철도국유화정책이 사천에 전달된 후 이 정책에 반대하는 의견을 피력한 대표적인 조직이나 단체 및 구성원으로는 천한철로공사의 동사국, 사천성 자의국, 사천성 성도지역의 신사나 상인이 중심이 되는 단체, 사천 출신의 중앙관료 등이었다.

이러한 와중에 6월 14일 천한철도와 월한철도의 부설을 위해 청조가 영국, 프랑스, 미국, 독일 등 4개국 은행단으로부터 대규모 차관을 받기 위한 계약이 체결되었다는 소식이 사천에 전해졌다. 입헌파 신사 등효가는 처음에는 철도국유화정책에 대한 근본적인 반대 입장을 표명하지 않고 조건적인 요구[219]를 주장했다. 하지만

---

219) 鄧孝可, 「川路今後處分議」『四川保路運動史料彙纂』(上), p.558.

대규모 차관 계약이 체결되었다는 소식을 듣고는 자신의 견해를 바꾸어 "매국 우전부, 매국노 성선회"라는 글을 《촉보》에 게재했다. 철도 부설을 위한 차관 계약은 철도권을 서양 열강에 파는 행위라고 강력하게 비판했다.[220] 우전부대신 성선회를 매로매국(賣路賣國) 행위를 한 죄인으로 취급하여 규탄하는 글은 당시의 신문지상에 자주 등장하는 주제였다.[221] 철도부설을 위한 차관은 "이름은 국유이지만 실제는 외국인이 소유하는 것(名爲國有, 實爲外人所有)"[222]을 의미했다. 청조가 반포한 철도국유화정책은 실제로는 차관으로 철도를 부설하는 정책인 차관수로정책(借款修路政策)이었다. 차관은 철로권을 파는 매로(賣路) 행위였고 이는 매국(賣國) 행위로 규정하고 성선회를 매국노로 지칭한 것이었다. 각 지역에서도 매로매국(賣路賣國)의 행위를 성토하는 글들이 연이어 이어졌다.[223] 매로매국의 행위를 성토하는 상황이었기 때문에 매로행위와 매국행위를 수호하기 위한 운동이 바로 보로운동(保路運動)이고 보국운동(保國運動)이었다. 보로운동과 보국운동에는 애국을 위한 민중운동이 포함되어 있었고 동시에 반제국주의운동이 포함되어 있었다. 또한 청조의 전제주의 정치에 대한 반봉건운동의 의미도 있었고 국민이 주인이 되는 민주운동의 의미도 내포되어 있었다. 당시 혁명파는 표면적으로는 보로라는 이름을 내걸면서 황제지배체제를 전복시키고 공화제 국가를 건립하려는 혁명운동으로 활용했다. 사천보로운동의 다면적 성격을 파악해야 할 이유는 여기에 있다.

---

220) 『四川保路運動史料彙纂』(中), pp.663-669.

221) 『四川保路同志會報告』第11號, 第13號, 第15號, 第16號, 第17號, 第19號 등에 연이어 성선회의 매로매국행위를 규탄하는 글들이 게재되었다.

222) 『四川保路運動史料彙纂』(中), p.1241.

223) 戴執禮編, 『四川保路運動史料彙纂』(中), p.1027.

철도국유화정책의 소식을 전해 듣고 초기에는 철도국유화청책에 대한 강력한 반대보다 철도민영화를 위해 투자한 자금을 돌려주도록 하는 것과 같은 온건한 주장을 한 부류들도 점차 청조의 철도국유화정책에 대해 강력하게 반대하는 입장으로 전환하기 시작했다. 이는 철도국유화정책이 철도민영화를 추진하고자 했던 민간인의 이권회수운동에 제약을 가하는 단순한 철도부설의 국영화정책이 아니고 철도권을 서양 열강에게 이양하는 주권포기의 매국적 정책이라는 것을 인식하였기 때문이다.

청조 정부의 입장에서 보면, 민간인의 자금을 활용하여 철도를 부설하는 것은 자금 확보가 원활하지 않고 오랜 시일이 경과한다고 본 것이다. 관료들이 조정에 철도국유화정책으로 전환하기를 요청하는 상주문을 보면, 당시까지 모인 자금이 부족하여 공사가 중단되고 백성들의 생계가 곤란하여 민중들로부터 거두는 자금을 증가시키기도 어렵다고 했다. 철도의 부설은 해당시기 긴급하게 처리해야 할 사안이기 때문에 철도를 국유화하여 조속히 철도를 부설해야 한다는 논리였다. 서구 열강으로부터 차관을 받아 철도를 부설하려는 것은 청조가 당시 자금을 직접 마련하기 어려워 차관을 받아 조속히 자금을 확보하려는 것이었고 또한 차관을 이용하여 서구 열강 간에 철도부설권을 둘러싸고 쟁탈전을 벌이도록 하려는 계산도 깔려 있었다.[224] 1911년 9월 12일 선통제가 조이풍에게 사천보로운동을 강력하게 진압하도록 유지를 내린 글에는 "종전에 상고(商股), 민고(民股)로 자금을 모아 철로를 건설하게 했으

224) 戴執禮編, 『四川保路運動史料彙纂』(上), p.522. 심지어는 외채를 이용하여 瓜分의 위기를 구하자(利用外債, 以救瓜分)는 주장도 제기되었다. 戴執禮編, 『四川保路運動史料彙纂』(上), p.531.

나 정부에서 철도국유화정책을 내린 것은 백성들의 어려움을 경감시키고 백성들의 재물에 손실이 가지 않도록 하기 위한 것이었다. 그런데 사천인들이 이러한 뜻을 깨닫지 못하고 있다."[225]고 했다. 정부가 철도국유화정책을 반포한 것은 오히려 민중들의 곤궁한 상황을 타파하기 위한 것이라는 인식을 하고 있다. 이러한 상황을 지방 관료, 지방 신사, 민중들이 이해해 주기를 기대하고 있었던 것인지도 모른다. 그렇게 하기 위해서는 일정한 절차와 방법을 거쳐 철도민영화에 많은 자금을 투자한 민중들의 이해를 구한 후에 철도국유화정책을 반포했어야 했다. 이 때문에 호남성 출신의 대표적인 혁명파 송교인(宋教仁)은 청조의 철도국유화정책을 시대에 역행하는 정책인 "도행역시(倒行逆施)라고 표현했다.[226] 송교인이 철도국유화정책을 "도행역시"라고 지적한 것은 사천보로운동에 참가한 사천 민중의 여론을 대변한 말이기도 했다.

정부나 국가입장에서 보면 청조의 철도국유화정책은 당시에 충분히 상정할 수 있는 조치였을 수도 있다. 하지만 이권회수운동을 주도한 신사층이나 이권회수운동에 직접적이거나 간접적으로 참가하고 또 자금을 투자하거나 자금을 기부한 민중들의 동의나 협조를 구하지 않고 독단적으로 정책을 시행한 자체가 문제의 발단이 되었던 것으로 볼 수 있다. 황제전제지배체제 하에서 정부가 독단적으로 정책을 추진하던 전근대적인 방법의 한계성을 반영해 주고 있다. 중국이 근대화를 추진하는 과정에서 정부의 독단적인 정책은 입헌단체나 각종 민간단체, 각종 언론 매체를 통해 그 소식이 전해졌다. 당시는 그러한 단체나 매체를 통해 국가정책에 대항하

225) 戴執禮編, 『四川保路運動史料彙纂』(中), p.1117.
226) 戴執禮編, 『四川保路運動史料彙纂』(上), p.162.

는 다양한 투쟁을 광범위하게 전개할 수 있었던 시대였다. 이를 중앙 정부에서 철저하게 인식하지 못하고 있었다. 이러한 요소들로 인해 민중들이 대규모로 가세하여 보로운동이 더욱 과격하게 전환되었다는 점을 지적할 수 있다.

6월 16일 천한철로공사에서는 사천성 내의 주주들과 각 단체를 소집하여 회의를 개최했다. 회의에 참가한 인원은 약 2,000여명에 달했다.[227] 이 회의가 끝난 후 심야에 사천 자의국 의장 포전준, 부의장 나륜 등은 사천보로동지회를 조직하기로 결정했다. 성도에 보로동지회 총부를 두고 각 주현에 보로동지회 분회를 조직하기로 합의했다. 사천보로동지회는 천한철로공사 고동회가 확대되어 보로동지회를 이끄는 단체로 볼 수 있다. 보로동지회를 조직하기로 계획한 중심인물은 대체로 자의국 의원으로 활동하고 있었던 입헌파 신사들이었다. 말하자면 천한철로공사 고동회, 자의국, 사천보로동지회는 보로운동의 조직이나 활동에서 서로 밀접한 관계를 지니는 기구와 단체로 볼 수 있다. 보로동지회라는 명칭의 유래는 1909년 12월 강소성 자의국 의장 장건이 중심이 되어 상해에서 "국회청원동지회"가 조직되었는데 이 국회청원동지회라는 명칭의 영향을 받아 보로동지회라는 명칭을 사용한 것으로 알려져 있다. 국회청원동지회를 주도한 부류도 각 성의 자의국 의원들이 중심이었다. 사천에서 보로동지회를 조직한 것도 사천 자의국 의원들이 중심이었다. 보로운동의 집회는 사전에 청조의 관료에게 허가를 받고 관료도 배석하여 진행되었다. 만약의 사태에서 대비하여 경

227) 보로동지회 조직 당시에 모인 인원에 대해 사천총독 왕인문은 대략 2,000여명으로 추산했다. 戴執禮編, 『四川保路運動史料彙纂』(中), p.670. 천한철로공사에서 북경에 주재 중인 사천자의국 부의장 소상 등에게 보낸 전보문에는 5,000여명으로 기술하고 있다. 戴執禮編, 『四川保路運動史料彙纂』(中), p.671.

찰도 배치되었다. 초기에는 거리 집회를 인정하지 않고 건물 내의 집회를 허가했고 집회에 입장할 때에는 주소와 성명을 기입하도록 했다.[228]

6월 17일 성도의 천한철로공사 건물 내에서 사천보로동지회(四川保路同志會)가 조직되었다. 사천보로동지회라는 명칭은 사천에서 발기(發起)했기 때문에 붙여진 명칭이다. 사천보로동지회에는 사천성 출신만 가입할 수 있는 것은 아니었다. 사천보로운동에 참가할 의사가 있는 다른 성 출신도 보로동지회 사무소에 등록하면 모두 사천보로동지회에 가입할 수 있었다. 그렇기 때문에 사천보로동지회는 사천지역 출신에 한정해서 형성된 보로동지회라는 의미가 아니고 전 중국에 거주하는 모든 중국인이 사천보로동지회의 회원이 될 수 있었다.[229] 사천보로운동은 사천지역에 있는 철로권만 수호하기 위한 운동이 아니라는 것을 천명한 것이었고 중국의 철로권을 서양에게 침탈당하는 것에 대한 수호운동이라는 것을 명확히 선언한 것이었다.

사천보로동지회가 성립한 후 〈보로동지회선언서〉[230]를 발표했다. 선언의 정신은 외쟁국권(外爭國權), 내쟁민주(內爭民主)와 파약보로(破約保路)[231]였다. 외쟁국권은 밖으로는 국권을 수호하기 위한 투쟁이라는 의미이고, 내쟁민주는 안으로는 민주를 쟁취하기 위한 투쟁이라는 의미이다. 파약보로는 청조가 서구 열강의 은행단과 차관 계약

---

228) 西川正夫, 앞의 글, p.151.

229) 戴執禮編, 『四川保路運動史料彙纂』(中), p.674.

230) 『四川保路同志會報告』 第9號에 "보로동지회선언서"가 게재되어 있다. 戴執禮編, 『四川保路運動史料彙纂』(中), pp.672-673.

231) "保路者, 保中國之路, 不爲外人所有, 非保四川商路不爲國家所有." 戴執禮編, 『四川保路運動史料彙纂』(中), p.673.

을 체결한 것을 파기하도록 하여 철로권을 수호한다는 의미이다. 파약하는 것이 바로 보로(保路)의 관건이라는 것을 반영하고 있다. 이는 파약이 투쟁의 목표로 삼은 것이고 보로가 투쟁의 종지(宗旨)였다. 보로의 최종 목표가 바로 파약이었다. 파약보로의 범위 내에서 보로운동이 전개된다면, 보로운동은 입헌운동, 이권회수운동, 국권수호운동, 반제운동 등의 의미를 부여할 수 있다.

이는 지방관에게 보로운동을 탄압할 구실을 주지 않고 보로운동을 전개시킬 수단이기도 했다. 보로운동의 성격을 규명할 때 관건은 명분과 실제를 파악하는 것이다. 보로운동은 명분으로는 입헌운동 내지는 이권회수운동의 일환으로 비춰질 수 있다. 하지만 사천보로운동의 진행과정으로 보면 혁명운동의 요소가 처음부터 내포되어 있었다. 혁명운동의 요소가 처음부터 나타났다면 보로운동은 지방관부의 탄압의 대상이 될 수 있었다. 성도의 시민들은 정부가 무력을 사용하여 탄압하는 것을 두려워했다. 이에 광서제의 위패(位牌)와 〈서정공제여론(庶政公諸與論), 철로준귀상판(鐵路准歸商辦)〉[232]이라는 글을 기치로 내걸었다. 여론에 따라 정치를 해야하고 철도부설은 민영으로 한다는 내용의 이 글귀는 광서제가 상유로 반포한 내용의 일부이다.

보로동지회가 조직될 당시의 투쟁 목표는 철로권을 수호하는 것만 해당되는 것이 아니라 민주를 쟁취하는 것도 포함되어 있었다. 파약보로는 입헌파가 보로운동시기 일관되게 주장한 것이고, 내쟁민주는 혁명파가 주장한 것이었다. 사천보로운동의 정신 속에 민주화운동의 의미가 포함되어 있다면 이 운동의 성격은 이권회수운

232) 戴執禮編, 『四川保路運動史料彙纂』(上), 中央研究院近代史研究所, 1994, p.111.

동의 성격으로만 파악할 수 있는 것이 아니라 공화제 국가의 성립을 목표로 하는 혁명운동의 의미도 포함되어 있다고 볼 수 있다. 보로운동의 정신에도 입헌운동, 혁명운동, 민주운동이라는 다면성을 지니고 있었다.

사천보로동지회가 조직될 당시 개회사는 자의국 부의장이자 입헌파 신사인 나륜이 담당했다. 나륜은 "우리들이 보로운동의 목적을 달성하지 못할 경우에는 상인들은 파시(罷市), 노동자들은 파공(罷工), 학생들은 파과(罷課)를 거행하고 농민들은 항납조세(抗納租稅) 투쟁을 해야 한다."[233]고 했다. 나륜이 개회사에서 언급한 이 내용은 놀라울 정도로 사천보로운동이 그대로 전개되었다. 보로운동이 전개되는 상황에서도 청조 정부가 차관 계약을 파기한다는 것을 선언하지 않으면 보로운동은 학생들의 동맹휴학, 노동자의 파업, 상인들의 철시 등을 거쳐 조세납부의 거부 투쟁으로 이어진다는 것을 경고한 것이었다.

개회사가 끝난 후 등효가, 유성원, 정영도 등이 연이어 연설을 이어나갔다. 모두 자의국 의원들이었다. 다만 유성원(劉聲元),[234] 정영도는 동맹회원의 신분을 숨기고 자의국 의원으로 활동한 인물이다. 동맹회원이 자의국 의원으로 선출된 것은 대단히 중요한 의미를 지니고 있다. 동맹회원들의 모든 활동은 비밀리에 전개되었다. 동맹회원들은 그들의 신분도 숨겼다. 혁명파는 자의국 의원이 되어 공개적인 장소에서 비밀리에 혁명활동을 전개할 수 있었고 이들의 활동은 보로운동이라는 명목으로 혁명활동을 전개한 것이었다.

---

233) 中国史學会,『辛亥革命』4, 上海人民出版社, 1957, p.449.

234) 劉聲元은 1875년 사천성 萬縣에서 출생했고 12세에 생원이 되었고 1902년 거인이 되었다. 1909년 사천성 자의국 의원이 되었으며 1910년에 동맹회에 가입했다. 그는 사천보로운동 시기 사천성 대표로 섭정왕 재풍에게 청원운동을 전개하다가 체포되어 투옥되었다.

보로동지회 개회식은 질서 유지를 위해 순경도 관할의 경찰이 지켜보는 가운데 거행되었다. 사천총독은 참가하지 않았지만 총독부 관할의 지방관료도 배석해서 개회식을 감독했다. 사천총독부에서 사천보로동지회 조직을 초동단계에서부터 차단할 명분은 없었다. 보로동지회가 조직될 명분은 있었지만 조직을 탄압할 명분은 없었다. 보로동지회의 운동이 폭력적인 단계로 진행되면 지방정부에서 탄압할 명분은 생기는 것이었다. 사천보로동지회의 규장에 기술되어 있는 종지(宗旨)를 보면, "본 회는 동지를 규합하여 철도국유화정책 중에 서구 열강에게 차관을 받은 것에 항거하고 차관계약을 파기하여 철로권을 보호하는 것을 종지로 삼는다."[235]라고 기술되어 있다. 보로동지회는 그들이 운동을 전개시킬 명분을 얻기 위해 "파약보로"와 "문명쟁로"라는 구호를 명확하게 선언했다. 보로운동은 불법적인 행위가 아니라 철로권을 보호하기 위한 애국적인 행위라는 것을 명확히 정립할 필요성이 있었다. 보로동지회를 이끌었던 중심 인물들은 이 점을 간파하고 있었다.

개회식에서 연설을 맡은 연사들은 철도부설을 위해 서구 열강으로부터 차관을 받기로 계약한 것을 대대적으로 성토했다. 참가자들은 철도국유화정책과 차관에 중심적 역할을 한 정부기구인 우전부와 중심인물인 우전부대신 성선회를 비난하는 데 모두 공감대가 형성되어 있었다. 보로동지회의 조직은 4개 부서를 설치하여 동지회 업무를 집행하게 했다. 총무부(總務部), 문독부(文牘部), 강연부(講演部),[236] 교섭부(交涉部)이다. 각 부서에는 인원에 제한을 두지 않았

235) "第1章 宗旨. 第1條, 本會集合同志, 對於此次國有之幹線鐵路, 以拒借洋款, 廢約保路, 力圖進行爲宗旨." 戴執禮編, 『四川保路運動史料彙纂』(中), p.674. 종지에는 "폐약보로"라고 기술되어 있지만 대다수의 문헌기록에는 破約保路라는 명칭을 사용했다. 폐약보로나 파약보로는 같은 의미로 사용되었다.

다. 보로동지회 회원이 자유롭게 부서를 선택할 수 있게 했다.[237] 총무부 부장에는 자의국 의원이자 동맹회원 강삼승(江三乘), 문독부 부장에는 자의국 의원이자 촉보의 주필인 등효가(鄧孝可), 강연부 부장에는 자의국 의원이자 동맹회원 정영도(程瑩度),[238] 교섭부 부장에는 자의국 부의장 나륜(羅綸)과 유성원(劉聲元)이 담당했다.[239] 보로동지회 개회식에 참가한 인원 중에 각 부에 배치되어 활동을 전개했다. 강연부에는 대다수가 학생으로 구성되었다. 문독부에는 신문계나 학계 출신이 중심적으로 활동했다. 교섭부의 활동은 대체로 상공업 종사자나 일반민들이 중심을 이루었다. 총무부는 천한철로공사의 전 직원이 참가해서 활동하는 부서였다.

사천보로동지회의 활동 가운데 현장의 분위기를 고조시킬 수 있는 부서가 강연부였다. 강연부의 부장은 바로 동맹회원이자 자의국 의원 정영도였다. 그는 동맹회원이라는 신분을 숨기고 활동하였기에 입헌파 신사로 파악할 수 있는 오류를 범할 수도 있다. 강연부 소속의 강연원 중에는 동맹회원도 다수 존재했으나 모두 신분을 숨기고 활동했다. 그들은 보로라는 이름을 빌어 혁명운동을 실행하고 있었다. 보로운동을 가장 과격하게 이끄는 부서도 강연부였다. 동맹회원은 보로운동을 과격한 운동으로 이끌어 최종적으로는 무장봉기를 거행할 발판을 마련하는 것을 목적으로 했다. 사천보로동지회의 중심적 역할을 한 인물을 보면 표면적으로는 모두

---

236) 사천보로동지회 문독부와 강연부에는 모두 평의장을 설치했다. 강연원 10명 중에 평의원 1명을 선출했고, 평의원 5명 중에 평의장 1명을 선출하는 방식이었다.

237) 戴執禮編,『四川保路運動史料彙纂』(中), p.675.

238) 程瑩度의 자는 百高이며 1878년 사천성 雲陽縣에서 출생했다. 생원 자격을 지닌 하층신사이며 동맹회원이다. 일본 明治大学을 졸업했으며 1909년 사천성 자의국 의원으로 당선되었다. 1911년 사천보로동지회 강연부 강연부장으로 활동했다.

239) 戴執禮編,『四川保路運動史料彙纂』(中), p.673의 四川保路同志會 組織表에 의거한 것이다.

입헌파인 것으로 보이지만 실제로는 입헌파와 혁명파가 연합한 양면적인 측면이 있었다.

개회식이 끝난 후 보로동지회 회원들은 총독관서로 이동했다. 총독관서로 가서 사천총독에게 철도국유화정책의 문제점을 호소하고 사천총독이 철도국유화정책을 민영화정책으로 전환시키는데 적극적으로 대응해 줄 것을 요청하기 위한 것이었다. 이동 대열의 선두에는 80세의 고령인 한림원편수 오조령이었고 나륜, 유성원, 지여겸, 팽란촌, 엽병성, 등효가 등이 뒤를 이었다. 총독관서로 이동하는 동지회 회원과 이 대열에 합류한 수많은 민중의 대열은 사천보로동지회의 투쟁이 본격적으로 시작되었다는 것을 알리는 신호탄과 같았다. 사천보로운동이 본격적으로 진행되던 시기에 중앙부처인 우전부에서는 사천총독 조이풍, 호광총독 서징, 광동총독 장명기에게 보로운동을 금지시키도록 하는 전보문을 보내기도 했다. 이 전보문의 내용을 알게 된 성도시민들은 성도 전보국(電報局)에 모여 청조 정부의 보로운동 금지 조치에 항의하는 전보를 보내도록 했다. 성도 전보국에서는 수많은 민중들의 요구로 부득불 전보문을 우전부에 발신했다.[240)]

사천보로동지회는 성도뿐만 아니라 사천 전 지역에서 보로운동을 활발하게 이끌기 위해 각 주현의 자치회, 현회, 교육회, 농공상회, 고동분회 등의 각종 단체에도 보로운동에 적극적으로 동참해 주기를 요청했다. 근대 중국사회의 특징 중의 하나가 근대적인 단체의 활동이다. 이러한 근대적인 단체를 중국 학계에서는 신식사단(新式社團)이라고 했다. 신식사단을 대표하는 조직이 상회, 농회,

240) 戴執禮編,『四川保路運動史料彙纂』(中), p.735.

교육회 등이 있다. 1904년 사천 중경에서 중경총상회가 조직되었다. 1905년 상업이 번성한 향진이나 촌에 상무분소가 설치되었다. 1912년의 통계에 의하면 사천 전 지역에 상회회원은 30,655명이었다. 1911년 3월 사천 각지의 상회 대표가 성도에 모여 사천성 상회연합회가 조직되었다. 1909년 성도에 사천 농무총회가 조직되었다. 각 주현에는 분회가 조직되었다. 향진, 촌락 등에는 분소를 설치했다. 1910년 사천 전 지역에는 농무총회 1개, 농무분회 114개, 농무분소가 711개가 설치되었다. 1907년 사천 교육총회가 성립되었다. 각 주현에는 교육분회를 설치했다. 1909년 사천 전 지역에는 교육회가 65개, 회원은 9,000여명에 이르렀다. 회원 수는 전국 1위를 차지했고 교육회의 수는 전국 4위에 해당했다.[241]

청조가 신정을 단행하는 과정에서 1909년 각 성에는 지방의회인 자의국이 설치되었다. 동시에 지방자치를 위해 자치공소를 설립했다. 자치공소에는 의사회가 설치되어 의사회에서 자치업무를 주관했다. 자치공소는 관치(官治)가 미치지 못하는 것을 보완하는 역할을 했다. 그렇기에 지방신사들이 자치공소에서 활동했다. 1908년 호리사천총독 조이풍은 성도에 성도자치국을 설치했다. 성도에 자치업무를 위한 것이었다. 그 후 조이손이 사천총독에 부임한 후 1909년에는 사천전성지방차지국(四川全省地方自治局)으로 명칭을 변경했다. 포정사, 제학사, 안찰사가 총판(總辦)을 담당했고 순경도(巡警道),[242] 권업도(勸業道),[243] 염업도(鹽業道)가 회판(會辦)을 담당했다.

---

241) 隗瀛濤, 「四川保路運動是一場早期現代化運動」『文史雜志』 2001-6, p.6.

242) 巡警道는 1908년부터 각 성에 신설한 관청이자 이 관청의 장관을 지칭하는 용어이다. 순경도에서는 성 단위의 순경, 소방, 호적, 위생 등의 업무를 담당했다. 관청에는 각 과를 설치하여 과장, 부과장 등을 두었다. 순경도는 정4품이었다. 순경도 아래에 설치한 관청이 경무공소였다. 현재의 경찰국과 소방국을 통합한 관청으로 볼 수 있다.

총판은 총책임자를 지칭하며 독판(督辦)도 총판과 동일한 의미로 사용했다. 회판은 부책임자를 지칭하며 방판(幫辦)도 동일한 의미로 사용했다. 지방자치국은 초기에는 지방의 고위관료가 주관했다. 1909년부터 각 주현에도 자치를 위해 의사회, 동사회를 조직했다. 자치국, 자치회, 성진의사회, 동사회 등과 같은 자치기구는 지방신사들이 지방정무에 참여할 수 있는 공간을 제공했다. 의사회 의원이나 동사회 의원들은 모두 선거에 의해 선출되었다. 어떤 지역의 의사회에서는 무장조직의 설치를 건의하기도 했다. 지방의 치안유지를 위한 것이었다. 무장조직은 단련의 형태로 조직되었다. 지방신사들은 자치회와 단련을 통해 지방에서 자신들의 영향력을 높일 수 있었다.[244] 이러한 근대적인 단체의 구성원들이 사천보로동지회에 참가하여 조직적으로 활동했던 것이었다.

사천보로동지회 투쟁의 초기 단계에서 가장 주안점을 둔 것은 파약보로의 범위 내에서 이 운동이 진행되기를 원했다. "본 회에서 가장 중요한 것은 첫째는 폭동을 방지하는 것에 있고 둘째는 질서를 유지하는 것에 있고 셋째는 사민(四民)들에게 이 운동의 이해관계를 알리는 것에 있다."[245]라고 한 것처럼 폭동이 일어나는 것을 우려하고 있었다. 사천보로동지회가 성립한 시기는 상술한 바와 같이 6월 17일이었다. 당시 보로동지회의 투쟁방법은 평화적인 시위의 형태로 이루어지는 문명쟁로(文明爭路)[246]였다. 문명쟁로

---

243) 勸業道는 각 성의 농업, 공업, 상업, 교통 등의 업무를 관장하는 기구이자 이 기구의 장관 명칭이다. 1907년에 권업도가 설치된 후 1908년 이후부터 각성에 권업도가 계속 설치되었다. 권업도에는 6과가 설치되어 과장을 두었다. 신해혁명 후 각성에 설치한 실업청의 전신이었다. 권업도에는 권업도 1명, 총무과, 공예과, 상무과, 광무과, 우전과 등에 과장과 부과장을 설치했다. 과장은 정6품이었고 부과장은 정7품이었다.

244) 隗瀛濤, 「四川保路運動是一場早期現代化運動」『文史雜志』 2001-6, p.7.

245) 「到各府廳州縣有司啓」『四川保路同志會報告』 第95號.

의 범위에서 실행된 보로운동은 대체로 강연, 선전 활동, 청원 활동 등의 형태로 진행되었다. 하지만 입헌파가 원했던 문명쟁로의 범위에서만 보로운동이 전개되지는 않았다. 보로운동에 참가한 민중들은 문명쟁로의 범위에서만 투쟁하는 것을 원하지 않았다. 여기에는 사천보로운동이 표면적으로는 입헌파가 주도한 것처럼 보이지만 내면적으로는 혁명파가 비밀리에 혁명운동으로 전환시키려고 시도한 것에 있었다.

혁명파는 자의국 의원으로 활동하는 인물을 통해 보로동지회 내에서 이 운동을 혁명운동으로 이끌려고 했고 사천 각 지역에서 활동하고 있었던 혁명파는 보로운동을 혁명운동으로 전환시키기 위해 각 지역에서 무장봉기를 거행할 준비를 하고 있었다. 학생들의 파과, 상인들의 파시, 민중들의 시위, 강연 등과 같은 투쟁에 모두 혁명파가 참가한 상태로 보로운동이 전개되고 있었다. 사천지역의 동맹회원들은 종래 팽현봉기, 강유봉기, 강안봉기, 성도봉기, 광안봉기, 가정봉기, 검강봉기 등을 일으켰으나 모두 실패했다. 사천보로동지회가 조직되자 사천 동맹회원은 민중들이 대거 참가한 보로동지회에 참가하여 민중들을 선동하여 최종적으로 그들을 무장세력화하여 혁명운동으로 전환시키려고 했다. 여기에는 동맹회원과 연계된 가로회를 중심으로 하는 비밀결사단체의 구성원들도 보로동지회에서 활동했다. 동맹회원들은 표면적으로는 보로의 이름을

246) 文明爭路는 폭력적이고 무질서하게 투쟁하는 것이 아니라 평화적이고 질서를 지키면서 보로운동을 전개하는 것을 지칭하는 용어였다. 문명쟁로의 범위 내에서 보로운동을 진행한다면 지방 정부에서 보로운동을 강압적으로 진압할 명분은 없었다. 이 때문에 보로동지회 수뇌부들은 파약보로라는 목적을 이루기 위해서는 문명쟁로의 범위 내에서 투쟁할 것을 요구했다. 하지만 혁명파들은 문명쟁로의 범위 밖에서 보다 강력하게 투쟁하도록 요구했고 최종적으로는 무장봉기를 동반한 혁명으로 보로운동이 전환되기를 기대했다.

내걸고 내면적으로는 혁명을 실행했다. 이는 보로운동이 입헌운동의 성격으로만 파악할 수 있는 것이 아니라 혁명운동의 일환으로 전개된 측면도 있었다는 것을 반영해 준다.

사천보로동지회는 민중대회로 확대되기 시작했다. 법정학당, 서속중학당, 제2소학당에는 사천 동맹회원들이 다수 활동하던 신식학당이었다. 이 학생의 학생들이 민중들의 대열에 들어가 선도적인 활동을 했다.[247] 보로동지회가 주관한 거리 강연에서 활동한 부류에는 보로동지회의 조직인 강연부 소속의 회원이거나 학생들이었다.[248] 성도에서 강연 활동을 하던 학생들은 여름 방학을 이용하여 자신의 고향인 각 주현으로 돌아가 각 지역에서 강연 활동을 지속하기도 했다. 또한 지방 신사나 신식학당 학생들은 신문 등을 통한 매체를 통해 보로운동에 관한 선전 투쟁을 진행했다. 천한철로공사와 사천보로동지회에서 간행한 대표적인 신문과 잡지로는 《사천보로동지회보고(四川保路同志會報告)》, 《촉풍잡지(蜀風雜志)》, 《서고보(西顧報)》,[249] 《백화보(白話報)》, 《계지화보》 등이 있다. 특히 《사천보로동지회보고》와 《서고보》는 사천보로동지회의 기관지 역할을 한

---

247) 戴執禮編, 『四川保路運動史料彙纂』(上), p.4.

248) 사천보로운동 초기 보로운동의 중심지였던 성도시에서 행해진 가두연설의 상황을 정리하면 다음과 같다. 7월 26일부터 7월 31일까지 가두 연설에 관한 내용을 표로 정리한 기록이 있다. 가두 연설은 성도현 관할과 화양현 관할의 지역에서 이루어졌다. 7월 26일은 成都縣 提督街 三義廟에서 羅子青이 강연을 주관했다. 7월 27일은 滿洲 旗人 거주지의 內城에서 陳東垣이 강연을 주관했다. 7월 28일은 華陽縣 관할의 지역인 東門 火神廟에서 彭蘭芬이 강연을 주관했다. 7월 29일은 화양현 관할의 지역인 南門 延慶寺에서 聶丞承, 龔北居 두 명이 강연을 주관했다. 7월 30일은 화양현 관할의 北門 火神廟에서 胡雷生이 강연을 주관했다. 7월 31일은 화양연 관할의 東門 밖 文昌宮에서 王又新이 강연을 주관했다. 강연은 모두 오후 3시부터 시작되었다. 戴執禮編, 『四川保路運動史料彙纂』(中), p.689.

249) 西顧報는 1911년 7월 26일에 제1호가 간행되었고 9월 7일 성도혈안이 발생하자 정간되었는데 총 44일간 간행되었다. 서고보는 사천보로동지회와 함께 사천보로동지회의 기관지 역할을 했다. 일간으로 간행되었고 편집자로는 屈厚蕃, 인쇄는 昌福公司가 담당했다. 36호부터 편집자는 池梁炬로 바뀌었다. 西顧報는 기본적으로 백화문 형식으로 쓰여졌다. 戴執禮編, 『四川保路運動史料彙纂』(中), p.694.

신문이었다. 《사천보로동지회보고》는 6월 26일 사천보로동지회 문독부에서 간행했다. 이러한 신문이나 잡지의 간행 비용은 대체로 천한철로공사에서 지원한 것이 중심이었다. 《사천보로동지회보고》는 처음에는 일간이었다가 7월 22일부터 격일간으로 변경했다. 철도국유화정책의 한계를 명확한 지적한 글이 《사천보로동지회보고》에 게재되었는데,

> "정부가 자금이 있어 직접 철도를 부설하면, 철도부설권을 담보로 해서 외채를 빌리지 않게 되며 외국인의 간섭도 받지 않으며 진정으로 국가가 전력으로 경영을 할 수 있으므로 어찌 좋은 것이 아니겠는가? 이와 같지 않고 철도권을 담보로 하여 자금을 마련하는 것은 백성들이 철도를 부설하려는 권리를 정부가 전력으로 빼앗아 외국인에게 넘겨주는 것이다. 장래 전국을 종횡하여 달리는 철도는 비록 운영은 될 수 있다고 해도 이른바 전력(全力)이라는 것은 중국이 전력을 하는 것이 아니라 바로 외국인이 전력을 하는 것일 뿐이다."[250]

라고 되어 있다. 청도의 철도국유화정책의 문제점을 명확하게 지적한 글이다. 진정한 철도의 국유화는 정부가 자금을 확보하여 정부의 자금으로 철도를 부설하는 것에 있었다. 그런데 철도국유화를 반포했지만 철도부설권을 담보로 해서 외국으로부터 자금을 빌려서 부설하는 것은 철도국유화라는 명칭은 쓰고 있지만 실제로는 철도부설권을 열강에게 이양하는 것이나 다름없었다. 동시에 철도민영화를 위해 지방 신사와 민중들이 자금을 마련하기 위해 노력한 것들을 수포로 만들고 민중들이 참가하여 운영할 수 있는 권리를 정부가 빼앗아 그 권리를 외국에 넘겨주는 행위로 보았다.

---

250) 「駁郵電部奏請幹路歸國有摺」『四川保路同志會報告』第21號.

이른바 정부의 매국적 행위를 규탄한 것이었다. 사천보로운동이 본격화되는 데 가장 중요한 요소는 바로 외채를 담보로 철도를 부설하려는 정부의 정책이었다. 동시에 철도부설을 위해 세금적 성격의 조고라는 형태로 주주가 된 민중들의 이익을 침탈하는 행위이기도 했다.

사천보로동지회의 활동 경비의 조달은 천한철로공사에서 4만냥의 경비를 지원하여 기본적인 경비가 확보되었다. 보로동지회가 조직된 후에는 각종 단체에서 보로동지회에 기부금을 찬조했다. 예컨대 상인의 경우에는 일전회(一錢會)를 조직했다. 일전회의 발기인은 각 상가의 대표들로 구성되었다. 성도 동자가(童子街)의 발기인은 주병장, 진리안, 진약천, 온양정이었고, 재동가(梓橦街)의 발기인은 양선차, 고보인이었으며, 마왕묘가(馬王廟街)의 발기인은 등서생, 송자흠이었다. 일전회의 구성원들은 남녀노소를 막론하고 한 명당 매일 1문(文)의 금액을 보로동지회에 기부했다.[251] 일전회는 천북주방(川北綢幇)에서도 조직되었다. 이곳의 일전회는 매일 1문의 금액만 기부받는 것이 아니라 명칭만 일전회였고 실제로는 기부자에 따라 하루에 더 많은 금액을 기부하는 경우도 있었다.[252] 당시 매일 1문을 보로동지회에 기부하는 일전회가 성행한 이유는 보로동지회에서 민중들이 기부하는 거액의 기부금을 받지 않았던 것도 그 이유 중의 하나이다. 보로동지회는 민중들이 재산을 기부하거나 거액을 기부하면 기본적으로 이 기부금을 받지 않았다. 성도 북문(北門) 밖 목행상(木行商)에서 조직한 목행공소(木行公所)의 회원 수십 명은 매일 10문(文)을 기부하여 보로동지회의 경비로 사용하

251) 戴執禮編, 『四川保路運動史料彙纂』(中), pp.1051-1052.
252) 戴執禮編, 『四川保路運動史料彙纂』(中), p.1056.

게 했다[253] 성도 마왕묘 교포(轎鋪)에서 일하는 역부(力夫) 황홍순(黃洪順) 등 30명이 매일 1문씩 보로동지회에 기부했다.[254] 그 외 사천성의 여러 지역과 각종 단체나 개인이 보로동지회에 기부금을 기탁하는 사례는 열거하기 어려울 정도로 많았다.[255] 성도 상서순성가(上西順城街)에서 조직된 보로동지협회에서는 기부금의 방식을 갑, 을, 병, 정 4종류로 분류하여 기부했다. 갑은 매일 10문을 기부하고, 을은 이틀마다 10문을 기부하며, 병은 3일마다 10문을 기부하고, 정은 매일 1문을 기부하는 방식이었다.[256] 이는 빈부의 격차나 개인의 경제적인 상황을 고려하여 기부금의 종류를 분류한 것으로 추정된다.

사천보로동지회에 기부금을 기탁하는 사례는 "사천보로동지회보고" "서고보" 등과 같은 보로동지회의 기관지에 소개된 것이 많다. 예컨대 성도 학도가에 거주하는 유묵보의 처 서씨는 남편의 유언에 따라 장례비 40냥을 가지고 보로동지회 사무소를 찾았다. 서씨는 친족이 없고 단지 어린 딸 3명만 있었다. 남편은 사망하면서 아내 서씨에게 보로(保路)를 위해 장례비를 사용하라고 유언을 했다. 사망한 남편의 장례도 지내지 않고 장례비를 기부하려고 한 것이었다. 보로동지회의 담당자는 사연을 듣고 그녀에게 간곡하게 장례비를 가져가도록 해서 돌려보냈다는 기사도 있었다.[257] 숭녕현의 단숙여학교 교원 유의징, 이패란 두 분은 숭녕현보로동지회가 조직되자 자신의 수공예품을 팔아 보로동지회에 기탁했다.[258]

253) 戴執禮編, 『四川保路運動史料彙纂』(中), p.1054.
254) 戴執禮編, 『四川保路運動史料彙纂』(中), p.1060.
255) 戴執禮編, 『四川保路運動史料彙纂』(中), pp.1017-1020, pp.1038-1040, pp.1045-1048.
256) 戴執禮編, 『四川保路運動史料彙纂』(中), p.1055.
257) 戴執禮編, 『四川保路運動史料彙纂』(中), p.1040.

양소란(楊素蘭)은 보로동지회에 지원서를 제출하면서 자신이 소유한 토지 60무(畝)를 동지회에 기부하려고 했다. 보로동지회의 간사와 4개 부서의 직원이 논의한 결과 이 기부금을 받지 않기로 의결했다. 다만 보로운동이 종결된 후 철로가 민영으로 회귀하면 양소란이 자신의 토지를 팔아 철로 주식을 구입하도록 했다.[259)]

부순현보로동지협회가 음력 6월 1일 자류진(自流鎭)에서 성립되었다. 동지협회가 성립될 당시 1만여명의 민중이 모였다. 당시 갑자기 창기(倡妓) 이춘림(李春林)이 600원을 기부했고 창기 모황씨(毛黃氏)가 200원을 기부했다. 해당 동지협회에서는 처음에 이 돈을 받지 않았다. 하지만 두 기녀가 애걸복걸하자 동지협회에서 잠시 보관했다가 훗날 철로가 민영화되면 주식을 매입하는 비용으로 삼는 것으로 결착을 지었다.[260)] 사천 각 주현의 78좌(座)의 사찰에서 활동하고 있던 승려 78명이 사찰대표로 보로동지회 가입 신청서를 내고 동지회 경비로 200원을 기부했다. 보로동지회에서는 승려들의 입회는 환영했으나 기부금은 받지 않았다. 보로동지회에서는 민중이 기부하는 거액의 기부금은 기본적으로 받지 않았다. 보로동지회에서는 기부한 금액을 보로동지회가 보관하고 있다가 보로운동이 종료되어 민영화가 되면 주식을 매입하여 철도부설에 도움을 주면 된다고 했다. 승려들의 열의를 완전히 물리치지 않고 그들의 열의를 위로하는 방법이기도 했다.[261)] 숭녕현 동가(東街) 여조사(呂祖祠)의 도사(道士) 마여시, 반룡사의 왕지 등이 보로동지회 참가 신청을 했다. 도사 마여시가 말하길, "도사는 비록 가난하지만

---

258) 戴執禮編, 『四川保路運動史料彙纂』(中), p.1039.
259) 戴執禮編, 『四川保路運動史料彙纂』(中), p.1072.
260) 戴執禮編, 『四川保路運動史料彙纂』(中), p.1072.
261) 戴執禮編, 『四川保路運動史料彙纂』(中), p.1073.

철로를 수호하기 위한 투쟁에 매월 1천문의 기금을 기부하여 철로를 부설하는데 일조하고 싶습니다."라고 했다.[262] 숭경주 강서관(江西館)의 수사(首事) 이홍성, 호옹순 등 25명이 강서관의 묘산(廟産)을 기부하면서 보로동지회에 지원서를 제출했다. 보로동지회에서는 이 기부금도 받지 않고 잠시 보관하는 것으로 결정했다.[263] 성도의 불교 승려와 도교 도사가 연합하여 묘산의 반을 보로동지회에 기부했다. 이 묘산은 사원의 토지도 있었고 개인의 토지도 있었다.[264] 이러한 사례는 보로운동에 대한 민중들의 열의를 반영하고 있다. 철로권을 수호하는 보로(保路)는 국가를 수호하는 보국(保國)이고 사천을 수호하는 보천(保川)이며 민중을 수호하는 보민(保民)이라는 의식이 투영되어 실천한 사례였다. 철도국유화를 위해 외채를 빌리는 것은 보로가 아니라 매로(賣路)[265]이며 보국이 아니라 매국(賣國)이고 보천(保川)이 아니라 매천(賣川)이며 보민이 아니라 매민(賣民)이었다. 우전부 대신 성선회를 매국노로 지칭한 것은 이 때문이었다.

사천보로동지회에 참가한 인원은 1개월도 되지 않은 사이에 회원이 10만명을 넘어섰다. 각 주현에도 보로동지회의 분회적 성격을 지니는 협회가 조직되었다. 각 지역에서 조직된 협회 중에서 혁명파가 중심이 된 대표적인 조직은 6월 28일 중경에서 조직된 보로동지회 중경협회[266]였다. 중경협회는 중경에서 활동하고 있었

262) 戴執禮編, 『四川保路運動史料彙纂』(中), p.1074.
263) 戴執禮編, 『四川保路運動史料彙纂』(中), p.1074.
264) 戴執禮編, 『四川保路運動史料彙纂』(中), p.1075.
265) "政府借外款修川漢鐵路, 川民競起反對, 以借外款爲賣路, 足以亡國." 戴執禮編, 『四川保路運動史料彙纂』(中), p.1040.
266) 戴執禮編, 『四川保路運動史料彙纂』(中), p.695. 당시 중경부의 중심지역은 巴縣이었고 중경보로동지협회도 파현에서 조직되었다.

던 혁명파가 주축이 되어 이 조직의 투쟁방향을 결정했다. 보로동지회의 지부를 대표하는 중경보로동지협회의 조직을 기점으로 사천 각 주현에서도 보로동지협회가 조직되기 시작했다. 선행 연구[267]에 의해 밝혀진 것에 의거하면 1911년 6월부터 8월까지 사천 각 주현에서 조직된 보로동지협회는 67개였다.[268] 물론 이 연구에서 밝혀진 보로동지협회의 수치가 당시에 설립된 보로동지협회를 모두 망라한 것은 아닐 수도 있지만 적어도 8월까지 사천 각 지역에서 보로동지협회가 조직되고 있었다는 것을 반영하는 수치로 볼 수 있다.

보로동지회의 분회라고 할 수 있는 각 주현에서 조직된 보로동지협회가 가장 많이 설립되는 시기는 7월이었다. 7월 1일 조직된 강진현 보로동지협회를 시작으로 7월 30일 조직된 동향현 보로동지협회까지 약 60개의 보로동지협회가 각 주현에서 조직되었다. 사천성의 중심도시인 성도에서는 보로동지회 총부 외에 구역 단위별로 보로동지협회가 조직되기도 했다. 특히 각 단체나 학당 등에서도 보로동지협회가 조직되었다. 예컨대 사천성 교육회의 보로동지협회, 사천고등학당의 보로동지협회, 철도학당의 보로동지협회, 체육학당의 보로동지협회 등이 조직되었다. 동시에 중학당, 소학당, 각종 강습소에서도 보로동지협회가 조직되었다.

각 지역에서 조직된 보로동지회의 명칭은 통일적인 것은 아니었다. 어떤 것은 분회라는 명칭을 사용하기도 하고 어떤 것은 협회라는 명칭을 사용하기도 했다. 분회나 협회 조직은 보로동지회 총

267) 隗瀛濤, 『四川保路運動史』, 四川人民出版社, 1981, pp.229-233.

268) 戴執禮編, 『四川保路運動史料彙纂』(中), pp.720-730에는 사천 각지에서 성립한 保路同志會表가 작성되어 있다. 이 표에는 성립시기, 참가자 수, 입회인 수, 회장단, 발기인 등이 기록되어 있다.

회의 부서인 강연부가 기획하여 조직되었다. 분회나 협회의 조직도 통일적인 것은 아니었다. 어떤 곳은 회장, 총간사를 설치하기도 했고 어떤 곳은 평의장을 설치하기도 했고 어떤 곳은 총무부, 강연부, 문독부, 교섭부 등 부서만 설치된 곳도 있었다. 다만 분회나 협회의 활동은 기본적으로는 보로동지회 총회의 규정에 의거하여 진행되었다. 분회나 협회는 각 지역의 조고국, 고동분회의 구성원이 중심이 되고 자치회, 교육회, 농회, 상회, 권학소(勸學所),[269] 단보국, 학계 구성원과 연대하에 조직되었다.[270]

분회나 협회가 설치된 장소는 각 지역의 조고국이나 고동분회가 일반적이었고 별도의 건물이나 장소를 건립해서 운영한 것은 아니었다. 조고국과 고동분회는 철도민영화를 위한 자금을 마련하기 위해 각 지역에서 설치된 기구였다. 이 때문에 보로동지회 분회나 협회가 이 곳에서 설치된 것은 당연한 것이기도 했다. 다만 분회나 협회에 참가한 구성원의 규모가 조고국이나 고동분회의 구성원 규모보다 대폭 확대되었기 때문에 지역 내에서 조고국이나 고동분회의 역할도 확대되었다는 것을 반영한다. 특히 신해혁명기 사천 각 지역에서 설치된 민간 단체, 지방 정부에 설치된 국소(局所), 각 지역에 설립된 신식학당과 같은 단체적 성격을 지닌 조직은 보로동지협회가 성립되는 데 중요한 역할을 했다는 점을 주목할 필요가 있다. 또한 성도와 같은 대도시에는 산업 노동자들도 보로동지협회를 조직했다. 예컨대 성도의 기계노동자들이 기계보로동지협회를 조직했다.[271] 성도의 인쇄노동자들도 보로동지회 협회를 조

269) 勸學所는 1906년 각 주현 단위에 설치된 교육기구였다. 권학소에는 총동, 권학원 등이 설치되었다. 권학소는 행정기구를 보좌하는 지방 자치적 성격을 지닌 교육기구였다. 권학소의 총동이나 권학원은 대체로 지방 신사들이 담당했다.

270) 戴執禮編, 『四川保路運動史料彙纂』(中), pp.687-688

직했다.[272] 성도의 군수공장 노동자들도 보로운동에 참가했다.[273] 이러한 협회의 구성원 중에 8월 30일 성도의 장기방(長機房) 노동자들이 파공을 거행했다. 9월 2일 성도의 제혁(製革) 공장 노동자들은 상인들의 파시에 동참하여 파공(罷工)을 거행했다.[274] 산업노동자들이 사천보로운동시기에 파공을 거행하는 것은 일반적인 것은 아니었다. 노동자들이 보로운동에는 참가했지만 어떤 노동자들은 파공 투쟁을 진행하지 않았다. 성도의 기계보로동지협회에는 협회 규약에 파공을 하지 않는다고 규정했다.

사천성 내에 거주하고 있던 여러 소수민족 출신도 사천보로운동에 참가했다. 무주의 토사 하변공 등은 사천보로동지회에 거액의 자금을 헌납했다. 성도의 회족 소원태 등은 청진 지역에 거주하고 있던 회족의 대표 자격으로 청진고등소학당에서 청진보로동지회협회를 조직했다.[275] 사천보로운동에는 소학당의 학생들도 참가했다. 성도소학당의 학생 300여명은 황학전(黃學鈿), 황빈(黃斌) 등의 발기로 소학당보로동지회(小學堂保路同志會)를 조직했다. 소학당보로동지회는 동자보로동지회(童子保路同志會)라고 하기도 했다.[276] 어떤 소학당 학생은 보로동지회가 주최하는 회의에서 연설을 하기도 했다.[277] 아안현의 아안고등소학당의 학생 100여명도 보로동지회를 조직했다. 자양현의 하층신사 곽수청(郭樹淸)은 철도국유화정책의 소식을 듣고 울분을 참지 못하고 사망하는 일까지 발생했다.[278]

---

271) 戴執禮編, 『四川保路運動史料彙纂』(中), pp.1056-1057.
272) 『啓智畵報』第26號.
273) 『辛亥革命回憶錄』3, p.186. 戴執禮編, 『四川保路運動史料彙纂』(中), p.1058.
274) 戴執禮編, 『四川保路運動史料彙纂』(中), p.1059.
275) 戴執禮編, 『四川保路運動史料彙纂』(中), pp.1069-1079.
276) 戴執禮編, 『四川保路運動史料彙纂』(中), pp.1040-1044.
277) 『四川保路同志會報告』第34號, 報告.

그를 추도하는 글들이 연이어 발표되면서 보로운동에 동참하는 사람들이 늘어났다.

사천보로운동에는 여성들도 동참했다. 사천여자보로동지회(四川女子保路同志會)가 성립된 것은 7월 28일이었다. 사천여자보로동지회의 발기인은 주리(朱李)였다.[279] 그녀는 동맹회원 주산(朱山)의 부인이었다. 동맹회원의 부인이 여성을 대표하여 여자보로동지회를 발기했다는 것은 보로운동을 도구로 삼아 혁명운동으로 전개한다는 것을 의미했다. 성도에는 여자보로동지회가 통합적으로 이루어진 것이 아니었다. 육수여자학당(毓秀女子學堂)의 교장으로 재직하고 있었던 나욱지(羅旭芝)가 조직한 여자보로동지회도 있었다.[280] 그 외에도 성도에는 각 지역에서 조직한 여자보로동지회가 계속 출현했다. 성도에 여자보로동지회가 조직되자 8월 4일 중경에도 중경부여계보로동지회(重慶府女界保路同志會)가 조직되었다.[281]

군인과 경찰도 보로동지협회를 조직하거나 보로운동에 참가했다.[282] 승려, 도사(道士), 기독교 신도 등과 같은 종교인도 사천보로운동에 참가했다. 그들은 보로동지회에 회원으로 가입하거나 보로동지회에 지원금을 기부하기도 했다. 기독교도들은 보로동지회를 위해 장기간 기도를 하며 보로운동을 응원했다.[283] 사천보로운동은 사천성 내에서만 이루어진 것은 아니었다. 타성에 거주하고 있는 사천 출신의 인물들도 사천보로운동에 참가했다. 예컨대 호

278) 곽수청이 사망한 후 그를 애도하는 글들이 연이어 게재되었다. 그의 사망은 사천보로운동을 확산시키는 데에도 큰 영향을 주었다. 戴執禮編, 『四川保路運動史料彙纂』(中), pp.1022-1022.
279) 戴執禮編, 『四川保路運動史料彙纂』(中), pp.1023-1032.
280) 戴執禮編, 『四川保路運動史料彙纂』(中), p.1029.
281) 戴執禮編, 『四川保路運動史料彙纂』(中), pp.1031-1032.
282) 戴執禮編, 『四川保路運動史料彙纂』(中), pp.1062-1067.
283) 戴執禮編, 『四川保路運動史料彙纂』(中), pp.1073-1075.

북성 의창에 거주하고 있던 천한철로의 주주들이나 상해에 거주하고 있던 사천 출신의 명망있는 지식인들은 해당 지역에서 보로동지회 분회를 조직하여 고향에서 전개되고 있던 보로운동을 지원했다. 북경에 거주하고 있던 사천 출신의 경관(京官)들도 사천보로운동에 참가했다.[284)]

각 지역에서 조직된 보로동지협회에서 중심적인 역할을 하는 부류들은 주주에 해당하는 고동(股東)이지만 그 외 각 향시진(鄕市鎭)의 단총(團總), 학동(學童), 향약(鄕約), 보정(保正), 객장(客長) 등이 중요한 역할을 했다. 이들은 현 아래에 설치된 향진 내지는 촌에서 영향력을 행사하던 부류들이었다. 말하자면 향을 대표하거나 촌을 대표하는 임무를 수행하는 부류로 볼 수 있다. 단총과 보정은 향촌에서 상당한 세력을 가지고 있었고, 향약이나 객장은 직위는 비록 낮았지만 평소에 일반인과 가장 가까운 거리에서 업무를 수행하는 자들이고 일반민들로부터 발언권을 행사할 수 있는 자들이었다.[285)] 그 외 각 향촌 출신의 고등학당, 중학당, 소학당에 재학하고 있는 학생층도 보로동지협회에서 실무적인 활동을 하거나 발언권을 행사하거나 조직적인 활동을 하는데 일정한 역할을 하기도 했다. 학생층은 보로동지회 총회에 파견하는 경우도 있고 자발적으로 향진으로 돌아와서 활동하기도 했다. 사천보로운동은 성도에서 출발하였지만 각 주현으로 확산되었고 주현에서는 각 향진 단위까지 조직적인 활동을 할 수 있는 상황이었다.

성도의 사천보로동지회 총회의 중심인물은 대체로 자의국 의원 출신이자 사천을 대표하는 입헌파 신사들이었다. 각 주현에서 조

284) 戴執禮編, 『四川保路運動史料彙纂』(中), pp.746-750, pp.954-955.
285) 戴執禮編, 『四川保路運動史料彙纂』(中), p.684.

직된 분회나 협회의 지도자들도 기본적으로 그 지역에서 활동하고 있고 신사들이 중심이었다. 분회의 회장, 부회장, 평의장(評議長), 각 부의 간사들은 신사들이 담당하고 있었던 직책인 고동회장, 자치회장, 농회회장이나 학계에서 활동한 인물 등으로 구성되었다. 회장, 부회장은 일반적으로 선출되었지만 각 부의 간사들은 지방 신사들이 자원해서 그 역할을 담당하는 경우가 일반적이었다. 다만 여기서 주의할 점은 보로동지회 총회나 보로동지회 분회의 중심적 역할을 담당한 인물도 민중들과 동일하게 천한철로공사의 주주 자격을 지닌 사람들이 대부분이었다. 그들은 지방 신사이자 동시의 천한철로공사의 주주이기도 했다.

보로동지회 총회와 각 주현의 분회에서 중심적 역할을 한 지방 신사들은 기본적으로 보로운동을 평화적으로 진행시키는 문명쟁로의 범위에서 보로운동을 진행시키고자 했다. 하지만 보로운동에 참가하는 혁명파와 다수의 민중들은 보로운동이 혁명운동으로 전환되기를 희망했고 그들은 보로운동으로 투쟁하는 것이 아니라 혁명운동의 일환으로 투쟁했다. 각 주현에서 성립한 보로동지회에는 혁명파가 보로동지회를 조직하거나 보로동지회에 가입하여 신분을 은폐하고 동지회에서 적극적으로 활동하는 경우가 많았다. 예컨대 성도의 보로동지회 총부에서 동지회원이 되어 활동한 인물로는 동맹회원 주국침(朱國琛)이 있다. 주국침이 〈천인자보상각서〉를 작성한 인물이고 이 〈천인자보상각서〉에 의해 결과적으로 성도혈안이 발생했고 성도혈안의 발생으로 사천 전 지역이 폭동화되었다. 숭녕현보로동지회는 동맹회원 양정중(楊靖中), 고조림(高照林), 장소선(蔣紹先) 등이 조직하여 숭녕현보로동지회를 이끌었다.[286]

각 주현에서 보로동지회 분회가 조직되는 것을 지방관이 좌시하고 있었던 것만은 아니었다. 하지만 사천 전 지역에서 보로동지회가 조직되는 상황이었기 때문에 보로동지회와 같은 조직이 성립되는 것을 막을 방법은 없었다. 지방 정부에서 볼 때 보로운동이 폭력적인 방법을 동원하여 폭동과 같은 행위를 하면 강경한 방법으로 진압할 준비는 하고 있었다. 적어도 입헌파 신사가 주장한 문명쟁로의 범위 내에서 이 운동이 진행된다면 지방 정부에서 이 운동에 참가했다는 것을 이유로 법률적으로 처벌하거나 공권력을 행사하여 이들의 활동을 진압하지는 않았다. 왜냐하면 보로운동은 국가의 주권을 수호하기 위한 애국운동이었고 보로운동의 중심인물들도 표면적으로는 파약보로나 문명쟁로 등과 같은 평화적인 방법의 투쟁을 구호로 내걸고 활동했기 때문이다. 지방관들이 보로동지회의 조직을 용인해 줄 수밖에 없었던 것은 보로동지회를 조직하는 데 중심적 역할을 한 인물들이 보로운동을 평화적인 방법으로 진행하고 질서를 유지하는 차원에서 진행함과 동시에 폭동을 방지하는 조건에서 활동한다는 것을 선언했기 때문이다. 문명쟁로와 같은 평화적인 투쟁 방법을 구호로 내걸었던 이유는 지방관청에서 공권력이나 물리력을 행사하여 보로운동을 근본적으로 진압하기 위한 요소들을 사전에 방지하기 위한 전략으로도 볼 수 있다. 다만 어떤 지방관들은 지방에서 많은 민중 앞에서 강연 활동과 같은 행위를 하는 것을 보고는 울분을 참지 못하고 강연 활동을 하던 자를 체포하여 관청으로 이송하기도 했다.[287]

천한철로를 민영화하기 위해 자금을 마련하는 방법 중 대표적인 것으로는 세금적 성격을 지니는 조고에 의해 이루어졌다는 것은

286) 戴執禮編, 『四川保路運動史料彙纂』(中), p.698.
287) 『西顧報』第40號, 紀事.

널리 알려져 있다. 조고는 세금과 같은 방식으로 토지를 소유한 민간인들이 천한철로공사에서 발행하는 주식을 배당받는 것이었다. 약간의 토지를 소유한 자도 수조(收租)의 대상이 되면 반강제적으로 주주가 되었다. 당시 중국에서는 주주를 고동(股東)이라 했다. 이 때문에 사천성의 토지를 소유한 민중들은 조고의 형태로 천한철도의 부설을 위한 자금 마련에 관계되어 있었다.[288] 당시 사천성 인구는 약 7천만명으로 알려져 있다. 그 중에 토지가 없는 빈곤 농민과 조고에 참가하지 않은 인원은 약 2천만명으로 추산하고 있다. 또한 산간지역이나 변경지역에 거주하고 있거나 철도부설과 이해관계가 없는 인원은 약 3천만명으로 추산하고 있다. 나머지 2천만명이 조고를 통해 천한철로공사의 주주가 된 인원들이었다.[289] 다만 조고를 징수하는 과정에서 점차 빈부를 막론하고 일률적으로 부과하는 상황도 나타났다.[290] 조고 징수를 둘러싸고 각종 폐단이 발생했다. 징수된 자금의 불법사용, 조고 징수의 확대 등을 들 수 있다. 이 때문에 조고를 정지해야 한다는 주장도 나타났다.[291] 사천성 전 지역에서 광범위한 민중들이 사천보로운동에 적극적으로 참여할 수 밖에 없었던 요인들이었다. 단순히 철도권을 수호하기 위한 것만이 아니라 자신들의 이해관계와 일정한 관계도 존재하고 있었다. 보로운동이 본격화하기 전까지 세금 형태로 천한철도의 건설에 개별적으로 참여하게 되었던 사천 민중들이 보로운동이 본격적으로 진행되면서 사천 전 지역의 민중들은 보로라는

288) 戴執禮編, 『四川保路運動史料彙纂』(上), p.53.
289) 戴執禮編, 『四川保路運動史料彙纂』(上), p.134.
290) 戴執禮編, 『四川保路運動史料彙纂』(上), p.354.
291) 戴執禮編, 『四川保路運動史料彙纂』(上), pp.395-409. "租股雜捐, 危害已甚." 戴執禮編, 『四川保路運動史料彙纂』(上), p.623.

명분으로 통합적으로 활동할 수 있는 계기가 되었고 사천 민중들의 개별성보다는 통합성의 측면에서도 사천보로운동은 중요한 의미를 지니고 있었다.

한편 사천보로운동이 발생하기 전부터 사천보로운동이 본격적으로 전개되고 있던 시기의 동맹회원들의 동향에 대해 검토해 보면 다음과 같다. 1903년 상해에서 "소보안(蘇報案)"이 발생했다. 사천 파현 출신의 추용(鄒容)이 체포되어 투옥되었다. 동일 시기에 양서감 등의 중경지역 혁명파 신사들은 사천 최초의 혁명 단체라고 할 수 있는 공강회(公强會)를 조직했다. 2년 후 추용은 수감된 상태에서 생을 마감했다. 1905년 가을 동맹회원 황금오(黃金鰲)는 일본 동경에서 사천으로 귀국하여 회당 세력과 연락했다. 동일시기에 여체, 양균, 왕택, 소광전, 간화남 등은 쌍류현에서 팽현봉기를 계획했다. 2개월 후 동맹회원들은 팽현지역의 단련과 연합하여 팽현봉기를 거행했으나 실패했다.[292)]

1906년 봄 동맹회 성도분회가 성립되었다. 성립 당시 일본 동경에서 조직된 동맹회 총부에서는 등가언을 파견해서 성도분회장에 임명하려고 했다. 등가언은 광서성 출신이며, 일본에서 유학한 이력도 있으며 성도법정학당의 교원을 역임하기도 했다. 그는 사천성 출신이 아니라 광서성 출신이고 사천성 지역에 대한 정황도 숙지하지 못했다. 같은 해 겨울 동맹회 총부에서는 사천성 출신의 황복생(황수중)과 웅극무를 사천으로 파견하여 사천지역에서 동맹회원을 확대했다. 황수중(黃樹中)[293)]을 성도분회장으로 임명했다. 아

292) 戴執禮編, 『四川保路運動史料彙纂』(上), p.127.

293) 黃樹中의 字는 明玉이고 復生이라는 이름으로 개명했다. 1883년 隆昌縣人 태생으로, 1901년 瀘州 川南經緯學堂에 입학했다. 1904년 留日하여, 1905년 동맹회에 가입했다. 任一民主編, 『四川近現代人物傳』第2輯, 四川省社會科學院出版社, 1986, pp.81-84 참조.

울러 영현 출신의 사봉기(謝奉琦, 謝振新)는 동맹회의 명령을 받고 사천에서 혁명의 선전 활동에 주력했다. 또한 군대분회장에는 영창현 출신이자 무비학당 졸업자인 용소백(龍紹伯)을 임명했다.[294)]

황수중 등이 중심이 된 동맹회 성도분회에서는 1906년부터 사천 서부지역에서 각종 무장봉기를 계획했다. 회당 세력과 연대하기 위해 회당의 지도자로 활동하고 있었던 사영(佘英)을 손문이 있는 동경으로 보내 손문을 접견시키고 동맹회에 가입시켰다. 사영이 귀국한 후 본격적으로 무장봉기가 계획되었다. 당시 무장봉기를 거행하는 데 참가한 인물은 사봉기(謝奉琦)[295)], 사영, 웅극무, 황방, 양유, 담춘곡(淡春谷), 정덕번 등이었다. 이들이 모여 활동한 지역은 서주부(敍州府)였다. 같은 해 가을 동맹회원 이실령, 하여도, 이영종, 이운린, 달성무 등은 수 백명을 모아 강유봉기(江油蜂起)를 계획했으나 기밀이 누설되어 청조 군대의 습격을 받고 다른 곳으로 도주했다. 이 과정에서 하여도(何如道) 등이 체포되고 이어 옥사했다.[296)]

무장봉기를 여러 차례 거행했으나 모두 실패했다.[297)] 특히 "1907년에 거행한 성도봉기의 실패 후 각 지역의 청조 관리들이 혁명활동을 감시하는 것이 극히 엄중하였고 혁명파들이 혁명거사를 일으킬 충분한 역량도 없었다."[298)]라고 하는 것처럼 성도지역의 동맹

294) 中國人民政治協商會議全國委員會 文史資料硏究委員會編, 熊克武, 「辛亥前我參加的四川幾次武裝起義」『辛亥革命回憶錄』第3輯, 文史資料出版社, 1981, p.129.

295) 謝奉琦에 관해서는 任一民主編, 『四川近現代人物傳』第4輯, pp.66-70 참조.

296) 戴執禮編, 『四川保路運動史料彙纂』(上), p.128.

297) 신해혁명전 사천성에서 발생한 무장봉기에 관해서는 朴玖澈, 「辛亥革命前 四川省에서의 反淸武裝起義—廣安·嘉定·黔江起義를 中心으로」『中國史硏究』30, 2004 참조.

298) "1907年成都起義失敗後, 各地清吏防范革命極嚴, 黨人進行革命擧事也還沒有足够的力量." 重慶地方史資料組編, 『重慶蜀軍政府資料選編』, 1981, p.29.

회원들은 1907년 성도봉기를 계기로 사천 서부지역에서의 혁명 활동은 매우 제한적으로 이루어졌다. 이에 따라 사천성 내 혁명파의 중심지는 성도에서 중경으로 이동했다. 아울러 1907년 성도봉기 후 성도를 중심으로 하는 사천 서부지역의 동맹회원들은 각 지역으로 흩어져 개별적이고 분산적인 혁명 활동을 전개했다.

이들 중 대표적인 인물로는 사봉기와 용명검(龍鳴劍)[299]을 들 수 있다. 사봉기는 사천 서부와 남부지역에서 혁명 활동을 진행하다가 성도의 제2소학당 내에 실업단을 조직하고 혁명단체의 기관부로 이용했다.[300] 1908년 사봉기는 공정(貢井)에서 체포되어 서주부로 이송되어 사형을 당했다. 영현 출신의 용명검은 성도에서 사성사법정학당을 설립하여 동맹회의 비밀기관으로 활용했다. 그는 사천 서남지역의 가로회 지도자로 활동하고 있었던 진재갱, 장달삼, 장첩선, 나자주, 호랑화 등을 동맹회에 가입시키고 무장봉기를 거행할 준비를 하고 있었다.[301] 동시에 용명검은 사천성 자의국 의원에 당선되어 자의국 의원 신분으로 비밀리에 혁명활동을 전개하기도 했다.

사천성 동부지역의 중심지인 중경에서는 동맹회 중경지부가 성립되기 전에 동맹회 중경지부의 전신이라고 할 수 있는 공강회(公强會)라는 혁명단체가 1903년에 조직되었다.[302] 1903년과 1904년은 중국 전 지역에서 혁명단체가 건립되던 시기였다. 호남성의 화흥

---

299) "龍鳴劍, 字顧三, 榮縣五寶鎭人, 沛然從子也. 沛然有聲閭里. 鳴劍于前淸光緖己亥入學, 旋食餼. 修業成都優級師範, 不受卑辱. 浩然東游日本, 入法政校, 研遠西學說. 慨然曰, 吾國不革命, 不可以圖存. 遂入同盟會. 卒業, 涉南洋, 經越南入滇, 省沛然于思茅. 抵成都, 創辦法政學堂, 被擧爲省議員. 而鐵路國有之議起, 鳴劍固以伸張民氣爲己任." 民國『榮縣志』卷8, 人士, 龍鳴劍傳.

300)『辛亥革命回憶錄』第3輯, p.131.

301)『辛亥革命回憶錄』第3輯, p.142.

302) 周勇, 「公强會-同盟會重慶支部的由來」『重慶文史資料選輯』第23輯, pp.171-176.

회, 호북성의 과학보습소, 절강성 출신이 상해에서 조직한 광복회, 복건성의 문명회, 강서성의 자각회, 역지사, 강소성의 강국회, 안휘성의 악왕회, 애국회, 운남성의 서사회, 귀주성의 과학회 등을 들 수 있다. 이러한 단체는 1905년 조직된 중국동맹회 성립에 중요한 역할을 했다. 사천성을 대표하는 혁명단체인 공강회 회원들은 중국동맹회 성립 후 중경에서 동맹회 중경지부가 성립되면서 이곳에서 중심적인 역할을 했다. 동맹회 중경지부의 성립에 관해 정보를 알려주고 기록을 보면,

> "(파현 출신의) 양서감은 같은 현 출신의 매제순, 동헌장, 진숭공, 주지홍 등과 비밀리에 공강회를 조직하고 혁명 사상을 수립했다. 1905년(을사년) 동헌장, 진숭공은 일본 유학에서 고향으로 돌아왔다. 총리 손문으로부터 혁명당원을 모으라는 명령을 받았다. 공강회는 양서감, 주지홍을 우선 동맹회에 가입시키고 이에 동맹회중경지부를 설립했다."[303)]

라고 하는 것처럼 공강회라는 혁명단체는 파현 출신의 양서감, 매제순, 동헌장, 진숭공, 주지홍 등이 활동한 단체였다. 이들은 모두 필자가 파악한 파현 출신의 지방 하층신사들이며 사천 혁명파 신사였다. 파현 출신이 중심이 되어 조직된 혁명단체가 공강회였다. 공강회는 동맹회가 성립되기 전에 중경 지역에서 활동하던 혁명단체였다. 공강회원 중에서 일본에서 유학한 동헌장, 진숭공 등은 일본에서 동맹회 총부의 지도자였던 손문을 접견했다. 손문은 그들에게 동맹회 회원들을 사천지역에서 확대하라는 명령을 하달

303) "庶堪則與同縣梅際郇童憲章陳崇功朱之洪等密組公强會, 樹立革命思想. 乙巳, 憲章崇功歸自日本, 奉總理命徵集革命黨員, 公强會推庶堪與之洪首應盟約, 于是乃設同盟會重慶支部." 向楚, 「楊庶堪傳」, 『四川辛亥革命史料』(下), p.376.

했다. 손문의 명령을 받고 고향으로 돌아온 동헌장, 진승공은 공강회원으로 활동하고 있었던 양서감, 주지홍을 동맹회에 가입시키고 동맹회 중경지부가 성립되었다.

동맹회 중경지부의 활동 가운데 가장 중점적인 활동은 신식학당 등과 같은 교육기구를 활용하여 혁명활동을 전개하는 것이었다. 그 중의 대표적인 인물로는 향초,[304] 양서감, 주지홍, 주온장 등을 들 수 있다. 이들은 1907년 말 서영으로 가서 서영중학당을 거점으로 여주, 서영 지역의 동맹회원들과 신식학당의 학생들을 대상으로 혁명 사상을 전파하고 사천 동맹회원을 확대했다. 동맹회중경지부가 성립된 후 중경지부에서는 무장봉기를 일으키는 것에는 신중한 태도를 보이고 있었다. 동맹회 성립 후 동맹회의 중심적인 활동은 각 지역에서 무장봉기를 거행하는 것과 신식학당을 근거지로 혁명 사상을 전파하거나 회당 세력과 연대하여 혁명 활동을 전개하거나 혁명 자금을 모집하는 등이 중심이었다. 하지만 동맹회 중경지부의 혁명 활동은 무장봉기를 거행하는 것보다 신식학당을 근거지로 혁명 활동을 전개하는 것에 가장 주안점을 두었다.

1908년 중경에서 상공업전람회가 개최되기로 예정되었다. 중경 지역의 동맹회원들은 이 전람회를 이용하여 무장봉기를 거행해야 한다고 주장했다. 하지만 동맹회중경지부의 중심적 역할을 수행하고 있었던 양서감은 다음과 같이 주장하며 무장봉기의 거행에 반대했다.

---

304) 向楚의 字는 先僑이며 1877년 사천성 巴縣에서 출생했다. 19세에 秀才가 되었으며 20세때 중경 동천서원에 입학하여 趙熙로부터 학문을 배웠다. 1900년 瀘州 經緯學堂이 설립되자 교원이 되었으며 당시의 학생으로는 吳玉章, 謝持, 黃復生, 曹篤, 陶闓, 余切 등이 있다. 이들은 후에 스승인 향초와 함께 모두 동맹회에 가입하여 사천 신해혁명의 중추적인 역할을 하게 된다. 1902년 향시에 급제하여 擧人이 되었으며 1906년 양서감의 소개로 동맹회에 가입했다. 1911년 蜀軍政府가 성립되자 촉군정부 秘書院院長을 역임했다. 任一民 主編, 『四川近現代人物傳』 第4輯, pp.203-209 참조.

"중경은 상공업의 중심적인 지역이며 교통의 요지에 해당하므로 만일 무장봉기가 실패한다면 동맹회 기관은 보존하기 어렵고 혁명을 진전시킬 거점을 잃게 되므로 그 손실은 매우 큽니다. 따라서 무장봉기를 거행하는 것은 신중하게 처리하는 것에 주안점을 두어야 합니다."[305]

라고 했다. 동맹회중경지부의 지부장 양서감이 무장봉기에 신중한 태도를 보이고 있었던 이유를 잘 설명하고 있는 기록이다. 1907년 성도에서 거행된 무장봉기가 실패로 돌아갔다. 이 때문에 성도와 그 인근 지역에서 청조의 지방관원들이 혁명파에 대한 감시가 삼엄해졌다. 동맹회원들이 사천 서부지역에서 활동할 혁명근거지가 타격을 받고 각지로 이동하여 혁명활동을 전개하고 있던 상황이었다. 이는 동맹회중경지부에서 무장봉기에 대한 입장은 시기를 관망하고 기회를 기다린 후에 거행해야 한다는 것이며 우선은 동맹회를 발전시키고 무장봉기를 준비하는 작업에 주안점을 두기 위한 것이었다.

사천보로운동이 본격적으로 전개되기 전까지 동맹회중경지부에서는 혁명 사상의 전파나 조직을 확대하는 것에 전력했다. 특히 신식학당을 거점으로 활동하는 동맹회원들이 가장 많았다. 사천동부지역 출신 중에 신식학당의 교원으로 활동한 내력을 보면, 양서감은 중경부중학당 감독, 장배작[306]은 중경부중학당 학감,[307] 주온장은 파현중학당 감독, 양림은 천동사범학당 감독, 주지홍은 천

305) "重慶爲工商業重鎭, 當交通要道, 萬一失敗, 機關將不易保存, 會失去革命進展的據點, 貽害甚大, 因而力主愼重." 重慶地方史資料組編, 『重慶蜀軍政府資料選編』, 1981, p.29.

306) 張培爵에 관해서는 張映書, 「回憶蜀軍政府都督, 先父張列五」 『辛亥四川風雷』, 成都出版社, 1991 참조.

307) 그 외 동맹회원 출신으로 중경부 중학당의 교원으로 재직하고 있었던 인물로는 向楚, 黃聖庠(崇麟), 熊兆飛, 周國琛 등이 있었다. 『辛亥革命回憶錄』 第3輯, p.75.

동사범학당 학감 및 중경교육회 회장에 재직했다. 그 외 동홍사, 오준영, 장상건 등은 순경교련소 교직원으로 재직했다. 동헌장은 사천육군소학당 교원으로 재직하면서 성도 일대의 동맹회원과 연락을 담당하는 역할을 했다. 매제순[308]은 기부중학당 감독으로 재직했다. 특히 중경부중학당과 천동사범학당[309]의 교원들은 대부분 동맹회원이었고 학생들도 다수 동맹회에 가입했다.[310] 동맹회중경지부의 총책임자 양서감과 장배작이 중경부중학당의 감독과 학감에 재직하면서 혁명활동을 전개하고 있었기 때문에 동맹회중경지부도 중경부중학당에 설치되었다.

사천 동부지역의 혁명활동은 신식학당이 중요한 역할을 했다는 것을 알려주는 대표적인 기술로는 "촉군유학교발난(蜀軍由學校發難)"[311]이라는 기록이 있다. 이 기록은 간략하게 기술하고 있지만 내포하고 있는 의미는 많다. 사천 신해혁명기 중경을 중심으로 하는 사천 동부지역에서 무장봉기군이 일어났다. 이를 촉군이라고 한다. 이 촉군들은 당시의 학교인 신식학당을 근거지로 해서 무장봉기를 거행하고 나아가 촉군정부까지 건립했다. 사천 신해혁명에서 성도지역에서 일어난 군대는 신식학당을 근거지로 봉기가 일어난 경우도 있지만 중경을 중심으로 하는 사천 동부 지역만큼 신식학당을 근거지로 혁명활동을 전개한 것은 아니었다.

사천 동부지역에서의 신식학당은 사천 신해혁명사에 있어서 대

---

308) 梅際郇의 字는 黍雨이고 1873년 巴縣에서 출생했다. 1897년 사천 최초의 근대적인 신문인 "渝報" 副主筆을 담당했다. 1903년 혁명소단체인 公强會에 가입하였고 1906년 同盟會에 가입하였으며 蜀軍政府 성립후 民事廳 廳長을 역임했다. 任一民主編, 『四川近現代人物傳』 第6輯, pp.360-363.

309) 原文에는 중경사범학당으로 되어 있으나 중경사범학당의 공식명칭은 川東師範學堂이었다.

310) 『辛亥革命回憶錄』 第3輯, p.132.

311) 『重慶蜀軍政府資料選編』, p.152.

단히 중요한 역할을 하였던 것이다. 이처럼 사천보로운동이 발생하기 직전, 성도지역이나 중경지역의 동맹회원들은 광범한 민중들의 기반을 가지지 못한 채, 여러 차례 시도한 무장봉기가 실패로 돌아가자, 교육기관을 근거지로 혁명 활동을 준비하고 있었던 단계에 있었고, 조직정비를 꾸준히 진행하고 있었던 단계였다고 볼 수 있다.

사천보로동지회의 활동은 사천성 지역에서만 한정되어 이루어진 것은 아니었다. 사천보로동지회는 북경으로 대표단을 파견했다. 대표단 파견의 목적은 청조 정부에 대해 청원활동을 진행하기 위한 것이었다. 대표단은 자의국 의원이자 혁명파 신사였던 유성원을 중심으로 3명이 파견되었다. 보로동지회에서 파견한 청원대표단은 북경에서 활동하고 있던 사천성 출신의 관료나 신사들과 연합하여 철도국유화정책을 시행하기 위해 서구 열강으로부터 차관을 받은 것을 무효로 하기 위해 섭정왕 재풍(載灃),[312] 경친왕 혁광(奕劻)[313]에게 청원을 하기 위한 것이었다.[314] 동시에 차관 계약에 중심 역할을 한 우전부대신 성선회 등의 정책을 성토할 예정이었다.

자의국 의원을 중심으로 하는 입헌파 신사가 보로동지회를 조직

---

312) 載灃은 1883년 순천부 순친왕부에서 출생했다. 순친왕 奕譞의 다섯째 아들이고 광서제의 이복동생이며 마지막 황제 선통제의 부친이다. 부친 혁현의 뒤를 이어 제2대 순친왕이 되었다. 1908년 광서제와 서태후가 사망한 후 아들 선통제가 즉위하자 광서제의 황후였던 융유태후와 함께 선통연간 최고의 통치자가 되었다. 1910년 혁명파 왕정위, 진벽군 등에 의해 암살당할 상황까지 갔으나 다행이 암살은 미수에 그쳤다. 1911년 10월 10일 무창봉기 후 원세개가 실권을 장악하면서 재풍도 사실상 실권을 잃게 되었다. 1951년 북경에서 67세의 나이로 사망했다.

313) 奕劻은 1838년 북경 자금성에서 출생했다. 건륭제의 증손이며 조부는 경친왕 영린이다. 부친 면성은 장남이 아니어서 경친왕을 세습받지 못했다. 하지만 혁광은 1894년 서태후로부터 경친왕에 봉해졌다. 혁광은 군기대신, 대학사를 거쳐 1911년 제1대 내각총리대신에 올랐으나 당시의 내각은 황족내각이라는 오명이 붙여졌다. 무창봉기 후 원세개에게 총리대신의 직위를 넘겨주었다. 1917년 78세의 나이로 완평현 경왕부에서 사망했다.

314) 『四川保路運動史料彙纂』(中), p.651.

하여 보로운동을 이끌고 있었을 당시 혁명파들은 어떠한 동향을 보이고 있었던 것일까? 사천 서남부에서 혁명활동을 하고 있었던 조독(曺篤)[315]은 당시의 상황에 대해 다음과 같이 증언하고 있다.

> "동지들을 모아 성도에서 모임을 개최하면서 보로(保路)라는 이름을 빌어 인민들을 규합하여 민군(民軍)을 조직하고 공동으로 혁명을 진행할 것을 결의했다. 계획을 세우기를, 먼저 주주대회(고동대회)를 개최하고 나아가 대회 중에 혁명단체를 확대하기로 했다. 그러므로 선전하는 방법은 사람마다 실행하면서 그 의미는 서로 달랐는데 보로를 이용하여 청조를 타도하는 도구로 삼고 주주대회를 개최하여 민중을 선동하고 혁명군을 조직한 것은 동맹회였다.[316]

조독의 자는 숙실이며, 1874년 부순현에서 출생했다. 그는 1899년 현시에 합격하여 생원이 되어 하층신사의 반열에 올랐다. 그 후 1905년 동맹회원 황복생, 사봉기의 소개로 동맹회에 가입했다. 1907년 강안봉기, 여주봉기, 성도봉기에도 참가했다. 1911년 9월 성도혈안이 발생하자 동맹회원 용명검, 주국침과 함께 성도의 민강에 수전보를 보내 보로동지군을 사천 전 지역으로 확산시키는 데 중요한 역할을 했다.

사천보로동지회가 조직되기 전부터 천한철로의 주주들이 모여 주주대회가 개최되었다. 이 주주대회를 개최하는 데에 동맹회원들이 개입되고 이를 통해 민중을 선동하여 혁명 세력으로 활용하려고 한 것이었다. 동맹회원들의 입장에서 보면, 보로운동은 청조를 타도하는 수단으로 삼으려는 것이었다. 동맹회원 조독이 증언한

---

315) 任一民主編,『四川近現代人物傳』第3輯, pp.113-119 참조.
316) 曹叔實,「四川保路同志會與四川保路同志軍之眞象」『四川辛亥革命史料』(上), p.380.

것에서 알 수 있듯이 사천보로운동시기 동맹회원은 "밖으로는 보로의 이름을 내걸고 안으로는 혁명을 실행하는(外以保路之名, 內行革命之實)"[317] 전략을 활용했다. 이러한 전략을 동맹회원들은 "명동암투(明同暗鬪)"라 했다. 명동암투는 겉으로는 보로운동과 동일한 것처럼 활동하지만 암암리에 혁명 투쟁으로 이용한다는 전략을 의미했다. 이는 사천보로운동은 입헌파는 보로운동을 추진하고 있었지만 혁명파는 혁명투쟁의 방식으로 활용한 것으로 양면적인 성격으로 볼 수 있다.

사천보로운동이 전개되어 가고 있던 시기 동맹회원은 사천보로운동을 빌어 혁명투쟁을 구체화하기 시작했는데 이에 관한 가장 구체적인 사실을 전해주는 기록을 보면,

> "보로운동이 일어나자 주지홍은 천한철로 중경 주주대표로 추대되어 성도로 갔다. 동맹회중경지부에서는 주지홍을 파견하면서 사천성에서 활동하고 있는 혁명당인들과 비밀리에 모의를 진행하도록 했다. 주지홍이 성도로 출발하기전 (동맹회중경지부 지부장) 양서감에게 가서 계책을 물었다. 양서감이 웃으며 말하기를, '당신이 이번에 성도로 가거든 아직 포전준, 나륜과 (혁명투쟁을) 도모해서는 안 될 것입니다.[318] 나와 개사(闓士)는 올바르게 일을 처리할 것입니다.'라고 했다. 개사는 도개(陶闓)[319]의 자(字)이다. 주지홍은 웃으며 양서감의 계책에 응대했다. 드디어 주지홍이 성도에 이르러 동

317) 唐宗堯·胡恭先, 「資州羅泉井會議與組織同志軍」『四川文史資料選集』第1輯, p.102.

318) 중경 동맹회 총책임자였던 楊庶堪은 입헌파 신사였던 蒲殿俊·羅綸 등과 사천보로운동이 발생하기 전부터 일정한 교류를 하였던 것으로 보인다. "成渝都是四川, 是一家人, 蒲羅與我又原有交情." 黃綬, 「四川保路運動親歷記」『辛亥四川風雷』, 成都出版社, 1991, p.45.

319) 陶闓의 자는 闓士이고 1886년 출생으로 본래의 적관은 사천성 강북현이었으나 13세 때 사천성 중경부 관할의 파현으로 적관을 옮겼다. 1901년 천남경위학당에 입학했는데 당시의 동학으로는 동맹회원 오옥장, 황복생, 사지, 조독 등이 있다. 그는 파현개지학당, 천동사범학당의 교원을 역임하기도 했다. 사천보로운동이 일어나자 양서감, 향초 등과 중경에서 무장봉기를 계획했다.

맹회원 조독, 반조진, 소참,[320] 장이, 유경문, 양백겸, 유영개, 증소로, 유영년, 용명검 등 및 신군이면서 동맹회원으로 봉황산에서 활동한 자들이 모두 모여 혁명을 모의하면서 이르기를, '성도는 정미년(1907년 성도봉기가 일어난 해) 이래로 성회(성도를 지칭)에서는 혁명을 방비함이 극히 엄중하므로 조금도 의지할 만한 곳이 없습니다. 만약 성도가 아닌 다른 지역에서 봉기가 일어나면 대체로 성도에서도 호응할 수 있을 것입니다.'라고 했다. 이에 동맹회원들은 사방으로 나뉘어 파견되었는데 사천 남쪽을 택하여 활동했다. 사천 남부지역의 동쪽에 위치하는 위원현, 영현, 부순현, 자류정은 유경문이 활동했고 왕천걸은 더욱 적극적으로 활동했다. 조독은 자류정에서 활동했고 방조진은 정연현에서, 소참, 장이는 청신현에서 활동했다. 정연현, 영현, 공정 등의 사천 남부 지역에서는 별도의 계책을 세울 때까지 잠시 기다리기로 했다. 주지홍은 성도로 가서 활동했고 중경동맹회지부에서는 다시 주국침을 성도로 파견하여 사천 서부지역의 국면을 시찰하게 했다. 주국침은 사천 서부지역의 사람이나 지리적 정황을 잘 알지 못하여 별다른 성과를 거두지 못하고 돌아왔다. 중경지역의 여러 동맹회원들은 사천 전 지역의 분위기가 여전히 봉기를 일으키기는 충분하지 않다고 생각하고는 소참, 장이 등과 만나 중경으로 가서 양서감, 장배작 등과 만나서 회담하며 이르기를, '청신현, 정연현, 영현, 자공 지역은 민중의 기운이 혁명을 할 만하고 또한 동맹회원들이 그곳에서 활동하고 있어 봉기를 거행할 수 있다고 하자 여러 사람이 더욱 기운을 모아 혁명을 모의했다. 중경 지역 사람들은 보로동지회가 나날이 발전하는 것을 보았다. 연설자가 많은 군중을 모아 연설하자 한순간 분위기가 타올랐다. 양서감 등은 민중 대회 장소에 나타나지 않고 비밀리에 모의를 진행했다. 동맹회원이 양서감에게 묻자, 양서감이 이르기를, '근본적인 혁명이 아니면 백성을 구할 수 없고 보로라고 운운하는 것은 모두 지엽적인 것일 뿐입니다."라고 했다. 이에 양서감, 장배작 등은 주야로 여러 동맹회원과 함께 각 지역에 밀서를 보내기로 모의한 후, 우편으로는

320) 소참은 원문에 肖參으로 기술되어 있다. 肖氏는 한국식 발음으로 초씨라고 읽기도 하고 소씨라고 읽기도 한다. 중국의 肖氏는 본래 성씨가 蕭姓에서 유래한 것으로 알려져 있다. 중국식 발음으로는 "샤오(xiao)"라고 읽는다. 이 때문에 肖는 "초"보다는 "소"로 읽는 것이 합당하다고 생각된다.

계획이 누설되는 것을 우려하여 사람을 별도로 파견하여 모의 내용을 전달하자 각 주현의 동맹회원들은 비로소 점차 중경에 운집하기 시작했다."[321]

위의 기록은 사천보로동지회가 성립된 후 당시 사천 동맹회의 중심적 역할을 하고 있었던 동맹회 중경지부의 혁명 활동과 보로동지회를 빌어 무장봉기를 일으킬 계획 등에 관한 구체적인 기록이다. 상술한 바와 같이 입헌파 신사 입장에서 보면 보로운동은 철로권을 수호하기 위한 이권회수운동이자 입헌운동으로 추진되었던 것은 사실이다. 하지만 위의 기록을 토대로 하여 혁명파의 입장에서 보면, 사천보로운동은 단순히 철로권을 수호하기 위한 보로운동은 아니었다. 사천에서 보로운동이 개시된 후 보로운동을 계기로 무장봉기를 거행하기 위한 동맹회원들의 동선을 위의 사료 기록을 토대로 정리해 보면 다음과 같다.

사천보로동지회가 조직되기 전후 성도에서는 천한철로공사 주주대회(고동대회)가 여러 차례 개최되었다. 중경지역에서 활동하고 있었던 동맹회중경지부에서는 중경지역의 주주대표로 혁명파 출신 주지홍을 파견했다. 이는 주주대표로 파견된 자가 입헌파 신사가 아니라 동맹회원이자 파현 출신의 혁명파 신사 주지홍이었다. 주

321) "會爭路事起, 之洪被擧爲川漢路重慶股東代表入成都. 機關部卽派之洪與在省黨人, 密議進行. 之洪未發, 走庶堪問大計. 庶堪笑日, 君此去, 蒲·羅未足與謀, 吾與闓士方有正事也. 闓士陶闓字. 之洪笑應之, 旣至成都, 黨人曹篤·方朝珍·肖參·張頤·劉經文·楊伯謙·劉泳闓·曾昭魯·劉永年·龍鳴劍等及鳳凰山新軍黨人皆與議, 謂成都自丁未之役, 省會防革命極嚴重, 無銖寸可憑借, 若在外發起, 庶幾可響應. 于時黨人分派四出取川南. 東下威遠·榮縣·富順·自流井則劉經文, 而王天杰尤抗憤. 曹篤返自流井. 方朝珍返井研. 肖參·張頤則之靑神. 井研·榮縣·貢井以南, 皆密商定計沈機待動. 之洪還成都. 而重慶機關部復派周國琛入省視察川西局勢. 國琛人地不兩習, 未得要領而還. 重慶諸黨人以全川民氣常不可爲, 會參·頤抵渝見庶堪·培爵等, 告以靑神·井研·榮縣·自貢間, 民氣可用, 且有黨人居中策動, 諸人益奮起密謀革命. 渝人見同志會日張大, 演說者集萬衆, 嘩動一時. 不見庶堪等于會場有言論, 竊竊私議之. 黨人以語庶堪, 庶堪日, 此非根本革命, 無以拯民, 保路云云, 要皆枝葉耳. 于是庶堪·培爵等日夜與諸黨人謀發書致各路, 慮郵之泄, 則遣腹心馳遞之, 各州縣黨人始稍稍集重慶." 民國『巴縣志』卷22, 蜀軍革命始末.

지홍은 외형적으로는 어디까지나 중경을 대표하는 입헌파와 같은 입장을 가진 중경지역 출신의 지방신사로 볼 수 있다. 하지만 주지홍은 중경에서 양서감, 장배작 등과 함께 동맹회중경지부의 중심적 인물이었다.

동맹회중경지부 지부장 양서감은 주지홍을 중경 주주대표로 성도에 파견하면서 자의국 의장이자 입헌파 신사 포전준, 자의국 부의장이자 입헌파 신사 나륜 등과 무장봉기를 도모해서는 안 된다고 했다. 중경 주주대표로 성도에 파견된 주지홍은 그곳에서 동맹회원들과 결집했다. 여기에는 신군 출신의 동맹회원들도 가세했다. 성도지역은 1907년 성도봉기가 실패한 후 혁명파에 대한 감시망이 대단히 삼엄했기 때문에 성도에서 봉기를 거행하기 어렵다고 판단했다. 이에 사천 남부지역에서 무장봉기를 일으킬 준비를 했다. 무장봉기를 거행할 준비를 위해 동맹회원들은 각자가 활동할 지역으로 나뉘어져 파견되었다.

동맹회중경지부 양서감은 보로라고 하는 것은 모두 지엽적인 것이라고 한 것처럼, 사천보로운동시기 동맹회원은 철도권을 수호한다는 명분인 보로는 지엽적인 문제로 보았다. 무장봉기를 일으켜 청조 정부를 타도하고 공화제 국가를 수립하는 혁명만이 근본적으로 국가와 백성을 구하는 유일한 방법으로 인식한 것이었다.

동맹회원들은 보로운동을 혁명운동으로 전환시키기 위해서는 광범한 민중의 지지기반을 의식하고 있었다. "철도국유화정책에 대해 혁명파가 무장봉기를 거행하는 것을 도모할 때, 동맹회원 용명검은 민기(民氣)를 신장하는 것을 자신의 임무로 삼았다."[322]라고 하

322) "鐵路國有之議起, 鳴劍固以伸張民氣爲己任."『民國榮縣志』卷8, 人士, 龍鳴劍傳.

는 것처럼 동맹회원들은 보로운동시기 민중들의 분위기를 고조시켜 이를 통해 무장봉기를 일으킬 준비를 했다. 혁명파 입장에서 보면 보로운동은 지엽적인 문제에 불과하고 형식적인 것에 불과했다. 혁명파들은 보로운동을 기회로 삼아 대규모 민중들이 가세한 무장봉기를 사천 전 지역으로 확산시켜 혁명운동으로 전환시킬 계획이었고 이를 보로운동시기 지속적으로 추진하고 있었다.

이 때문에 사천보로운동은 광범한 민중들을 동원한 무장봉기가 일어나는 방향으로 전개되어 가고 있었고 입헌파 신사들의 문명쟁로와 같은 평화적 투쟁방법과는 상반된 방향으로 진행되었다. 특히 동맹회원들은 빈곤 농민들이 다수 참여한 가로회라는 세력을 흡수하여 무장봉기를 일으킬 분위기를 조성하고 있었다.

Ⅲ. 사천보로동지군의 조직과 사천폭동의 전개

사천보로운동 초기 단계부터 동맹회원들은 보로운동을 이용하여 무장봉기를 일으킬 계획을 지속적으로 준비하고 이를 실행할 기회를 기다리고 있었다. 1911년 8월 청조는 조이풍을 사천총독에 임명했다. 조이풍이 사천총독에 부임할 당시에는 이미 보로운동이 사천 전 지역에서 진행되고 있었고 초기보다는 보로운동이 과격한 양상으로 진행되고 있던 시점이었다. 조이풍이 사천총독에 부임한 후에도 사천보로운동은 잠잠해지지 않았다. 특히 성도시내의 학생들은 파과(罷課, 동맹휴학), 상인들은 파시(罷市, 철시), 노동자들은 파공(罷工, 파업) 등 삼파투쟁(三罷鬪爭)이 전개되었다.[323] 또한 민중들은 국가에 세금납부 거부투쟁인 항량항연(抗糧抗捐)투쟁도 전개했다.[324] 이 과정에서 신번현, 팽현, 관현 등과 같은 일부 지역에서는 민중들이 폭동을 일으키기도 했다.[325] 사천보로동지회는 민중들의 시위가 과격해지자 민중들에게 다음과 같은 주의사항을 당부했다. 첫째, 가두에서 무리를 지어 행동하지 말 것 둘째, 폭동을

323) "罷市罷課罷工, 既歷多日, 市面恐慌, 人心惶惑, 予等騎虎難下, 欲罷不能. 每當演說時, 憤激不顧前後, 則聽衆歡迎. 若果瞻顧前後, 研究方法, 則衆極不滿, 愈演愈烈, 已成風氣, 不易挽回矣" 彭芬, 「辛亥遜淸政變發源記」, 『四川辛亥革命史料』(上), p.338.

324) 戴執禮編, 『四川保路運動史料彙纂』(中), pp.887-932.

325) 戴執禮編, 『四川保路運動史料彙纂』(中), pp.933-936.

일으키지 말 것 셋째, 교당을 파괴하지 말 것 넷째, 관부를 모욕하지 말 것 등이었다.[326)]

사천보로운동이 전개되어가는 과정에서 8월말이 되면 혁명의 정세가 다가오고 있다는 것을 암시하는 글이 게재되었다. 8월 31일(음력 7월 8일) 사천보로동지회의 기관지 역할을 한 《서고보》의 시사평론에서 "혁명의 풍조가 날이 갈수록 극렬해지고 있다. (중략) 혁명당이 창궐한 것은 실로 정부가 주조한 것이 있다. 본래 그 화근을 헤아려보면 정부도 이미 사면되지 못하는 범례에 있다."고 했다. 당시의 신문 매체에서도 혁명이 일어날 상황을 예측하고 있었을 정도로 보로운동이 격화되고 있었음을 암시해 주고 있다.[327)]

청조 정부는 사천총독 조이풍에게 강경하게 진압할 것을 명령했다.[328)] 단방, 성선회, 서징 등은 조이풍 탄핵을 조정에 요청하기도 했다.[329)] 단방은 원세개를 기용하여 사천보로운동을 진압해야 한다고 주장하기도 했다. 사천총독 조이풍은 자신이 탄핵당할 위기에 있었고 사천 각 지역에서는 민중들은 파시투쟁, 파과투쟁, 항연항세 투쟁까지 연이어 이어지고 있었다. 사천총독 조이풍은 항량

326) 戴執禮編, 『四川保路運動史料彙纂』(上), p.938. 7월 6일 천한철로공사는 고동대회(股東大會, 주주대회)를 개최했다. 당시 사천 전 지역에서 파시, 파과가 진행되고 있었기 때문에 이 문제에 관한 논의가 진행되었다. 고동대회에 참가한 자는 600여명이었다. 지방정부에서도 포정사, 제법사, 제학사, 염운사, 순경도, 권업도가 참가했다. 총독을 제외하고 사천 최고의 지방장관들이 대거 참가했다. 고동대회에 참가한 관료들은 지방의 질서를 유지하기 위해 관료와 신사가 연합하여 "官紳聯合維持會"의 조직을 제안했고 7월 8일 관신유지회의 개회식이 거행되었다. 개회 당일에는 관신유지회를 官民維持會라는 용어로 바꾸어 사용했으나 실제는 관신유지회였다. 관민유지회는 관료와 민중이 질서를 유지하기 위해 "官民一體"가 되어야 한다는 것을 강조했지만 사실은 관료와 지방신사가 연대를 통하여 지방 질서를 유지하기 위한 수단이었다. 戴執禮編, 『四川保路運動史料彙纂』(上), pp.942-943.

327) 戴執禮編, 『四川保路運動史料彙纂』(中), p.1010.

328) 戴執禮編, 『四川保路運動史料彙纂』(中), p.794, p.888.

329) 戴執禮編, 『四川保路運動史料彙纂』(中), pp.987-990.

항연 투쟁에 동참하면서 세금을 납부하지 않는 민중들과 민단(民團)을 조직하는 지도자들을 체포한다는 포고문을 내렸다.[330] 9월 2일 청조 정부에서는 단방(端方)[331]을 파견하여 호북성 군대를 거느리고 사천보로운동을 진압하라는 유지를 내렸다.[332] 결국 조이풍은 9월 5일(음력 7월 13일) 무력을 동원하여 시위를 진압하려는 의지를 표명하는 전보문을 조정에 보냈다.[333] 조이풍은 사천보로운동을 강력하게 진압하지 않을 수 없는 상황에 놓였다.

9월 5일 천한철로특별고동대회(川漢鐵路特別股東大會)가 개최되는 회의장 문앞에 입장하고 있던 고동대표(주주대표)에게 전단지가 배포되기 시작했다. 이 전단지는 〈천인자보상각서(川人自保商榷書)〉[334]였다. 9월 5일은 이미 사천보로운동이 격화되고 있던 시기였다. 각 지역에서 파시, 파과, 항량항연 투쟁이 전개되었다. 이는 사천 신해혁명이 본격화된다는 것을 암시하는 투쟁이었다. 이 전단지는 동맹회원 주국침(朱國琛)이 양윤공(楊允公), 유장술(劉長述)[335]과 함께 작성한 것이었다. 〈천인자보상각서〉의 내용에는 과격한 문장으로 기술된 것이 아니라 은유적인 표현과 암시적인 표현으로 기술되어 있었다. 이 전단지의 핵심 내용은 사천 민중들이 단결하여 함께

---

330) 戴執禮編, 『四川保路運動史料彙纂』(中), pp.795-796.

331) 端方은 1861년 직례성의 滿州 旗人 출신이다. 1882년 순천향시에 응시하여 거인이 되었다. 1889년 섬서안찰사, 포정사, 호리섬서순무를 역임했다. 이어 호북순무, 강소순무, 하남순무를 역임했다. 그는 1905년 헌정고찰대신으로 파견된 5대신 중의 한명이었다. 귀국 후 양강총독, 직례총독을 역임했다. 1911년 5월 단방은 천한월한철로독판대신으로 임명되었다. 9월 7일 사천성에서 성도혈안이 발생했다. 9월 10일 사천총독 조이풍이 면직되고 단방을 서리 사천총독에 임명했다. 단방은 호북성 신군을 이끌고 의창을 거쳐 사천에 진입했다. 사천보로운동이 사천폭동으로 전개되는 과정에서 11월 27일 사천성 資州에서 신군의 반란으로 피살되었다.

332) 戴執禮編, 『四川保路運動史料彙纂』(中), p.999.

333) 戴執禮編, 『四川保路運動史料彙纂』(中), p.992.

334) 「川人自保之商榷書」『四川保路運動史料彙纂』(中), pp.1105-1109.

335) 劉長述은 변법운동시기 무술육군자 중의 한 명으로 처형당했던 유광제의 장남이다.

자보(自保)를 도모해야 한다는 것이었다. 이 전단지의 핵심 용어는 바로 사천의 자보(自保)였다. 자보의 핵심 내용은 국민군(國民軍)의 조직, 무기의 제조 등을 통해 사천의 독립을 도모한 글이었다. 문맥상으로는 입헌운동의 범주에 속하는 지방자치를 언급한 것으로 보이지만 실제 내용은 혁명을 촉구한 글이었다. 자보(自保)는 입헌을 빙자한 혁명이었다. 사실상 자보(自保)는 혁명파가 중앙정부로부터 자주독립한다는 의미가 내포된 용어였다. 〈천인자보상각서〉에 기술되어 있는 내용 중에서 자수조세(自收租稅), 자판민단(自辦民團)이 의미하는 내용은 자보(自保) 중의 핵심 내용이고 이는 혁명이라는 것을 암시한 내용이었다. 사천보로운동시기 사천 혁명파는 보로의 이름을 걸고 혁명을 전개한 명동암투(明同暗鬪)의 책략을 사용했다. 〈천인자보상각서〉의 내용은 바로 명동암투의 형식으로 쓰여진 것이었다.

9월 7일 사천총독 조이풍은 내각(內閣)에 전보문[336]을 발송했다. 자신이 보내는 전보문의 내용을 검토한 후 내각에서 황제에게 상주문을 올려달라는 것이었다. 당시에는 긴급 상황시에는 내각에 전보문을 보내 내각을 통해 황제에게 대주(代奏)하는 방식이 널리 채용되었다. 이 전보문에는 〈천인자보상각서〉의 배포 상황, 보로운동의 수뇌부인 포전준 등의 체포, 체포자의 석방을 요구하는 민중들의 진압 등에 관한 내용이 기술되어 있었다. 이 전보문의 서두에는 "보로를 이용하여 인민들을 선동하고 있는데 이러한 풍조가 사천 전 지역으로 파급되어 마침내는 독립을 도모하고 있습니다."라고 기술하고 있다. 여기서 독립을 도모한다는 의미는 바로

336) 戴執禮編, 『四川保路運動史料彙纂』(中), pp.1110-1111.

〈천인자보상각서〉에 기술되어 있는 내용을 지칭한다. 내각에서 조이풍의 전보 내용을 받고 황제에게 보고하자 황제는 9월 8일과 9월 9일 이틀에 걸쳐 조이풍에게 상유를 내려 명령을 하달했다. 9월 8일의 상유에는 조이풍에게 〈천인자보상각서〉를 작성한 주모자를 체포하여 취지정법(就地正法)으로 다스리도록 하는 내용이었다. 취지정법은 정법이라고도 하는데 이는 즉시 사형에 처한 후 사후 보고하는 즉결 처형이었다. 일반적으로 반역자에게 행하는 처벌이다. 9월 9일의 상유에는 호북성의 군대를 사천으로 진입시켜 조이풍과 함께 사천의 혼란을 수습하라는 내용이었다.[337] 이 상유에는 "사천성의 혁명당이 쟁로(爭路)를 빌어 어리석은 민중을 선동하는데 그 뜻은 독립을 꾀하는 것에 있다"라고 하면서 강력하게 진압을 명령한 것이었다. 사천지역의 혁명파는 보로운동초기부터 보로를 빌어 혁명을 완수하려고 끊임없이 활동을 전개했는데 조정에서도 이 시기에는 혁명파들의 의도를 간파한 것이었다.

사천총독 조이풍이 9월 7일 조정에 보낸 전보문의 내용에서 언급한 사건을 간단하게 정리하면 다음과 같다. 조이풍은 9월 6일 자의국의장 포전준을 비롯하여 나륜, 등효가, 강삼승, 장란, 왕명신, 호영, 엽병승, 팽란촌 등 보로동지회를 이끌고 있었던 수뇌부를 체포하기에 이르렀다. 사천총독 조이풍은 보로운동의 수뇌부들을 체포한 이유에 대해 "겉으로는 애국의 이름을 걸고 있지만 안으로는 국가를 해치는 행위를 하고 있었다."[338]라고 했다. 사천총독 조이풍의 눈에 비치는 보로운동의 수뇌부들은 애국(愛國)의 이름을 표방하면서 실제는 해국(害國)의 행위를 일삼은 죄인으로 본

337) 戴執禮編, 『四川保路運動史料彙纂』(中), pp.1111-1112.
338) "陽居愛國家之名, 而陰行其害國家之實." 戴執禮編, 『四川保路運動史料彙纂』(中), p.1228.

것이다. 조이풍은 반역을 일삼은 신사라는 의미의 역신(逆紳)이라고 그들을 표현했다. 사천보로운동의 수뇌부들이 체포되어 처형되기 직전에 이르자 이때부터 보로동지회는 혁명으로 전환하기 시작했다.[339]

사천보로운동의 수뇌부가 체포되었다는 소식이 전해지자 성도의 민중들은 체포된 보로운동의 수뇌부 석방을 청원하는 시위를 전개했다. 시위대의 규모는 수천 명이나 되었다. 이 과정에서 시위대와 진압군 간에 충돌이 일어났고 이 과정에서 시위를 진압하던 지휘관과 병사들이 다수 부상당하는 상황까지 발생했다. 이에 진압군은 시위대를 향해 발포하여 시위에 참가한 수십 명의 사망자[340]가 발생했다. 사망자의 정확한 수치는 알 수 없다. 다만 명확하게 밝혀진 사망자 명단은 26명이다. 사망자 중에서 최연소자는 12세이고 최고령자는 73세이다. 이를 성도혈안(成都血案)이라고 한다. 성도혈안 발생 후 사천총독 조이풍은 조정에 즉시 이를 보고했다. 중앙 정부는 사천총독 조이풍이 보로운동의 수뇌부를 체포하고 시위대를 진압한 것은 적절한 조치라고 하면서 더욱 강력하게 진압을 명령했다. 동시에 호북성의 군대를 사천에 진입시켜 사천성의 군대와 합동으로 시위를 진압하게 했다. 사천보로운동의 수뇌부였던 포전준, 나륜 등이 체포된 후 10월 26일 청조 정부는 포전준, 나륜 등의 석방을 명령했다.[341] 이어 11월 14일 약 2개월 이상 구금되어 있던 포전준, 나륜 등이 석방되었다. 보로운동의 수뇌부가

339) 戴執禮編, 『四川保路運動史料彙纂』(上), p.113.

340) 성도혈안으로 발생한 사망자 수에 대해서는 명확하지 않다. 대체로 수 십명으로 알려져 있다. 정확한 수치로는 32명이라는 기록도 있고 100명이라는 기록도 있다. 현재 명확하게 밝혀진 사망자 명단은 26명이다. 戴執禮編, 『四川保路運動史料彙纂』(中), pp.1133-1134.

341) 戴執禮編, 『四川保路運動史料彙纂』(上), p.472.

체포된 후, 각 성의 자의국에서는 사천민중들이 보로운동의 수뇌부인 포전준, 나륜 등을 석방하라는 시위를 지지했다. 또한 북경에 주재하고 있는 각 성의 자정원 의원도 내각에 포전준 등을 석방하도록 요청하는 글을 보냈다.[342)]

성도혈안이 발생하자 영현 출신의 동맹회원 용명검, 주국침, 조독 등은 농사시험장으로 가서 그곳의 노동자들의 도움을 받고 수백 장의 목판에 글을 새겼다. 목판에 새긴 글은 "조이풍이 우선 포전준, 나륜을 체포하고 후에 사천을 진압하려고 하니 각지의 동지들은 신속히 자보자구(自保自救)를 위해 일어나라."는 내용이었다. 목판에는 오동나무 기름을 칠했다. 그리고 이 목판은 성도에 흐르는 금강(錦江)에 띄워 보냈다. 가을의 금강은 강물이 불어나 있었다. 이 목판을 물에 띄워 보내는 전보라고 하여 수전보(水電報)라 했다. 수전보는 강을 타고 사천 각지로 유입되었다. 사천보로동지회에서 사천보로동지군으로 전환되는 신호탄이었다.

무장봉기를 일으킬 기회를 노리고 있었던 동맹회원은 가로회와 연합하여 각지에서 보로동지군을 조직하여 일제히 무장봉기를 일으키기 시작했다. 이러한 무장봉기는 급속히 사천 전역으로 확대되기 시작했다. 혁명파 입장에서는 처음부터 보로를 빌려 혁명을 시도했다. 보로운동이 파시, 파과, 항량항연투쟁으로 격화되자 혁명파는 혁명을 일으킬 준비를 했다. 사천총독부나 중앙정부 입장에서는 보로운동을 강력하게 진압할 명분을 찾고 있었다. 보로운동이 평화적으로 진행되는 상황에서는 보로보국(保路保國)을 표방한 운동을 강력하게 진압하기 어려웠다. 또한 보로운동의 수뇌부들을

342) 戴執禮編,『四川保路運動史料彙纂』(中), pp.1216-1217.

체포하여 보로운동을 차단할 기회를 기다리고 있었다. 그러한 상황에서 〈천인자보상각서〉가 배포되었던 것이다. 〈천인자보상각서〉는 보로운동을 강력하게 진압할 명분을 제공했다. 지방정부가 시위대를 강력하게 진압한 성도혈안은 혁명파에게 혁명을 일으킬 명분을 제공했다.

사천성의 각 지역에서 보로동지군이 조직되어 무장을 동반한 투쟁으로 이어졌다. 청조 정부는 독판철로대신 단방에게 호북성의 군대를 동원하여 무장투쟁을 진압하라는 명령을 하달했다.[343] 중경보로동지회협회에서는 동맹회원 주지홍, 유조음을 대표로 하여 기주부에 주둔하고 있던 단방과의 면담을 추진했다. 사실상 중경보로동지협회는 혁명파가 중심적인 역할을 하고 있었기에 단방과의 면담은 혁명파의 요구를 관철시키는 것이나 다름없었다. 표면적으로는 중경에서 조직한 보로동지협회의 명의로 단방과 면담이 추진된 것이었다.

단방과의 면담시에 요구사항은 다음과 같은 것이었다. 첫째, 사천인의 억울함을 풀어주라. 둘째, 호북성에서 동원한 군대를 철수하라. 셋째, 포전준, 나륜 등 보로운동의 수뇌부 9명을 석방하라는 요구였다. 독판철로대신 단방은 동맹회원이자 중경보로동지협회

343) 조정에서 端方을 사천으로 파견하여 사천성의 혼란을 수습하게 했으나 단방은 사천에 가지 않겠다는 의사를 표시했다. 하지만 조정에서는 그의 의사를 받아들이지 않고 사천에 파견했다. 戴執禮編, 『四川保路運動史料彙纂』(中), pp.1000-1002. 端方은 조정의 명령을 하달받고 호북의 군대를 이끌고 사천으로 들어오면서 자신이 군대를 이끌고 사천에 진입한 이유에 대해 사천의 민중을 설득하기 위해 각 지방장관에게 공문을 하달했다. 특히 이 공문에는 紳粮들이 백성들의 파과, 파시, 항량과 같은 행동을 못하도록 중간에서 역할을 해 줄 것도 요청했다. "各州府縣, 都有那老成公道, 平日百姓說好的紳粮, 應該出來勸解這些逆民, 不要聚衆滋事, 學生不要停課, 店戶不要罷市, 粮戶不要抗粮. 大事變成小事, 有事變成無事, 這才算眞正老成, 眞正公道的紳粮. 本大臣定要奏明請旨嘉獎的." 四川省檔案館編, 『四川保路運動檔案選編』, 四川人民出版社, 1981, p.189.

대표 주지홍과 회담한 후에 사천지역에서 반란이 일어나 군대를 이끌고 온 것은 조정의 명령이라고 하면서 군대의 철수는 반대했다. 다만 포전준, 나륜 등 보로운동의 수뇌부를 석방하는 것에 관해서는 조정에 상주문을 올려 건의하겠다고 했다.[344] 독판철로대신 단방이 호복성의 군대를 이끌고 사천성으로 진입한 것은 사천폭동을 진압하기 위한 것이었다. 그런데 중경보로동지협회의 대표는 단방에게 군대의 철수를 요구했다. 아마도 동맹회 중경지부에서는 단방이 그들의 요구조건을 거부한다는 사실을 알면서도 단방에게 무리한 요구를 했고 단방이 요구조건을 거부하면 이를 혁명투쟁에 활용할 수도 있었다. 동맹회 중경지부 소속의 동맹회원은 연일 중경보로동지협회를 이용하여 공개적인 연설을 했다. 이 연설에서 호북성 군대가 사천으로 진입한 것, 그리고 단방을 직접 만났으나 군대 철수의 요구사항을 거부했다고 하면서 단방과의 면담을 민중들의 선동에 활용했다. 청조 정부가 호북성 군대까지 동원하여 무력으로 보로동지회를 진압하려고 하며 보로동지협회에서 이들을 철수하라는 요청을 했음에도 불구하고 이를 거절한다는 것을 사천성의 민중들에게 알렸다.

성도혈안 발생 후 보로동지회는 보로동지군으로 개칭되었다. 보로동지군의 조직은 성도혈안 발생 전부터 동맹회원들이 계획한 혁명 투쟁 방법 중의 하나였다. 1911년 8월 4일 밤 동맹회원 용명검, 진공백, 왕천걸 등은 진재갱, 나자주, 후국치, 손택패, 장달삼 등 사천 서남지역의 가로회 수령과 함께 자주(資州)[345] 나천정(羅泉

---

344) "保路協會推黨人朱之洪爲代表, 往謁端方于夔府. 之洪等上書要以三事. 一事, 請伸川民冤抑. 二事, 罷入川軍隊. 三事,釋浦蒲,羅等. 端方以川人正稱亂, 率兵乃奉朝命, 只許奏請釋蒲,羅諸人." 『四川辛亥革命史料』(上), p.453.

345) 청대 사천성 資州는 資州直隸州였다. 직례주는 부와 동급인 행정구역이기 때문에 여러 개의

井)에서 비밀회의를 개최했다. 이른바 자주나천정회의[346]였다. 이 비밀회의에서 보로동지회를 보로동지군으로 개칭하고 보로의 이름을 내걸고 반청무장투쟁을 전개하는 것으로 결정했다. 그 외 무장봉기에 필요한 무기와 자금, 정보 등에 관한 사항도 논의되었다. 나천정회의는 사천보로운동을 무장봉기로 이끄는 서막을 열었다. 당시 사천보로운동은 파과, 파시, 항량항연투쟁으로 전개되었다. 이러한 분위기에 편승하여 보로운동을 혁명운동으로 전환시킨 것이었다. 사천 전 지역에 민중이 중심이 된 보로동지군을 이끌고 혁명운동으로 전환할 시기를 기다리던 동맹회원은 성도혈안이 발생하자 신속하게 보로동지군을 조직했다. 혁명파 입장에서 보면 보로운동과 보로동지회의 활동은 사천성에서 무장봉기를 동반한 혁명을 추진하기 위한 도구에 불과했다.

사천보로동지군을 조직하고 이끌었던 중심 세력은 동맹회원 내지는 동맹회원과 연합한 회당의 지도자들이었다. 성도혈안이 발생한 다음 날 성도 인근지역인 온강현에서 황무훈, 하조의, 장희익 등이 군대를 일으켰다. 깃발에는 온강현보로동지군이라 쓰여 있었다. 보로동지군은 지방 민중들로 구성된 의용군과 같은 성격을 지녔다. 큰 장대비가 오는 와중에 주야로 군사를 이끌고 성도로 진격했다. 다음날 성도의 남문 밖 공원에 도착했다. 당시 오경희와 그 사촌형 오종영도 군사를 이끌고 도착했다. 그 다음 날 이선주도 의용군을 이끌고 도착했다. 오경희는 본명이 오영초이다. 그는

현을 관할했다. 자주의 관할현에는 자양현, 내강현, 정연현, 인수현이 있었다. 민국 3년에 자주가 폐지되고 자중현으로 개칭했다. 현재 자중현은 사천성 내강시 관할에 있다.

346) 資州羅泉井會議와 保路同志軍의 組織에 관해서는 唐宗堯·胡恭先, 「資州羅泉井會議與組織同志軍」,『辛亥革命回憶錄』 第3輯; 戴執禮, 「“四川保路運動史”若干問題之商榷」 『四川大學學報』, 1983-3.

동맹회원이었다. 황무훈, 이선주 등은 오경희를 온강현보로동지군 통령으로 추대했다. 그의 사촌형인 오종영은 부사령관에 해당하는 분통(分統)으로 선출되었다. 온강현에서는 여러 곳에서 민병을 모아 보로동지군을 구성했고 성도에 도착한 후 온강현보로동지군이 통합하여 오경희를 온강현보로동지군 사령관으로 추대한 것이었다. 9월 24일 온강현보로동지군은 사천총독 조이풍이 보낸 순방군의 협공을 받았다. 6시간의 전투 끝에 22명의 사망자가 발생했다.[347] 보로동지군은 사실상 혁명군이었다. 비현에서는 장준 등이 보로동지군을 조직하여 성도로 진격하고 청조의 군대와 전투를 벌였다. 관현에서는 장희 등이 보로동지군을 조직하여 비현의 장준이 이끄는 보로동지군과 연대하여 성도에서 청조의 군대와 전투를 벌였다.[348] 간주(簡州) 등지의 보로동지군은 전선(電線)을 끊어 통신을 마비시켰다.[349]

사천포정사는 순경국에 문서를 보내 보로동지군을 진압하는 기구를 별도로 설립하게 했다. 바로 성도주방처(成都籌防處)이다. 성도 혈안 후 성도시내에는 일주일 사이 각 주현에서 조직된 보로동지군이 대규모로 집결했다. 그 수는 최소 2만명에서 최대 10만명에 달했다. 보로동지군의 주요 구성원은 대체로 민중들로 구성된 회당 세력이었다. 성도는 비상시국에 돌입했다. 당시 성도의 물가는 앙등했고 시민들은 두문불출하고 나오지 않았다. 성문은 오후 6시가 되면 폐문했다. 성내에는 빈곤한 하층민이나 실업자를 구제하기 위해 진제국(賑濟局)을 설치하기도 했으나 인적이 드물어 큰 효

---

347) 戴執禮編,『四川保路運動史料彙纂』(中), pp.1143-1144.
348) 戴執禮編,『四川保路運動史料彙纂』(中), pp.1144-1145.
349) 戴執禮編,『四川保路運動史料彙纂』(中), pp.1145-1146.

과는 없었다. 당시 성도에는 전선이 끊어져 통신이 마비된 상태였다. 성도 부근에 통신이 마비되자 우전부대신 성선회는 도(道)의 장관인 도대(道臺)에게 긴급 전보문을 발송했다. 사천총독 조이풍과 연락이 두절되어 천남도 도대 유조망, 천동도 도대 주유기, 중경지부 뉴전선, 천북도 도대 오좌 등에게 전보문을 보낸 것이었다. 그들에게 군대를 이끌로 성도로 나아가 성도 주변에 포진하고 있는 수만 명의 보로동지군을 진압하고 이들을 해산하도록 명령했다.[350] 성도로 진입하는 보로동지군은 갈수록 증가했다. 성도의 서부에서는 온강현, 비현, 숭경주, 관현 지역의 보로동지군이 성도로 진격했다. 남부에서는 화양현, 쌍류현, 신진현, 공주, 포강현, 대읍현 등 10여 주현의 보로동지군이 성도 주변으로 모였다. 각 주현에서 조직된 보로동지군의 규모는 수천 명에서 1만명에 이르렀다.[351] 청조 정부는 성도와 그 인근에 활동하고 있던 보로동지군을 진압하기 위해 호북성의 군대를 성도로 파병하는 것을 결정했다. 이 부대는 육군뿐만 아니라 해군도 가세했다. 해군은 장강 루트를 따라 이동했다. 동시에 청조는 사천성 인근에 있는 귀주성과 운남성에도 지원군을 보내도록 명령했다.[352] 결국 성도에 포위망을 치고 있었던 각 주현의 보로동지군은 청조의 부대에 패배하고 성도 주변에서 해산되었다. 성도 주변의 보로동지군은 9월 15일부터 청조 군대의 반격을 받고 패배하기 시작하여 9월 20일에는 대부분 성도에서 퇴각했다.[353] 성도가 보로동지군에 의해 점령될 수 있는 일촉즉발의 상황에서 겨우 벗어났다.

---

350) 戴執禮編, 『四川保路運動史料彙纂』(中), p.1173.
351) 戴執禮編, 『四川保路運動史料彙纂』(中), p.1182-1183.
352) 戴執禮編, 『四川保路運動史料彙纂』(中), p.1181-1182.
353) 戴執禮編, 『四川保路運動史料彙纂』(中), p.1188-1189.

성도에서 활동하던 보로동지군은 청조의 군대에 패배하고 주로 성외에서 수십만 명이 군집하여 활동하고 있었다. 총독관서나 성도부에서는 일반 민중들이 함부로 동지회에 가담하여 반역활동을 하지 않도록 하는 포고문을 게시하기도 했다.[354] 성도를 포위하고 있었던 보로동지군을 해산시키는데 일정한 성과를 거둔 사천총독 조이풍은 사천단련총국(四川團練總局)을 통해 보로동지군이 신속하게 해산하도록 공지문을 게시했다. 동시에 조이풍은 각 주현의 관리들에게 향진으로 가서 민중들에게 선동하는 무리들과 어울리지 못하도록 교화하는 연설을 하도록 명령했다.[355] 사천총독의 명령을 받은 각 주현에서는 지방신사나 관료들을 향진에 보내 민중들에게 세금을 납부하도록 하고 불순한 세력과 어울리지 못하도록 하는 연설을 했다.

당시 성도를 포위하고 있던 보로동지군과 전투를 벌였던 사천제독(四川提督) 전진방(田振邦)이 훗날 당시의 상황에 대해 조정에 보고한 내용을 보면 다음과 같다.

> "7월 15일(양력 9월 7일) (사천총독 조이풍이) 포전준, 나륜 등을 체포한 후 사방에서 비적들이 일어나 성도가 위급한 상황에 이르러 육군(신군을 지칭)과 순방군 두 부대가 이들을 힘써 방어하여 비적들을 막을 수 있었습니다. 용천산 전투에서 비적들을 크게 물리치고 동로는 평정되고 인심이 점차 안정되었습니다. 그러나 서남로 비적의 세력은 여전히 창궐하여 성이 함락당하고 관료들이 그들에게 잡혀 죄수의 신세가 되는 소식이 계속 들려오고 있는데 특히 신진현은 비적들이 가장 많이 모여있는 지역입니다. 소신이 마침내 순방영 각 부대에게 명령하여 쌍류현의 포위망을 해산시키고 사방

354) 戴執禮編, 『四川保路運動史料彙纂』(中), p.1160.
355) 戴執禮編, 『四川保路運動史料彙纂』(中), p.1207.

으로 군대를 보내 후방을 안전하게 했습니다. 육군 통제관 주경란은 직접 부대를 이끌고 화교장을 공격하고 신진현으로 진격했습니다. 아울러 보병 제68표 통대관 왕주인에게 부대를 이끌고 용천역부터 진격하여 중흥장 일대의 비적들을 공격하게 하고 기일을 정하여 각 부대가 합류하도록 하여 마침내 8월 21일(양력 10월 12일) 신진현을 수복하였습니다. 패배한 비적들은 공주로 퇴각한 후 함께 모여 공주를 공격하여 공주직례주 지주 문득용이 사망했습니다. 당시 북로는 긴급한 상황이어서 지휘관과 논의하여 육군과 순방군을 보내 신도현, 신번현, 팽현, 비현, 자양현 등지를 수복했습니다."[356]

라고 기술되어 있듯이 성도 주변에서 활동하고 있던 보로동지군과 청조의 정규부대인 신군과 순방군 간에 치열한 격전이 벌어졌음을 알 수 있다. 전투는 거의 1개월 이상 진행되었고 패배한 보로동지군은 다른 지역으로 이동하여 공격했다. 사천폭동이라고 한 말은 사실이었다. 민중들의 분노를 잠재울 방안을 마련하는 것보다 사천 보로동지군을 비적(匪賊)으로 인식하면서 그들에게 무력을 동원하여 진압하는 정책은 결국 청조의 붕괴를 알리는 것이나 다름없었다. 당시 보로동지군에 참가한 민중들의 분노는 무력을 동원하여 진압한다고 해서 쉽게 꺼질 수 있는 것은 아니었다. 이제 보로운동은 입헌운동도 아니고 이권회수운동도 아니고 철로권수호운동도 아니었다. 청조 정부를 전복하고 민중이 주인이 되는 민국의 건설만이 유일한 길이었다. 바로 혁명운동으로 전환한 것이었다.

이에 각 지역에서는 계속 보로동지군이 조직되어 활동했다. 천서동지군(川西同志軍)은 가로회 지도자이자 동맹회원 장첩선(張捷先), 장달삼(張達三)이 이끌었다. 동남로동지군(東南路同志軍)은 동맹회원 진재

356) 戴執禮編,『四川保路運動史料彙纂』(下), p.1881-1882.

강(秦載賡), 왕천걸(王天杰), 용명검(龍鳴劍), 진공백(陳孔白), 범화계(范華階), 호어계(胡御階) 등이 이끌었다. 아주동지군(雅州同志軍)은 회당의 지도자이자 동맹회원 나자주(羅子舟)가 이끌었다. 남로동지군(南路同志軍)은 동맹회와 연대한 회당 지도자 후보재(侯寶齋)가 이끌었다. 온강(溫江)에서 보로동지군을 이끈 오경희(吳慶熙), 숭경(崇慶)에서 보로동지군을 지도한 손택패(孫澤沛), 건위현(犍爲縣)에서 보로동지군을 이끈 호담(胡潭) 등은 모두 자주나천정회의에 참가한 동맹회원이자 회당의 지도자였다. 천북동지군(川北同志軍)은 혁명파 신사 이소이(李紹伊)가 이끌었다. 이소이는 자신이 직접 조직한 효의회(孝義會)를 보로동지군으로 활용했다. 기강(綦江)보로동지군을 이끈 지열오(池列五), 강진(江津)보로동지군을 이끈 곽운정(郭雲程) 등은 공진회원(共進會員)이었다.[357] 이처럼 사천보로동지군은 입헌파 신사에 의해 조직된 것이 아니라 동맹회원이나 동맹회원과 연대한 회당의 지도자들이 조직하고 이들을 이끌었다.

보로동지군의 활동은 파약보로나 문명쟁로와 같은 보로운동의 범위에서 활동하는 것이 아니라 무장봉기를 동반한 혁명운동의 일환으로 전개되었다는 사실을 알려주는 기록을 보면,

> "각 보로동지군이 사방에서 들고 있는 깃발에는 '구제달로(驅除撻虜), 회복중화(恢復中華), 창립민국(創立民國), 지권평균(地權平均)'이라고 적혀 있었다. 보로(保路)라는 명칭을 깃발에 새기지 않고 동맹혁명군(同盟革命軍)의 기치(旗幟)를 들고 있었다. 사천총독은 비로소 사천지역에서 발생한 변란이 모두 동맹회가 주동한 것을 알게 되었다."[358]

357) 『重慶文史資料選輯』 第13輯, pp.190-191.

358) "各軍皆樹旗四面, 文曰, 驅除撻虜, 恢復中華, 創立民國, 地權平均. 將保路之面具揭去, 而樹同盟革命軍之旗幟. 川督始知川局之變, 皆爲同盟會所主動." 曹叔實, 「四川保路同志會與四川保路

라고 하는 것처럼 보로동지군이 내걸고 있는 기치에는 동맹회의 16자 강령인 “구제달로, 회복중화, 창립민국, 지권평균”이 새겨져 있었다. 보로동지군의 성격은 보로운동이 아니라 혁명운동임을 알리는 것이었다. 보로동지군이 무장봉기를 동반하여 만주족 정권인 청조를 타도하고 민국을 수립하는 혁명투쟁을 하고 있다는 상황에 이르러서야 사천총독도 사천보로운동부터 시작된 사천지역의 혼란이 모두 동맹회가 주동적으로 이끌었다는 것을 인식한 것이었다.

사천보로동지군에는 대규모 민중들이 참가하여 활동하였는데 여기에는 사천지역에서 활동하고 있던 비밀결사조직인 가로회의 구성원들이 대거 참가했다. 이에 대한 기록을 보면,

> “동지회는 가로회이다. 가로회를 왜 동지회라 지칭할까? 이는 가로회가 보로동지회를 일으키고 호응했기 때문이다. 선통 3년 4월, 철도국유의 유지가 하달되자 호북성, 호남성, 광동성의 민중들이 일어나 투쟁하였고 사천인들도 이에 호응하여 철도국유화 반대투쟁에 동참하여 보로동지회가 조직된 것이다. 보로동지회 성립을 주도한 사람은 등효가, 포전준, 나륜, 안해 등(자의국의원들)이다. 그렇기에 동지회는 보로회이다. 그런데 왜 가로회와 관계가 있을까? 보로동지회는 뜻을 같이하여 철로를 보호하려는 조직인데 왜 사천총독 조이풍을 격노하게 했는가? 동지회가 조직된 지 얼마 되지 않아 각지에서 파시(철시) 투쟁이 일어났다. 또 얼마후 조이풍이 사천지역의 보로운동을 진압한다는 소문이 널리 퍼졌다. 얼마 후 포전준, 나륜 등이 체포되었다. 그 후 가로회가 일어나 이에 호응했다. 이에 이르러 이른바 동지회는 바로 보로가 아니라 오로지 조이풍을 타도하는 것을 그 임무로 하니 이는 어찌 동지회의 초심이겠는가? 포전준, 나륜 등이 처음 체포되었을 때 이른바 수전보라는 것은 목판 수 백개에 ‘사천총독 조이풍이 사천을 진압하려고 하니 사천을 구하기 위해 각 지역에서 지원하라.’는 등의 글을 새겨

同志軍之眞象」, 『四川辛亥革命史料』 (上), p.382.

강에 띄우자 수전보는 강물에 흘러 날개를 가진 듯 빠르게 전파되었던 것이다. 가로동지회의 시작은 바로 이 때부터이다."[359]

라고 기술되어 있는 것처럼, 동지회가 바로 가로회라고 하는 기록에 주목할 필요가 있다. 가로회 구성원들이 사천보로동지회에 참가하여 활동한 것이 많았음을 알려주고 있다. 사천보로동지회는 가로회 뿐만 아니라 사천지역의 신사, 민중들이 연합하여 조직된 것인데 여기에 가담한 상당수의 민중들이 가로회 회원들이었던 것은 부인할 수 없다. 사천보로운동이 전개되는 과정에서 성도혈안의 발생 후 보로동지군이 각지에서 광범위하게 조직되었는데 보로동지군의 조직에 가로회의 구성원들이 적극적으로 참가했다. 보로동지군의 조직은 하루 아침에 이루어진 것은 아니었다. 사천보로운동이 시작되었을 때부터 동맹회원들이 보로운동을 도구로 삼아 혁명운동으로 전환시키려고 지속적으로 준비하고 기회를 기다리고 있었다. 이러한 노력의 결과 보로동지군을 조직할 수 있는 명분이 나타났다. 그것이 바로 성도혈안이었다.

성도혈안 발생 후 사천성의 동맹회원들은 사천 전 지역에서 무장봉기를 감행하기 위해 성도혈안의 소식을 사천의 각 지역으로 알리기 위해 수전보(水電報)를 보내 이 소식을 각 지역으로 알렸다. 수전보를 보내는 데 중심적인 역할을 한 동맹회원 용명검은 자신

---

359) "同志會, 哥老也. 哥老也, 而何以日同志會. 因起而應保路同志會也. 先是宣統三年四月, 干路國有之旨既下, 鄂·湘·粵人起而爭之, 川人從而和之, 是所以有保路同志會. 主其事者爲鄧孝可·蒲殿俊·羅綸·顔楷諸人. 然則同志會者, 保路之會也, 而何與于哥老. 同志會者, 同志以保路也, 而何怒于川督趙爾豊. 乃未幾, 而各地罷市矣. 未幾而爾豊剿蜀之流言播矣. 未幾而蒲·羅諸人捕矣. 又未幾而哥老起而相應矣. 至此, 而所謂同志會者, 乃不保路而專以殺趙爲職志, 豈同志會之初旨哉. 當蒲·羅等初被捕時, 有所謂水電報者, 以木片數百悉書趙督捕剿川求援等語投水, 下流又有持羽炭星馳者. 哥老同志會之起, 則于是時."『重修彭山縣志』卷3, 民俗篇, 附論2.

의 출신지역인 영현(榮縣)으로 이동했다. 용명검이 영현으로 돌아간 것은 영현지역에서 보로동지군을 조직하여 무장봉기를 거행할 계획이었다. 용명검은 영현에서 동맹회원 오옥장(吳玉章)과 만났다. 당시 오옥장은 일본에서 상해를 경유하여 중경을 거쳐 영현으로 귀향한 지 얼마되지 않은 시점이었다. 용명검은 영현 출신의 동맹회원 왕천걸, 오옥장과 논의를 거쳐 영현지역에서 보로동지군을 조직하여 각 지역에서 무장투쟁을 전개할 계획이었다. 하지만 용명검은 영현보로동지군을 이끌고 이동하던 도중에 병사했다. 용명검의 사망 소식이 영현에 전해지자 영현 전 지역에 용명검을 애도하는 분위기가 고조되었다. 용명검 사망을 계기로 오옥장은 영현지역에서 봉기를 일으킬 계획을 세웠다.[360] 1911년 9월 25일, 무창봉기 발생 보름전 마침내 영현(榮縣)에서는 오옥장,[361] 왕천걸(王天杰)[362]이 이끄는 보로동지군이 영현봉기[363]에 성공했다. 영현봉기 성공 후 현 단위의 범위에서 최초로 군정부가 수립되었다.

사천보로동지군이 조직된 후 사천보로운동은 단순한 보로운동은 아니었다. 보로동지군의 조직도 동맹회원이 중심이 되었고 보로동지군의 투쟁 방향도 반청 무장투쟁이었으며 민국의 수립이었다. 혁

---

360) 吳玉章, 『辛亥革命』, 人民出版社, 1961, p.129.

361) 吳玉章의 원래 이름은 永珊이고 호는 樹人이며 1878년 12월 30일 사천성 榮縣에서 출생했다. 1903년 일본으로 유학하여 1905년 중국동맹회 성립 후 평의부 평의원이 되었다. 1907년 동경에서 『四川』이라는 잡지를 간행했다. 1911년 3월 광주봉기에 참가했으며 9월 고향인 사천성 영현으로 돌아와 용명검, 왕천걸 등과 합세하여 영현봉기를 주도하고 9월 25일 榮縣獨立을 선포했다. 任一民 主編, 『四川近現代人物傳』 第1輯, pp.1-2.

362) "王天杰, 字子襄, 蜀南榮縣人也. 世爲榮縣巨富. 丙午由今重慶鎭使熊錦帆君介紹入革命同盟會, 與熊君等屢謀敍·瀘·成·渝各地起義不就. 辛亥擧爲本縣民團訓練所督辦, 遇鐵路事起, 乃大召其徒黨合民團子弟共二千人. 適仁·井各縣義軍蜂起, 相約會師籍田鋪, 與華陽秦載賡同被推爲四川革命軍東路全軍統領." 『四川辛亥革命史料』 (上), p.204.

363) 榮縣起義와 榮縣獨立에 관해서는 영현봉기를 주도한 오옥장의 회고록에 이에 관한 구체적인 기록을 확인할 수 있는데 이에 관해서는 吳玉章, 앞의 책, pp.123-130 참조.

명파의 시각에서 볼 때 사천보로운동은 보로운동이 아니라 혁명운동의 성격을 지니고 있었다. 사천 출신의 동맹회원이 증언하기를,

> "사천보로동지회와 사천보로동지군은 실질적으로 혁명당인이 조직한 신해혁명군의 시작으로 만주족 정부의 멸망을 재촉시키는 데 공이 없다고 할 수 없다. 그러나 이를 잘 모르는 사람들은 보로동지회와 동맹회의 혁명과는 관계없는 것으로 알고 있다. 하지만 실질적으로 사천보로동지회는 동맹회가 배양하여 조직된 것이고 사천보로동지군 또한 동맹회가 조직하여 이루어진 것으로 신해혁명의 기점이 된 것이다. 당시 사천성에서 동지들을 무장시키기 위한 무기가 매우 적고 또 입수하기도 어려웠으므로 보로의 이름을 빌려 인민을 선동하여 이로써 혁명을 하지 않을 수 없었던 것이었다."[364]

라고 했다. 상술한 기록은 하층신사이며 동맹회원이었던 조독(曹篤)이 증언한 내용이다. 그의 증언에 의하면 사천보로동지회와 사천보로동지군은 사천 신해혁명군의 출발로 보고 있다. 특히 사천보로동지회는 입헌파 신사가 조직하고 주도한 것으로 알려져 있지만 실제는 그렇지 않았다. 특히 동맹회와 사천보로동지회는 무관한 것으로 알고 있는 경우가 많다. 보로동지회를 통해서 실행된 사천보로운동은 사천지역의 동맹회원들이 보로운동을 혁명운동으로 이끌기 위한 도구로 활용했고 사천보로동지군은 동맹회가 주관하여 조직했고 이를 통해 무장투쟁을 전개한 것이었다. 사천보로운동은 보로운동의 성격도 존재하는 것은 사실이지만 보로운동을 이용하여 순차적으로 혁명운동으로 전환되어 갔던 것도 사실이다.

364) "四川保路同志會與四川保路同志軍, 實爲吾黨辛亥革命軍之始, 促亡滿虜, 不可謂無功. 然不知者以爲同志保路與同盟會之革命無關. 而其實該會爲同盟會所醞釀而開, 該軍亦爲同盟會所組織而成, 而爲辛亥革命之起點也. 惟當時在川武裝同志甚少器械, 又難輸入, 故不能不藉保路之名, 鼓動人民以行革命之實." 曹叔實, 「四川保路同志會與四川保路同志軍之眞象」, 『四川辛亥革命史料』(上), p.380.

특히 사천폭동 진압을 위해 파견된 신군 내에도 동맹회원이 많았고 혁명에 동조하는 군인도 많았다. 신군들이 적극적으로 보로운동을 진압하려고도 하지 않았다.[365)]

보로운동시기 입헌파신사들은 공개적으로 신분을 노출한 상태에서 활동했다. 동맹회원들은 신분을 은폐한 상태에서 활동했다. 표면적으로는 입헌파 신사가 주도한 것으로 비쳐질 수 밖에 없다. 상대적으로 동맹회원들의 활동은 가시화되지 않았다. 사천보로운동은 입헌파 신사층이 철로권보호라는 명목으로 진행한 이권회수운동이나 입헌운동으로 출발한 것은 사실이다. 하지만 동일한 출발점에 선 동맹회원들은 입헌파 신사층이 조직한 합법적인 기구인 사천보로동지회를 이용했다. 이를 통해 대규모 군중을 동원하고 시위를 보다 과격화시켰다. 사천 전 지역의 민중들이 혁명에 참가하기를 바랐다. 최종적으로 사천 민중들은 보로동지군에 대거 참가했고 민국혁명을 수행하는 중심적인 역할을 했다. 사천 신해혁명은 동맹회원만 참가한 것이 아니었다. 수많은 민중들이 참가한 민중운동의 성격도 존재했다. 신해혁명을 부르조아민주주의 혁명이라고 하지만 사실은 그렇지 않았다. 무창봉기 후 전국 각지의 민중들도 혁명에 동참했다. 심지어 입헌파 신사조차도 혁명에 참가하기도 했다. 학생, 노동자, 상인도 참가했고 군인이나 경찰도 합세했다.

사천보로운동은 입헌파 신사와 동맹회원이 서로 다른 노선을 상정해 놓은 상태에서 출발했다. 보로운동을 실천하는 과정에서 두 세력이 나아가는 방향은 시종일관 공통분모를 찾지 못했다. 여기

365) 戴執禮編, 『四川保路運動史料彙纂』(上), p.115.

에는 표출되지 않은 긴장 상태와 대립 상태가 유지된 채 진행되었다. 결과적으로 사천보로운동은 입헌파 신사층이 일관되게 추진한 비폭력 운동으로 종결된 것이 아니라 기존의 체제를 물리적인 방법을 동원하여 새로운 사회의 건설을 목표로 했던 동맹회원들의 구상대로 진행되었다. 동맹회원은 사천보로운동초기부터 "보로의 이름을 빌어 인민을 선동하고 이로써 혁명을 실행한다(藉保路之名, 鼓動人民, 以行革命之實)"는 목표대로 투쟁을 전개했다. 사천보로운동은 입헌운동, 이권회수운동, 철로권회수운동, 반제운동, 반봉건운동, 민중운동, 민주운동, 혁명운동 등 다면적 성격의 운동이었다.

V. 맺음말

본고에서는 사천보로운동의 성격을 둘러싸고 다면적 성격으로 평가할 수 있는 요소에 관해 검토하고 사천보로운동의 성격을 규명하고자 했다. 사천보로운동이 진행되어 가는 과정을 정리하면, 사천보로동지회의 성립→각 주현에서 보로동지회 분회의 성립→파약보로를 위한 강연, 시위, 선전→파시, 파과 투쟁→항량, 항세 투쟁→천인자보상각서의 유포→성도혈안의 발생→사천보로동지군의 조직→사천 전 지역의 폭동화→영현군정부의 수립, 천북촉북군정부의 수립→촉군정부의 수립, 대한사천군정부와 사천군정부의 수립→성유양군합병정부의 수립으로 이어졌다.

사천보로동지회가 성립될 당시에는 청조가 서구 열강으로부터 차관을 단행하여 철도를 부설하려는 정책에 반감을 가지고 보로운동이 시작되었다. 보로운동초기에 보로운동의 목표는 철도민영화보다는 차관 계약의 파기인 파약이었다. 그래서 보로운동의 구호는 파약보로였다. 보로운동이 철도국유화정책에 대한 반대운동이었다면 파약보로라는 구호를 외칠 필요가 없었다. 당연히 보로라는 명목으로 운동을 펼칠 명분이 없었다. 보로는 철로권을 서구 열강에게 이양하려는 청도의 정책에 대해 철로권을 중국인의 손으로 사수하겠다는 의미였다. 이 때문에 보로라는 명칭으로 운동을 전개할 수 있었다. 엄밀하게 말하면 보로운동은 철도국유화 반대운동이 아니라 차관 반대운동이었다. 만약 보로운동이 철도국유화정책에 대한 반대운동이었다면 보로운동이라기보다는 철도민영화운동의 의미가 강했을 것이다. 하지만 사천보로운동의 명분은 철도국유화에 대한 반대보다는 차관을 통한 철도부설의 반대였다. 차관을 통한 철도 부설은 철로권을 서양 열강에게 이양하는 것이나 다름없기 때문에 수 많은 민중들이나 보로운동의 수뇌부들도 이를 매로정책(賣路政策)이라고 규탄했다. 매로정책을 규탄하고 철로권을 사수하기 위한 운동이 바로 철로권을 수호하기 위한 보로운동이었다. 결국 보로운동은 반제국주의운동이자 애국운동의 일환이었다. 보로운동은 근대적인 민중운동의 의미가 내포되어 있었다. 사실 중국현대사의 출발점은 오사운동이 아니라 보로운동의 발발로 인해 무창봉기가 성공하고 결국 공화제국가가 성립된 신해혁명이 중국현대사의 출발점이었다.

보로운동은 명목상으로는 철로권을 수호하기 위한 운동이었다. 보로운동의 최종 목표는 차관 계약의 파기인 파약이었고 파약을 청조가 이행하면 사천보로운동이 격화될 소지는 없었다. 최종적으로 청조가 철도국유화정책을 민영화정책으로 이행하면 보로운동이라는 이름으로 정부에 항거할 수 있는 명목은 없어지게 된다. 물론 혁명파 입장에서는 다른 명분을 찾아 혁명 활동을 지속적으로 전개했을 것이다. 무창봉기의 발발은 보로운동에서 촉발되었다. 청조의 멸망은 보로운동에서 가속화되었다. 보로운동을 입헌운동의 의미로만 파악할 수 있는 요소도 있다. 하지만 보로운동은 다양한 성격을 지닌 운동이었다. 청조는 입헌군주제를 추진하기 위해 입헌정책을 추진했다. 이는 시대적인 조류에 의해 부득이하게 취한 정책이었다. 대표적인 것이 황족내각의 구성이고 예비입헌기간을 9년간 설정해 둔 것도 동일한 의미였다.

이러한 와중에 청조는 철도국유화정책을 반포했다. 광서연간에 천한철로는 민영화를 허용했다. 선통연간에 갑자기 철도국유화를 반포한 것이다. 철도국유화정책으로 보로운동이 격화된 것은 아니다. 철도국유화정책 내에는 외채를 끌어들여 철도를 부설하려고 서구 열강으로부터 차관 계약을 이행했다. 철도국유화정책보다는 차관계약이 보로운동을 촉발시켰다. 철도부설을 위해 차관을 체결하는 것은 철도권을 파는 매로(賣路)라고 인식했다. 매로는 결국 매국이었다. 그래서 우전부대신 성선회를 사천에서는 매국노(賣國奴), 매국적(賣國賊)이라고 칭했다. 보로운동은 결국 매국적 행위를 규탄하는 애국운동의 일환으로 전개되었다. 애국운동은 보로와 관계되는 계층만 참가한 것은 아니었다. 명분론적으로 보면 애국운동이기 때문에 모든 민중이 참가할 수 있는 명분을 제공해 주었다. 보로운동에 참가한 부류에는 지방신사, 학당의 교원, 학당의 학생, 군인, 경찰, 소수민족, 산업노동자, 상인, 농민, 여성, 외성 출신자 등등 지방신사부터 일반민중까지 모두 참가했다.

따라서 광범한 민중까지 참가한 보로운동은 단순히 철도국유화정책에 대한 반대운동은 아니었다. 이권을 회수하기 위한 이권회수운동의 의미만 내포된 것도 아니었다. 매로행위와 매국행위를 규탄하면서 보로운동과 보국운동을 전개시켜 나갔다. 사천 입헌파 신사는 보로운동 과정에서 파약보로를 주장하면서 동시에 헌정 실행을 요구했다. 이는 청조가 추진한 입헌정책의 과정에서 이행된 철도부설과 관련된 입헌운동의 성격으로 볼 수 있다. 이에 반해 수많은 민중들이 사천보로운동에 참가한 것은 입헌운동을 위해 참가한 것은 아니었다. 개인적으로 자신의 이권과 관련된 측면도 있었다. 하지만 중요한 것은 민중들이 자신의 이권만을 수호하기 위해 보로운동에 참가한 것은 아니었다. 철로권을 서양 열강에게 내어 주는 이른바 매로행위에 대한 규탄이었다. 철로권이라는 주권을 지키기 위한 주권수호운동이었고 제국주의 열강이 중국을 침탈하는 행위에 대한 반제국주의운동이었다. 동시에 모든 민중이 참가한 근대적인 민중운동이기도 했다. 여기에는 봉건 전제주의 정권에 대항하여 민권주의[366]를 실행한 민주운동의 의미도 내포되어 있었다.

특히 혁명파의 입장에서 보면 보로운동초기부터 지속적으로 전개한 혁명운동이었다. 혁명파는 중국을 망국의 위기에서 구할 수 있는 유일한 길은 황제지배체제를 전복시키고 민국을 수립하는 것으로 인식했다. 혁명파에게 보로는 혁명운동을 진행시키는 수단에 불과했다. 혁명파는 보로라는 이름을 빌려 혁명운동을 전개했다. 혁명파에게 보로운동은 혁명운동이나 다름없었다. 최종적으로 보로운동은 보로운동으로 종식된 것이 아니라 혁명운동으로 종식되었다. 따라서 사천보로운동은 보국운동, 입헌운동, 이권회수운동, 주권수호운동, 반제국주의운동, 민중운동, 혁명운동 등 다양한 성격을 지닌 운동으로 평가할 수 있다. 신해혁명의 지도자 손문은 사천보로운동을 평가하기를, "만약 사천보로동지회의 봉기가 없었다면 무창혁명은 아마도 1년반은 늦어졌을 것이다"라고 했다. 사천보로운동은 신해혁명의 시기를 앞당긴 역사적인 사건이었고 다양한 성격을 지닌 근대적인 운동이었다.

366) "同志興會, 爭路保川, 一切辦事, 都是民權." 戴執禮編, 『四川保路運動史料彙纂』(中), p.1142.

사천보로운동이 전개되어 가는 과정을 쟁(爭)→극(極)→난(亂)의 3단계로 분류할 수 있다. 1단계에 해당하는 쟁(爭)의 단계는 문명쟁로(文明爭路)의 단계이다. 사천보로동지회가 조직되어 문명쟁로의 범위에서 파약보로를 주장하던 단계였다. 2단계에 해당하는 극(極)의 단계는 쟁로지극(爭路之極)의 단계이다. 이 시기는 파과, 파시, 파공, 항량항세투쟁으로 이어지던 과정으로 쟁로가 가장 정점에 달한 단계였지만 변란이 발생했다고 보기 어려운 단계이다. 3단계에 해당하는 난(亂)의 단계는 변란(變亂)의 단계이다. 사천보로운동의 수뇌부가 체포되고 성도혈안이 발생하면서 보로동지군이 조직되었고 사천 각 지역에서 폭동이 일어나면서 통합군정부가 출현하기 전까지의 단계라고 할 수 있다. 1단계인 쟁의 단계에서 보면, 사천보로운동은 이권회수운동, 입헌운동, 민중운동, 반제운동 등의 속성이 강했다. 보로운동의 지도적인 세력은 입헌파 신사였다. 2단계인 극의 단계에서 보면, 사천보로운동은 민중운동, 민주운동, 반봉건운동, 애국운동, 반제운동 등의 속성이 강했다. 이 단계에서 보로운동의 지도적인 세력은 민중이었다. 3단계인 난의 단계에서 보면, 사천보로운동은 혁명운동과 민중운동, 반봉건운동 등의 속성이 강했다. 이 단계에서 보로운동의 지도적인 세력은 동맹회원을 중심으로 하는 혁명파였다. 사천보로운동의 전 단계에서 볼 때 사천보로운동은 입헌파 신사가 지속적으로 추진해왔던 이권회수운동의 성격도 있고 동시에 입헌운동의 성격도 존재했다. 민중의 입장에서 보면, 전제주의 정권에 대항한 반봉건운동이고 외세에 대항한 반제운동이고 민중이 자신의 권리를 쟁취하기 위한 민중운동 내지는 민주운동, 민권운동의 속성이 매우 강한 운동으로 평가할 수 있다. 동시에 사천보로운동의 결과로 보면 혁명파가 지속적으로 추진하던 혁명운동의 속성이 강한 운동으로 평가할 수도 있다. 필자가 사천보로운동의 다면적 성격을 검토한 이유는 바로 여기에 있었다.

제4장

촉군정부의 성립과 통합군정부의 성립 과정

Ⅰ. 머리말

Ⅱ. 촉군정부 성립 전 사천 동맹회원의 활동

Ⅲ. 하지시(夏之時) 부대의 중경 진입과 촉군정부의 성립

Ⅳ. 사천군정부의 성립과 통합군정부의 성립 과정

Ⅴ. 맺음말

1. 머리말

사천 신해혁명의 결과 사천에서는 성도와 중경에 각각 성 단위의 군정부가 출현했다. 1911년 11월 22일 중경에서 성립한 군정부가 촉군정부(蜀軍政府)였다. 촉군정부는 성도의 사천군정부(四川軍政府)와 통합의 논의를 거쳐 1912년 4월 27일 성유양군합병정부(成渝兩軍合併政府)가 수립될 때까지 약 5개월간 존속된 군정부이다. 촉군정부는 중경에서 활동하고 있었던 동맹회원이 주축이 되어 성립된 혁명파 정권이었다. 촉군정부의 중심적 역할을 담당한 부류로는 동맹회원 중에서 혁명파 신사가 중심이었다.

무창봉기 후 중국 전 지역에서는 성 단위의 군정부가 수립되었다. 하지만 무창봉기 후 수립된 성 단위의 군정부가 모두 혁명파 정권으로 탄생된 것은 아니었다. 무창봉기 후 수립된 성 단위의 군정부는 동맹회원들이 군정부의 핵심권력을 장악한 순수한 혁명파 정권이라고 할 수 있는 군정부가 일반적인 것은 아니고 대체로 혁명파, 입헌파의 연합정권이거나 혁명파, 입헌파, 청조 구관료 등의 연합정권도 존재했다. 사천성에서는 타성과는 달리 성 단위의 성격을 지니는 군정부가 통합군정부로 탄생한 것이 아니라 사천성 동부지역의 중심 지역인 중경에는 촉군정부가 출현했고 사천성 서부지역의 중심지역인 성도에는 대한사천군정부, 사천군정부가 출현했다. 최종적으로는 촉군정부와 사천군정부가 통합되어 성유양군합병정부가 탄생했다. 사천성은 사천보로운동이 격화되는 시기에 현 단위에서는 전 중국에서 최초로 영현군정부가 수립되었다. 영현군정부는 무창봉기가 발발하기 약 보름전에 사천성 남부지역에 위치하고 있던 영현에서 출현한 군정부이다. 하지만 무창봉기 후 각 성에서 출현한 통합군정부보다 사천성에서 출현한 통합군정부의 출현은 성 단위의 통합군정부의 측면에서 보면 대단히 늦은 시기에 출현했다.

사천보로운동은 사천폭동으로 전환되어 혁명운동의 일환으로 볼 수 있을 정도로 사천 전 지역에서 무장봉기가 일어났다. 그 결과 현 단위의 군정부도 출현했고 성 단위의 군정부도 출현했다. 다만 성 단위의 군정부는 사천 전 지역을 통합하는 군정부가 처음부터 출현한 것은 아니었다. 중경에는 촉군정부가 출현했고 성도에는 대한사천군정부가 출현했다. 대한사천군정부는 성도병변의 발생 후 사천군정부로 개칭되었다. 최종적으로는 촉군정부와 사천군정부가 통합 논의를 거쳐 성유양군합병정부로 통합되었다. 사천에서 성립된 여러 개의 군정부 가운데 혁명파 정권이라고 할 수 있는 것은 촉군정부이다. 그 외는 혁명파, 입헌파의 연합정권 내지는 혁명파, 입헌파, 구관료의 연합정권으로 볼 수 있다. 본고에서 촉군정부를 검토의 대상으로 삼은 것은 신해혁명기 사천지역 내에서 가장 혁명파의 활동이 왕성한 지역은 중경이었고 사천 동맹회 중경지부 소속의 혁명파가 촉군정부 수립에 중추적인 역할을 담당한 결과 중경에 성립한 군정부가 혁명파 정권이 될 수 있었고 촉군정부는 순수한 혁명파 정권이었기 때문이다. 본고에서는 사천성 동부지역인 중경에서 성립한 혁명정권인 촉군정부가 어떠한 과정을 거쳐 성립하게 되었는지, 촉군정부의 조직은 어떻게 구성되고 운영되었는지 그리고 촉군정부와 사천군정부가 어떠한 과정을 거쳐 통합군정부가 수립되었는지 등에 관해 검토해 보고자 한다.

Ⅱ. 촉군정부 성립 전 사천 동맹회원의 활동

신해혁명기 사천지역에서 동맹회원들이 혁명 활동을 가장 활발하게 진행한 곳은 중경이었다. 1907년 성도봉기 실패 후 사천 동맹회의 중심지역은 동맹회중경지부의 중심인물이 활동한 중경이었다.[367] 청조의 철도국유화 정책이 반포되면서 사천지역에서는 1911년 6월 17일 사천보로동지회가 조직되었다. 이때부터 사천보로운동이 본격화되었다. 9월 7일 사천총독 조이풍이 포전준, 나륜 등 입헌파 수뇌부들을 체포하고 이에 항의하는 군중들에게 발포하는 이른바 성도혈안이 발생했다. 성도혈안은 사천보로운동의 투쟁 방향을 전면적으로 바꾸는 계기가 되었다. 보로동지회는 보로동지군으로 개칭되었다. 사천 전 지역에서 민중들이 대규모로 가세한 보로동지군이 조직되기 시작했다. 사천보로운동 초기에는 표면적으로 볼 때 보로운동의 중심적 역할을 한 부류는 입헌파 신사였다. 성도혈안의 발생으로 보로운동은 사실상 보로운동이 아니었다. 혁명파가 중심이 되어 대규모 민중이 가세한 혁명운동으로 전환했다. 당연히 이 때부터 보로운동의 중심적인 역할은 혁명파가 주도했다.

성도는 일시적으로 각 주현에서 조직된 보로동지군에 포위되어

367) 동맹회 중경지부의 활동에 관해서는 朴玟澈, 「四川保路運動과 同盟會員」『明清史研究』 22, 2004 참조.

비상사태에 돌입했다. 사천총독 조이풍은 부대를 동원하여 성도를 포위하고 있던 보로동지군을 격퇴하는 데 성공했다. 하지만 보로동지군의 불씨는 꺼지지 않았다. 각 주현에서 지속적으로 보로동지군이 조직되어 무장봉기가 연이어 일어났다. 호북성에서 무창봉기가 발발하기 전, 사천 전 지역은 혁명운동의 발원지가 되었다. 이는 보로운동이 토대가 되었다. 보로운동에서 혁명운동으로 전환된 것이었다. 혁명파 입장에서 보면 보로운동은 처음부터 보로운동이 아니었다. 무창봉기가 발생하기 약 보름 전인 9월28일, 사천의 영현에서 군정부가 수립되었다. 현 단위에서 보면 전국 최초의 군정부였다.368) 그 후 호북성 무창에서 무창봉기가 성공했다. 사천지역에서도 각 주현에서는 연이어 독립을 선언하기 시작했다.

이러한 와중에 사천성 균련현 출신이었던 증성재가 이끄는 봉기군은 11월 21일 광안주(廣安州)를 점령했다. 이어 민중대회를 개최하고 대한촉북군정부(大漢蜀北軍政府)가 수립되었다. 도독에 증성재, 부도독에 장관풍이 취임했다. 증성재는 1909년 웅극무, 사영과 함께 광안봉기에 참여한 인물이다. 촉북군정부는 동맹회원 증성재, 장관풍 등이 중심이 된 혁명파 정권이었고 사천 북부에서 수립된 군정부였다. 촉북군정부는 사천 북부에서 성립한 각 군정부를 통합적으로 관할하는 군정부 역할은 하지 못했다. 다만 촉북군정부의 수립은 촉군정부 수립에도 일정한 영향을 주었다. 촉북군정부가 수립된 다음 날인 11월 22일 사천성 중경에서 촉군정부가 수립되었다. 중경에서 수립된 촉군정부는 사실상 성 단위의 군정부였다. 물론 사천 서부지역의 중심지인 성도에서 별도의 군정부가

---

368) 영현군정부의 성립시기에 관해서는 여러 설이 있지만, 그 중 크게는 9월 25일설과 9월 28일설이 있다. 何一民, 「辛亥革命史事考三則」『近代史硏究』 87-5 참조.

수립되었기 때문에 사천성 전체를 관할하는 통합 군정부의 역할을 수행하지는 못했다. 중경은 당시 사천 동맹회의 중심지역이었다. 이 때문에 중경에서 수립된 촉군정부는 혁명파가 장악한 군정부였다. 하지만 성도에서 성립한 군정부는 입헌파와 청조의 구관료가 연합한 정권이었다.

순수한 혁명파 정권이었던 촉군정부가 어떠한 과정을 거치면서 수립될 수 있었던 것인지에 관해 촉군정부 성립 전 동맹회원의 활동을 추적해 보면 다음과 같다. 9월 7일 성도에서 발생한 성도혈안을 계기로 사천성 전 지역이 무장을 동반한 폭동이 일어나기 시작했다. 당시 사천 동맹회를 이끌고 있었던 동맹회 중경지부의 중심인물이었던 양서감, 장배작 등은 혁명을 일으킬 기회가 왔다고 판단했다. 그들은 대부분 과거공명을 지닌 하층신사였고 신식교육을 받은 신지식인이기도 했다. 교육적 배경과 사회적, 정치적 배경을 토대로 그들은 신식학당의 교원이 될 수 있었고 학당을 근거지로 혁명활동을 전개한 것이었다. 이 때문에 당시까지 동맹회 중경지부의 중심인물들은 주로 신식학당을 근거지로 혁명 사상을 전파하거나 동맹회원을 확대하거나 회당 세력과의 연대를 통해 혁명활동을 비밀리에 전개하고 있었고 무장봉기를 일으킬 기회만 기다리고 있었다. 이러한 와중에 성도혈안이 발생했다. 사천 서부지역인 성도 주변에는 이미 보로동지군이 각지에서 조직되어 성도를 압박하던 상황이었다. 중경지역의 동맹회원들도 무장봉기를 일으켜야 한다는 상황을 알고 있었다. 하지만 중경 지역에서 활동한 동맹회 수뇌부들이 장악하고 있었던 군사력은 대단히 미약한 실정이었다. 그리하여 우선 지방 정부가 관할하고 있던 군대의 동향 파악, 회당과의 연대, 신군 내에 활동하고 있었던 동맹회원들과의 연대 등을 통해 무장봉기를 일으킬 준비를 했다.

중경지역 동맹회원들은 지방관원 중에서 천동도 주유기, 파현 지현 단영가, 순찰총서서장 양체인 등과 같은 관료보다는 중경부 지부로 재직하고 있었던 뉴전선(鈕傳善)[369]을 경계하고 있었다. 뉴전선은 성성경찰감독 겸 순방군통대를 겸직하고 있었다. 중경지역의 군사권과 경찰권을 통합적으로 장악하고 있었다. 동시에 중경부 지부 뉴전선은 동맹회 중경지부가 설치되어 있었던 중경부 중학당의 교원들에 대해서도 감시망을 좁히고 있었던 상황이었다.[370]

동맹회원들은 중경에서 무장봉기를 거행하기 위한 군사력 확보를 위해 다음과 같은 계획을 추진했다. 첫째, 새로 편성되는 지방정규부대에 동맹회원을 투입했다. 이에 대한 기록을 보면,

> "당시 단방은 호북성 군대를 이끌고 중경을 지나고 있었는데 이담양(李湛陽)은 부모님을 뵙기 위해 광주에서 중경에 이르렀다. 단방은 이담양이 광동에서 순경도에 재임하고 있을 때 독련친병(督練親兵)의 통령(統領)으로 임명했다. 이로써 방군통령(防軍統領)에 이담양을 임명하여 신병을 모집하여 방군(防軍)에 편입시켰는데, 혁명당인들이 새로이 모집한 방군에 많이 참가했다. 이로써 (혁명당인들은) 방군(防軍)과 통할 수 있는 기회를 얻었다."[371]

---

369) 중경지부 鈕傳善은 1875년 강서성 九江府 출신이다. 優貢生의 공명을 소지했으며 일본 유학의 경력도 있었다. 귀국 후에 사천성 덕양현 지현, 화양현 지현, 공주직례주 지주를 거쳐 중경부 지부로 부임했다. 사천성의 지방지나 기타 자료에는 그의 성명을 紐傳善으로 기술하는 경우도 있다.

370) 중경지부 뉴전선의 중경부 중학당 교원에 대한 동향 주시와 중경부 중학당 감독으로 재임하고 있었던 양서감과 뉴전선과의 대화에 관한 내용에 대해서는 朴玟澈, 「辛亥革命期 四川省 入盟紳士의 動向」『中國史研究』 4, 1998, pp.58-59 참조.

371) "時, 端方率鄂軍過重慶, 李湛陽以省親自廣州至, 端方以湛陽在粵官巡警道, 爲督練親兵統領, 卽以防軍統領屬湛陽, 募新兵充之, 黨人多投身其間, 因以間得通防軍." 民國『巴縣志』, 卷22, 蜀軍革命始末.

라고 하듯이, 단방(端方)이 호북성의 신군을 이끌고 중경을 지나다가,[372] 광동순경도(廣東巡警道)를 역임한 이담양이 부모를 보살피기 위해 중경으로 오자 이담양에게 사천에서 새로운 부대를 편성하도록 했다. 이른바 사천에서 신순방군(新巡防軍)이 편성되었던 것이었다. 새롭게 편성한 신순방군의 부대를 이담양이 직접 지휘하도록 하였는데 이 순방군 내에 동맹회원들이 배속되어 있었다. 신순방군은 중경에 주둔하고 있던 청군의 부대 중에서 중심적인 역할을 하게 되었다. 무장폭동을 일으키기 전에 이미 이러한 부대에 동맹회원이 투입되었던 것이었다.

당시 중경에서 배치된 지방 정규부대는 성내에서는 장안사(長安寺)에, 성외에서는 부도관(浮圖關)과 자기구(磁器口) 등 3곳에 주둔하고 있었다. 그 외 천동도(川東道)의 관할 부대였던 포병부대는 오복궁(五福宮)에 배치되었고 해군 함선 2개 소대는 동수문(東水門)과 태평문(太平門) 외곽에 배치되어 있었다. 지방정부에서 장악하고 있었던 정규부대의 배치 동향에 대해서 동맹회원들은 이미 파악하고 있었다. 이에 경솔하게 무장봉기를 일으켜서는 곤란하다고 판단했다.[373] 양서감 등을 중심으로 하는 동맹회 중경지부의 수뇌부들은 사천보로운동이 무장폭동으로 격화되어 가는 과정속에서도 동맹회 자체의 군사력 약세라는 한계성을 명확히 인식하고 있었다. 동맹회 중경지부에서 주도하는 무장봉기는 호북성에서 무창봉기가 발생한 후에도 여전히 신중하고 온건한 태도를 보이고 있었고 기회를 기다리고 있었다. 다만 동맹회원의 개별적이고 산발적인 무장봉기는 이미 여러 차례 사천에서 거행되었다.[374]

---

372) 端方이 이끄는 호북성 신군의 진입에 대해서는 民國『巴縣志』, 卷22, 蜀軍革命始末 참조.
373)『蜀軍政府資料選編』, pp.33-34.
374) 신해혁명 전 사천에서 발생한 동맹회원의 개별적이고 산발적인 무장기의에 관해서는 朴玖澈,

지방정규 부대 내에 동맹회원을 배치시켜 무장봉기시에 병력 동원을 확보함과 동시에 지방정부로 하여금 단련(團練)을 조직하게 하고 그러한 단련에 동맹회원을 침투시키는 작업도 진행했다. 민국《파현지》에 수록된 기록을 보면,

> "사천 신사 시제운은 단방을 대표하여 총상회의 관료, 신사, 상인, 학계의 대표들을 소집했다. 주지홍, 강반 등은 단련을 조직해야 한다고 제의했다. 시제운은 단련을 조직할 수는 있지만 그들을 훈련시킬 수가 없다고 주장했다. 주지홍 등은 '지금 각 지역의 도적떼가 일어나서 활동하니 그들을 훈련시키지 않으면 비적떼들을 제압할 수 없다.'라고 하자 (중경지부) 뉴전선은 지방을 방어해야 하는데 무기가 없는 상황에 대해 그에게 물었다. (그때) 일찍이 천동(川東)에서 단련의 무기장부를 관리하고 있었던 동맹회원 간달서(簡達西)가 총, 포, 창칼 등이 수천이나 된다고 하면서 무기 장부를 뉴전선에게 보였더니 여러 사람들의 의견이 드디어 결정되었다. 이에 상회(商會)에서는 상단(商團)을 조직하여 방어하고 신사(紳士)는 민단(民團)을 조직하여 치안을 유지하도록 했다. 상단과 민단 양쪽에 먼저 혁명당인이 그 인원을 채웠다."[375]

라고 하듯이, 지방신사 시제운(施際雲)은 총상회의 관료, 신사, 상인, 학계의 대표들을 소집하여 회의를 개최했다. 이 때 동맹회원 주지홍(朱之洪)은 동맹회원 강반(江潘)과 함께 단련을 조직해야 한다고 주장했다. 이에 대해 지방신사 시제운과 중경지부 뉴전선은 무기가 부족하다는 것을 이유로 단련 조직에 회의감을 표시했다. 그

「辛亥革命前 四川省에서의 反淸武裝起義-廣安,嘉定,黔江起義를 中心으로」『中國史硏究』 30, 2004 참조.

375) "川紳施際雲代表端方召集官紳商學于總商會, 之洪·江潘等提議擧辦團練, 際雲主團而不練, 之洪等力爭之曰, 今各地盜匪竊發, 不練無以資抵御. 傳善欲防民, 以無火器詰之, 會員簡達西嘗管川東團械簿錄, 團槍, 鐵砲, 刀矛可數千, 亦出一紙示傳善, 衆議遂決. 于是, 商會謀辦商團自衛, 士紳亦倡辦民團保治安, 皆先以黨人實其額." 民國『巴縣志』, 卷22, 蜀軍革命始末.

러나 회의에 참석하고 있었던 동맹회원 간달서(簡達西)는 천동지역에서 단련의 무기장부를 관리하고 있었기에 무기의 상황에 대해 보고했다. 결국 민단과 상단을 조직하기로 결정했다. 상회에서는 상단을 조직하고, 지방신사가 민단을 조직하는 것으로 결정되었다. 사천 동맹회에서는 지방 방어의 역할을 수행하기 위해 조직된 단련에 동맹회원을 투입하여 무장봉기를 일으키는 데 일정한 병력을 확보하려고 했던 것이었다.

무장봉기를 일으킬 기회를 기다리고 있었던 중경 지역의 동맹회원들에게 호북성 무창에서 신군들이 일으킨 봉기가 성공했다는 소식이 사천에 전해졌다. 동맹회 중경지부에서는 동맹회원 진숭공(陳崇功), 양림(楊霖)에게 황춘발(况春發), 웅택안(熊宅安), 관소주(關紹州), 난병성(蘭秉成), 염병지(冉炳之) 등 회당의 지도자와 연합하도록 명령했다. 회당의 지도자들은 각기 부대를 구성하기로 결정했다. 각 부대에 필요한 경비도 모두 회당 지도자들이 부담하며 촉군정부가 성립된 후에 사용한 자금을 반환해 준다는 약정도 체결했다.[376] 또한 천동도(川東道) 관할 하의 포병부대 교련장(教練長)이었던 등곤산(鄧昆山)은 황춘발과는 친분이 있었기에 황춘발의 권유로 무장봉기가 일어나면 군대를 지원해 주겠다고 했다.[377] 동시에 육군과 해군에도 동맹회원과 회당 지도자의 설득으로 군대의 지원을 약속받았다. 동맹회원과 회당 지도자들의 활동으로 인해 중경에 주둔하고 있었던 청조의 정규부대도 거사에 동참하기로 한 것이었다.

사천폭동 진압을 위해 단방이 이끄는 호북성 신군이 사천으로

376) 그 중 况春發만이 개인 경비로 무기를 구입하고, 300명의 의용부대를 조직하여 부대를 지휘하다가, 촉군정부 성립후에는 관직이나 지출한 경비도 일체 받지 않았다. 『重慶蜀軍政府資料選編』, p.34.

377) 戴執禮編, 『四川保路運動史料彙纂』(下), p.1785.

진입해 있던 상태였다. 이 호북성 신군 내에도 동맹회원이 비밀리에 활동하고 있었다. 당시 양서감을 중심으로 하는 중경지역의 동맹회원들은 그들과 연락을 취하지는 못했다. 이에 동맹회 중경지부에서는 장이(張頤)를 파견하여 호북성에서 파견된 신군 내의 동맹회원들과 연락하게 했다. 장이(張頤)는 천동지역의 만현(萬縣)에 호북성 신군이 진입하자 호북성 신군 내에 전지량(田智亮)이라는 동맹회원이 있다는 정보를 입수하고 전지량과 비밀리에 만났다. 전지량은 호북성에서 무창봉기가 발생했다는 소식을 장이에게 전해주었다. 동맹회원 역재중(易在中), 유달다(柳達多) 등도 사천으로 진입한 호북성 신군 내의 동맹회원들과 연락을 취하고 있었다. 이러한 상황에서 중경에서 무장봉기를 실행하기 하루 전날 밤 갑자기 하지시(夏之時)가 인솔하는 혁명군이 중경에 도착했다.[378]

378) 『重慶蜀軍政府資料選編』, pp.33-35.

Ⅲ. 하지시(夏之時) 부대의 중경 진입과 촉군정부의 성립

촉군정부 성립에 결정적인 역할을 한 것은 바로 하지시가 이끄는 부대였다. 하지시(夏之時)는 1888년 사천성 합강현에서 출생했다. 1905년에 일본으로 건너가 동빈학당에 입학하여 군사학을 배웠다. 1905년 8월 동맹회 성립 직후에 동맹회에 가입했다. 하지만 그가 일본에서 동맹회 가입 후 혁명 활동을 한 내력은 거의 전해지지 않고 있다. 대체로 일본에서 군사학당이나 육군사관학교에 입학한 유학생들은 동맹회에 가입했으나 혁명 활동을 본격적으로 하는 인물들은 많지 않았다. 하지시도 그러한 유형의 인물이었다. 그는 귀국 후에도 신군에 배속되어 하급 군관이 되어 가시적인 혁명 활동은 하지 않았다. 하지시는 사천보로운동이 발생하자 혁명 활동을 비밀리에 전개하고 이어 용천역봉기를 거행했다. 이에 관해 기술하고 있는 지방지의 기록을 보면,

> "하지시는 원래 동맹회원으로 일본 동빈학당 보병과를 졸업한 후 사천으로 돌아왔지만 신당(新黨)을 총독(大府)[379] 관서에서 의심하고 있었기에 오랫동안 조용히 지내고 있다가 처음에는 육군 17진의 배장(排長, 소대장)[380]

379) 大府는 四川總督官署를 지칭하는 말로 여기서는 總督이라는 의미로 사용되었다.

> 이 되어 성도에 주둔했다. 보로동지회가 조직되어 보로운동이 일어나자 하지시는 혁명당인 진관 등과 『서고보(西顧報)』를 간행하여 이를 선전했다. 또한 비밀리에 보로동지회가 주관하는 보로운동에 참가했다가 보로동지회의 방향이 보로(保路)에만 머물러 있다는 것을 알고 그들과 함께 혁명을 도모할 수 없다고 생각했다. (중략) 9월 초(양력 10월 22일) 보병 부대를 이끌고 용천역에 주둔하라는 명령을 받은 후 병사들에게 민족주의를 설명하고 병사들을 훈련시켰더니 병사들마다 감동하여 힘써 훈련을 받았다. 이에 병사들은 사기가 고무되어 서로 결집하여 신군 보병 부대와 기병, 치중병 부대가 각각 용천역에 주둔하고 혁명을 선포했다."[381]

라고 되어 있다. 하지시는 일본 동빈학당 졸업 후 귀국해서 육군 17진에 배속되어 하급장교가 되었으나 지방 정부에서 혁명당에 대한 감시망이 삼엄하였기에 혁명 활동을 본격적으로 진행하지 않고 기회를 기다리고 있었다. 이어 사천보로운동이 일어나자 보로운동에 비밀리에 참가했다. 보로운동을 통해 혁명활동을 전개하려고 했지만 큰 효과를 거두지 못하고 있었다. 하지시에게 혁명을 실행할 시기가 도래한 것은 1911년 11월이었다. 이 시기는 이미 보로동지군이 사천 전 지역에서 활동하고 있을 때였다. 사천총독 조이풍은 보로운동을 진압하기 위해 성도 관할의 용천역에 동로위술사령부를 설치했다. 하지시는 10월 22일 동로위술사령관을 따라 용천역에 주둔했다. 청대 사천에는 대규모로 역참을 설치했는데 동로의 역참, 서로의 역참, 남로의 역참, 북로의 역참으로 나뉘었다. 용천역은 동로의 기착점인 역참이었다. 이 때문에 용천역에

---

380) 排長은 위관급의 장교로 지금의 소대장에 해당되는 계급이다.

381) "夏之時者, 故同盟黨人, 畢業日本東斌學校步兵科, 旋蜀, 以新黨爲大府所疑忌, 淪下久, 初隸陸軍十七鎭爲排長, 駐成都. 同志會起, 之時與黨人陳寬等組西顧報宣盪之, 復混迹同志會密謀起事, 既而知同志會志在保路, 不足以圖革命, (中略) 九月初, 奉令率步兵一隊調戍龍泉驛, 乃以種族主義編演白話, 訓練士兵, 人人知感發, 于是干運駐驛新軍步兵一隊, 騎兵, 輜重兵各一隊, 宣布革命." 民國『巴縣志』卷22, 蜀軍革命始末.

동로위술사령부를 설치한 것이었다. 하지시는 무장봉기를 거행하기로 결심하고 병사들에게도 혁명 사상을 선전하면서 봉기를 준비하고 있었다. 하지시 부대가 혁명을 선포하고 봉기를 거행하는 과정에 대한 기록을 보면,

> "15일 밤(양력 11월 5일) 무장한 군사 230여명을 모아 용천역 부근의 토지묘(土地廟)에 가서 봉기를 선언했다. 이어 동로위술사령관(東路衛戍司令官)인 위초번(魏楚藩)을 살해했다. 당시 사천총독 조이풍은 교련관 임소천에게 자주(資州)에 가서 단방[382]을 영접하라고 명령을 하달하자 (임소천은 가는 도중에) 용천역에 주둔하고 있다가 병사들이 봉기를 일으켰다는 것을 듣고는 봉기 병사에 발각되어 대퇴부에 총격을 받았는데 하지시가 힘써 그를 보호하여 그는 죽음을 피할 수 있었다. 임소천을 부축하면서 진격했다. 군사들은 하지시를 혁명군 총지휘로 추대했다. 곧이어 야간에 병사를 이끌고 동쪽으로 진격하여 간양현에 이르러 손합포의 군대와 만났다. 손합포는 신군(新軍)의 어떤 협(某協)의 지대관(支隊官)이었다. 하지시는 그의 보병과 포병 각각 1개소대를 소집하여 민족 혁명을 연설하니 많은 병사들이 그에게 귀부(歸附)하기를 원했다. 이에 신병(新兵) 180여명이 증가하여 보병과 포병이 뒤를 따랐다. 단방(端方)이 호북성의 신군을 이끌고 자주(資州)에 주둔하고 있다는 소식을 듣고 그들과 전투를 벌이지 않기 위해 강을 건너 북로(北路)의 동쪽으로 향했다. 다음 날 180리를 달려 시가패(施家壩)에 이르니 많은 병사들이 상당히 지쳐 있었으며 호북성에서 파견된 군대가 추격하는 것을 두려워 도망자는 3명이나 되었다. 해당 지역의 백성들이 와서 행군(行軍)의 의향을 묻자, 하지시는 많은 사람들을 모아 혁명을 선포하고 '중화혁명군 촉군총지휘'의 인장을 직접 새기고 포고문을 붙이고 민중들을 안심시켰다."[383]

---

382) 단방과 그의 동생 단금은 사천성 資州에 주둔하다가 촉군정부가 성립된 직후에 신군 내부의 혁명파에게 살해되었다. 단방은 荊州 출신이자 32標 소속의 盧保清에게 살해되었고 단방의 동생 端錦은 任永森에게 살해되었다. 戴執禮編, 『四川保路運動史料彙纂』(上), p.14.

383) "十五日夜, 約集武裝兵二百三十餘人就附驛之土地廟誓師起義, 殺東路衛戍司令魏楚藩. 適爾豊命敎練官林紹泉赴資州迓端方, 宿龍泉驛, 聞兵譁, 以槍射紹泉, 中其骰, 之時力保任之得不死, 挾之以行. 衆推之時爲革命軍總指揮, 卽夜率兵東下, 至簡陽與孫合浦兵遇, 合浦爲新軍某協支隊官,

라고 되어 있다. 11월 5일 밤, 하지시는 230여명의 부대를 이끌고 용천역 부근에서 혁명을 선포하고 무장봉기를 일으켰다. 봉기에 참가한 병사들은 동로위술사령관 위초번을 살해했다. 이른바 병변(兵變)이 발생한 것이었다. 당시 자주(資州)로 이동하여 독판철로대신 단방을 영접하기 위해 이동하던 교련관 임소천(林紹泉)도 용천역에 머물고 있었다. 용천역에서 병사들의 봉기가 일어났다는 소식을 듣고 정찰을 가던 중 봉기군에 발각되어 총에 대퇴부를 맞았다. 하지만 봉기군의 중심인물 하지시의 도움으로 임소천은 목숨을 구할 수 있었다. 그 후 하지시는 임소천의 부대와 연합하여 간양현과 낙지현 등지를 경유하는 동안 군대의 규모는 증가했다. 임소천은 하지시 부대와 합세하여 중경봉기에 참가했기 때문에 촉군정부 수립 후에 촉군정부 총사령처 총사령이 될 수 있었다. 이어 11월 중순, 중경 인근의 강북청에 도달했다. 양서감 등은 이 사실을 듣고 크게 기뻐하며 주지홍, 황숭린(黃崇麟) 등을 보내어 환영하고 하지시를 부도독으로 미리 추대했다. 주지홍, 황숭린 등이 하지시군과 의논한 정황을 양서감 등에게 보고한 후 중경 지부에서는 즉시 긴급회의를 소집했다.384)

이 긴급회의에서 논의된 것은 다음과 같다. 첫째, 평화적인 방법으로 중경의 독립을 이루기로 결정했다. 둘째, 새로운 정부의 명칭을 "촉군정부"로 결정했다. 셋째, 군정부 조직의 골격, 지방 관리들의 처리 및 지방 치안 질서유지 등에 대한 방법을 결정했다. 넷째, 봉기 날짜는 하지시군이 11월 21일에 도착한다는 약속

之時召集其步砲兵各一排，演說民族革命，衆愿歸附，增新兵百八十餘人，步槍山炮隨之. 聞端方擁鄂兵駐資州，不敢戰，乃渡河取北路東下，次日，馳百八十里，止施家壩，衆疲甚，懼追兵，官長逃者三人，土人來問行軍意向，之時復集衆宣說，乃手刊中華革命軍蜀軍總指揮印，出示安民." 民國『巴縣志』卷22，蜀軍革命始末.

384) 民國『巴縣志』卷22，蜀軍革命始末.

에 따라 하지시군이 중경에 진입한 후에 중경봉기를 선포하며 만약 하지시군이 기일을 지체하면 1일을 연기하기로 결정했다. 다섯째, 봉기 선포 장소로는 성의사회(城議事會) 회의 장소였던 조천관(朝天觀)에서 하며 촉군정부의 관서로는 구순경서(舊巡警署)로 정하고 봉기 선포의 형식이나 절차 등에 대해서도 논의되었다. 긴급회의가 끝난 후 각지에 주둔하고 있던 지방부대, 경찰, 단련, 회당, 학당 등에도 봉기와 관련된 공문을 하달했다. 또한 동맹회원 중에서 전각(篆刻)에 능한 주희안(周晞顔)에게 촉군정부 도독과 총사령관의 관인(官印)을 각인하도록 했다.[385] 아울러 여러 명의 동맹회원에게 "구제달로(驅除韃虜), 회복중화(恢復中華), 건립민국(建立民國)"이라는 동맹회의 혁명강령이나 혁명 관련 선전물을 민중들에게 배포했다.

11월 21일 하지시가 이끄는 부대는 중경에 위치하고 있는 가릉강 연안의 자기구(磁器口)에 도착했다. 중경의 상회회장(商會會長) 등은 동맹회원과 하시시군(夏之時軍)이 비밀리에 연락하고 있다는 것을 모르고 있었다. 그들은 하지시군이 성에 입성하면 정규부대인 신순방군(新巡防軍)과 충돌이 발생할 것을 우려했다. 이에 당시 순방군 통령 이담양(李湛陽)을 도독으로 추대하여 두 부대의 충돌을 막아야 한다고 주장했다. 이와 관련된 기록을 보면,

> "10월 초하루(양력 11월 21일), 신사(紳士)들은 총상회(總商會)에서 모여 비밀리에 논의하면서 주지홍을 대표로 하여 하지시군에 가서 순방군 통령 이담양을 도독으로 삼아 지방의 혼란을 안정시키려고 한다는 내용을 전하게 했다. 동시에 향초, 온인수(溫仁壽), 양조걸(楊朝杰)이 함께 이담양에게 가서 이러한 사실을 전하도록 했다. 그들이 이담양을 만나자 이담양은 눈물

385) "敎員周晞顔工篆刻, 買兩石材 密刻蜀軍都督及總司令官印, 藏之館舍." 民國『巴縣志』卷22, 蜀軍革命始末.

을 흘리며 이르기를 '나는 연로하여 이렇게 막중한 임무를 맡을 수 없습니다. 만약 내가 지방의 질서를 안정시킬 수 있다면 그렇게 하고 그렇지 못하면 혁명당인들 중에서 현명한 자를 선출하여 지방질서를 유지시키기를 원합니다.'라고 했다. 장배작, 양서감 등은 더욱 긴급히 준비를 했다. 석청양(石靑陽)과 노한신(盧漢臣) 등은 결사대를 비밀리에 조직했다."[386]

라고 되어 있다. 지방 신사층이 총상회에 모여 지방 질서의 안정을 위해 순방영[387]을 이끌고 있었던 이담양[388]을 도독으로 추대하기를 제안했다. 당사자인 이담양은 자신이 연로하다는 이유로 이를 사양했으나 본인이 지방의 질서 유지에는 협력할 의사가 있음을 표명했다. 동맹회원들도 지방 정규부대를 이끌고 있었던 이담양 부대와 전투를 벌이지 않고 평화적으로 군정부를 수립하고자 했던 것이었다.

11월 22일 하지시군이 부도관(浮圖關)[389]에 도착했다. 중경지부

---

386) "十月朔, 士紳集總商會密議, 旣推之洪往說夏軍, 欲卽以防軍統領李湛陽爲都督, 免地方糜爛, 共擧向楚, 溫仁壽, 楊朝杰往說之. 旣見, 湛陽流涕曰, 吾有老親, 不能當此非常, 秩序如可維, 維之, 不可, 愿黨賢好自爲之. 于是, 培爵, 庶堪等益急備. 石靑陽與盧漢臣等密組敢死隊." 民國『巴縣志』卷22, 蜀軍革命始末.

387) 순방영은 순방군이라고도 했다. 순방영은 구식군대 중에서 신군에 편성되지 않은 각종 부대로 편성되었다. 신해혁명기 지방 군대로는 크게 신군과 순방영 두 계통이 있었다. 그 외 별도로 팔기군이 있었다. 1911년에 전국의 순방영 소속 군인은 약 27만여명으로 알려져 있다. 각 성에 설치한 순방영은 대체로 좌로, 우로, 전로, 후로, 중로로 설치되었다. 각 路 아래에 營이 설치되었다. 각 로에는 통령, 방통 등을 설치했고 각 영에는 관대, 초관 등을 설치했다.

388) 李湛陽은 1872년 운남성 소통부에서 출생했다. 부공생의 자격을 취득했고 일본 굉문학원을 졸업했다. 광동권업도, 순경도, 광동상무국 총판, 사천순방군 통령, 자정원 의원 등을 역임했다. 1911년 10월 독판철로대신 단방이 호북성 군대를 이끌고 중경부 관할지역으로 진입할 당시 이담양은 단방과 친교가 있었기 때문에 부모님을 뵈러 중경에 왔다가 단방은 이담양을 사천 신순방군 통령에 임명했다. 하지만 이담양은 사천 동맹회원 양서감과도 서로 알고 지내는 사이였다. 이담양이 이끄는 신순방군 내에는 혁명파도 다수 존재했다. 이담양은 촉군정부 수립시에 하지시군과 함께 중경봉기에도 참가하였기 때문에 촉군정부 수립 후 재정부장이 되었다.

389) 浮圖關은 佛圖關이라고도 한다. 重慶城의 서쪽에 위치하고 있다. 지세가 험준하고 삼면이 절벽으로 둘러쌓여 있으며 해발 388미터에 위치하고 있다. 중경반도는 삼면이 강으로 둘러쌓여 있는데 육로로 중경으로 들어오는 길목에 부도관이 위치하고 있다.

뉴전선은 황급히 성문을 잠그고 계엄을 선포했다. 하지만 대세는 혁명군에게 기울어진 상황이었다. 성문은 곧바로 열리고 부대가 성내로 진입했다. 당시 성내로 진입한 부대는 하지시가 이끄는 부대 외에도 단련, 순방군, 회당, 석청양 등이 이끄는 결사대 등이 있었다. 천동도(川東道) 주유기(朱有基)는 도주했다.[390] 수천 명의 군중이 모인 가운데 중경부 지부 뉴전선(鈕傳善)[391]과 파현 지현 단영가(段榮嘉)[392]는 봉기군에게 투항했고 그들의 변발은 잘려 끊어졌다. 사실상 중경은 무혈입성이나 다름없었다. 이어 양서감은 촉군정부의 강령과 치안유지를 위한 방법 등을 민중들에게 낭독했다. 중경에서 촉군정부(蜀軍政府)가 수립되었음을 정식으로 선포한 것이었다. 중경군정부라는 명칭 대신 촉군정부라는 명칭을 사용한 것은 촉(蜀)은 사천을 대표하는 명칭으로 사천 전 지역을 대표하는 군정부라는 의미를 부여하기 위한 것이었다. 사천을 흔히 파촉(巴蜀)이라고 하는 데 파(巴)의 중심지역은 중경이고 촉(蜀)의 중심지역은 성도이다. 만약 파군정부(巴軍政府)라고 한다면 이는 중경군정부라는 이미지가 강하다. 촉군정부는 중경을 관할하는 할거정권이 아님을 선언한 것이나 다름없었다.[393] 촉군정부가 성립되자 중경에 주둔하고 있던 각 국의 영사관들이 모두 와서 축하했다. 또한 호남성, 호북성, 강서성, 안휘성, 절강성, 복건성, 광서성, 광동성, 광서성, 운남성, 귀주성, 섬서성, 산서성 등지의 도독들도 축하의 전보문을 보내 촉군정부가 사천의 정치적 중심 기구라는 것을 승

390) 戴執禮編, 『四川保路運動史料彙纂』(上), p.131.
391) 鈕傳善은 1877년 강서성 구강부에서 출생했다. 우공생의 자격을 획득하였으며 국비로 일본 유학의 경력도 있다. 해관도, 지부 등을 역임하다가 민국 초기에는 관찰사 등을 역임했다.
392) 段榮嘉는 운남성 곤명현 출신이다. 1888년 거인이 되었으며 1895년 강유위 등이 〈공거상서〉를 제출할 때 연명한 변법파 출신이다. 1898년 북경에서 운남성 출신이 중심이 되어 조직한 保滇會에도 참가했다. 청대 중경부 관할의 마지막 파현 지현을 역임한 인물이다.
393) 戴執禮編, 『四川保路運動史料彙纂』(下), p.2063.

인했다.[394]

촉군정부가 성립한 후 이 군정부가 지향한 목표는 첫째, 중화민국의 통일과 사천 전 지역의 안정을 도모하는 것이었다.[395] 이를 위해 우선 촉군정부의 조직을 정비하는 작업부터 시작되었다. 촉군정부 도독으로 물망에 오른 인물로는 동맹회 중경지부에서 활동했던 양서감, 장배작, 주지홍, 사지[396] 등이 있었다. 이 중에서 촉군정부 도독의 적임자로 지목되었던 인물로는 양서감과 주지홍이었다. 하지만 이들은 촉군정부 도독의 직책을 사양했다. 양서감은 융창현 출신의 혁명파 신사 장배작(張培爵)[397]을 도독으로 추천했다. 그 결과 촉군정부 도독에는 장배작이 선출되었다. 부도독에는 하지시가 선출되었다. 촉군정부 도독의 적임자로 거론되었던 양서감과 주지홍은 촉군정부 고문으로 선출되었다. 촉군정부의 조직표를 보면 〈표 1〉과 같다.

394) 戴執禮編,『四川保路運動史料彙纂』(下), p.2064.

395)『蜀軍政府資料選編』총칙, 제1조, p.63.

396) 楊庶堪, 張培爵, 朱之洪, 謝持 等의 혁명 활동에 관해서는 朴玖澈,「辛亥革命期 四川省 入盟紳士의 動向」『中國史硏究』4, 1998, pp.56-79 참조

397) 張培爵은 사천성 융창현 출신의 하층신사이자 동맹회원이다. 그의 내력에 관해서는 민국연간에 간행된 지방지에도 기술되어 있지만 여기에는 내용이 비교적 소략하게 기술되어 있다. 사천 출신의 동맹회원이자 혁명파 신사 向楚는 장배작과 함께 동맹회 중경지부에서 활동한 인물인다. 향초가 장배작의 출신이나 그의 활동에 관한 내력을 구체적으로 기술하고 있는데 장배작의 활동이나 내력을 검토하는 데 많은 정보를 얻을 수 있는 기록이다. 戴執禮編,『四川保路運動史料彙纂』(下), pp.2077-2079 참조.

〈표 1〉 중경촉군정부 조직표[398)]

기 구	직 무	성 명(별칭)	비 고
도 독 부	도 독	장 배 작(열오)	동맹회원
도 독 부	부 도 독	하 지 시(량공)	동맹회원
	고 문	양 서 감(창백)	동맹회원
	고 문	주 지 홍(숙치)	동맹회원
총 사 령 처	총 사 령	임 소 천	청조 군관출신
	참 모 부 장	단 무 신	동맹회원
	참 모 부 부 장	당 중 인	동맹회원
	군 정 부 장	방 조 진	동맹회원
	군 수 부 장	강 경 완	동맹회원
총 무 처	처 장	사 지(혜생)	동맹회원
	부 처 장	동 홍 시	동맹회원
	부 처 장	주 온 장(필겸)	동맹회원
비 서 원	원 장	향 초(선교)	동맹회원
	부 원 장	동 홍 사	동맹회원
심 계 원	원 장	이 시 준(청상)	동맹회원
감 찰 원	원 장	웅 조 비	동맹회원
행 정 부	부 장	매 수 남	동맹회원
	부 부 장	공 병 추	동맹회원
재 정 부	부 장	이 담 양	청조 군관출신
	부 부 장	유 조 음	동맹회원
사 법 부	부 장	등 설	동맹회원
	부 부 장	장 지 경	동맹회원
외 교 부	부 장	강 반(악생)	동맹회원
교 통 부	부 장	양 림	동맹회원
	부 부 장	진 숭 공	동맹회원
예 현 관	관 장	진 도 순	동맹회원
대 한 은 행	정 판	주 지 홍	동맹회원

398) 戴執禮編, 『四川保路運動史料彙纂』(下), p.1781.

성급 단위[399]의 군정부라고 할 수 있는 촉군정부의 조직 구성표에서 알 수 있듯이, 촉군정부의 최고조직으로 도독부가 있었으며 도독부에는 도독, 부도독, 고문을 설치했다. 도독부 아래에는 2처, 5부, 3원, 1관과 촉군정부가 관할하는 대한은행이 설치되었다. 2처에는 총사령처와 총무처를 설치했다. 5부에는 행정부, 재정부, 사법부, 외교부, 교통부를 설치했다. 3원에는 비서원, 심계원, 감찰원을 설치했고 1관에는 예현관을 설치했다. 총사령처에는 참모부, 군정부, 군수부가 설치되었다. 다만 촉군정부의 시정강요(施政綱要) 총칙에는 참모부, 사령부, 군무부, 행정부, 재정부, 사법부, 외교부, 교통부 등 8부로 설정하고 있다. 총사령처와 총무처는 사실상 사령부, 군무부와 참모부의 성격을 지닌 부서였다.[400]

촉군정부의 주요 구성원 중에서 청조의 지방 정규부대 지휘관이었던 이담양과 임소천을 제외하고는 모두 동맹회원이었다. 이담양과 임소천은 촉군정부 수립 직전에 혁명파와 연대했기 때문에 이들을 촉군정부의 주요 관직에 임명했다. 이들을 제외하고 촉군정부는 모두 혁명파 출신이었다. 이 중에서 도독 장배작, 고문 양서감, 주지홍, 총무처 처장 사지, 부처장 주온장, 비서원 원장 향초, 행정부 부장 매수남 등은 모두 과거공명을 소지한 하층신사 출신이며 동맹회 중경지부에서 중심적인 역할을 한 인물들이었다. 이들은 모두 필자가 조사한 사천 혁명파 신사였다. 촉군정부는 혁명파 신사

399) 省級아래에 있는 道級 단위의 군정부를 보면, 크게 천북군정부, 천동군정부, 천남군정부를 들 수 있는데 모두 동맹회원의 주도로 성립된 군정부였다. 川北軍政府는 동맹회원 曾省齋가 민병대를 조직하여, 大竹縣, 渠縣, 蓬安縣, 營山縣, 岳池縣 등을 점령한 후에 독립을 선포하고, 천북군정부를 조직했다. 川東軍政府는 동맹회원 盧師諦가 천동 순방군 統領 劉漢淸을 책동하여 독립을 선포하고 천동군정부를 조직했다. 川南軍政府는 동맹회원 黃方이 永寧道尹 劉朝望을 책동하여 10월 25일 독립을 선포하고 瀘州에서 川南軍政府를 조직했다. 『四川辛亥革命史料』(上), p.504.

400) 戴執禮編, 『四川保路運動史料彙纂』(下), p.1809.

를 중심으로 하는 동맹회원들이 장악한 혁명파 정권이었다.

촉군정부에서 반포한 대내 선언에도 촉군정부가 혁명파 정권이라는 것을 명확히 알려주고 있다. 동맹회 16자 강령인 "구제달로, 회복중화, 건립민국, 평균지권"을 선포했다. 이 16자 강령 가운데 "구제달로"의 해석에 있어서, "배만(排滿)"[401]에 대해 규정하기를,

> "대저 구제달로(驅除韃虜)는 배만(排滿)를 지칭하는 것이고 멸만(滅滿)을 지칭하는 것이 아니다. (中略) 본 군정부의 군대가 봉기를 일으킨 것은 우선 만주족이 건립한 청조 정부를 타도하는 것에 있었다. 만주족 출신 중에는 오직 권력이 있는 중심 인물들을 몰아내는 것에 있고 나머지 만주인들은 단지 변발을 자르고 투항하면 즉시 관대히 처리하고 살육을 행하지 않는다."[402]

라고 하듯이 "구제달로"는 모든 만주족 출신을 몰아내는 멸만(滅滿)이 아니라 만주족 출신 중에 권력을 지닌 자들을 몰아내는 배만(排滿)을 지칭했다. 멸만과 배만을 명확히 구분한 것이었다. 배만의 핵심은 만주족 정부인 청조 정부의 타도와 만주족 출신의 권력자를 몰아내는 것이었다. 만주족 출신의 권력자가 아닌 일반민은 변발을 자르고 투항하면 그들에게 관대하게 처리한다는 방침이었다.

촉군정부의 정치 강령에는 군정부 수립 후부터 헌정으로 이행하는 단계를 3단계로 분류하여 설명했다. 1단계는 군법지치(軍法之治)의 단계이다. 모든 권한은 군정부가 장악하는 군정의 단계이다. 군법지치는 대체로 현 단위를 기준으로 3년을 기한으로 설정했다.

---

401) 신해혁명기 "排滿"에 관한 논의는 章開沅, 「排滿與民族運動」『近代史研究』 1981-3 참조.

402) "夫驅除韃虜, 乃排滿之謂, 非滅滿之謂. (中略) 本軍政府起義, 首重撲滅虜建僞淸政府. 至對滿州人民, 惟驅除有權力之首要. 其餘滿人, 只要剪辮投誠, 卽行寬待, 決不過加殺戮." 重慶地方史資料組編, 『重慶蜀軍政府資料選編』, 1981, p.75.

만약 어떤 현에서 3년이 경과하지 않더라도 군법지치를 행사할 필요가 없으면 군정기를 종식하고 약법으로 이행한다는 것이었다. 2단계는 약법지치(約法之治)의 단계이다. 각 현에서 군법지치의 단계가 종식되면 군정부에서는 지방자치권을 그 지역의 민중에게 돌려주어 지방자치를 실현하는 시기이다. 지방의회 의원, 지방 행정관료는 모두 민중들의 선거로 선출되는 단계였다. 군정부에서는 민중의 권리나 의무에 관해 모두 약법(約法)에 규정하고 군정부와 지방의회 및 그 지역의 민중도 모두 이를 준수하게 했다. 약법지치의 기한은 6년으로 설정했다. 6년의 기한이 끝나면 약법지치를 종료하고 헌법을 반포한다는 것이었다. 3단계는 헌법지치(憲法之治)의 단계이다. 약법지치의 기한인 6년이 지나면 헌법을 제정하고 군정부는 병권, 행정권을 이양한다는 것이었다. 대총통이나 국회의원을 국민의 선거에 의해 선출하며 국회를 조직하고 모든 정치는 헌법에 의거하여 행사하는 단계였다. 제1단계의 군법지치 단계는 군정부가 국민들을 통솔하여 구시대의 잔재를 제거하는 시기로 설정했다. 2단계의 약법지치 단계는 군정부에서 민중들에게 지방자치권을 넘겨주어 각 지역에서 자치를 실행하는 시기로 설정했다. 이 시기에는 약법이 규정되었다. 3단계의 헌법지치 단계는 군정부의 모든 권한을 국민에게 귀속시키고 헌법에 입각하여 정치를 행하는 시기로 설정했다.[403] 손문의 혁명 강령에는 군정기, 훈정기, 헌정기로 이행하는 단계를 설정했다. 하지만 중화민국 성립 전에 성립한 촉군정부의 정치 강령에는 손문의 혁명 강령과는 유사한 면도 있지만 약간의 차이점이 있다는 것을 알 수 있다.

촉군정부의 주요 요직의 선임 방법을 보면 다음과 같다. 우선

403) 戴執禮編, 『四川保路運動史料彙纂』(下), pp.1808-1809.

군관 선임 방법을 보면, 군관 중에서 관대(管帶) 이상의 지휘관은 모두 도독이 직접 임명했다. 독대관(督隊官) 이하의 지휘관은 군무부에서 도독에게 해당 관료의 임명에 관한 보고를 하면 도독이 문서로 임명을 승인했다. 각 부의 부장은 도독이 직접 임명했다. 각 부의 직원, 과장은 각 부의 부장이 인선을 한 후에 도독에게 문서를 보내 도독의 검토를 거친 후에 도독이 그들의 임명을 부장에게 위임했다. 이들 외에는 부장이 직접 임명할 수 있는 권한이 있었다. 행정부, 재정부, 교통부 관할의 각 국의 국장은 그 부의 부장이 인선하고 이를 도독에게 보고하면 도독의 심의를 거쳐 부장이 위임받아 임명했다. 심판청장, 검사장 등은 도독이 직접 임명했다. 사법관료인 추사(推事), 검사관은 사법부장이 인선하고 도독에게 보고하면 도독이 문서로 임명했다. 대한은행의 정판(은행장), 부판(부은행장)은 도독이 직접 임명했다. 그 외 대한은행의 중요 관료는 정판, 부판이 인선한 후에 도독에게 보고하면 도독이 문서로 임명했다. 각 지방의 사령관도 도독이 직접 임명했다. 지방사령관이 설치한 각 부서의 중심 관리는 사령관이 인선하면 해당 부서의 부장의 검토를 거친 후에 도독에게 보고하면 비로소 사령관이 임명할 수 있었다. [404] 촉군정부의 주요 관료는 도독이 직접 임명하든 그렇지 않으면 도독의 비준을 거치는 단계를 거쳐 임명되었다. 말하자면 도독이 촉군정부의 인사권을 대부분 장악하는 구조였다고 볼 수 있다.

촉군정부가 관할하는 각 지역에는 지방사령관을 설치했다. 지방사령관은 촉군정부 도독의 지휘나 명령을 받고 지방의 군사와 행정권을 장악할 수 있게 했다.[405] 지방사령관이 설치된 지역의 조

404) 戴執禮編,『四川保路運動史料彙纂』(下), p.1810.

직은 다음과 같다. 지방사령부에는 사령관 직속 부처인 내부조직과 일반 행정 부처인 외부조직으로 나누어 설치했다. 사령관 직속 부처인 내부조직에는 군무처, 군정처, 군수처, 군서처 등 4처를 설치했는데 각 지방의 상황에 따라 적절하게 설치하게 했다. 외부조직에는 행정과, 재정과, 사법과, 학무과 등 4과(科)를 설치했다.[406]

405) 戴執禮編, 『四川保路運動史料彙纂』(下), p.1818.
406) 戴執禮編, 『四川保路運動史料彙纂』(下), pp.1816-1817.

Ⅳ. 사천군정부의 성립과 통합군정부의 성립과정

중경에서 촉군정부가 수립된 지 이틀이 경과하자 성도에서는 석방된 입헌파 신사 포전준 등과 이미 해임된 전임사천총독 조이풍 간에 〈사천독립조약 30조〉를 체결했다. 30조항 가운데 11개 조항은 포전준 등 입헌파 신사가 체출하고 조이풍이 동의한 내용이고, 19개 조항은 조이풍이 제출하고 포전준 등 입헌파 신사가 동의한 내용이었다. 중경의 촉군정부에서는 성도에서 체결된 사천독립조약을 성토했다. 이어 11월 27일 성도에서 입헌파 신사와 청조의 구관료가 연합한 대한사천군정부(大漢四川軍政府)가 수립되었다. 도독에는 포전준이, 부도독에는 청조의 군사지휘관 출신이었던 주경란이 선출되었다.[407] 대한사천군정부가 수립되자 성도는 혼란한 상태에 빠졌다. 군정부의 권위는 실추된 상태였고 성도와 주변 지역에는 가로회를 중심으로 구성된 보로동지군 수십만 명이 활동하고 있었다. 이들은 대한사천군정부를 인정하지 않았다. 이들은 대한사천군정부가 수립되자 성도 시내에서 소란을 피웠다. 독립 정부가 수립되었음에도 여전히 가로회가 중심이 된 동지군이 활동했는데 군정부에서는 이들 중에서 소란을 피우는 자들을 비적(匪賊)으로

---

407) 戴執禮編, 『四川保路運動史料彙纂』(中), pp.1875-1880.

취급했다. 군정부 주변에서는 각종 부류의 사람들에 의해 도박, 살인, 약탈이 진행되고 있었다. 성도에서 활동하고 있던 혁명파들은 기본적으로 대한사천군정부를 지지하지 않았다. 대한사천군정부는 혁명파의 지지를 얻기 위해 혁명파와 연대를 시도했으나 혁명파는 이를 반대했다. 포전준 등 입헌파 신사들이 조이풍과 청조의 관료와 연합한 상태였기 때문에 혁명파는 포전준의 연대 제안을 거부했다.

이러한 와중에 12월 8일 성도에서 병변(兵變)이 발생했다. 대한사천군정부에서 중심적 역할을 했던 입헌파 신사는 군사적 기반이 미약했다. 청조의 신군과 순방군에 의존했다. 신군이나 순방군 내부에는 혁명파도 다수 존재했다. 여기에는 사천성 출신도 있었고 다른 성 출신도 있었기에 서로 간에 갈등이 존재했다. 특히 신군과 순방군 중에는 여전히 청조를 지지하는 군인도 존재했다. 이들은 새로이 탄생한 대한사천군정부에 불만이 많았다. 게다가 신군과 순방군은 몇 개월 동안의 급료를 받지 못한 상태였다. 포전준 등 대한사천군정부에서는 군인들의 불만을 해소하기 위해 열흘 간의 휴가와 3개월 분량의 포상금을 지급하는 방안을 제출했다.[408] 하지만 당시 사천 재정은 고갈 상태였고 계획대로 포상금을 지급할 수 없었다. 성도에 주둔하고 있던 선봉대에 1개월분의 포상금에 해당하는 은향(恩餉)만을 지급하는 것을 허가한 상태였다. 이에 이 부대원 3,000여명은 12월 8일 열병식이 거행되던 날 병변에 가세했다.

병변이 일어나기 직전 이미 해임된 전임 사천총독 조이풍은 아

408) "當成都之初獨立也. 四川軍政府曾允事後發給各軍恩餉三月, 幷給假十天, 以酬其勞." 戴執禮編, 『四川保路運動史料彙纂』(下), p.1904.

직 청조가 완전히 멸망되지 않았다는 소식을 듣고 정권을 다시 탈취하기 위한 방법을 모색하고 있었다. 조이풍은 사천 변경지역에 주둔하고 있던 부대에 지원을 요청했고 성도에 주둔하고 있던 부대에 유언비어를 유포했다. 12월 7일 다수의 군인들이 휴가를 간 기간에 부도독 주경란 등은 군심(軍心)을 수습하기 위해 열병식을 거행하기로 하고 이를 도독 포전준에게 건의하자 포전준은 수락했다. 12월 8일 오전 8시 성도의 군인들이 성도 동교장(東較場)에서 열병식을 거행했다. 여기에는 구식군인도 있었고 신식군인도 있었다. 신식군인보다는 구식군인 중에 불만 세력이 더 많았다.[409] 9시 30분부터 도독 포전준, 부도독 주경란 등이 훈화를 했고 이어 육군부 부장 윤창형(尹昌衡)[410]도 훈화를 했다. 훈화를 듣던 사병들이 웅성거리고 소란이 일어날 상황이었다. 오전 11시 경에 열병식에 참가했던 부대의 행렬 가운데에서 갑자기 총성이 울렸다. 폭동이 일어난 것이었다.[411] 도독 포전준은 현장에서 급히 도주했다. 이어 군인들은 성도의 은행, 군정부의 창고, 상가, 지주 등을 대상으로 약탈을 자행했다. 야간까지 총소리는 멈추지 않았고 약탈은 지속되었다. 군인들이 일으킨 변란이라고 하여 성도병변(成都兵變)이라 한다.

성도병변은 표면적으로는 조이풍이 일으킨 것은 아니었지만 실제로는 조이풍과 그를 지지하는 관료와 군 지휘관이 막후에서 조종한 것이나 다름없었다.[412] 하지만 병변에 참가한 군인들 가운데에는 조이풍 타도를 구호로 내걸고 병란에 참가하기도 했다.[413]

---

409) 戴執禮編, 『四川保路運動史料彙纂』(下), p.1921.
410) 尹昌衡에 관해서는 戴執禮編, 『四川保路運動史料彙纂』(下), pp.2100-2109 참조.
411) 戴執禮編, 『四川保路運動史料彙纂』(下), p.1908.
412) 戴執禮編, 『四川保路運動史料彙纂』(下), pp.1902-1907.
413) "當夜亂兵所用之口令係璞趙兩字." 戴執禮編, 『四川保路運動史料彙纂』(下), p.1904.

성도병변 발생 다음 날 조이풍은 자신이 성도병변과 무관하다는 포고문을 발표했다.[414] 이에 반해 동맹회원 팽광열(彭光烈)[415]은 성도병변은 조이풍과 그의 심복이 계획하여 책동한 것이라고 했다.[416] 대한사천군정부는 조이풍을 중심으로 하는 청조의 관료에게도 타도의 대상이었고 신해혁명기 지속적으로 혁명 활동을 전개한 혁명파에게도 타도의 대상이었다. 조이풍이 성도병변을 직접적으로 주도한 것이었는지 그렇지 않으면 성도병변과는 무관했는지 등에 관해서는 구체적인 검증과 이에 관한 다양한 논의가 필요하다. 하지만 조이풍이나 동맹회원은 성도병변과 같은 변란이 일어나거나 그렇지 않으면 다른 유형의 사건을 유발시켜 대한사천군정부가 붕괴되기를 기대하고 있었다는 것은 분명하다.

성도병변 발생 후 대한사천군정부 육군부 부장이자 동맹회원 윤창형(尹昌衡)은 신군 지휘관 주준(周駿) 등이 이끄는 신군과 합세하여 성내로 진입했다. 성도와 성도 인근에서 활동하고 있었던 보로동지군의 지도자 오경희, 손택패 등도 동지군을 이끌고 치안 유지를 호소하며 성도시내에 주둔했다. 동맹회원 윤창형이 지도하는 신군이 병변을 진압했지만 동맹회원 오경희, 손택패가 지도하는 동지군도 병변 진압에 일조했다. 사실 병변을 일으킨 군인들은 약탈을 자행한 후 엄청난 액수의 돈과 물자를 탈취한 후 스스로 도주한 상황이나 다름없었다.[417] 성내에 진입한 대부분의 군인은 윤창형이 이끄는 신군과 보로동지군 소속의 의용군들이었다.

---

414) 戴執禮編, 『四川保路運動史料彙纂』(下), p.1907.

415) 彭光烈은 1883년 사천성 쌍류현 출신이다. 1904년 사천무비학당에 입학했다. 졸업 후 사천육군소학당 교관이 되었으며 이때 동맹회에 가입했다. 그 후 신군 33혼성협, 17진 등에서 신군 지휘관을 역임했다. 1911년 12월 성도병변이 발생하자 윤창형이 이끄는 부대에 합류하여 성도병변을 진압했다. 이에 팽광열은 사천군정부 관할의 제2사단 사단장이 되었다.

416) 戴執禮編, 『四川保路運動史料彙纂』(下), pp.1908-1909.

417) 戴執禮編, 『四川保路運動史料彙纂』(下), p.1905.

12월 8일 밤 성도의 군지휘관, 정계인사, 동맹회원 등이 모여 회의를 개최했다. 이 회의에서 새로운 군정부를 수립하기로 결정했다. 대한사천군정부는 수립된 지 12일만에 종적을 감추었다. 12월 9일 성도에서 사천군정부(四川軍政府)가 수립되었다. 도독에는 동맹회원 윤창형이, 부도독에는 입헌파 신사 나륜이 선출되었다.[418] 사천군정부는 완전한 의미의 혁명파 정권은 아니었다. 혁명파, 입헌파, 구관료의 연합정권이었다. 하지만 도독을 비롯하여 참모부, 순경총부, 총정무처, 민정부, 재정부 등 주요 부서는 동맹회원이 장악했다. 성도병변의 진압에 윤창형과 합세하여 사천군정부 군무부장에 선출되었던 청조의 군관 출신 주준도 친윤(親尹) 세력이나 다름없었다.

성도에서 사천군정부가 수립된 후 성도의 불안정한 시국을 알게 된 촉군정부에서는 성도를 토벌하기 위해 출병을 선언했다. 촉군정부 도독 장배작이 12월 10일 성도 토벌을 선포한 포고문에는

> "지금 성도의 군사가 소란을 일으켜 도독 포전준은 이미 도주한 상태이고 윤창형이 도독으로 부임하여 병사들을 모아 인심이 점차 안정이 되고 있다. 본 도독은 이러한 상황을 듣고 심히 환영을 표시한다. 다만 토비들이 봉기하여 관병들과 합세하여 약탈을 일삼고 있어 사악한 국면이 진행되고 있어 우리 동포들이 안정적으로 삶을 영위할 수 없는 형세에 이르렀다. 만약 병사를 이끌고 비류(匪類)들을 소탕하여 선량한 민중들을 안무하지 않으면 어찌 우리 부모와 자제(子弟)의 안녕을 지키고 성도가 독립할 수 있는 기초를 공고히 할 수 있겠는가?"[419]

라고 하면서 성도 토벌을 준비했다. 촉군정부의 성도 토벌 계획

418) 戴執禮編, 『四川保路運動史料彙纂』(下), pp.1921-1923.
419) 戴執禮編, 『四川保路運動史料彙纂』(下), p.1836.

을 알게 된 중경의 영국대리영사는 주중국영국공사 조던(朱爾典, John Newell Jordan)[420]에게 이 사실을 보고했다. 그는 이 보고에서 촉군정부의 성도 토벌을 위한 거병은 표면적으로는 성도와 인근 지역의 질서를 회복시키기 위한 것이지만 실제로는 중경 촉군정부의 이익을 위해 성도를 점령하려는 것이라고 했다. 또한 촉군정부의 나이 어린 도독 장배작이 사천 최고 통치자가 되기 위한 야심을 지닌 행위라고 했다.[421] 중경에 부임하고 있던 영국 대리 영사(領事)는 촉군정부의 성도 토벌은 촉군정부가 사천의 통치권을 장악하기 위한 것이라고 보았지만 이는 혁명파 정권의 중심인물인 장배작과 촉군정부의 역할을 단편적으로 보는 근시안적인 시각에 불과했다.

촉군정부 도독 장배작의 성도 토벌은 사천지역을 장악하기 위한 측면보다는 성도는 성도병변의 발생으로 정국이 대단히 혼란했고 여기에 가로회 지도자들이 세력을 모아 활동하면서 혼란한 상황이 가중되었으며 게다가 운남성,[422] 귀주성, 호북성 등 각지의 군대가 사천으로 진입하고 있던 상황이었다. 사천성에는 인접 성에서 파견된 군인을 객군(客軍)[423]이라 칭했다. 사천성에서는 이러한 객군에 대해 군량이나 주둔비, 여비 등을 부담해야 했다. 객군이 사천성에 파견된 것은 보로동지군의 활동이나 사천의 혼란한 정국을 수습하기 위한 것이었다. 그런데 중경과 성도에서 군정부가 수립

---

420) John Newell Jordan은 1852년 아일랜드 발루에서 출생했다. 1876년에 중국으로 와서 통역관을 역임했다. 1896년 주조선총영사를 거쳐 주중국대리공사를 역임했다. 1906년에 주중국특명정권공사가 되어 영국을 대표하는 중국 주둔 외교관이 되었다.

421) 戴執禮編, 『四川保路運動史料彙纂』(下), p.1838.

422) 雲南都督 蔡鍔은 중경 촉군정부 도독 장배작과 사천군정부 윤창형 등에게 운남군이 사천에 주둔하고 있는 것은 단지 사천의 혼란한 국면을 수습하기 위한 것이고 사천의 내정에 간여하지 않겠다는 전보문을 보내기도 했다. 戴執禮編, 『四川保路運動史料彙纂』(下), pp.1969-1971.

423) "所謂客軍者, 對於鄂軍·滇軍·黔軍言之." 戴執禮編, 『四川保路運動史料彙纂』(下), p.2067.

되고 각 주현에서도 연이어 군정부가 수립되는 상황 하에서도 여전히 객군이 사천에서 보로동지군과 전투를 벌이는 상태에 있었던 것이었다. 동시에 대한사천군정부가 무너지고 혁명파인 윤창형이 사천군정부를 수립한 상태에서 혁명파 세력이 미약한 성도 지역에 혁명파 윤창형이 이끄는 사천군정부를 지원하려는 측면도 존재하고 있었다. 촉군정부 도독 장배작의 성도 토벌은 사적인 이해관계를 위한 군사적 거병보다는 전체 사천 정국의 안정과 혁명 정권의 지속성이라는 대국적인 차원에서 이루어진 것이었다.

장배작이 성도 토벌을 위해 군사를 출병하기 직전인 12월 5일 촉군정부에서는 동맹회원 황복생(黃復生)[424]을 사천성 대표로 하여 중화민국임시정부에서 추최하는 각성 대표회의에 참가시켰다. 이 회의에서 북벌안이 논의되었다. 결국 장배작의 성도 토벌은 성도의 안정과 북벌을 위한 군사적 거병의 의미도 포함되어 있었다. 장배작은 북벌을 위해 하지시 촉군정부 부도독을 북벌단총사령관(北伐團總司令官)에 임명하고 본인은 참모관(參謀官)으로 참가하려고 계획했다.[425] 이 북벌 계획에는 사천성, 운남군, 귀주성 3성의 군대가 연대하여 진행하는 것이었다.

촉군정부 도독 장배작은 윤창형이 이끄는 사천군정부의 부대 및 인접 성인 운남군, 귀주성 등의 부대와 연합하여 중화민국임시정부에서 주관하는 북벌에 참가하고 북벌이 완료되면 사천성에서 통합군정부를 수립하려고 계획했다.[426] 촉군정부는 선북벌, 후통합(先

424) 黃復生은 1883년 사천성 융창현에서 출생했다. 본명은 황수중이다. 여주의 천남경위학당을 졸업한 후 1904년 일본에 유학했다. 1905년 동맹회에 가입했고 중국동맹회 사천분회 회장을 역임했다. 1910년 사천성 출신의 유배륜 등과 함께 북경에서 섭정왕 재풍을 암살하려다가 미수에 그쳐 체포되었다. 무창봉기 후 황수중은 석방되었다.

425) 戴執禮編,『四川保路運動史料彙纂』(下), p.1840.

426) 戴執禮編,『四川保路運動史料彙纂』(下), pp.1840-1841.

北伐, 後統合)의 방안을 모색하고 있었던 것이다. 이를 위해서는 사천 전체의 안정적 국면이 우선이었다. 이러한 여러 가지 상황이 맞물려 있는 과정에서 성도 토벌이 추진된 것이었다. 장배작이 성도의 윤창형이 이끄는 사천군정부에 북벌과 양군정부의 통합방안에 관해 보낸 전보문의 내용을 정리하면 다음과 같다. 첫째, 사천 통일의 방법은 모두 대공적(大公的) 차원에서 출발한다. 둘째, 사천 통일의 문제는 사안이 중대한 것이기 때문에 각계의 인사들을 소집하여 논의해야 한다. 이를 위해 전권대표를 보내 논의를 진행해야 한다. 셋째, 현재 사천 정국으로 보면 양군정부의 통일이 우선이지만, 전 중국의 대국적 차원에서 보면 북벌이 급무이다. 원세개가 정전협약을 위반하고 각 지역을 공격하고 있던 상황이고 각 성에서도 촉군정부에 긴급 전보를 보내 사천에서 북벌군을 파견하기를 요청하고 있었다.

촉군정부 도독 장배작은 사천성의 지역적 차원에서 보면 당장 중경의 촉군정부와 성도의 사천군정부가 신속하게 통합을 추진해야 하지만 당시 전 중국의 대국적 차원에서 보면 원세개의 북양군에 대항하여 북벌에 참가하는 것이 가장 긴급하게 해결해야 하는 사안으로 판단했던 것이었다. 이러한 북벌 관련 논의는 12월부터 진행되어 중화민국이 성립된 후에도 몇 개월간 지속되었다. 이 때문에 양군정부의 합병 문제는 차일피일 미루어지고 있던 상황이었다. 북벌이 논의되고 있던 와중에 촉군정부는 호북군정부 도독 여원홍에게 전보문을 보내 호북군정부와 연방정부의 수립을 위해 대표단을 파견하는 방안도 제시했다. 또한 호북군정부 도독 여원홍, 중화민국임시정부의 원수(元帥) 황흥, 강소도독 진기미에게 전보문을 보내 촉군정부에서 양서감(楊庶堪) 등을 대표로 하여 중화민국

임시정부의 회의에 참가시키기도 했다.[427)]

당시 촉군정부와 사천군정부가 양립하는 상황에서 나타나는 문제점은 여러 측면에서 나타났다. 중경의 촉군정부와 성도의 사천군정부에서 관할하는 행정구역이 명확하게 구분되어 있지 않은 상태였다. 중경부 관할의 영천현, 영창현 등의 지역을 성도에서 성립한 사천군정부가 관할하기도 했다. 각 주현에서는 공문을 촉군정부에 보내기도 하고 사천군정부에 보내기도 했다.[428)] 이 때문에 주현 단위의 군정부에서는 군정부의 통일을 건의하는 문서를 보냈다. 예컨대 만현(萬縣)의 웅비는 사천 각지의 군정부 도독에게 통일합병에 관한 건의문을 보냈다.[429)] 이러한 와중에 성도에서는 동맹회원의 호소에 의해 성유합병기성회(成渝合併期成會)가 조직되었다. 이 조직은 성도의 각 단체들이 참가했다.[430)] 성도에서 조직되어 활동하고 있던 사천공화협회나 중화공화촉진회 등과 같은 각 단체에서도 계속 촉군정부에 합병 건의문을 보냈다.[431)]

중경에서 성립한 촉군정부와 성도에서 성립한 사천군정부의 통합에 관한 논의는 사천성에서 활동하고 있었던 동맹회원이 먼저 제기했다. 동맹회원이자 성도의 사천군정부의 총정무처 총리였던 동수무(董修武)[432)]와 동맹회원이자 군사순경총부 총감이었던 양유(楊維)[433)]등이 가장 먼저 제기했고, 중경에서 촉군정부를 주도하고 있었던 장배작, 웅극무, 주지홍 등도 합병에 동의했다. 이 합병 방안은 두 군정부가 군사적 충돌없이 평화적으로 통합하는 방안이었

427) 戴執禮編, 『四川保路運動史料彙纂』(下), pp.1843-1844.
428) 戴執禮編, 『四川保路運動史料彙纂』(下), p.2019.
429) 戴執禮編, 『四川保路運動史料彙纂』(下), p.2020.
430) 戴執禮編, 『四川保路運動史料彙纂』(下), p.2022.
431) 戴執禮編, 『四川保路運動史料彙纂』(下), pp.2022-2024.
432) 董修武에 관해서는 戴執禮編, 『四川保路運動史料彙纂』(下), pp.2112-2116 참조.
433) 楊維에 관해서는 戴執禮編, 『四川保路運動史料彙纂』(下), pp.2116-2118 참조.

다. 동맹회원이 양 지역의 군정부 합병에 관한 논의를 제기한 원인으로는 크게는 당시 전국적으로 남북화의가 제기되고 있었던 시점과 일맥상통한 것이었으나 사천지역에서도 양군정부의 통합이 필요한 상황이었다. 통합이 진행되는 과정에서 평화적인 합병 방안으로 논의가 진행되기 시작했다. 당시의 통합 추진 배경을 살펴보면 다음과 같다. 첫째, 사천지역을 둘러싼 외성지역의 환난에 의해 사천의 조속한 통일이 필요한 시점이었다. 촉군정부 도독이었던 장배작이 성도군정부의 도독이었던 윤창형을 합병군정부의 도독으로 추대한 후 이 상황을 손문 등의 동맹회 중앙에 보고한 내용을 보면,

> "지금 관롱(섬서성, 감숙성) 지역이 위태하고 감숙성과 신강지역이 아직 안정되지 못하고 있으며 청해지역은 서쪽의 이민족이 거주하면서 타 지역과 화평하지 못하고 있습니다. 사천성은 누차 혼란의 상황을 거쳐 불이 뜨겁고 물은 깊은 형세와 같은 상황으로 다른 지역의 이민족과도 안정적인 국면은 아니므로 외교와 내정을 조속히 정리해야 백성들의 곤궁한 상황을 해결할 수 있다고 봅니다. 그러므로 도독의 직책은 웅대한 재능을 지닌 자가 아니면 담당할 수가 없으므로 본인 장배작은 윤창형을 촉군 도독으로 추대하고 저는 부도독이 되었습니다."[434]

라고 하는 것처럼, 촉군정부 도독이었던 장배작은 사천과 인접하고 있던 지역인 섬서, 산서, 감숙, 신강, 청해 등에서 혼란한 국면이 조성되고 있고 사천지역도 안정적인 국면은 아니므로 빠른 시일 내에 양군 정부가 통합하여 안정을 이룰 필요성이 있었다고

---

434) "今關隴危殆, 甘新未平, 青海西番, 頑梗不化, 而四川經屢次亂離之後, 火熱水深, 創夷未復, 外交內政亟宜整理, 以紓民困, 正都督一職, 非雄才大略者, 不能勝任, 培爵已推尹君昌衡爲蜀軍正都督, 培爵隨尹君之後爲副都督." 『四川辛亥革命史料』 (上), p.630.

보았다. 둘째, 외성에서 활동하고 있던 사천인들이 조직한 사천공화협회에서는 촉군정부에 문서를 보내 신속하게 사천성의 통일을 요청했다.

"하나, 사천 전 지역의 통일을 신속히 도모해야 합니다. 대저 공화국의 우려는 분치(分治)할 수 없는 상황에 있는 것이 아니라 통일할 수 없는 것에 있습니다. 전국의 통일을 이루고자 한다면 반드시 1개 성의 통일부터 이루어져야 합니다. 우리 나라는 큰 변란을 만나 각 성이 분치하는 현상이 이미 나타났습니다. 그 중에서 가장 심각한 것은 1개 성에서 분치하는 현상이 가장 심각합니다. 이는 스스로 분열하여 서로 통합되지 않는 것입니다. 예를 들면 동남지역의 각 성의 중심지역인 성성(省城, 성의 정치적 중심도시인데 성회라고도 함)이 독립하여 군정부가 출현한 상황에서 각 주현에서도 연이어 군정부가 출현하여 서로 통합되지 않고 사분오열의 형상이 되었습니다. 다행히 그 후에 서로 협상을 거쳐 각 주현의 군정부는 성성에 조직된 군정부 관할의 분부(分部)가 되어 성회에 예속되는 것이 많아 권력은 비로소 점차 통일되었습니다."[435]

라고 하는 것처럼, 사천공화협회에서 사천성 지역에서 통합 군정부의 탄생을 촉구한 이유로는 전국을 통일하려면 먼저 성지역에서부터 통일된 국면을 조성해야 되는데, 실질적으로 한 개의 성 내에서도 통일된 군정부가 성립되지 않고 몇 개의 군정부가 성립된다든지 또는 각 주현에서 성립된 군정부도 통일적으로 운영되지 않고 있는 국면이 나타난 문제점 등을 지적했다. 무창봉기 후 각 성에도 지역적인 정권이 수립되어 통합적인 국면이 나타나지 않고

435) "一, 宜速謀全省之統一也. 大抵共和國之通患, 不在不能分治, 而在不能統一. 然欲謀全國之統一, 必先以一省之統一爲始. 吾國初遭大變, 各省分治之現象已成, 而其最甚者, 莫過于一省之中, 復自爲分裂, 不相統屬, 例如東南各省省城獨立, 其各郡縣相繼起, 而皆各立一軍政府, 不相統轄, 凡成四分五裂之形, 幸其後互相抽讓, 多改爲軍政分部, 隷于省會, 事權始漸劃一." 『四川辛亥革命史料』(上), p.619.

있었는데 이 상황에서 가장 큰 폐단은 분치(分治)라고 했다. 분치를 종식시키고 통합 군정부의 출현만이 혼란을 종식시키고 안정적 국면을 이룰 수 있다고 본 것이다.

셋째, 여주에 출현하였던 천남군정부 도독 유조망은 천남군정부를 촉군정부에 합병시키는 방안을 제시하면서 사천 전 지역에 통합군정부의 분위기를 조성했다. 1912년 2월 1일 유조망은 천남군정부를 촉군정부에 귀속시키는 방안을 제출하면서 이르기를,

> "사천 남부지역은 음력 10월 5일(양력 11월 25일) 독립을 선포하였는데 그 때 성도에는 여전히 조이풍이 재임하고 있었습니다. 그래서 신상사민(紳商士民)을 포함한 각계에서 회의하여 본인 유조망을 추대하여 군정부 도독에 선출하여 이로써 이 지역을 함께 지키고 함께 안정을 기약했습니다. 본인은 심히 재능이 미약한 것을 우려하여 누차 도독의 직책을 사직하고자 했으나 20여 대표들의 재삼 만류로 부득이하게 잠시 중임을 맡게 되었습니다. 한편으로는 지방을 안무하고 한편으로는 즉시 통일을 위한 단체를 조직했습니다. 성도가 독립한 후 병변(兵變)이 일어났고 중경에 성립한 군정부의 조직은 여전히 안정이 되지 않아 하나로 통일될 수 없었습니다. 아울러 사천 남부의 재정은 열악하고 병력은 부족하여 토비(土匪)를 소탕하지도 못하고 있어 모든 것이 곤란한 상황입니다. 2개월 동안 전심전력을 다하여 노력한 결과 대국적인 차원에서는 여전히 소란은 없는 상황입니다. 현재 섬서성, 산서성 지역이 병란으로 인해 시국이 위급하니 사천성은 조속히 통일하지 않으면 발전할 수가 없습니다. 중경 촉군정부의 장배작 도독과 하지시 부도독은 봉기를 일으켜 군정부를 조직한 후 온 마음을 다해 정국을 수습하여 현재는 규모가 완비되어 통일할 능력을 갖추고 있으니 합병을 결단하시기를 바랍니다. 장배작 도독, 하지시 부도독에게 전보를 보내 장차 모든 권력이 통일되기를 바라는 마음입니다. 본인은 본래 안휘성 출신이고 집안에 노친이 있고 현재 과로와 병세도 있어 합병의 의지가 이미 결정되었습니다. 현재 민중들에게 합병을 선포하고 즉시 사직을 하고자 합니다. 이를 통해 사천성 전체가 통일의 대계(大計)가 조속히 이루어져서 본인이 민중의

고통을 안무하는 데 일조할 수 있다면 또한 본인이 천하에 죄가 없다는 것을 알릴 수 있을 것입니다.[436]

라고 했다. 천남군정부는 촉군정부가 성립된 직후인 11월 25일 사천성 남부 지역인 여주(瀘州)에서 출현했다.[437] 천남군정부가 수립된 후 여주 각계의 인사들이 유조망을 군정부 도독으로 선출했다. 그 후 2개월이 경과한 시점인 2월 1일 천남군정부 도독이었던 유조망은 대총통 손문, 부총통 여원홍, 각성 도독, 각처 사령관, 각군정부에 보내는 전보문에서 촉군정부에 천남군정부를 귀속시키는 문제를 보고했다. 유조망이 제시한 합병 이유로는 첫째, 신해혁명 후 군정부 성립 초기 성도에서 성립한 대한사천군정부에서는 성도병변으로 혼란한 국면에 있었다. 중경에서 성립한 촉군정부도 여전히 안정적인 국면에 접어들지 못하고 있었다가 점차 안정적인 국면에 접어들기 시작했다. 둘째, 성급 아래에 조직된 군정부의 재정이나 군사력은 매우 미약하여 치안 질서 유지에 곤란하고 또 섬서나 산서지역에서도 혼란한 국면이 존속되고 있었다. 사천지역에서 통합 군정부의 성립이 절실하게 요청되고 있었던 국면이었다. 이 때문에 천남지역을 관할하고 있던 천남군정부를 촉군정부에 귀속시키고 이를 통해 사천 전 지역의 통일적인 국면을 기대하고 있었다.

통합군정부 출현의 분위기가 성숙되어 가는 과정에서 촉군정부 성립시에 비서원원장을 역임하였던 향초 등 당시 촉군정부 성립에 참여하였던 동맹회원의 회고록에는 성유양군정부의 합병의 원인에 대해 다음과 같이 설명하고 있다. 첫째, 운남도독 채악은 전보를

436) 戴執禮編, 『四川保路運動史料彙纂』(下), p.1854.
437) 戴執禮編, 『四川保路運動史料彙纂』(下), p.1846.

보내 중경의 촉군정부를 사천군정부로 승인하였지만 윤창형, 나륜이 이끄는 사천군정부를 승인하지 않고 단순히 가로회가 장악하는 정부로 인식했다. 채악은 호남성 도독에게 공문을 보내 성도로 진격하게 했다. 이에 대해 촉군정부 도독 장배작과 동맹회원들은 합병문제는 행정적 절차를 거쳐 진행할 수 있는 문제라고 생각했다. 아울러 채악의 의견은 사천성에 조직된 군정부 간의 알력을 만드는 계략이라고 생각했다. 사천지역 내에 군정부가 통합되지 않고 있는 것은 외성으로부터 사천성에 대한 간섭을 야기하고 사천성을 공격할 구실을 주게 되므로 합병이 필요했다.

둘째, 성도군정부 소속의 동맹회원이었던 동수무, 양유, 용광 등의 주장에 의하면, "성도와 중경이 분립되어 있어 군정부 권력의 통일성 결여, 재정 방면의 통합성 결여가 나타나고 있다. 또한 운남군이 사천으로 진입하고 있고 가로회도 횡행하고 있으므로 이는 사천 민중들에게 고통을 안겨주는 것이고 양 군정부에도 좋지 않다고 하면서 합병을 먼저 제기했다. 중경 촉군정부의 중심인물이자 동맹회원이었던 장배작, 양서감, 웅극무, 사지, 주지홍, 향초 등도 합병의 필요성을 인식하고 있었다. 촉군정부 도독이었던 장배작이 여주지역의 천남총사령관으로 있었던 단무신에게 합병에 관한 의견을 묻자 단무신도 이에 찬성했다. 이 때문에 성도지역의 군정부와 중경지역의 군정부 간에 합병에 관한 논의가 가속화되었다.

셋째, 중경지역의 동맹회원들 중에 다수의 구성원들이 제기한 의견을 보면, 성도는 사천성의 성회(省會)이고 중경은 군사 중진(重鎭)이므로 정치 중심지인 성도의 군정부에 중경의 군정부가 합병되어야 한다고 했다. 이러한 와중에 양 군정부에서 공문서의 왕래나 전보의 왕래, 군정부 대표단의 왕래 등이 빈번해지고 있었다.[438)]

촉군정부 소속의 향초가 진술한 합병 군정부의 소재지를 둘러싸고 만현 지역의 웅비가 제출한 합병 건의문에서는 보다 구체적으로 명시되어 있다.

> "현재 중경에 촉군군정부가 수립되었는데 그 뜻은 곧 사천 전 지역을 통합하여 관할하려고 하는 것입니다. 저는 중경에 군정부가 성립하는 것이 성도에 성립하는 것보다 좋지 못하다고 생각합니다. 교통으로 논하면 중경은 비록 선박을 이용한 이동에는 장점이 있지만 사천 서부의 여러 지역과는 너무 먼 거리에 있습니다. 이에 반해 성도는 사천의 중앙에 위치한 곳에 있기에 중경은 성도보다 위치가 적합하지 않다고 봅니다. 형세로 논하면 중경은 비록 험준한 산과 큰 강이 있어 지리적으로는 방어하기에 유리합니다. 하지만 성도는 변방 지역을 통제하기가 중경보다 유리해서 역대의 지방관이나 할거세력들은 사천 전 지역을 통괄하는 치소로 성도를 선택했습니다. 저는 당연히 성도에 통합군정부를 설치하고 중경과 서장에는 각각 군정부의 지부를 설치하고 도통을 배치하여 모두 성도군정부에서 통괄해서 관할해야 한다고 봅니다."[439]

라고 하는 것처럼, 성도에 통합 군정부가 성립해야 할 이유로는 첫째, 교통의 측면에서 보면, 중경은 해상 교통은 발달하지만 사천 서부의 여러 도시들과는 지리적으로 원거리에 있으므로 사천의 중심지에 위치한 성도가 유리했다. 둘째, 지형적인 측면으로 보면, 중경은 성도보다는 험난한 곳에 위치하고 있지만 이는 오히려 폐쇄적인 도시로서의 성격이 보다 강하게 나타날 수 있다. 이에 반

438) 『蜀軍政府資料選編』, pp.49-50.

439) "現重慶設蜀軍軍政府, 其意直欲統轄全川. 鄙意以爲重慶不如成都, 以交通論, 重慶雖有航行之利, 而蜀西諸府距離太遠, 不若成都之適中. 以形勢論, 重慶雖有山川之險, 而自來論形勢者, 不徒貴乎閉關自守, 且成都尤足控制邊陲, 故歷代州牧及割據者, 皆以成都爲總攬全川之治所. 僕謂宜設軍政府于成都, 而重慶,西藏各設分府, 置一都統, 均歸成都軍政府之節制". 「萬縣熊飛上四川各地軍政府都督建議統一合併書」『蜀軍政府資料選編』, p.110.

해 성도는 사천 변경 지역까지도 통제할 수 있는 위치에 있어 역대 왕조의 지방 장관이나 할거 세력들이 모두 사천 전 지역을 통괄하는 치소로 성도를 택했다. 이와 같은 여러 가지 조건으로 보아 중경보다 성도가 유리한 위치에 있었기 때문에 합병군정부의 소재지를 성도로 채택해야 한다는 여론이 높아져 가고 있었던 정황이었다. 순수한 혁명파 정권이었던 중경 소재의 군정부와 혁명파, 입헌파, 청조 구관료의 연합정권이었던 성도 소재의 군정부 간의 통합 논의 과정에서 혁명파 정권이 주도적인 위치를 차지하고 사천 정국을 혁명파가 장악하기 위해서는 촉군정부가 통합의 주도권을 장악해야 했다. 하지만 입헌파 신사인 포전준이 도독으로 선출된 대한사천군정부는 혁명파 윤창형에 의해 사천군정부로 개칭되었다는 점이 평화적인 통합 방안에 불씨를 당겼다.

한편 사천지역에서 통일 군정부의 출현이 요청되고 있었던 시점에서 성도군정부에서는 통일 군정부를 성립시키기 위한 구체적인 안건을 중경군정부에서 보냈는데 이에 관한 기록을 보면,

> "(촉군정부) 장배작 도독, 하지시 부도독에게 올립니다. 그간 독립을 선포한 후 여러 차례 전보를 받고 장차 모든 것을 상세하게 말씀드릴려고 했습니다. 갑자기 10월 18일(양력 12월 8일) 성도병변이 발생하여 (대한사천군정부 도독) 포전준, (부도독) 주경란 두 사람이 사직하고, (사천군정부가 성립된 후) 그들의 직무를 맡은 윤창형, 나륜은 군민의 불안을 수습하는 데 힘쓴 결과 다행히 군심(軍心)도 점차 안정이 되고 민심도 점차 안정을 되찾게 되었습니다. 11월 3일(양력 12월 22일) (전임 사천총독) 조이풍은 처형당하고 팔기 병사들도 소탕이 되어 독립의 대업은 이로써 점차 견고해졌습니다. (성도의 협상 대표로 파견된) 장치상이 때마침 중경에서 돌아와 귀 군정부의 도독과 중경의 명망있는 인물들과 양군정부의 합병에 관한 논의를 한 것을 자세히 진술한 것을 듣고는 귀 군정부에서 사심이 없이 공의에

입각하여 협상해 주시는 것을 알고 합병이 순조롭게 진행되기에 이르러 감사의 마음 금할 길이 없습니다. 최근 각 주현에서 독립을 선언하는 것이 많아 사천 전역이 분열하고 있는 것에 대해 윤창형, 나륜 등은 주야로 고민하고 있으며 사천의 안전을 기하고 평화의 국면으로 보면 장차 군사, 재정 방면의 큰 틀은 모두 통일적으로 운영되지 않으면 실로 안정적으로 사천을 지킬 수 없다고 생각되는 데 이는 귀 군정부의 뜻과 서로 부합되는 것인지 모르겠습니다. 합병양군정부의 통일 방안에 대해 그 대강을 말씀드리면 다음과 같습니다. 첫째, 성도는 사천군정부의 중추가 된다. 둘째, 중경에는 중진(重鎭)을 두고 진무사(鎭撫使) 1명을 설치하여 1진의 병사를 관할하게 한다. 셋째, 나륜의 의견을 기초로 우선은 성도지역 군정부의 도독이 사천 도독이 되고 중경지역 군정부의 도독은 사천 부도독이 되는 것으로 정한다. 넷째, 두 군정부의 부도독은 중경진무사 혹은 추밀원장 및 군사참의원원장을 맡도록 한다. 다섯째, 각 부의 장관, 차관은 두 군정부 소속의 인재로 조직해야 한다. 여섯째, 양군정부에서 파견한 안무선위사는 합병에 관한 안건을 신속하게 문서로 서로 통보하고 서로 협력하며 각각의 접촉지를 직무종료지로 삼는다. 이상의 안건에 대해 귀 군정부가 받아들여 시행할 수 있는지 조속히 답신해 주시기 바랍니다. 아울러 한편으로는 진무부(鎭撫府)를 조직하고 한편으로는 도독과 군정부의 각 직책담당자 및 각 동지들에게 신속하게 신정부를 조직하도록 요청하여 통일군정부의 시행이 하나하나 실현되고 지방이 조속히 안정되는 것이 사천 전 지역의 행운이며 중화의 행운이 아니겠습니까? 윤창형, 나륜, 장치상, 동수무, 왕기창, 용령, 등효가, 동헌장, 용소백, 이식, 유영개 등 배상"[440]

---

440) "張夏兩都督鑒. 此間宣告獨立之後, 疊奉鈞電, 正似復陳種切, 遽遭十月十八日之變, 蒲,朱兩君去職, 昌衡,綸以軍民敦迫, 勉出承乏, 幸軍心漸固, 閭閻稍就安堵. 月之初三日, 趙逆授首, 旗兵旋卽繳出槍械, 獨立大業, 從玆益固. 治祥適自渝返, 具述貴都督及渝人士協商統一盛意, 足見大公無私, 純爲大局起見, 無任欽佩. 邇者州郡紛紛獨立, 全蜀分裂, 昌衡,綸等正日夜籌思, 以爲保全和平之道, 非將軍事,財政諸大端, 悉歸劃一, 實不足捍御外侮, 與尊處意旨, 適相符合, 何幸如之. 玆將統一兩軍政府辦理事件, 略陳其要. (一) 以成都爲四川軍政府中樞. (二) 重慶應置重鎭, 設鎭撫使一人, 領兵一鎭. (三)據綸意見, 擬以成都正都督爲四川正都督, 重慶正都督爲四川副都督. (四) 兩處副都督, 擬任以重慶鎭撫使, 或樞密院長, 及軍事參議院院長. (五) 各部長次官, 合兩地人才組織之. (六) 兩軍政府所派安撫宣慰使, 應彼此速將合井之事知會, 使互相聯合, 各以接觸地爲職務終了地. 以上各件, 如貴軍政府以爲可行, 卽希先賜電復, 井一面組織鎭撫府, 一面請都督及各職員各同志迅速來省組織新政府, 俾諸要得以次第施行, 地方早就安謐, 全蜀幸甚. 中華幸甚, 尹昌衡, 羅綸, 張治祥, 董修武, 王綺昌, 龍靈, 鄧孝可, 童憲章, 龍紹伯, 楊維, 李植, 劉永闓等

라고 하는 것처럼 윤창형을 중심으로 하는 성도지역에 출현한 사천군정부의 핵심인물이었던 나륜, 장치상, 동수무, 왕기창, 등효가 등의 공동 명의로 촉군정부의 장배작 도독과 하지시 부도독에게 사천지역의 군정부의 통일에 대한 방안을 피력한 것이다. 사천군정부에서 제시한 통합 방안에 대한 내용을 정리하면 다음과 같다.

첫째, 촉군정부와 사천군정부의 통일 후, 통합군정부의 중심은 성도지역에서 성립된 사천군정부가 된다. 둘째, 중경에는 중진(重鎭)을 설치하고, 진무사(鎭撫使) 1명을 둔다. 셋째, 사천군정부의 도독이 통합 군정부의 도독이 되고, 촉군정부의 도독은 부도독이 된다. 넷째, 통합되기 직전의 두 군정부의 부도독은 중경진무사나 추밀원장 혹은 군사참의원 원장을 담당한다. 다섯째, 통합군정부의 각 부의 장관이나 차관은 통합되기 직전의 양 군정부의 인물들로 조직한다. 여섯째, 두 군정부에서 파견한 안무선위사(安撫宣慰使)가 통합 군정부의 수립에 대표단의 역할을 맡아 의견을 조율한다. 윤창형 등이 제시한 통합군정부의 수립 방안은 성도지역의 사천군정부가 중심적인 역할을 하며 중경에서 조직된 촉군정부는 통합군정부에 흡수되는 방안으로 볼 수 있다.

통합군정부의 수립을 본격화하기 위해 사천군정부와 촉군정부에서는 대표단을 파견하기에 이르렀다. 중경의 촉군정부에서는 동맹회원 주지홍을 전권대표로 파견했고 성도의 사천군정부에서는 동맹회원 장치상을 전권대표로 파견하여 합병문제를 조율했다.[441] 이에 두 군정부의 합병에 관한 초약(草約)이 작성되었다. 초약에는 사천군정부 도독 윤창형이 제시한 내용이 대부분 수용되었다. 합

叩.”『四川辛亥革命史料』(上), p.622.

441) “蜀軍派朱之洪, 成都派張治祥, 皆爲全權大使, 遇于隆昌之燒酒房, 相約之重慶, 草合同十一款, 各簽定繕締, 兩軍政府召集特別會議, 議決加印, 成立合并.” 民國『巴縣志』卷22, 蜀軍革命始末.

병정부의 도독에는 사천군정부의 도독이 담당하고 부도독에는 촉군정부의 도독이 담당하며 각 부처의 관료는 모두 선거에 의해 선출하는 방안으로 결정되었다. 합병정부가 수립되기 전 촉군정부의 도독 장배작은 두 군정부가 합병되는 상황을 중경지역의 민중들에게 알리는 포고문을 발포했다. 중경의 민중들에게 합병의 필요성과 정당성을 알려 민심이 이반되지 않기를 바라는 취지의 글이었다. 성유(成渝)[442] 양군 정부의 합병을 위해 촉군정부 도독 장배작이 중경에서 출발하여 성도로 향한 시기는 3월 12일이었다.[443] 그 결과 1912년 4월 27일 촉군정부와 사천군정부가 합병되어 성유양군합병정부(成渝兩軍合併政府)가 수립되었다. 합병정부의 도독에는 윤창형, 부도독에는 촉군정부의 도독이었던 장배작이 선출되었다. 촉군정부가 수립되었던 중경에는 중경진무부(重慶鎭撫府)가 설치되었고 하지시가 중경진무부의 총장이 되었다. 중경진무부에서 관할하는 부대는 웅극무가 지휘하는 사단 병력이었다. 신해혁명기 전 중국에서 가장 혁명운동이 활발하게 전개된 사천지역에서 통합군정부의 출현은 다른 지역에 비해 상당히 늦게 탄생한 것이었다.

442) 成渝라고 할 때의 成은 성도를 지칭하고 渝는 중경을 지칭한다.
443) 戴執禮編,『四川保路運動史料彙纂』(下), p.2070.

V. 맺음말

무창봉기가 일어나기 전, 사천보로운동이 격화되면서 보로동지군이 조직되어 무장봉기가 일어나기 시작했다. 사천성의 지방 정부에서 단독으로 통제할 수 없는 상황이 되었다. 청조는 독판철로대신 단방(端方)에게 호북성 신군을 이끌고 사천의 혼란을 안정시키도록 하기 위해 사천으로 진입하게 했다. 당시 양서감, 장배작 등을 중심으로 하는 사천 동맹회중경지부에서는 무장봉기를 거행하는 것에 대해서는 종래 매우 신중하게 대처해 오던 자세를 버리고 중경에서 무장봉기를 일으켜 군정부를 성립시켜야 한다는 논의가 활발하게 진행되고 있었다.

그러나 이들이 장악하고 있었던 군사력은 대단히 미약한 실정이었다. 그리하여 우선 지방 정부의 동향을 파악한다든지, 지방정규부대의 배치 상황을 점검한다든지, 회당과의 연대문제를 논의한다든지, 신군 내에 활동하고 있었던 동맹회원들과의 연계 등을 통해 무장봉기를 일으킬 시기를 기다리고 있었다. 촉군정부가 수립되기 전 무장봉기를 거행하기 위해 동맹회원들의 활동을 정리하면 다음과 같다. 첫째, 중경의 지방관원 가운데 군사권과 경찰권을 통합적으로 장악하고 있었던 중경지부 뉴전선의 동향을 예의 주시했다. 둘째, 청조의 정규부대 지휘관이었던 이담양이 새롭게 조직한 부대에 동맹회원을 참가시켰다. 셋째, 관료, 신사, 학계 대표들이 모인 회의를 소집하여 상단이나 민단이라는 단련을 조직하게 하고 단련 내에 동맹회원을 참가시켰다. 넷째, 동맹회원 가운데 회당의 지도자로 활동하고 있던 인물을 통해 회당 세력을 무장봉기에 활용할 수 있도록 준비했다. 다섯째, 호북성의 신군을 이끌고 사천으로 진입하던 단방이 이끄는 부대에 활동하고 있었던 동맹회원과 연대하는 방안을 모색하고 있었다.

중경에서 활동하고 있었던 동맹회원들이 무장봉기를 일으킬 준비를 하는 과정에 동맹회원이자 신군에서 활동하고 있었던 하지시가 군대를 이끌고 중경에 도착했다. 하지시의 부대는 중경으로 이동하면서 부대의 규모도 확대되었다. 하지시의 혁명군이 중경에 진입한 것은 촉군정부의 성립에 결정적인 역할을 했다. 11월 22일 하지시의 혁명군이 중경성에 입성하자 중경부 지부, 파현 지현이 성문을 열고 투항했다. 이에 중경에서 촉군정부가 수립되었다. 촉군정부의 도독에는 장배작, 부도독에는 하지시가 선출되었다. 촉군정부는 동맹회 중경지부에서 활동하고 있었던 동맹회원이 주축이 된 혁명파 정권이었다. 촉군정부는 성립 당시에 사천 전 지역을 통합하는 군정부로 출발했다. 하지만 얼마 후 성도에서는 대한사천군정부, 사천군정부로 이어지는 군정부가 수립되었다. 이른바 1성2군정부체제(一省二軍政府體制)가 성립된 것이었다. 이는 사천 전 지역의 군사권이나 행정권이 분할되어 운영되고 있음을 의미했지만 실제로는 관할 범위도 명확하지 않았기 때문에 혼란한 국면을 초래했다.

성도와 중경 두 지역에서 출현한 군정부의 통합은 군사적 충돌 없이 평화적으로 합병하는 방안이 모색되었다. 성도에 처음 출현한 대한사천군정부는 입헌파와 청조의 구관료의 연합적 성격을 지니고 있었으나 성도병변이 발생하자 이를 진압한 혁명파 윤창형이 대한사천군정부를 사천군정부로 개칭하고 도독에 부임했다. 이에 중경과 성도에 출현한 군정부의 도독은 모두 혁명파가 담당하는 국면이 조성되었다. 하지만 당시 전 중국 차원에서 보면 남방의 중화민국임시정부와 북방의 원세개가 이끄는 북양군 간에 여전히 충돌의 국면이 전개되고 있었다. 이는 결국 북벌을 우선 완수한 후에 통합을 하자는 선북벌, 후통합의 방안을 모색하게 되었다. 그 후 남방의 중화민국임시정부와 북방의 원세개 간에 남북화의가 체결된 후에 비로소 사천에서는 양군정부의 합병에 대한 논의가 실체화되기 시작했다.

통합군정부의 성립 과정에서 가장 주안점이 되는 것은 통합군정부의 소재지를 어디에 둘 것인가에 관한 것이었다. 최종적으로는 통합군정부가 성도에서 수립되고 중경에는 진무부를 설치하는 것으로 결정되었다. 동시에 사천군정부의 도독이 통합군정부의 도독이 되며 촉군정부의 도독이 통합군정부의 부도독이 되는 것으로 최종안은 확정되면서 1912년 4월 27일 성유양군합병정부가 수립되었다. 사천성은 신해혁명기 전 중국에서 가장 혁명 활동이 활발하게 전개된 지역 중의 하나였음에도 불구하고 1성2군정부체제(一省二軍政府體制)의 국면이 전개됨으로 인해 중화민국이 성립된 지 거의 4개월이 지난 시점에 통합군정부가 출현하게 된 것이었다.

제5장

신해혁명 후 사천 동맹회원의 동향

Ⅰ. 머리말

Ⅱ. 호법운동 전 양서감과 웅극무의 동향

Ⅲ. 호법운동기 사천 국민당 내부의 분열

Ⅳ. 맺음말

Ⅰ. 머리말

신해혁명에 중심적인 역할을 한 혁명단체인 동맹회는 신해혁명 후 통일된 지도 역량이 결핍되었다고 하는 것은 주지하는 사실이다. 중국 서남부에 위치하고 있는 사천에서도 사천 동맹회를 통일적으로 지도하는 단일한 기구도 성립하지 못했다. 또한 사천 동맹회를 통일적으로 이끌만한 지도적인 인물도 등장하지 못했다. 사천 동맹회원의 활동도 사천 동부지역을 제외하고 서부, 남부, 북부 지역에서는 개별적이고 분산적으로 진행되었다.[444] 무창봉기 후 각 성에서는 군정부가 출현했는데 사천성에서는 성도와 중경에서 각각 군정부가 출현했다. 이 때문에 사천성은 일정기간 동안 "1성 2군정부(一省二軍政府)"체제가 유지되었다.[445] 이는 신해혁명기 사천 폭동이라고 부를 정도로 사천보로운동은 무장봉기를 동반한 혁명

444) 사천 신해혁명사와 관련한 연구 논문으로는 野澤豊, 「辛亥革命の階級構成-四川暴動と商紳階級」『歷史學硏究』 150, 1953; 市古宙三, 「四川保路運動の首腦部」『近代中國の政治と社會』, 東京大學出版會, 1971; 隗瀛濤, 『四川保路運動史』, 四川人民出版社, 1981; 牛濟, 「淸末立憲派與四川保路運動」『史學月刊』, 1982-5; 陳國勇, 「四川保路運動中的立憲派」『南充師範學院學報』, 1983; 符和積, 「立憲派在四川保路運動中的地位與作用」『海南大學學報』, 1985; 隗瀛濤·何一民, 「同盟會與四川會堂」『重慶文史資料選集』 13, 1981; 朴玟澈, 「辛亥革命期 四川省 入盟紳士의 動向」『中國史硏究』 4, 1998; 朴玟澈, 「辛亥革命前 四川省에 있어서의 武裝起義-廣安·嘉定·黔江起義를 中心으로」『中國史硏究』 30, 2004; 朴玟澈, 四川保路運動と同盟会員」『明淸史硏究』 22, 2004; 朴玟澈, 「蜀軍政府의 成立과 統合過程에 대하여」『啓明史學』 16, 2005 등 참조.

445) 朴玟澈, 「蜀軍政府의 成立과 統合過程에 대하여」『啓明史學』 16집, 2005 참조.

운동으로 전개되었음에도 불구하고 사천성 전체를 통합하는 단일한 군정부의 출현이 다른 성보다 늦게 출현한 요인이 되었다.

신해혁명기 사천성 출신의 동맹회원들은 중국동맹회의 강령인 만주족이 지배하는 청조정부와 황제전제지배 체제를 타도하고 민국을 건립하려는 목표를 달성하기 위해 사천지역의 동맹회를 주도적으로 이끌어 가는 인물이나 통일된 기구[446]가 없었음에도 불구하고 의식적이든 무의식적이든 혁명이라는 동일한 노선을 지향하고 있었다. 신해혁명기 민국혁명이라는 목표 하에 동일한 행보를 걷고 있었던 사천 동맹회원들은 신해혁명 후 어떠한 움직임을 보이고 있었던 것인지에 대한 의문은 대단히 중요한 문제이다. 중화민국이 건립된 후 사천에서는 국민당 사천지부[447]가 성립되었다. 신해혁명기에 활동했던 사천지역 출신의 동맹회원들은 대체로 국민당에 가입했다. 그들은 2차혁명, 호국운동, 호법운동, 군벌혼전기에 민국혁명이라는 목표의식이 지속적으로 유지되고 있었던 것일까? 신해혁명 후 사천 동맹회원들은 내부적으로 어떠한 갈등이 존재하였던 것일까? 그러한 갈등이 존재했다면 그 이유는 무엇일

446) 신해혁명기 사천을 대표하는 동맹회 조직은 川西지역의 成都支部와 천동지역의 重慶支部를 들 수 있다. 1907년 成都起義가 실패하자 成都支部는 사실상 해체되어 성도를 중심으로 하는 川西지역에서의 혁명활동은 정상적으로 진행될 수 없었다. 이로 말미암아 사천 혁명 활동의 중심은 重慶支部로 넘어가게 되었다. 重慶支部에서는 楊庶堪, 張培爵 등이 중심이 되어 중경지역의 동맹회원들과 연합하여 교육기관을 근거지로 조직을 정비하거나 혁명 활동을 진행했다. 이에 관해서는 朴玖澈, 「辛亥革命期 四川省 入盟紳士의 動向」『中國史硏究』 4, 1998, pp.56-60 참조.

447) 國民黨 四川省支部는 1912년 9월에 成都에서 성립되었다. 당시 四川省 支部의 支部長에는 董修武, 張培爵이 선출되었다. 국민당 사천성 지부에는 黨務部, 交涉部, 文書部, 財務部, 庶務部, 評議部 등 6部가 설치되었다. 黨務部에는 黎靖瀛, 董鴻詞가, 交涉部에는 楊維, 楊開甲이, 文書部에는 時雨樓, 譚創之가, 財務部에는 唐宗堯, 唐可權이, 庶務部에는 陳伯衡, 王曉東이, 評議部에는 謝持, 張治祥이 담당했다. 唐宗堯는 500元의 軍用票로 자금을 모아 『四川民報』를 창간하였으며 총편집은 譚創之가 담당했다. 重慶지역에는 별도로 交通部를 설치하였고 나머지 사천 각 지역의 縣에는 分部를 설치했다. 四川省文史硏究館·四川省人民政府參事室編撰, 『四川國民黨史志』, 四川人民出版社, 1994, p.15.

까? 또한 사천 국민당 내부에는 언제 분열 현상이 발생하였던 것일까? 분열 현상이 발생했다면 무엇때문일까? 이러한 의문들을 적절하게 해명할 수 있다면 신해혁명 후 정국의 동향과 이를 통한 동맹회원들의 한계를 이해하는데 일조할 수 있으리라고 생각된다. 상술한 문제를 해명하기 위해 신해혁명기 사천 신해혁명에서 중요한 역할을 하기도 했고 신해혁명 후 사천 국민당 내에서 중심적인 역할을 한 양서감(楊庶堪)과 웅극무(熊克武)라는 두 인물을 중심으로 그 주변 인물 및 사건의 전개 과정을 통해 이 문제에 관해 접근해 보고자 한다.

Ⅱ. 호법운동 전 양서감과 웅극무의 동향

사천성에서 활동한 동맹회원은 신해혁명 후 대다수 국민당에 가입하여 손문이 지향하는 민국혁명으로 나아가게 된다. 양서감과 웅극무는 신해혁명기부터 사천 동맹회를 이끌어 온 주축인물이라고 할 수 있는데 2차혁명 발생 전까지 이 두 인물의 내력을 간략히 살펴보면 다음과 같다. 양서감(楊庶堪)의 자는 창백이며 1881년 12월 9일 사천성 파현 목동진에서 출생했다. 유년시절 동향 친구 추용(鄒容)과 함께 중경 경학서원에 입학하여 화양현 출신을 대표하는 유학자라고 불리우던 여익문으로부터 학문을 배우고 19세 때 동시의 최종단계에 수석으로 합격하여 생원(生員)이 되었다. 1903년 같은 현 출신이자 하층신사인 주지홍, 진숭공 등과 함께 사천을 대표하는 혁명단체인 공강회를 조직했다. 동맹회 성립 후 1906년 동맹회에 가입하여 동맹회중경지부의 지부장이 되었다. 그는 주로 중경지역을 대표하는 신식학당인 중경부 중학당 감독으로 재직하면서 주로 교육기관을 근거지로 혁명사상을 전파하거나 혁명활동을 전개했다. 1911년 사천보로운동이 일어나자 중경 지역의 동맹회원들과 연합하여 보로운동을 혁명운동으로 전환시키는 데 중심적인 역할을 했다. 무창봉기 후 사천에서도 성 단위의 군정부가 조직되었는데 사천 동부지역에서 성립된 군정부는 촉군정부였다.

촉군정부 성립 후 동맹회원들이 양서감을 군정부 도독으로 추대했으나 양서감은 이를 고사하고 도독에 장배작을 옹립하고 자신은 촉군정부 고문이 되었다.[448]

양서감은 파현 출신으로 파현은 현재의 중경시에 해당한다. 파현을 대표하는 혁명파로는 《혁명군》을 저술하고 소보사건에 연루되어 옥사한 추용이 있다. 그는 추용과 같은 고향출신이며 추용과 경학서원에서 함께 공부한 동학이었다. 그는 지방관학 입학시험인 동시의 최종단계에 수석으로 합격한 후 생원이 되어 하층신사의 반열에 올랐다. 그는 동맹회 성립 직전에 사천성을 대표하는 혁명단체인 공강회를 조직하여 동향 출신의 하층신사들과 혁명활동을 전개했다. 그 후 동맹회 성립 후 동맹회에 가입하여 동맹회중경지부의 지부장이 되었으며 사천 보로운동시기에 사천 동맹회의 중심지역인 중경지역에서 보로운동을 혁명운동으로 전환시키는 데 지도적인 역할을 했다.[449]

웅극무의 자는 금범이며 1885년 12월 26일 사천성 정연현에서 출생했다. 선조의 적관은 호남성 마양현이다. 그의 부친 웅보주는 의학을 배워 약국을 운영하였으나 부유한 생활은 아니었다. 8세때 웅씨사당의 사숙에서 학문을 배우다가 13세에 영현의 방가충에 있는 단씨가족이 운영하는 사숙에서 글을 익혔는데 이때 단무신과 알게 되었다. 1903년 18세의 나이로 일본으로 건너가 1904년 동빈학당에 입학하여 군사학을 학습했다. 1905년 8월 동맹회가 성립된 직후에 동맹회에 가입했는데 당시 중국동맹회 평의회 평의원으로

448) 양서감에 관해서는 戴執禮編, 『四川保路運動史料彙纂』(下), pp.2080-2082; 『四川近現代人物傳』 제2집, pp.85-87; 『四川辛亥革命史料』(下), 楊庶堪傳, pp.376-378 등 참조.

449) 신해혁명기 楊庶堪의 혁명활동에 관해서는 朴玫澈, 「辛亥革命期 四川入盟紳士의 動向」 『中國史研究』 4, 1998; 朴玫澈, 「四川保路運動と同盟会員」 『明清史研究』 22, 2004; 朴玫澈, 「蜀軍政府의 成立과 統合過程에 대하여」 『啓明史學』 16, 2005 등 참조.

임명되었다. 1906년 상해를 거쳐 사천으로 귀국하여 중경, 여주 등지에서 동맹회원 주지홍, 사영, 사봉기 등과 만나 무장봉기를 일으킬 계획을 세웠다. 1907년 강안봉기, 여주봉기, 성도봉기, 의빈봉기를 계획했으나 사전에 기밀이 누설되어 실패했다. 1909년 광안봉기[450]를 일으켰으나 청조 지방군의 반격을 받고 실패하여 홍콩으로 도주했다. 1911년 4월 동맹회원 황홍이 중심이 되어 일으킨 광주봉기에 사천성 출신의 유배륜,[451] 단무신, 진병, 요국량 등과 함께 참가했다. 1912년 1월 남경임시정부에서는 웅극무를 촉군 북벌군총사령관으로 임명했다. 3월 15일 부대를 이끌고 중경에 도착하자 촉군정부에서는 웅극무를 촉군 제1사단 사단장에 임명했다. 4월 사천 육군 제5사단으로 개칭하고 사단장이 되어 중경에 주둔했다.[452]

신해혁명기 웅극무는 사천성에서 여러 번 무장봉기를 거행했으나 실패했다. 그 후 1909년 사천 북부지역의 광안에서 사영 등과 광안봉기를 일으켰으나 재차 실패했다. 그 후 그는 사천에서 벗어나 동맹회에서 일으킨 무장봉기에도 참여하기도 했다. 이 때문에 웅극무는 사천지역 내에서 입지는 약화되었지만 동맹회 내에서 일정한 지위를 확보했다. 무창봉기 후 중경지역에서 촉군정부가 수립되자 웅극무는 촉군정부의 제5사단 사단장을 역임했다. 웅극무는 사천지역에서 활동하고 있던 혁명파 가운데 군사적 세력을 지닌 인물이었다.[453]

---

450) 熊克武가 주도한 廣安起義에 관해서는 朴玖澈, 「辛亥革命前 四川省에 있어서의 武裝起義-廣安·嘉定·黔江起義를 中心으로」『中國史硏究』 30, 2004 참조.

451) 喩培倫의 字는 云紀이며, 四川省 內江縣人이다. 1911년 廣州起義시에 四川省 出身의 彭家珍과 함께 사망하여, 황화강 71烈士 중의 한 명이다. 喩培倫에 관해서는 隗瀛濤·趙淸主編, 『四川辛亥革命史料』(下), 四川人民出版社, 1982, pp.540-545.

452) 任一民 主編, 『四川近現代人物傳』 第1輯, 四川省社會科學院出版社, 1985, pp.93-95.

453) 무장봉기 발생 후 청조의 정규부대를 이끌고 혁명 세력화했던 대표적인 인물로는 成都지역

웅극무는 군사적인 역량면에서 양서감보다 우위에 있다고 볼 수 있으나 웅극무의 활동은 양서감처럼 동향인을 결집하여 혁명단체를 조직하는 등 집단적인 행동을 하면서 세력을 확충하기보다는 양서감보다는 개별적이고 산발적인 활동을 했다. 양서감의 활동은 중경지역의 동향인을 결집하여 공강회라는 혁명단체를 결성하고 동맹회원을 결속시킴으로써 중경지역을 중심으로 하는 천동지역의 동맹회원들을 통합하는 역할을 수행했다. 그리하여 사천 동부지역의 동맹회원들의 결속력이 여타 지역보다 강한 지역이 될 수 있었다. 다만 양서감의 경우 혁명파 중에서는 상당히 신중한 성격을 지닌 인물로 신해혁명 직전 무장봉기를 일으키는 데에도 대단히 신중한 입장이었고 민중을 동원하거나 군대를 동원하는 일에도 영향력을 행사하지는 못했다.[454] 사천에서 활동하고 있었던 동맹회원 중에서 중추적인 인물이라고 할 수 있는 양서감의 이러한 성향으로 말미암아 촉군정부 성립 후 사천 동맹회원들이 군정부의 요직을 장악하는 데에는 일부 성공했지만 군사적 기반을 마련하는 데에는 실패했다. 이러한 배경하에서 2차혁명, 호국운동이 발생할 당시 양서감과 웅극무를 중심으로 하는 사천성에서 활동한 국민당원들은 어떠한 동향을 보이고 있었던 것일까에 대해 검토해 보기로 한다.

1912년 5월 성도에서 성립한 사천군정부 도독 윤창형[455]은 이전

에서의 尹昌衡과 重慶지역에서의 夏之時가 있다. 이 중 夏之時와 尹昌衡은 군정부 성립 초기에는 사천성 내에서 일정한 군사력을 확보할 수 있었으나 2차혁명 실패 후부터 사천성에서 군사적인 세력을 확대하지는 못했다. 혁명파 출신 중에서 2차혁명 후 강력한 군사적 세력을 형성한 것은 熊克武였다.

454) 楊庶勘의 무장봉기에 대한 신중한 입장에 관해서는 朴玟澈, 「四川保路運動과 同盟会員」『明清史研究』 22집, 2004, p.276 참조.

455) 尹昌衡(1884-1952)의 字는 碩權이며, 號는 太昭이며, 四川省 彭縣人이다. 1902년 四川武備學堂에 입학하였으며, 1904년 官費留學生으로 선발되어, 일본 동경 振武學校에 입학하고,

의 군사편제 단위였던 진(鎭)을 사단으로 개칭했다. 당시 사천은 5개 사단으로 구성되었다. 1사단 사단장에 주준, 2사단 사단장에 팽광열, 3사단 사단장에 손조란, 4사단 사단장에는 유존후,[456] 5사단 사단장에는 웅극무가 담당했다. 이 중에서 혁명세력이 장악하고 있었던 것은 웅극무의 5사단이었다. 나머지는 혁명파 세력은 아니었다. 호경이(胡景伊)[457]는 북양정부의 원세개에 의해 1913년 7월 15일 사천도독으로 임명되었다. 얼마 후 2차혁명이 발발하자 호경이는 사천지역내에서 2차혁명에 참가한 국민당 세력을 탄압하는데 주도적인 역할을 했다. 호경이는 사천도독 취임 전인 1912년 11월 동맹회원이며 《촉보(蜀報)》의 주필이었던 주산[458]을 살해했다. 이어 사천도독 취임 후 《사천민보(四川民報)》 총편집이자 국민당원 담창지를 체포하고 국민당원 장첩선, 서회천, 이준협 등을 살해했다. 동시에 국민당 기관부를 해체시키고 국민당원이 장악하고 있던 5사단에 대해서도 압력을 가하는 등 국민당 탄압에 박차를 가하고 있었다.[459]

졸업 후에 동경의 육군사관학교에 입학했다. 1912년 성유양군합병정부가 성립하자, 도독부의 도독으로 취임했다. 1913년 북양정부의 모함으로 투옥되었다가, 1916년 黎元洪의 특사로 방면되었다. 얼마 후 질병으로 정치무대에서 은퇴했다. 任一民 主編, 『四川近現代人物傳』 第2輯, pp.97-100; 隗瀛濤·趙清 主編, 『四川辛亥革命史料』 (下), 四川人民出版社, 1982, pp.221-232 참조.

456) 劉存厚의 號는 積之이며, 四川省 簡陽縣人이다. 사천총독 岑春煊이 재임시에 설립한 四川武備學堂에 입학한 후, 성적이 우수하여, 尹昌衡, 周駿 등과 함께 일본 동경의 육군사관학교에 官費 유학했다. 1909년 귀국한 후, 劉存厚는 雲南으로 가서 新軍의 교육활동에 종사했다. 『四川軍閥史料』 第1輯, pp.110-111 참조.

457) 胡景伊는 1878년 사천성 중경부 파현에서 출생했다. 1901년 국비유학생 자격으로 일본으로 건너가 일본 성성학교, 육군사관학교를 졸업했다. 일본 육군사관학교 동기로는 채악이 있다. 1904년 귀국 후 사천무비학당 교관이 되었다. 1907년 사천총독 석량이 운귀총독으로 부임할 때 석량을 따라 운남성 곤명으로 이동했다. 운남육군소학당, 운남육군강무당에서 교관으로 활동했다. 1909년 광서성 신군협통이 되었다. 신해혁명 후 1912년 원세개에 의해 사천도독에 임명되었다.

458) "朱山, 原名昌時, 字雲石. 祖光遠, 父策勛, 本生父瑞熙, 皆本省鄉試擧人. 祖爲江南同知. 昌時天資高敏, 長于詩, 古文詞, 往來多知名士. 歲己酉開辦平論日報, 四川報紙始與外省交換. 次年任蜀報總編纂, 鼓吹獨立, 自此報始." 民國 『江安縣志』 卷3, 文學, 朱山傳.

2차혁명 발발 당시 각 성에서 토원군이 조직되자 사천에서도 8월 4일[460] 5사단 사단장 웅극무가 중경에서 독립을 선포하고 토원군 총사령부를 조직했다. 사천 토원군 총사령관 웅극무는 "웅극무취임사천토원군총사령서사문(熊克武就任四川討袁軍總司令誓師文)"[461]에서 "토원이라는 명칭은 호경이를 구축하는 계책(討袁之名, 驅胡之計)"[462]이라고 했다. 웅극무가 토원군을 조직하여 북양군에 대항한 것은 원세개의 북양정부에 대항하는 의미도 있었지만 실제로는 사천도독 호경이를 사천에서 몰아내려는 것이 우선이었다. 2차혁명이나 호국운동시기 각 지역에서 활동한 군벌들이 토원(討袁)에 적극적으로 참가한 경우에는 웅극무처럼 지방 권력의 장악을 위해 토원의 명분을 내걸고 참가하는 경우도 많았다. 대표적인 인물이 호국운동에 참가한 당계요였다. 서남군벌들이 호법운동에 참가하여 북양정부와 대항한 것도 동일한 의미가 있었다. 말하자면 자신들이 각 지역에서 권력을 장악하고 군사력을 확대하기 위한 것이 중심이었고 토원은 명분인 경우가 많았다.

---

459) 匡珊吉·楊光彦 主編, 『四川軍閥史』, 四川人民出版社, 1991, pp.63-65 참조.

460) 2차혁명기 사천에서 討袁軍이 조직되는 것은 8월 4일이었는데, 이는 다른 各省에서 討袁軍이 조직된 것보다 시기적으로 보름정도 늦은 것을 알 수 있다. 7월 22일부터 7월 29일까지 다른 지역의 토원군이 거의 실패로 돌아간 상황 하에서, 8월 4일 사천에서 토원군이 조직되었으므로, 사천 토원군은 各省의 토원군과 연합적으로 활동할 수 없었던 것이라고 볼 수 있다.

461) 웅극무는 討袁의 기치하에 사천성의 토원군총사령이 된 후 여러 곳에 전보문을 보냈다. 그 중에 대표적인 것이 「熊克武就任四川討袁軍總司令誓師文」「熊克武爲討袁正告四川軍界同胞文」「熊克武討袁通電」「熊克武討袁通告」「熊克武致川軍各師長興師討袁電」「熊克武聲討胡景伊檄文」 등이 있다. 『四川軍閥史料』 第1輯, pp.158-167 참조. 이 전보문 가운데 사천도독으로 재임하고 있었던 胡景伊 토벌에 대한 문장이 가장 길고 과격한 문장으로 기술되어 있다. 2차혁명기 사천에서 일어난 토원군은 중앙정부에 대한 討袁과 지방정부에 대한 討胡라는 기치를 동시에 걸고 있었기 때문이다.

462) "原夫專制國之養士, 供一姓之驅馳. 共和國之徵兵, 作人權之保障. 方今袁賊世凱罪惡滔天. 胡賊景伊驕橫無憚. 蔑我憲綱, 叛我民國, 戕我義士, 虐我公民. 鬼蜮居心, 豺狼成性, 縱奸佞以招權賄, 吸膏血以飽貪婪. 議會失監督之權, 法律無裁判之效, 人情共憤, 無道不容. (中略) 是用明正討袁之名, 先爲驅胡之計." 『四川軍閥史料』 第1輯, p.158.

사천지역에서 조직된 토원군총사령부의 조직을 보면, 토원군 총사령관에 웅극무, 민정청장에 양서감, 참모장에 단무신(但懋辛)[463]이 임명되었다.[464] 이들은 모두 신해혁명기 사천성 출신의 동맹회원들이었다. 이 중에서 웅극무와 그의 추종세력인 단무신이 군사권을 장악하고 양서감이 민정권을 장악하는 구도가 형성되었다. 민정권은 양서감, 군정권은 웅극무라는 "민양군웅(民楊軍熊)"이라는 구도는 2차혁명부터 호국운동까지 이어졌다. 이는 양서감 계열과 웅극무 계열 간의 정치적인 양대 흐름이기도 했다. 이러한 구도하에서도 2차혁명기에는 웅극무 세력과 양서감 세력은 어떠한 계파간의 갈등을 나타내지 않고 토원토호(討袁討胡)라는 기치아래 연대 투쟁을 진행했다. 적어도 2차혁명기까지 양서감 계열과 웅극무 계열 간에 정치적인 쟁탈전이 나타난 상황은 아니었다.

사천에서 조직된 토원군의 규모를 보면 웅극무가 장악하고 있었던 5사단과 촉군 2단(團)[465]에 불과했다. 이에 반해 사천도독 호경이가 관할한 병력은 1사단, 2사단, 3사단, 4사단 및 호북성, 섬서성, 운남성, 귀주성에서 파견된 지원병이 있었다.[466] 2차혁명기에 사천에서 조직된 토원군 병력과 이에 대항하는 진압군과의 병력면에서 큰 차이가 있었다. 이러한 군사적인 열세하에 사천지역에서 활동하던 토원군도 북양군에게 패배했다.

---

463) 但懋辛은 1884년 사천성 영현에서 출생했다. 1905년 일본으로 유학하여 동맹회에 가입했다. 귀국 후 상해에서 신식학당을 근거지로 혁명활동을 했다. 그는 단방과 재풍 암살을 계획했으나 실패했다. 그는 광주황화강봉기에도 참가했다. 2차혁명이 발발할 당시 웅극무의 제5사단 참모장에 임명되었다.

464) 『四川軍閥史料』 第1輯, p.43.

465) 第五師는 第九旅(旅長 龍光)와 第十旅(旅長 孫學淵)로 구성되었다. 第九旅와 第十旅는 各 2團으로 조직되었다. 第九旅 소속의 團長에는 黃金熔, 盧師諦가 담당했다. 第十旅 소속의 團長에는 周國琛, 鄒有章이 담당했다. 蜀軍의 2團 團長에는 方化南, 范榛이 담당했다. 匡珊吉·楊光彦 主編, 앞의 책, p.66.

466) 匡珊吉·楊光彦 主編, 앞의 책, pp.66-67 참조.

2차혁명에 참가한 중심적인 인물을 파악하는 데 중요한 정보를 제공해 주는 자료를 보면 사천성에서 2차혁명에 참가한 인물 중 가장 중심적인 인물은 웅극무와 양서감이라는 것을 알 수 있다. 2차혁명이 종료된 후 사천성 출신의 2차혁명 가담자에 대한 체포령이 대대적으로 내려지면서 그들의 명단을 공개한 것이 "공사발생후천성조란인범일람표(贛事[467])發生後川省肇亂人犯一覽表)"이다. 이 일람표에 등재된 인원은 총 129명이다. 이 인원은 다수가 국민당원이며 신해혁명기 동맹회원으로 활동한 인물이었다. 이 중에서 중심적인 인물들을 추출한 것이 〈표 1〉이다.

〈표 1〉 2차혁명에 참가한 주요 국민당원의 활동과 처벌의 명목[468]

성명	활동 내역과 처벌의 명목
웅극무	5사단 사단장, 2차혁명 발생 후 토원군총사령 천동, 천남, 천북 각 지역을 유린하고 국군에 항거하다가 실패 후 도주
양서감	민정청장, 웅극무와 연대하여 민국에 배반
단무신	5사단 참모장, 웅극무, 양서감과 함께 반란에 참가하고 민국에 배반
노사체	5사단 9여단 18연대 연대장, 웅극무와 함께 반란에 참가
주지홍	안무사
황금오	안무사
조독	안무사
여초	5사단 19연대 연대장, 웅극무, 양서감과 함께 반란에 참가
석청양	대대장

467) 2次革命을 贛事라고 표기한 것은 江西都督 李烈均이 討袁宣言을 표명하고 討袁軍을 조직하여 各省 가운데에서 시기적으로 가장 이른 1913년 7월 12일에 독립을 선언하였기 때문이다. 贛事라고 할 때의 贛은 강서성을 지칭하는 용어이다. 7월 12일 江西의 독립을 시작으로 7월 14일 江蘇, 7월 18일 廣東과 安徽, 7월 20일 福建, 7월 25일 湖南, 8월 4일 四川의 순으로 독립을 선포했다.

468) 『四川軍閥史料』 第1輯, p.184.

성명	활동 내역과 처벌의 명목
향초	참의 겸 비서
동홍사	부처의 과장
장백상	가로회 회원, 병사를 모집하여 반역에 도움을 줌
서대감	봉절현 지사, 반역에 자금을 제공하고 실패 후 도주
도해산	남천현 지사, 반역 실패 후 도주
주국침	체포되어 처형당함

〈표 1〉에서 알 수 있듯이 북양정부군이 2차혁명을 진압한 후 사천성에서 2차혁명에 참가한 인물 중에 주모자로 파악한 인물은 웅극무와 양서감이었다. 웅극무는 5사단 사단장이자 사천 토원군 총사령관의 역할을 담당했고 양서감은 민정청장을 담당하면서 웅극무와 함께 2차혁명을 주도한 것었다. 양서감, 주지홍, 향초, 동홍사 등은 동맹회 성립 전에 조직된 혁명단체인 공강회 회원이자 동맹회중경지부 소속의 혁명파였다. 아울러 촉군정부의 주요 구성원이었다. 이들은 2차혁명기에도 양서감을 중심으로 2차혁명에 참가했다. 그 외 사천 신해혁명기에 적극적으로 혁명활동에 참가하고 보로동지군을 이끌었던 조독, 석청양, 도해산 등도 2차혁명에 참가했다. 공진회원이자 동맹회원이었던 장백상은 가로회 지도자로 활동했고 민중들을 모아 2차혁명을 지원했다.

2차혁명에 참가했던 국민당원들을 두 그룹으로 나눌 수 있다. 첫째, 청말 생원 출신이며 동맹회 중경지부의 핵심 인물이었던 양서감, 향초, 주지홍, 동홍사 등을 중심으로 하는 양서감 계열이다. 둘째, 일본 유학생 출신이며 2차혁명기에 사천 토원군 총사령관과 참모장 역할을 담당했던 웅극무, 단무신 등을 중심으로 하는 웅극무 계열이다. 상술한 표에서 알 수 있는 것처럼 사천지역에서 2차혁명에 참가한 중심 인물은 양서감, 웅극무였고 양서감과 웅극무를 중심으로 사천에서 활동하고 있었던 국민당원들이 결집하여 2차혁명에 참가했다. 2차혁명은 원세개를 중심으로 하는 북양정부에 대항하기 위한 토원전쟁이자 민국혁명의 과정이기도 했고 동시에 사천도독 호경이를 축출하기 위한 정권쟁탈전이기도 했다. 이는 신해혁명 후 사천지역에서 활동하고 있었던 국민당원들을 결속시켰다.

2차혁명 실패 후 양서감을 중심으로 하는 다수의 국민당원들은 사천에서 탈출하여 일본으로 망명하거나 다른 성으로 이동했다.[469] 호경이를 중심으로 하는 원세개 휘하의 지방관들은 2차혁명에 참가한 국민당원에 대해 체포령을 내리고 가족들을 연좌하여 처벌했다. 2차혁명에 참가한 국민당원과 그 가족에 대한 처벌을 보면,

> "양서감: 그의 부모와 처, 자식은 모두 연좌죄로 처벌되었고 그는 중경으로 도주했다.
>
> 향초: 그의 재산 9만여원을 몰수당하고 그 형인 향서, 동생인 향목과 향위 모두 연좌죄로 처벌되었으며 그들의 재산도 몰수당했다.
>
> 주지홍: 그의 재산은 몰수당했으며 그의 동생 주필겸 또한 연좌죄로 처벌되었다. 그는 중경을 거쳐 상해로 도주했다.
>
> 동현한(童顯漢): 그의 재산은 몰수당했으며 그의 형 동헌장(童憲章)[470] 또한 연좌죄로 처벌되었다. 그는 상해로 도주했다.

---

469) 사천 동맹회 중심인물이라고 할 수 있는 楊庶勘, 熊克武, 吳玉章, 謝持, 黃復生, 向楚, 曹篤의 省外 활동에 관해서는 『四川近現代人物傳』 第2輯, pp.85-89; 『四川近現代人物傳』 第1輯, pp.93-99; 『四川近現代人物傳』 第1輯, pp.1-7; 『四川近現代人物傳』 第2輯, pp.118-122; 『四川近現代人物傳』 第2輯, pp.81-84; 『四川近現代人物傳』 第4輯, pp.203-209; 『四川近現代人物傳』 第4輯, pp.113-119 등 참조.

470) 公强會員이었던 童憲章은 그의 동생 童顯漢보다 신해혁명기에 활발하게 혁명활동을 진행했으나 2차혁명시에는 동생 童顯漢의 罪에 連坐되어 上海로 도주한 것으로 기록되어 있다.

오준영: 그의 재산은 몰수당했다.[471]

당종요(唐宗堯): 그의 원적지(原籍地)에 있는 재산은 몰수당하고 친족도 구금되었으며 그의 조카는 도주 중에 체포당할 상황이 되자 물에 뛰어들어 자살했다."[472]

2차혁명이 실패한 후 양서감, 향초, 주지홍, 오준영, 당종요, 동현한 등 사천 출신의 국민당원들이 재산을 몰수당하거나 가족도 연좌되어 처벌되었다. 2차혁명에 참가한 국민당원 및 그 가족들에 대한 연좌죄로 처벌한 상황에 대해 민국 연간에 간행된《파현지(巴縣志)》에는 다음과 같이 기록하고 있다.

"사천성 제2사단 사단장인 유존후(劉存厚)가 현성에 진입한 후 함부로 직권을 남용하여 국민당원 수십 호의 재산을 몰수했으며 아울러 국민당원 오초(吳楚)를 처형했으며 연좌된 무리는 명조(明朝)에서 행한 과만초(瓜蔓抄)와 같은 정도였다."[473]

라고 기록되어 있다. 사천도독 호경이의 명령으로 제2사단 사단장 유존후가 이끄는 부대가 중경으로 진입한 후 2차혁명에 참가한 국민당원의 재산을 몰수하거나 국민당원을 처형했으며 국민당원들의 친족 중에서 연좌되어 처벌된 사람들이 명대 초기에 자행한 과만초(瓜蔓抄)[474]에 비유될 정도로 많았다. 상술한 민국 파현지의 기록을 토대로 유존후와 군벌들의 동향을 추적해 보면 다음과 같다.

---

471) 2次革命 失敗 後 국민당원 吳駿英의 재산몰수에 대해서는 地方志의 기록에서도 확인할 수 있다. "討袁之役, 駿英與焉, 及事敗, 袁氏刊章名捕駿英急, 駿英走匿滬上. 于時故業抄沒既盡, 親友畏禍, 四顧茫茫," 民國『巴縣志』卷10, 人物列傳, 民國, 吳駿英傳.

472)『四川軍閥史料』第1輯, pp.46-47.

473) 民國『巴縣志』卷21, 事紀, 民國.

474) 明朝의 景淸이 惠帝의 원수를 갚기 위해 成祖를 謀殺하려고 하다가 실패하여 살해되었으며, 아울러 그의 재산도 몰수되고 親屬들도 連坐되어 처벌되었는데 이를 瓜蔓抄라 부른다.

유존후는 사천성 간주 출신이며 부친 유정보는 무거인 출신으로 지방 신사였다. 유존후는 사천무비학당을 졸업했다. 사천무비학당에서는 졸업자 중에서 우수한 학생을 선발하여 일본으로 유학을 보냈다. 유존후는 주준(周駿), 윤창형(尹昌衡)과 함께 파견 유학생으로 선발되어 일본에 유학했다. 일본 육군사관학교에 진학했고 그의 동기로는 손전방, 염석산, 당계요 등이 있다. 신해혁명기 일본 육군사관학교를 졸업한 유학생 중에는 정치적인 성향으로는 혁명파도 있고 북양군벌 계열도 있다. 손전방은 훗날 오패부, 조곤 등과 함께 북양군벌의 중심 인물이 되었다. 염석산은 산서군벌의 대표자가 되었다. 당계요는 운남군벌의 대표자가 되었다. 유존후는 유상, 유문휘, 양삼 등과 함께 웅극무의 뒤를 잇는 사천군벌 중의 대표적인 인물이 되었다. 이 중에서 염석산, 당계요, 유존후는 동맹회원이었다. 손전방은 동맹회원은 아니었다. 일본 육군사관학교 출신들은 귀국 후 대부분 신군이나 군사학당의 교관으로 활동했다. 이 때문에 동맹회원이었던 이들은 귀국 후에 혁명 활동을 활발하게 전개하는 경우는 거의 없었고 비밀리에 혁명 활동을 하거나 그렇지 않으면 일시적으로 혁명 활동을 중단하기도 했다.

유존후는 귀국 후 운남강무당에서 교관으로 활동하면서 운남성 출신의 나패금 등의 소개로 동맹회에 가입했다. 신해혁명기 신군 중에서 동맹회원이 대거 참가한 혁명단체는 호북성 무창에서 조직한 문학사나 공진회로 알려져 있다. 하지만 전국 각지에서 동맹회원들이 신군 내에서 활동하고 있었다. 사천성 출신 가운데 신군 내에서 활동한 대표적인 인물은 하지시, 유존후 등을 들 수 있다. 윤창형은 혁명파 계열이었지만 동맹회에 가입한 것은 아니었고 신해혁명 직후에 동맹회에 가입했다. 무창봉기 후 윤창형, 하지시는 성도와 중경에서 무장봉기를 거행했다. 유존후는 운남성에서 채악, 이근원 등과 함께 운남중구봉기에 참가했다. 모두 신해혁명에 참가한 혁명 동지들이었다. 하지만 신해혁명의 결과 중화민국이 건립된 후에는 동지적 결합이 느슨해지기 시작했다. 여기에는 군사적 세력을 지닌 군벌화의 경향으로 변모했던 것도 그 요인 중의 하나였다. 동맹회원이었던 당계요가 호법운동에 참가하면서 손문을 배신하고 독자적인 권력을 창출하기 위해 손문에 대항한 것도 군벌적 성향에서 비롯된 것이었다.

유존후는 귀국 후 주로 운남성에서 활동하다가 운남중구봉기에 참가한 후 운남군정부 참모부 제1부 부장이 되었다가 사천보로운동이 격화되고 사천폭동이 일어나자 사천폭동을 진압하기 위해 파견된 운남성의 지원군 지휘관 자격으로 사천에 돌아왔다. 당시 유존후는 사천성에서 활동하던 동맹회원과 유대관계를 지닌 것은 아니었다. 1912년 4월 사천에서 촉군정부와 사천군정부가 합병되어 성유양군합병정부가 수립되었다. 이 때 합병정부 도독인 윤창형은 유존후를 제4사단 사단장에 임명했다. 유존후가 사천에서 군사적 세력을 장악하는 기반이 확보되었다. 그 후 윤창형은 서장지역에서 일어난 반란을 진압하기 위해 서정군(西征軍)을 이끌고 서장으로 이동했다. 그 결과 원세개는 호경이(胡景伊)를 사천도독에 임명했다. 호경이도 일본 육군사관학교를 졸업했고 군국민교육회나 홍중회와 같은 혁명 단체에 참가한 혁명파였다. 호경이는 광서성에서 일어난 봉기에 참가하여 광서도독을 역임하기도 했다. 훗날 윤창형의 초빙을 받고 사천으로 돌아와 육군 군단장에 임명되었다가 윤창형이 서장으로 떠난 후 윤창형을 대신하여 사천도독에 임명된 것이었다.

1913년 7월 2차혁명이 발발하자, 사천 동맹회원 중 웅극무와 양서감은 토원군의 중심적 역할을 했다. 호경이는 유존후를 토원군 진압에 동원했고 웅극무와 양서감은 패배했다. 그 후 유존후는 국민당원 체포에 중심적 역할을 했다. 웅극무와 친밀한 관계를 유지했던 제2사단 사단장 팽광열도 처벌의 대상이 되었고 유존후가 팽광열을 대신하여 제2사단 사단장이 되었던 것이었다. 신해혁명기 동맹회원이었다가 군벌화된 군사지휘관들은 신해혁명 후에는 독자적인 세력을 구축하기 위해 동맹회원을 축출하는 데 중심적인 역할을 하고 있었던 상황을 사천성 출신의 유존후의 사례를 통해 확인할 수 있다. 이는 다른 지역에서 활동하고 있었던 동맹회원 출신의 군벌도 유사한 경우를 발견할 수 있다. 대표적인 인물이 당계요이다.

2차혁명의 실패로 웅극무와 양서감 등을 중심으로 하는 사천 국민당원들은 사천성에서 일시적으로 정치적 기반을 상실했다. 사천 국민당의 중심인물인 양서감, 사지, 웅극무, 향초, 주지홍 등은 일본으로 망명하거나 외성으로 이동하여 활동했다. 원세개는 2차혁명을 진압한 후 임시약법을 폐지하고 신약법을 제정한 후 황제가 되기 위한 절차를 거쳐 1915년 12월에 황제체제로의 복귀를 선언했다. 이에 1915년 12월 25일, 당계요, 채악, 이열균, 대감(戴戡)[475] 등은 운남성에서 독립을 선포하고 호국군을 조직했다.

475) 戴戡은 1880년 귀주성 귀정현에서 출생했다. 생원 자격을 취득한 후 일본으로 유학하여 굉문학원을 졸업을 했다. 당시 일본 유학생은 대체로 동맹회에 가입했지만 대감은 양계초를 지지하여 政聞社에 가입하고 입헌파로 활동했다. 귀국 후 하남법정학당에서 교원으로 활동했다. 민국원년에 귀주성에서 내분이 발생했는데 운남의 당계요가 귀주로 진입하여 귀주 혁명파와 신군을 숙청했다. 이어 당계요가 귀주도독에 취임했고 대감은 도독부 좌참찬이 되었다. 1913년 당계요가 운남도독에 취임하자 대감은 귀주에 잔류하여 귀주민정청장이 되었다. 1915년 호국전쟁이 발발하자 채악, 당계요와 함께 호국전쟁에 참가했다. 호국전쟁 후 대감은 사천군벌 혼전에 개입하여 운남군의 나패금, 사천군의 유존후와 함께 쟁탈전을 벌였다.

1916년 1월 1일 운남성에 도독부가 수립되었으며 당계요는 운남도독, 채악은 호국군총사령관이 되었다. 당시 부대를 3군으로 편성하고 채악은 제1군 총사령관이 되어 사천성으로 진격했다. 이열균은 제2군 총사령관이 되어 광동성과 광서성을 공격했다. 당계요는 제3군 총사령관이 되어 운남의 곤명에 잔류했다. 대감은 귀주군을 이끌고 사천으로 진격했는데 그는 제1군 우익총사령관이 되었다. 운남에서 호국군이 조직되어 원세개 타도를 위해 북양정부에 대항하기 시작했다. 원세개는 1월 15일 조곤(曹錕)을 총사령관으로 임명하여 북양군 제3사단 약 8,500명, 장경요가 이끄는 제7사단 약 6,000명, 이장태가 이끄는 제8사단 약 7,800명을 사천으로 진격시켜 호국군을 진압하게 했다. 사천성은 호국운동시기 북양군과 호국군 간의 격전장이 되었다.

호국운동이 발발할 당시 사천지역의 국민당원들은 상당수가 외성에서 활동했다. 당시 사천성에서 잔류하거나 호국운동에 참가하기 위해 귀향한 인물을 보면, 중화혁명군 사천총사령관 노사체, 천남총사령관 여초[476], 천동구사령관 석청양(石青陽)[477]을 비롯하여 안덕기, 양전의, 웅극무, 손택패, 오경희, 방조진, 담창지, 곽상, 요택관 등을 들 수 있다. 이들은 대부분 신해혁명기 동맹회원들이었다. 호국운동이 발발하자 사천 국민당원 가운데 웅극무를 중심으

유존후와 쟁탈전을 벌이다가 패배하고 사망했다. 그의 사망은 자살설도 있고 전사설도 있다.

476) 呂超는 사천성 의빈현 출신이다. 사천육군소학당을 졸업하고 남경육군제4중학당을 졸업했다. 당시에 동맹회에 가입했다. 1910년 오록정이 보정에서 무장봉기를 계획했을 때 여기에 참가했다. 무창봉기 후 천진으로 가서 동맹회경진분회에 참가하여 군사부장 등을 역임했다. 그에 관해서는『四川近現代人物傳』第6輯, pp.169-173.

477) 石青陽은 사천성 파현 출신이며 청말 생원 출신이다. 중경부중학당 졸업 후 일본으로 유학을 떠났고 동맹회 성립 후 동맹회에 가입했다. 1907년 귀국 후 蜀眉絲廠을 설립하고 비밀리에 혁명 활동을 전개했다. 1911년 양서감 등과 함께 중경봉기에 참가했다. "石青陽, 名蘊光, 南里彭家鄉人. 淸末應童子試爲秀才, 入重慶府中學校. 越一年, 之日本就大野縣長町蠶桑學校習蠶業. 丙午, 謁香山孫公于東京, 遂入同盟會" 民國『巴縣志』卷10下, 人物中之下, 石青陽傳.

로 하는 군사학당 출신들의 영향력이 확대되었다. 호국운동이 종결된 후 운남성 출신의 나패금(羅佩金)[478]과 귀주성 출신의 대감(戴戡)은 각각 사천독군과 사천성장에 임명되었다. 나패금은 운남군을 이끌고 사천에 주둔하고 있었고 대감은 귀주군을 이끌고 사천에 주둔했다.

나패금은 운남성 징강부(澂江府) 출신이며 호국운동시기 채악, 당계요와 함께 호국운동에 참가했다. 나패금은 호국군 제1군 총참모장이 되어 제1군 사령관 채악과 함께 사천으로 진입했다. 원세개 사망 후 채악이 사천독군 겸 사천성장에 임명되었으나 채악의 건강이 악화되어 9월에 나패금이 사천독군으로 임명되고 대감이 사천성장으로 임명되었다. 그 후 나패금, 대감은 사천군벌 유존후 부대와 격전을 벌이는 과정에서 대감이 전사하고 나패금은 사천독군의 직무를 상실했다. 동시에 나패금의 부대는 사천성 남부로 이동했다.

원세개 사망 후 사천성의 군사권과 행정권은 사천성 출신이 장악한 것이 아니라 운남성과 귀주성의 군벌인 나패금과 대감이 장악하는 형세가 되었다. 혁명파 출신이었던 나패금은 북양정부의 대총통인 여원홍을 옹호했고 입헌파 출신이었던 대감은 진보당 소속으로 내각총리 단기서(段祺瑞)[479]를 옹호했다. 대총통 여원홍과

---

478) 羅佩金은 1878년 운남성 징강부 출신이다. 1904년 곤명고등학당을 졸업했고 일본으로 건너가 동경진무학교, 육군사관학교를 졸업했다. 재학 당시 1905년 동맹회에 가입했다. 유학 중 양진홍 등과 『운남잡지』를 창간했다. 1909년 귀국 후 수영학당, 운남강무당에서 교관으로 활동했고 운남 육군소학당 총판을 역임했다. 1911년 신군 74標 標統이 되었다. 標統은 현재의 연대장에 해당한다. 신해혁명 후 운남군정부 군정부장, 민정부장 등을 역임했다. 호국운동시기에는 호국군 제1군 총참모장이 되어 사천에 진입했고 후에 사천독군이 되었다. 1917년 그의 부대와 사천군벌 간에 쟁탈전이 발생했다.

479) 段祺瑞는 안휘성 육안주 출신이다. 1887년 북양무비학당을 졸업하고 해외 파견 국비장학생으로 선발되어 독일 프로이센 육군대학교를 졸업했다. 귀국 후 원세개와 함께 의화단 진압에 공로를 세웠다. 신군의 여러 지휘관을 거쳐 1909년 육군 제6진 統制가 되었다. 統制는

내각총리 단기서 간에 벌어진 권력쟁탈전인 부원지쟁(府院之爭)이 발생하자 나패금과 대감도 대립구도가 형성되었다. 당시 사천군벌인 유존후는 단기서를 지지했다. 1917년 2월 사천독군으로 재임하고 있었던 나패금은 군비 부족을 이유로 사천에 주둔하고 있던 군대를 재편했다. 운남성 출신이었던 나패금은 사천성에서 운남군과 귀주군은 확대하고 사천군은 축소했다. 아울러 사천군은 지방에서 군비를 자체적으로 해결하도록 했고 운남군과 귀주군은 국군(國軍)으로 개칭하여 중앙정부로부터 군비를 지급받을 수 있게 했다. "후전검군, 박천군(厚滇黔軍, 薄川軍)"의 전략이다. 이는 운남군과 귀주군의 세력을 강화시키는 것이고 사천군의 세력을 약화시키는 방안이었다.

나패금이 시행한 사천군 약화정책에 강력하게 대항한 인물이 바로 사천 출신의 유존후였다. 유존후와 사천성 출신의 지휘관들은 나패금의 정책에 반대했고 1917년 4월 중순 유존후와 나패금 간에 전투가 발생했다. 이를 유라전(劉羅戰)이라 한다.[480] 유라전의 결과 나패금은 유존후가 이끄는 부대에 패배하고 결국 운남으로 퇴각했다. 유라전은 신해혁명기 동맹회원이었던 운남성 출신의 나패금과 사천성 출신의 유존후 간에 진행된 권력쟁탈전이었다. 군벌화된 동맹회원은 신해혁명 후 권력 쟁탈을 위해 동맹회원이라는 유대관계보다는 권력을 장악하기 위한 군사적 대항 관계로 변모되었다. 그 후 귀주군총사령관 겸 사천성장으로 재임하고 있었던 대감은

현재의 사단장에 해당한다. 무창봉기 발발 직후 원세개가 청조 정부로 재차 기용되자 단기서는 제2군 군통으로 승진했다. 1912년 3월 원세개가 대총통이 되자 단기서는 육군총장이 되었다. 원세개 사망 후 국무총리가 되었다. 단기서는 풍국장, 왕사진과 함께 북양3걸로 불렸다.

480) 1917년 劉羅戰, 劉戴戰을 시작으로 四川지역에서는 軍閥混戰이 개시되어 1933년 劉湘과 劉文輝간의 二劉戰이 전개될 때까지 17여년간 지속되었다.

나패금의 사천독군의 지위를 계승했다.[481]

1917년 5월 29일 부원지쟁이 전개되는 가운데 여원홍은 국무총리 단기서를 면직시켰다. 6월 8일 변발장군 장훈이 북경으로 진입한 후 7월 초 마지막 황제인 선통제를 황제에 복위시키는 복벽(復辟)이 추진되었다. 장훈의 복벽사건이 발생한 직후인 7월 3일 유존후는 사천순무에 임명되었다. 이에 대감은 유존후를 부역죄명(附逆罪名)으로 단죄하기 위해 군사를 일으켜 유존후와 전투를 벌이게 되었다. 이른바 유대전(劉戴戰)의 발발이다. 유대전의 결과 대감은 유존후 부대에 패배했다. 그는 성도를 탈출하여 인수현 진황사로 도주했다가 사천군의 포위공격을 받고 사망했다.[482] 유라전과 유대전은 사천성에서 전개된 사천군벌[483]과 운남군벌, 귀주군벌과의 세력쟁탈전이라고 볼 수 있다. 이러한 정황으로 인해 사천지역에서 국민당원들의 세력은 약화되고 군사력을 바탕으로 세력을 장악한 사천 군벌이 권력을 장악하는 형세가 되었다.

---

481) 『四川軍閥史料』 第1輯, pp.124-127.

482) 『四川軍閥史料』 第1輯, pp.127-129.

483) 사천군벌의 파벌은 청말 신군의 편성시기에 설립된 각종 군사학당 출신과 관련을 지니고 있다. 1902년 四川武備學堂의 설립을 시작으로 四川陸軍小學堂, 四川陸軍速成學堂, 四川官弁學堂, 四川陸軍講武堂, 四川陸軍軍官學堂, 四川軍官速成學堂 등이 계속해서 설립되었다. 이러한 군사학당의 출신자 중 상당수가 사천 新軍 第17鎭의 지휘관이 되었다. 사천군벌의 파벌은 크게 劉存厚를 중심으로 하는 武備系, 劉湘을 중심으로 하는 速成系가 있었다. 또한 鄧錫侯, 田頌堯, 劉文輝를 중심으로 하는 保定系가 있었고 李家鈺, 羅澤洲를 중심으로 하는 軍官系가 있었다. 熊克武, 但懋辛을 중심으로 하는 1軍系가 있었고 劉湘, 楊森을 중심으로 하는 2軍系가 있었다.

Ⅲ. 호법운동기 사천 국민당 내부의 분열

호법운동 전까지 웅극무와 양서감은 동맹회원의 동지적 유대관계가 깨진 것은 아니었다. 하지만 동맹회원이자 군벌적 성격이 강한 유존후, 나패금 등과는 정치적 쟁탈전을 전개했다. 신해혁명 후 동맹회원 간에 군사적 충돌이 일어난 것은 대체로 군벌적 성향의 동맹회원 간에 일어나거나 군벌적 성향의 동맹회원과 비군벌적 성향의 동맹회원 간에 일어난 것이 많았다. 그렇지 않으면 원세개를 중심으로 하는 북양군벌과 손문을 중심으로 하는 남방의 광동군정부와의 대항 관계에 연루되어 동맹회원들 간에 쟁탈전이 발생하기도 했다.

1910년대 후반 국민당 내부의 분열 현상이 발생하기 전, 양서감과 웅극무의 갈등 관계가 발생하게 되는 정황을 살펴보면 다음과 같다. 성유양군합병정부 성립시에 사천도독 호경이(胡景伊)에 대한 문제를 둘러싸고 의견을 달리하였으나 당시 큰 문제는 없었다. 그 후 1913년 2차혁명이 실패한 후 사천 국민당의 중심인물들은 대다수 상해로 이동했다. 당시 경제적인 문제를 둘러싸고 모종의 갈등이 있었던 것으로 보인다. 중화혁명당 성립 후 웅극무와 양서감은 모두 중화혁명당에 가입했다. 당시 손문은 중화혁명당을 조직했고 황흥은 구사연구회를 조직하여 분열적인 상황이 발생했다.[484] 웅극무는 황홍(黃興)이 이끄는 남양파(南洋派)에도 참가했다. 사지(謝持), 양서감은 손문의 비서로 있으면서 손문과 친밀한 관계를 유지하게 되었고 웅극무는 황홍과 밀접한 관계가 되었다.[485]

1917년 풍국장(馮國璋), 단기서(段祺瑞)를 중심으로 하는 북양정부에서 임시약법을 폐지하고 국회를 해산하자 손문은 광동에서 별도의 국회를 소집하고 광동군정부를 조직했다. 1917년 9월 1일 광동군정부의 비상국회에서는 손문을 대원수로 추대했다. 손문이 중심이 되어 전국적으로 호법운동(護法運動)[486]이 전개되었다. 각 성에서 조직된 호법군 중에서 사천성, 운남성, 귀주성에서는 정국군(靖國軍)[487]이라고 했다. 호법군이나 정국군은 명칭은 다르지만 추구하는 목표는 동일했다.

운남군과 귀주군은 유라전(劉羅戰), 유대전(劉戴戰)에 참가했으나 유존후(劉存厚)가 이끄는 군대에 패배하여 운남군과 귀주군은 성도에서 축출되었다. 운남군과 귀주군은 호법운동을 기회로 사천에서 주도권을 확보하려는 야심을 드러내기 시작했다. 1917년 7월 16일 당계요(唐繼堯)는 운남성에서 북양정부에 대항하기 위해 정국군을 조직하고 총사령관이 되었다. 당계요가 정국군을 조직한 것은 반드시 북양정부에 대항하기 위한 것만은 아니었다. 유존후가 이끄는 부대를 격퇴하고 사천지역까지 자신의 입지를 확대하기 위한 목적도 있었다. 엄밀하게 말하면 당계요의 정국군은 사천 군벌을 제압하기 위한 정촉군(靖蜀軍)의 성격도 강했다. 당계요는 군벌쟁탈

484) 2차혁명 후 혁명파의 분열에 관해서는 이상구, 「2차혁명 후 革命派의 분열과 歐事硏究會」 『역사학연구』 58, 2015 참조.

485) 『四川軍閥史料』 第2輯, p.94.

486) 호법운동은 孫文이 지도적인 역량을 발휘하지 못한 채 陸榮廷·唐繼堯가 1917년 12월 孫文의 同意를 얻지 않고 자체적으로 호남성, 사천성에서 停戰을 선포하였고 1918년 2월 최종적으로 停戰을 맺고 撤軍했다.

487) 『四川軍閥史料』 第2輯, p.3.

전이 전개되는 과정에서 사천에서 주도권을 장악하기 위해 정국군을 일으켰다. 당계요의 정국군은 실제로 호법을 위한 군대라기보다 사천 군벌을 제압하기 위한 군대였고 서남지역에서 자신의 세력을 강화하기 위한 군대이기도 했다. 당계요에게 호법은 사천 군벌을 타도하기 위한 수단에 불과했다. 호법운동이 전개되는 과정에서 1917년 7월 24일 북경정부에서는 주도강(周道剛)[488]을 사천독군(四川督軍)[489]에 임명하고 8월 24일 장란(張蘭)을 호리사천성장(護理四川省長)[490]에 임명했다.[491]

2차혁명, 호국운동까지만 하더라도 사천지역의 국민당원들은 기본적으로 토원(討袁)의 기치아래 원세개의 북양정부에 비교적 통합적으로 대항했다. 하지만 호법운동이 발생하자 사천 국민당 내부에서는 이상기류가 형성되기 시작했다. 국민당 내부에서 분열의 기류가 나타나기 시작한 것이었다. 이는 웅극무 계열과 양서감 계열과의 갈등에서 찾을 수 있다. 광동군정부 내의 손문과 당계요, 육영정과의 관계와 유사한 상황이었다. 당시 사천 호국군 총사령관이었던 웅극무와 사천성장에 임명된 양서감은 성장 취임을 둘러

488) 周道剛은 1875년 사천성 쌍류현에서 출생했다. 일본으로 건너가 일본 육군사관학교를 졸업하고 귀국한 후 사천무비학당 교관, 육군 65표 표통, 33혼성협 협통 등을 역임했다. 민국 성립 후 제1사단 사단장을 역임했고 호법운동시기에 사천독군에 임명되었다.

489) 督軍은 원세개 사망 후 都督을 개칭해서 성립된 관직명이다. 실제는 1개 성의 최고장관이지만 民政을 관장하는 省長이 설치되었기 때문에 軍政을 관장하는 장관으로 알려져 있다. 청대의 총독이나 순무와 같은 역할을 한 것이 독군이었고 청대의 포정사와 유사한 역할을 한 것이 省長이었다. 물론 청대의 관직과 민국시대의 관직이 전혀 다르기 때문에 동일하게 비교할 수 있는 것은 아니다. 사실 권력은 누가 장악하는 가에 따라 그 성격이 달라지는 경우도 있어 관직명만 가지고 권력 관계를 일반화시켜 설명하기는 어렵다.

490) 省長은 북양정부가 통치하던 시기에 설치한 성의 행정장관이다. 처음에는 민정장이었다가 1914년 순안사로 개칭되었다. 1916년 원세개 사망 후 성장으로 개칭되었다. 성장은 민정장관이지만 1910년대 말부터 1930년까지 중국 각 지역은 군벌혼전시대가 전개되었기 때문에 실제 권력은 군벌이 장악했고 성장의 권한은 상당히 제한적이었다. 다만 군벌과 성장의 관계, 성장의 역할 등에 따라 성장의 권한은 지역적 차이, 시기적 차이는 있다.

491) 『四川軍閥史料』 第2輯, pp.3-10.

싸고 분쟁이 발생했다. 이에 대해 웅극무는 다음과 같이 진술하고 있다.

> "첫째, 사천성장 양서감이 상해에서 중경으로 돌아온 후 성의회 의원 유양(劉揚), 위봉지(魏奉之), 범춘고(范春膏), 유성상(游盛祥), 사백성(謝百城) 등은 양서감을 부추겨 성도에 도착하기 전에 중경에서 먼저 취임 선서를 하게 했다. 이는 나와 나의 부하들이 양서감의 사천성장 취임에 대해 반대하는 행동을 미연에 방지하려는 의도에서 비롯되었다는 것이다. 나는 이러한 소식을 듣고 양서감과 몇 차례 회담을 하면서 다음과 같은 말을 했다. '우리들은 손중산 선생이 임명한 사천 군정(軍政)의 수장이며 또한 오랜 기간 함께 환난을 함께 한 친구이므로 반드시 진정한 마음으로 협력하여 일을 추진해야 하므로 성도에서 사천성장 취임 선서를 하자'고 제의했으나 양서감은 긍정적인 답변도 거절도 하지 않았다. 나는 돌아오는 도중에 합천에서 비서장을 불러 2개의 전보를 작성하게 했다. 하나는 양서감에게 보내어 다시 한번 환영한다는 뜻을 전하고 다른 하나는 각 군의 지휘관에게 보내어 중경에서의 회의와 양서감을 환영하는 뜻을 설명하는 것이었다. 내가 중경을 떠난 후(1918년 10월 8일) 유양 등은 웅극무가 반드시 여러 곳에 전보를 보내 양서감의 사천성장 취임을 반대하므로 성도에서 취임은 순조롭지 않을 것이라고 했다. 이에 양서감은 중경에서 취임 선서를 했다.(1918년 10월 12일) 그 후 양서감은 나의 환영 전보를 받고 자못 불안하여 친히 장문의 편지[492]를 작성하여 오매수(吳梅修)[493]를 파견하여 나에게 전달하러 왔다. 이러한 일은 원래 아주 사소한 일인데 밖에서 볼 때는 웅극무와 양서감이 불화하고 있다는 공기를 전해주는 것이며 하나의 좋지 않은 일의 서막으로 볼 수 있다."[494]

---

492) 양서감이 웅극무에게 보낸 장문의 편지는 1918년 9월 21일에 보낸 편지였다.

493) "吳駿英, 字梅修, 巴縣廩膳生員. (中略) 淸末, 士矜奮, 爭言維新, 駿英一旦走日本, 購新書多種以歸, 時渝固塞, 駿英獨闢風氣, 其歸也, 知交往觀, 大加贊賞焉. 又數年, 隸同盟會爲黨員, 蜀軍政府成, 任秘書院文書局長. 討袁之役, 駿英與焉, 及事敗, 袁氏刊章名捕駿英急, 駿英走匿滬上." 民國『巴縣志』卷10, 人物列傳, 民國, 吳駿英傳.

494)『四川軍閥史料』第2輯, pp.15-16.

전국적으로 호법운동이 진행되고 있던 1918년 3월 8일 사천성 의회에서는 웅극무를 사천독군(四川督軍), 양서감을 사천성장(四川省長)에 선출했다.[495] 실제는 광동군정부의 손문이 양서감을 사천성장에 임명했다. 하지만 손문은 민선(民選)의 형식을 빌어 사천성장에 취임하는 절차를 이행하기를 요구함에 따라 사실상 형식적으로 사천성 의회에서 선출하는 방식을 채용한 것이었다. 사천성 의회에서 양서감을 사천성장에서 선출한 후 3월 10일 손문은 양서감의 사천성장 직책을 공식적으로 승인했다. 이는 사천지역에서 국민당 출신인 웅극무와 양서감이 군사권과 민정권을 장악하게 되었음을 의미했다.

사천성 의회에서 사천독군으로 선출된 웅극무는 사천독군에 취임하지 않았다. 당시는 호법운동기였고 웅극무는 사천정국군 총사령관의 직책으로 사천성의 군정과 민정을 통괄적으로 장악하고 있었기 때문이다. 웅극무는 자신의 일파인 단무신을 대리사천성장으로 파견한 상황이었다.[496] 이러한 와중에 광동군정부에서 양서감을 사천성장에 임명했고 형식적으로 사천성 의회에서 선출되는 방식을 채용한 것이었다. 양서감의 사천성장 취임에 웅극무 일파는 환영하는 뜻을 보이지 않았다. 호법운동기에 사천성에서 군정권과 민정권을 모두 장악하고 있었던 웅극무 일파의 입장에서 볼 때 양서감이 외성(外省)에서 활동하다가 사천성장으로 임명되어 사천으로 돌아오자,[497] 양서감의 공백기에 사천지역에서 공고한 세력 기반

495) 1918년 3월 2일 孫文은 石靑陽 등에게 四川省議會와 소통하여 楊庶堪을 四川省長에 선출하도록 전보를 보냈다. 「孫中山致石靑陽等, 囑疏通四川省議會, 選楊庶堪爲四川省長電」『四川軍閥史料』第2輯, pp.233-234.

496) 『四川軍閥史料』第2輯, p.94.

497) 楊庶堪이 사천성장에 선출되어 사천으로 회귀하는 동안 代理四川省長은 사천정국군총사령관이었던 黃復生이 담당했다. 『四川軍閥史料』第2輯, pp.236-237.

을 다지고 있었던 웅극무가 자신의 정치적인 입지가 좁아질 것이라는 계산에서 비롯되었다. 당시 사천성 의회 의원 가운데에는 국민당 의원들도 상당수 존재하고 있었고 양서감도 본래 사천성 의회 의원이었던 것으로 보아 사천성 의회와 군벌 세력화되어 가고 있었던 웅극무 세력 사이에는 가시화되지 않았던 갈등이 존재하였을 것으로 생각된다.[498)]

특히 1914-1917년 양서감은 사천지역에서 활동하지 않고 외성으로 이동하여 손문 주변에서 활동했다. 국민당 내에서 최고 권력을 지니고 있었던 손문과 함께 활동한 것은 국민당 내에서의 입지는 상승할 수 있었다. 하지만 당시 국민당을 강력하게 통합시킬 수 없었던 손문이었으므로 결과적으로 양서감의 국민당 최고 권력 주변에서의 활동은 사천지역내의 정치적 기반도 흔들렸다.

양서감 계열과 웅극무 계열이 인사권을 둘러싼 분쟁 외에 부대 편성을 둘러싸고 갈등이 나타났다. 이는 부대 편성을 통해 각 계파 간의 군사적 세력의 확장과 관련이 있었기 때문이다. 이에 관한 웅극무의 진술을 보면,

> "광동에 군정부가 성립되었을 때, 손문이 각 성에 호법토역(護法討逆)의 격문을 하달하자 사천성 출신의 국민당원들도 각각 의용군을 조직했다. 여기에 동원된 인원도 많았고 편성된 부대의 수도 많았다. 그리고 정규 부대도 병마(兵馬)를 모집하여 군대를 확대했다. 아울러 운남성, 귀주성, 호남

498) 1912-1927년 四川省 議會 議員 名單에 관해서는『四川軍閥史料』第2輯, pp.521-533 참조. 특히 楊庶堪의 四川省長 취임시의 사천성 의원(1913-1918년 임기) 명단에는 巴縣지역에 楊庶堪이 議員 名單에 들어 있다. 1913년 양서감은 사천성 의회 의원이 되었다가 2차혁명 실패 후, 省外로 이동하였는데, 이로 말미암아 楊庶堪이 사천성 의회 의원으로서 활동할 수 없게 되어, 公席이 되었는지 그렇지 않았는지에 대해서는 不明이다. 분명한 점은 楊庶堪이 사천성 의회 내에서 發言權을 행사할 수 있는 인물이었으며 사천성 의원과의 관계에 있어서도 熊克武보다는 親楊庶堪 세력화하기에 유리한 상황이었다.

성, 호북성 등의 군대도 파견되어 사천성 전 지역이 군인들로 채워져 있었다. 1918년 10월 나는 정군회의(整軍會議)를 개최하여 조건적으로 부대 편성을 결정했다. 부대 편성의 조건은 일률적으로 "소총(武器)의 (많고 적음을) 기준"으로 삼아 부대를 편성하였는데 그 결과 8개 사단으로 편성했다. 제1사단 사단장에 단무신, 제2사단 사단장에 유상(劉湘),[499] 제3사단 사단장에 향전의(向傳義),[500] 제4사단 사단장에 유성훈(劉成勛),[501] 제5사단 사단장에 여초(呂超), 제6사단 사단장에 석청양(石靑陽), 제7사단 사단장에 안덕기(顔德基),[502] 제8사단 사단장에 진홍범(陳洪范)이 임명되었다. 그 외 의용군을 이끌고 있었던 황복생(黃復生), 노사체(盧師諦)는 (무기의 규모가) 사단 규모의 표준에 미치지 못했기 때문에 이 두 부대를 합하여 한 개의 사단으로 편성하려고 했으나, 두 사람이 모두 찬성하지 않았기에 각각 1개의 여단으로 독립하여 편성했다. 8개 사단 가운데 유상, 유성훈, 진홍범이 이끄는 부대는 종전의 사천 정규부대였으며, 나머지 5개 사단은 새롭게 편성된 사단이었다. 이른바 국민당군대라고 할 수 있다. 이 국민당 군대 중에서 웅극무 계열의 부대로는 단무신, 향전의, 여초가 이끄는 3개사단이 있고,

499) 劉湘은 성도부 관할의 대읍현 출신이다. 사천 육군속성학당을 졸업했다. 1920년대 말 양삼, 유문휘 등과 사천에서 내전을 벌이면서 군벌혼전이 격화되었다. 유상에 관해서는 喬誠·楊續雲著, 『劉湘』, 華夏出版社, 1987 참조. 사천 군벌혼전시기 최대 군벌중의 하나였던 劉湘은 1890년 사천성 大邑縣에서 출생했다. 유씨 일가는 劉湘을 비롯하여 劉文輝, 劉文彩, 劉元瑭, 劉元瑄, 劉元璋, 劉元琮, 劉樹成 등 많은 사단장, 군단장을 배출했다. 이는 사천군벌 혼전시기 최고 권력을 행사한 군벌가문이라고 할 수 있다. 특히 劉湘의 고향인 대읍현은 청대에 간행된 대읍현 지방지를 분석해 보면, 문과급제자보다는 武生, 武擧人과 같은 무과급제자를 많이 배출했다. 대읍현은 청대 사천성에서 가장 많은 무과급제자가 배출된 지역으로 추정된다. 대읍현에서 무과급제자가 다수 배출된 이유에 관해서는 별도의 검토가 필요하지만 사천 군벌 혼전시기 劉湘, 劉文輝라는 군벌이 배출된 것도 청대에 이 지역에서 무과급제자를 많이 배출했던 지역적 특성과 일정한 관련성을 지니고 있었다.

500) 向傳義는 사천성 인수현 출신이다. 1909년 동맹회에 가입했다. 민국연간에 보정군관학교, 일본 법정대학을 졸업했다. 1918년 사천군 제3사단 사단장이 되었다. 그는 훗날 사천군벌 유문휘 부대에서 부군장, 사단장을 역임했다.

501) 劉成勛은 사천군벌 劉湘과 같은 고향인 대읍현 출신이다. 사천무비학당을 졸업한 후 사단장, 군단장 등을 역임했다. 호국운동시기에는 유존후의 제2사단 소속의 혼성여단 여단장이 되었다. 호법운동시기 유존후가 웅극무에게 패배한 후 유성훈은 사천군 제4사단 사단장이 되었다.

502) 顔德基는 사천성 개강현 출신이다. 잠상학당, 군사학당을 졸업한 후 일본으로 건너가 명치대학을 졸업했다. 당시 동맹회에 가입했다. 1911년 광주황화강봉기에 참가했으나 실패하고 무한으로 이동했다. 1912년초 웅극무가 상해에서 촉군을 조직했을 때 義士團 團長이 되어 사천으로 돌아왔다. 그 후 웅극무 부대의 지휘관으로 활동하다가 1920년 呂超 등의 倒熊軍이 조직되자 이에 참가했다. 그에 관해서는『四川近現代人物傳』第6輯, pp.180-183 참조.

사지, 양서감 계열의 부대로는 석청양, 안덕기가 이끄는 2개 사단과 황복생, 노사체가 이끄는 2개 여단이 있었다. 부대를 편성하는 과정에서 병사의 규모를 고정하고 군비 지출도 확정되었다. 그러나 황복생과 노사체는 사단장의 지위에 오르지 못하여 심히 불만을 표시했다. 사단장의 지위에 있었던 석청양, 안덕기는 이러한 부대편성을 당연하게 받아들였지만, 나머지 사람들은 불쾌하게 생각하고 있었다. 이것이 국민당 내부의 분열이 발생하게 되는 직접적인 원인이었다. 당시의 정황은 무기가 바로 정치 자본이었기 때문이다."[503]

라고 진술했다. 사천 호국군 총사령관 웅극무의 진술을 토대로 하면 호법운동 당시 사천성의 부대는 모두 8개 사단과 2개 여단으로 구성되었다. 사단장 가운데 석청양, 단무신, 향전의, 안덕기는 동맹회원 출신이다. 여단장인 황복생과 노사체도 동맹회원 출신이다. 사천에서 조직된 호국군은 웅극무를 중심으로 하는 동맹회원 출신들이 장악했다는 것을 의미한다. 동맹회원 출신이 이끄는 부대는 국민당 계열의 부대와 관계가 있다. 그런데 황복생, 노사체의 부대가 사단으로 편성되지 않고 여단으로 편성된 것에 불만을 표시했다. 황복생, 노사체가 이끄는 부대는 친양서감 계열의 부대였고 단무신, 석청양은 친웅극무 계열의 부대였다. 양 계파간의 군사적 세력 확대를 둘러싸고 갈등 관계가 나타났다는 것을 반영하는 부대 편성이었다.

그 다음으로는 세금 징수와 경제권과 관련된 문제를 둘러싸고 웅극무 계열과 양서감 계열이 서로 갈등관계를 보이고 있었던 것에 대해 웅극무는 다음과 같이 진술하고 있다.

503) 『四川軍閥史料』 第2輯, p.14.

"첫째, 사천의 염세[504]와 조폐창(銀元, 銅元을 발행)은 독군(督軍) 관공서에서 주관했다. 군향(軍餉)을 확보하여 해당 지역에서 징수하는 것을 피하기 위해 나는 사천 전 지역의 염세 잉여분을 군비로 사용하도록 제안했다. 나는 화폐제도를 개혁하기 위해 가치가 많이 하락한 중국은행, 교통은행, 준천원은행(浚川源銀行) 등에서 발행한 지폐 약 1,000여만원을 회수하고 조폐창의 잉여 자금을 태환기금으로 삼아 군사 관련 관청이나 민정 관련 관청을 막론하고 모두 함부로 사용하지 못하도록 결정했다. 이러한 결정에 대해 사천성장 양서감을 불만을 표시했다. 둘째, 노사체, 황복생이 주둔하고 있는 하천동(下川東)의 각 현에서는 아편을 재배하여 아편세를 징수하고 있었는데 이에 대해 어떤 사람들은 사천도독 관청이나 사천성장 관청에 고발했으며 또한 외국 선교사들은 이러한 정황을 사진으로 찍어 광주군정부에도 보내고 나에게도 보내 조사하라고 했다. 나는 사천성장 관청에서 처리하도록 했으나 사천성장 양서감은 처리하지 않았다. 나는 단무신(但懋辛)을 하천동(下川東) 지역에 파견하여 조사하도록 했다. 이에 단무신은 아편 재배를 하고 있었던 일부 현지사를 파면하거나 아편 세금을 거두어 들이고 있었던 토호열신(土豪劣紳)들을 처형하기도 했다. 이 때문에 노사체, 황복생은 각지로 연락하여 웅극무가 아편금지를 구실로 의용군을 소멸시키려고 한다고 선전했다. 아울러 그들이 당계요(唐繼堯)에게 구원을 요청하자 당계요는 만현지역에 주둔하고 있던 운남군 여단장 전종곡(田鍾穀)에게 이에 대한 재조사를 하도록 명령했다. 사태의 확대를 피하기 위해 단무신은 즉시 이 사건을 전종곡에게 넘겨 처리하도록 했다. 어떤 사람들은 말하기를 이러한 정황이 후에 그들이 도웅(倒熊, 웅극무 타도)[505]을 결행한 도화선이었다고 한다."[506]

---

504) 四川軍閥 割據時期에 四川軍閥의 鹽稅에 대한 掠奪은 매우 심각한 수준에 이르렀던 것으로 보인다. 사천 군벌의 鹽稅 약탈에 관한 資料로는 『四川軍閥史料』 第1輯, pp.354-358 참조.

505) 1920년 唐繼堯가 사천을 장악하려는 목적으로 呂超, 黃復生, 石青陽 등과 연합하여 熊克武 打倒를 위한 군대를 조직하였는데 이 부대를 "倒熊軍"이라 했다. 1920년에는 雲南軍閥 唐繼堯 뿐만 아니라 사천 국민당원 가운데 군 조직을 장악하고 있었던 呂超, 黃復生, 石青陽 등이 倒熊에 참가함으로써 1910년 말부터 시작된 국민당 내부 분열은 군사력을 동원한 공방전으로 연결되었다.

506) 『四川軍閥史料』 第2輯, pp.14-15.

웅극무가 진술하고 있는 내용에서 알 수 있는 것은 웅극무, 단무신 세력과 양서감, 황복생, 노사체 세력이 재정적인 문제를 둘러싸고 계파 간의 갈등이 심각한 상태였음을 말해준다. 웅극무의 진술 내용을 토대로 당시의 정황을 정리하면 다음과 같다. 첫째, 사천의 군사적 실권자인 웅극무의 재정적 기반은 염세였다. 둘째, 사천성장 양서감을 비롯한 황복생, 노사체 등의 재정적 기반은 아편세였다. 셋째, 사천의 화폐 발행 기관은 사천독군 웅극무가 관할했다. 넷째, 웅극무는 자신의 동료이자 부하인 단무신을 파견해서 양서감 계열의 황복생, 노사체가 관할하는 지역의 아편세 징수를 조사하거나 해당 지역의 지방관을 처벌하면서 웅극무 계열과 양서감 계열이 첨예한 대립을 하게 되었다. 사천성장 양서감은 사천지역의 민정권을 장악하고 있었고 사천독군 웅극무는 사천지역의 군사권을 장악하고 있었다. 이들은 아편재배와 아편세 징수 문제를 둘러싸고 정치적인 갈등이 나타났다. 이는 단순히 아편재배와 아편세 징수 문제만으로 볼 수 있는 것은 아니었다. 부대 편성 방식을 둘러싼 갈등도 있었고 세금 징수 방식을 둘러싼 갈등도 나타났던 것이었다.

그 후 양서감과 웅극무를 주축으로 하는 사천 국민당 내부에서는 파벌 투쟁으로 전개되었다. 1919년에 형성된 국민당내의 양대 파벌은 실업단(實業團)[507]과 구인단(九人團)이었다. 실업단은 1905년 사천고등학당 학생, 통성사범학당 학생, 기타 진보적인 청년 지식인이 중심이 되어 조직되었다. 이들의 대부분은 1906에서 1907년

507) 원래 實業團이라는 명칭은 공식적인 단체였던 것은 아니고 1907년 성도봉기가 실패로 돌아가자 謝持, 鄒杰(鄒漢卿) 등이 陝西로 도주하여 성도출신 회원들의 도움을 받아 토지를 빌려 自耕自牧하면서 생활하였는데 일반인들이 이들을 實業團으로 불렀던 것에서 유래한다. 實業團에 관해서는 鄧胥功, 「高等學堂學生與同盟會及實業團」『四川保路風雲錄』, 四川人民出版社, 1981, pp.66-68 참조.

사이 동맹회에 가입하여 사천 신해혁명에서 중심적인 역할을 하게 된다. 실업단의 주요 구성원들을 보면, 장배작, 사지, 조독, 주지홍, 황복생, 요택관(廖澤寬), 추걸(鄒杰),[508] 장이(張頤), 향전의(向傳義), 노사체(盧師諦), 황성상(黃聖祥), 방조진(方潮珍), 서대감(徐代堪), 여초(呂超) 등을 들 수 있다.[509] 이 중에서 장배작, 주지홍은 동맹회 중경지부가 성립되자 양서감과 함께 혁명 활동을 진행했다. 1910년대 후반 사천 국민당 내부의 분열이 발생했을 당시 실업단원들은 대부분 친양서감(親楊庶堪) 계열이 되었다. 구인단(九人團)은 웅극무를 중심으로 하는 단체이다. 이 단체의 구성원은 대부분 군사학교 출신이었다. 구인단의 구성원을 보면 웅극무, 단무신, 이울여(李蔚如), 유배체(喩培棣)는 일본 동빈학당의 동학(同學)이었고, 여제당(余際唐), 장충(,張冲)은 일본 해군학교 동학이며 동향이었다. 그 외 오병균(吳秉均), 유광열(劉光烈), 용광(容光)이 있었다. 구인단 출신이 정치적, 군사적으로 전성기를 이루고 있었던 시기는 호법운동시기였다. 당시 웅극무는 사천 정국군 총사령관과 사천독군이었고, 이울여는 참모장, 단무신은 제1사단 사단장, 유배체는 제1여단 여단장, 여제당은 전천강방사(全川江防司) 겸 중경진수사(重慶鎭守使), 오병균은 병공창장(兵工廠長) 겸 조폐창장(造幣廠長), 유광열은 정무청장에 재임하고 있었다. 당시 구인단 세력이 사천의 군사권, 재정권, 민정권을 장악한 상태였다.[510]

양서감과 웅극무의 갈등을 동반한 사천 국민당 내부의 분열은 국민당 전체의 흐름에서도 파악할 수 있다. 호법운동시기 광동군

508) 鄒杰의 字는 漢卿이며 四川省 酉陽縣 출신이다. 淸末 秀才가 되었다가 成都의 四川高等學堂에 입학했다. 民國『巴縣志』卷20, 金石, 烈士鄒杰墓表.
509)『四川保路風雲錄』, p.67.
510)『四川軍閥史料』第2輯, p.91.

정부에서 호법군의 중심적인 부대는 육영정, 당계요 등의 서남군벌들이 중심이었다. 광동군정부에서 손문의 지도력이 약화되어 가는 가운데 서남군벌의 세력이 비약적으로 확대되어 갔다. 국민당 내에서도 손문이 구심적인 역할을 하지 못하던 상태였다. 이러한 와중에서 1918년 5월 20일 비상국회에서는 손문의 반대에도 불구하고 군정부를 개조하여 손문, 당계요, 육영정, 당소의, 오정방, 잠춘훤, 임보역 등 7명을 총재로 선출하고 대원수제를 폐지했다. 제1차 호법운동에 참가한 서남군벌들은 자신의 세력을 강화하기 위한 수단으로 호법운동에 참가했다. 그 결과 서남군벌의 세력은 강화되었지만 상대적으로 손문의 세력은 약화되었고 제1차 호법운동은 실패했다. 전국 각지의 국민당 세력을 통합할 수 없었던 상황하에서 사천지역에서도 국민당 내부의 중심적 인물들이 권력 쟁탈전을 벌이고 있었고 내부 분열로 이어졌다. 민국혁명이라는 공통적인 목표보다는 권력을 장악하기 위해 세력 간의 권력쟁탈전의 양상으로 전개되었던 것이다.

IV. 맺음말

신해혁명기 사천지역에서 혁명활동을 전개한 동맹회원이 신해혁명 후 어떠한 동향을 보이고 있었는가에 관한 의문을 해명하기 위해 사천 혁명파를 대표하는 인물인 양서감과 웅극무를 중심으로 2차혁명, 호국운동, 호법운동기 두 인물의 활동과 갈등 관계를 검토했다.

신해혁명기 웅극무는 사천지역에서 여러 차례 무장봉기를 계획하고 실행하였으나 모두 실패했다. 그 후 그는 외성에서 활동하다가 중경에서 촉군정부가 성립되자 사천으로 귀환했다. 당시 촉군정부의 주요 부서는 사천지역 내에서 혁명 활동을 전개한 양서감을 중심으로 하는 동맹회 중경지부 소속의 동맹회원이 장악했다. 그 후 2차혁명이 발발하자 양서감 추종세력과 웅극무 추종세력이 존재하는 가운데 군사권은 웅극무가 장악하고 민정권은 양서감이 장악하면서 양서감과 웅극무는 사천지역에서 정치적 중심 인물이 되었다. 2차혁명 실패 후 사천 국민당원들은 사천에서 정치적 기반을 상실하고 대다수는 해외로 망명하거나 다른 지역으로 이동하여 활동을 전개했다. 2차혁명 발발 당시에 양서감과 웅극무 등의 국민당원은 북양정부에 대항하기 위해 군사적 활동을 전개했고 이때까지 국민당 내부에 분열 상황이 나타난 것은 아니었다.

그 후 호국운동이 발생하자 웅극무를 중심으로 하는 군사학당 출신들은 군사력을 배경으로 자신들의 영향력을 확대하기 시작했다. 당시 양서감을 중심으로 하는 동맹회 중경지부 출신의 국민당원들은 외성에서 활동하고 있었다. 이는 결과적으로 양서감 세력의 사천 내에서의 영향력 약화를 의미하는 것이기도 했다. 호국운동이 종료된 후 사천의 군사권과 행정권은 사천성 출신의 군벌보다 인근 지역인 운남과 귀주 군벌이 장악하는 형세가 되었다. 나아가 1917년부터 군벌혼전의 계기가 된 유라전, 유대전이 발생하자 사천은 운남군벌, 귀주군벌, 사천군벌의 각축장이 되었다. 그 결과 사천에 주둔하고 있었던 운남군벌, 귀주군벌은 사천군벌에게 패배하고 사천에서 축출되었으나 유존후를 중심으로 하는 사천 군벌이 권력을 장악하게 되었다. 호국운동기부터 국민당원 가운데 가장 큰 군사력을 확보한 웅극무는 사천성 내에서 자신의 정치적 입지를 강화하는 데 일정한 성과를 거두었다. 그럼에도 불구하고 양서감과 웅극무 간에 정치적인 권력을 둘러싼 알력이나 불화가 표면화되지는 않았다.

하지만 호법운동이 일어나면서 사천 국민당 내부에서는 분열 조짐이 나타나기 시작했다. 당시 국민당 내부 분열은 양서감과 웅극무와의 대립으로 파악할 수 있다. 대립의 주요 원인으로는 군대편성 방식을 둘러싼 알력, 경제적 이권을 둘러싼 알력, 인사권과 관련된 정치적 주도권 다툼 등을 들 수 있다. 특히 1910년대 후반에는 웅극무와 그의 세력이 사천에서 군사권, 민정권을 장악하고 있었으나 양서감이 손문의 지지하에 사천성 의회 의원들의 추대로 사천성장에 선출되었다. 양서감의 사천성장 취임에 불만을 표출한 것은 사천독군 웅극무와 그의 추종세력이었다. 국민당 중앙권력의 중심은 손문이었다고 볼 때, 손문이 임명한 양서감의 사천성장 지위에 대해 국민당원이었던 웅극무 세력이 이를 적극적으로 수용하지 않았다는 것은 국민당 중앙권력의 이완을 나타내 주는 일례라고 할 수 있다.

저자 후기

저자 후기

사천 신해혁명사 연구는 지방사의 영역으로 볼 수 있지만 신해혁명과 직접적인 관계가 있다. 본서에서는 신해혁명기 사천성에서 활동한 혁명파 신사의 동향, 무장봉기, 사천보로운동의 전개과정과 성격, 촉군정부의 성립 과정, 신해혁명 후 사천 동맹회원의 동향 등을 검토했다. 학술지에 게재한 논문 형식의 글을 대폭적으로 수정하여 본서를 집필했다. 본서를 집필하면서 사천 유학 과정에서 수집한 관련 사료를 다시 면밀하게 검토하는 작업도 병행했다. 한자가 많은 인명을 포함한 각종 용어나 문장도 모두 한글로 바꾸었다. 영어권에서는 모두 영어로 표현하고 중국에서는 영어조차도 한자로 표기하여 글을 쓰고 있다. 필자도 본서에서는 각주를 제외하고 본문에서 사용하는 용어나 문장은 모두 한글로 바꾸어 쓰고 싶었다.

사천 신해혁명사에서 전환점이 된 것은 1911년 5월 청조가 철도국유화정책을 반포한 것에서 비롯되었다. 이 정책으로 사천보로운동이 일어났다. 사천보로운동은 사천보로동지회가 조직되면서 본격화되었다. 사천보로동지회에서 발표한 투쟁의 목표는 파약보로였다. 파약보로는 차관 계약의 파기가 선결조건이었다. 차관 계약을 파기하면 사천보로운동은 격화될 이유가 없었다. 차관 계약은 사천보로운동이 격화되는 가장 큰 요인이 되었다. 물론 차관 계약을 파기한다고 해도 보로운동이 종식되는 것은 아니었다. 최종적으로는 철도국유화정책을 철도민영화정책으로 변경하든지 그렇지 않으면 사천 민중들의 경제적 이해 관계를 전면적으로 해소시킬 방안을 강구하여 철도국유화정책을 진행해야 했다.

청조가 반포한 철도국유화정책은 단순히 철도민영화를 철도국유화로 변경한 정책이 아니었다. 이 정책에는 서구 열강으로부터 자금을 빌려 철도를 부설하려는 내용이 포함되어 있었다. 사천보로운동의 투쟁목표가 파약보로였던 것은 차관 계약이 철도부설권을 돈으로 파는 매로행위로 간주했기 때문이다. 그렇기 때문에 청조의 철도국유화정책은 실제로는 철도국유화라는 이름을 빌어 철로권을 서구 열강에게 이양하는 것이나 다름없었다.

본래 천한철로는 중국인의 자금만으로 부설하려고 계획했다. 하지만 청조 정부는 철로를 건설할 자금이 없었다. 처음에는 국가가 철로를 건설하려고 했지만 자금이 부족하여 최종적으로는 민간에서 철로를 건설하는 방안으로 변경되었다. 이를 위해 천한철로공사가 설립되었다. 자금은 대부분 민간인이 천한철로공사의 주식을 매입하는 것으로 충당되었다. 다만 민간인이 구입한 주식은 세금적 성격을 지니는 형태였다. 이를 조고라고 한다.

조고를 통해 주식을 매입한 사천 민중들은 천한철로가 부설되기를 기대하고 있었다. 철로가 완공되어 운영과정에서 수익이 나면 주식을 매입한 사천 민중들도 분배받을 수 있는 구조였다. 물론 여기에는 사천 민중들의 경제적인 이익도 관계가 있지만 중국인의 자금으로 철로가 부설되고 중국인이 철도권을 행사할 수 있었다. 청조의 차관 계약을 통한 철도국유화정책은 중국의 철로권을 서구 열강에게 이양하는 행위였다. 이러한 상황에서 철로권을 보호할 필요성이 있었기 때문에 보로운동이 일어났다.

보로운동은 호남성에서 가장 먼저 일어났고 보로운동이 전개된 지역은 호남성, 호북성, 광동성, 사천성이다. 모두 천한철로, 월한철로의 노선이 통과하는 지역이었다. 4개 성에서 일어난 보로운동 가운데 가장 격렬하게 진행된 것은 사천보로운동이었다. 호남성, 호북성, 광동성의 지방 관료들은 보로운동을 강력하게 진압했다. 하지만 사천지역에서는 보로운동이 일어나자 사천성 최고 장관인 사천총독이 일정정도 보로운동에 동조적인 측면이 있었다. 보로운동을 주도한 수뇌부들도 보로운동의 투쟁 방법을 평화적인 투쟁 방법으로 진행하고자 했다. 이러한 투쟁 방법을 문명쟁로라 했다. 문명쟁로의 범위 내에서 질서있고 평화적인 투쟁 방법으로 매로 행위를 규탄하고 서양에게 이양한 철로권을 수호한다는 명분이 있었다. 사천총독도 이러한 명분 앞에 강력하게 진압할 수가 없었다.

동맹회원은 사천보로운동이 일어나기 전부터 혁명 활동을 진행했다. 혁명 활동 중에는 혁명 사상의 전파, 동맹회원의 확대, 자금의 모집, 회당과의 연대, 무장봉기 등이 있었다. 특히 무장봉기는 혁명으로 직결되는 중요한 투쟁 방법 중의 하나였다. 하지만 신해혁명기 호북성에서 일어난 무창봉기가 일어나기 전까지 전 중국에서 일어난 무장봉기는 모두 실패했다. 무장봉기가 실패한 가장 큰 요인은 봉기를 성공할 정도의 군사력을 가지고 봉기를 시도하지 않았다. 군사력이 미약하면 민중들의 전폭적인 지지를 필요로 했다. 하지만 대부분의 무장봉기는 민중들의 전폭적인 지지하에 전개된 것도 아니었다. 이에 반해 사천보로운동은 수많은 사천 민중들이 참가했다. 사천 동맹회원들은 군사적 열세로 무장봉기가 실패한 것을 이미 알고 있었다. 민중들의 지지를 받고 싶었고 수많은 민중들이 혁명에 참가해 주기를 바랐다.

이러한 와중에 사천보로운동이 일어났다. 동맹회원에게 사천보로운동은 절호의 기회였다. 보로라는 이름을 걸고 혁명을 진행할 수 있는 무대가 설치된 것이었다. 혁명은 반역 행위이고 불법이었다. 하지만 보로운동은 반역 행위는 아니고 애국 행위였고 질서있는 투쟁을 한다면 불법도 아니었다. 사천보로운동에는 동맹회원도 신분을 숨기고 활동했다. 동맹회원은 신분을 숨기고 자의국 의원으로 활동하기도 했고 보로동지회의 회원으로 활동하기도 했다. 어떤 동맹회원은 비밀결사조직인 회당의 지도자로 활동하면서 회당 구성원을 보로운동에 참가시키거나 자신이 직접 보로운동에 참가하기도 했다. 이들의 활동은 보로운동이 아니었다. 보로의 이름을 걸고 혁명 활동을 전개한 것이었다. 보로라는 이름을 걸고 혁명 활동을 전개할 수 있는 무대는 이전의 상황과 비교해 보면 혁명파에게 최상의 조건을 제공해 주었다. 동맹회원의 최종 목표는 보로운동에 참가하는 민중까지 혁명운동에 참가시키는 것이었다. 이를 통해 민중이 주인이 되는 공화제 국가가 수립되기를 갈망했다.

동맹회원이 보로운동을 활용하여 혁명활동을 전개하는 과정에서 보로운동은 점차 과격화되었다. 청조 정부는 철도국유화정책을 바꿀 계획도 없었고 차관 계약도 파기할 계획도 없었다. 국유화정책의 중심 인물을 처벌하지도 않았다. 사천총독에게 강압적으로 보로운동을 진압하라는 명령만 내릴 뿐이었다. 사천보로운동이 격화되어 가는 요소가 점차 늘어났다. 이는 동맹회원이 바라는 계획대로 진행되는 것이었다. 사천보로운동은 처음에는 신문이나 잡지 등을 통해 보로운동을 선전하거나 지방장관에게 차관 계약을 파기하도록 정부에 상주문을 올리도록 청원하거나 대표를 북경에 파견하여 청원하거나 가두에서 연설을 하는 등 평화적인 방법으로 보로운동을 전개했다. 하지만 청조 정부의 태도는 바꾸지 않았다. 결국 보로운동은 학생들의 수업거부, 상인들의 철시, 노동자들의 파업으로 이어졌고 나아가 세금을 거부하는 항량항연투쟁으로 이어졌다. 청조 정부는 더욱더 강력하게 진압하도록 사천총독에게 압력을 가했다. 이러한 상황은 혁명파들이 원하는 보로운동의 방향이었다.

서서히 혁명파들이 민중을 동원하여 혁명을 일으킬 기회가 오고 있었다. 동맹회원들과 비밀결사조직인 가로회 지도자들이 만나 무장봉기를 일으킬 논의를 진행했다. 바로 나천정회의였다. 사천성 자주 나천정진에서 거행되었기에 나천정회의라 했다. 이 회의가 거행된 날짜는 8월 4일이었다. 보로동지회가 조직된 지 2개월이 지나지 않은 상황이었다. 이 회의에서 보로동지회를 보로동지군으로 개칭했다. 보로동지군의 주요 활동은 무장봉기였다. 민중들이 가세한 보로동지군의 무장봉기는 이 회의 후 곧바로 거행되지는 않았다. 봉기할 계획은 결정되었지만 무장봉기를 거행할 시기를 관망하고 있는 가운데 그 시기가 점점 가까워지고 있었다.

사천보로운동이 파시, 파과, 항량항세투쟁으로 이어지던 9월 초 동맹회원 중에 주국침 등이 사천 독립을 알리는 전단지를 작성하여 이를 천한철로공사 특별주주회의가 거행되는 회의장 입구에서 배포했다. 이른바 〈천인자보상각서(川人自保商榷書)〉였다. 표면적으로는 지방자치와 입헌운동과 관련되는 것으로 볼 수 있으나 실제로는 사천 민중에게 사천의 독립을 시사하는 내용이므로 혁명을 요청하는 글이나 다름없었다. 이 전단지를 입수한 사천총독은 더 이상 보로운동을 묵과할 수 없었다. 사천총독은 이 전단지의 내용을 청조 정부에 보고했다. 청조 정부는 사천총독에게 전단지를 작성한 주모자를 체포하여 즉시 처형하고 사천보로운동을 강력하게 진압하도록 명령했다. 당시에 이 전단지의 내용은 사천총독 조이풍이나 청조 정부 입장에서 볼 때는 경악할 만한 것이었다. 하지만 〈천인자보상각서〉에 기술되어 있는 혁신적인 시정 방침이 사천에서 실현되는 상황으로 바뀌는 것은 오랜 시간을 필요로 하는 것은 아니었다. 약 3개월이 지난 후 호북성에서 무창봉기가 발발하자 성도에서도 독립의 분위기가 나타났고 조이풍은 결국 입헌파 신사와 협의를 거쳐 사천의 독립에 합세했다.[511] 역사가 아이러니하다는 것을 반영하고 있다.

하지만 〈천인자보상각서〉가 유포될 당시에는 지방정부나 중앙정부에서 용납될 수 없는 내용이었다. 그 동안 사천총독은 청조 정부의 강압적인 진압 요청에도 불구하고 군사나 경찰을 동원하여 강력하게 진압하지는 않았다. 하지만 파시, 파과, 항량항세투쟁으로 이어지면서 천인자보상각서라는 전단지가 배포되자 강압적으로 진압할 필요성이 있었다. 9월 7일 사천총독은 보로운동의 수뇌부들을 체포했다. 성도 시내의 민중들은 총독관서로 가서 체포자들의 석방을 청원했다. 이 과정에서 시위대와 진압군 간에 충돌이 일어나 진압군 중에 부상을 당하는 상황까지 나타났다. 사천총독은 시위대를 향해 발포하기 시작했다. 시위대 가운데 수십 명의 사망자가 발생했다. 사망자 중에는 12세도 있었고 70세가 넘는 고령자도 있었다. 이 사건을 성도혈안이라고 한다.

동맹회원이 나천정회의를 개최한 지 약 1개월만에 성도혈안이 발생한 것이었다. 나천정회의에서 결정된 무장봉기를 일으킬 시기가 도래한 것이었다. 나천정회의를 개최하는 데 중심적인 역할을 했던 용명검과 〈천인자보상각서〉를 작성하는 데 중심적인 역할을 했던 주국침은 동맹회원 조독과 만나 성도혈안이 발생한 상황을

---

511) 戴執禮編, 『四川保路運動史料彙纂』(下), pp.1863-1869.

사천 전 지역으로 알릴 방안을 강구했다. 전보나 편지로 이 상황을 알리는 것은 위험했다. 또 여러 가지 복잡한 상황이 발생할 소지도 있었다. 빠른 시일 내에 이 상황을 알리고 보로동지군을 조직하여 무장봉기를 일으켜야 했다. 갑자기 용명검은 특이한 방법으로 이 상황을 알릴 묘안을 발견했다. 수백 장의 목판을 다듬었다. 이 목판에 성도혈안이 발생한 상황과 조속히 지방 정부에 대항하라는 글을 새겼다. 그리고 목판에는 오동나무 기름을 칠했다. 강에 목판을 띄우기 위한 것이었다. 이를 물에 띄워 보내는 전보라고 해서 수전보라 칭했다. 수전보는 가을 물살이 풍성한 성도의 금강을 따라 사천 전 지역으로 보내졌다.

그 결과 성도혈안 발생 후 성도 인근 각 주현에서 보로동지군이 조직되어 성도로 진격했다. 성도는 비상시국에 돌입했다. 성도 주변의 전선은 모두 끊어졌다. 보로동지군의 포위망이 성도로 좁혀지기 시작했다. 사천총독은 긴급히 전보문을 중앙 정부에 보냈다. 중앙 정부에서는 사천성 인근의 각 성에 지원군을 파견하도록 했다. 사천총독도 사천 관내의 관군들을 동원해서 보로동지군과 대항했다. 결국 보로동지군은 정규부대의 군사력을 당해낼 수가 없어 성도에서 퇴각했다. 하지만 보로동지군의 타오르는 불씨는 꺼지지 않았다. 각 주현에서 보로동지군이 계속 조직되었다. 성도혈안 발생 후 20일도 되지 않아 9월 말 영현에서 보로동지군의 무장봉기가 성공하여 중국 최초로 군정부가 조직되었다. 영현군정부의 수립이었다. 다만 영현군정부는 현 단위의 군정부였다. 영현군정부가 수립된 후 사천 각 지역에서는 군정부가 서서히 수립되기 시작했다. 영현군정부가 수립되고 보름 정도 지나자 호북성 무창에서 10월 10일 무창봉기가 일어났다. 무창봉기의 성공에 의해 호북성에서 성 단위의 군정부가 최초로 수립되었다. 그 후 중국 각 성에서 봉기가 일어나 군정부가 수립되기 시작했다.

무창봉기가 발생한 지 보름이 지나 철도국유화정책의 중심인물인 성선회는 파직당했다. 조정에서는 조이풍을 사천총독에서 파직하고 이전에 사천총독에 재임한 적이 있었던 잠춘훤을 사천총독에 임명했다. 다만 잠춘훤이 부임하기 전에 사천에 호북성의 지원군을 이끌고 파견된 단방을 서리사천총독에 임명했다. 보로운동의 수뇌부였던 포전준, 나륜 등은 석방되었다. 11월 18일 단방이 이끄는 호북성 군대가 사천성 자주에 도착했다. 사실 단방이 이끄는 호북성 군대 내에는 동맹회원도 활동하고 있었다. 며칠 후 11월 22일 사천성 성도에서는 사천의 관료들과 석방된 입헌파 신사 간에 사천의 독립을 둘러싼 협상이 이루어졌다.

바로 그 날 사천성 중경에서는 중경지역에서 활동하던 동맹회원과 혁명파 출신이지만 신군에서 활동하던 하지시가 이끄는 혁명군이 봉기에 성공하여 촉군정부가 수립되었다. 촉군정부는 혁명파가 중심이 된 군정부였다. 사천성 동부지역에서는 혁명파 정권이 탄생했지만 11월 27일 사천성 서부의 중심지역이자 사천성의 정치중심지인 성도에서는 청조의 관료와 입헌파 신사가 협상하여 대한사천군정부가 조직되었다. 도독에는 보로동지회의 회장이자 자의국 의장이었던 포전준이 선출되었다. 대한사천군정부는 사실상 입헌파 신사가 중심적인 역할을 할 수 있는 정권이었지만 청조의 구관료와 연합한 정권이었다. 대한사천군정부가 수립되던 당일, 사천총독 조이풍과 갈등관계를 가지고 조이풍 탄핵과 처벌을 끊임없이 주장했던 단방이 사천성 자주에서 혁명파가 이끄는 군대에 의해 처형당했다. 단방이 처형된 지 한 달도 경과되지 않은 사이에 조이풍도 혁명파 윤창형에게 처형당했다. 조이풍이 처형당한 날은 12월 22일이었다. 대한사천군정부는 사천군정부로 개칭되었다.

사천보로운동과 가장 관련성을 지닌 두 명의 고위 관료가 혁명파에게 처형당한 것이었고 이는 신해혁명기에 고위 관료가 혁명파에게 처형당한 이례적인 일이기도 했다. 성도혈안 발생 전까지 비교적 보로운동에 동조적이었던 사천총독 조이풍은 성도혈안을 계기로 사천 전 민중의 원흉이 되었다. 조이풍이 성도혈안을 일으키게 된 것은 여러 가지 상황이 복잡하게 얽혀있었던 것도 있었지만 단방, 서징 등이 지속적으로 조정에 상주문을 보내 조이풍을 압박하게 한 것도 중요한 요인 중의 하나였다. 결국 조이풍이 성도혈안을 일으키게 되고 그 결말은 그의 죽음으로 끝이 났다. 조이풍을 지속적으로 압박했던 단방도 역사의 무대에서 사라졌다. 사천보로운동은 최종적으로 군정부의 수립으로 이어졌다. 얼마 후 1912년 1월 1일 중화민국이 탄생했다. 2천년간 유지되었던 황제지배체제가 막을 내렸다. 만주족이 지배하던 이민족 왕조인 대청제국이 이슬처럼 사라져 버렸다. 민중이 주인이 되는 민국의 종소리가 전국에 울려퍼졌다.

사천보로운동이 민국의 성립을 앞당겼다는 점은 누구도 부인할 수 없다. 사천보로운동은 입헌파 신사가 중심이 되어 철로권을 수호하는 보로운동으로 출발했다. 하지만 보로운동은 철로권을 수호하는 보로운동이나 입헌청책을 추진하는 과정에서 전개된 입헌운동의 과정으로 진행된 것만은 아니었다. 국가의 주권을 지키기 위해 투쟁한 애국적인 민중운동의 의미도 있었다. 또 전제주의적인 청조 정부에 대항한 반봉건투쟁의 의미도 있었다. 제국주의 열강에게 철로권을 빼앗기지 않으려는 반제국주의운동의 의미도 있었다. 혁명파의 입장에서 보면, 사천보로운동은 처음부터 혁명운동을 진행하는 무대 역할을 했다. 보로라는 이름만 내걸고 실제는 혁명운동을 진행시켰고 최종적으로는 민중들이 대규모로 참가한 혁명운동으로 전환되었다. 필자가 사천 신해혁명사를 연구한 것은 신해혁명과 사천보로운동 그리고 동맹회원과의 관계를 해명하기 위한 것이었고 사천지역의 지방사 연구만을 위한 것은 아니었다.

종착역 없는 길에 서서/ 박서진

어린 시절 필자가 살고 있었던 집 앞에는 까마득히 높은 산이 내 앞에서 그의 자태를 드러내고 있었다. 나는 그 산의 정상까지 올라가 본 적은 없었다. 처음에는 친구들과 어울려 산 밑에서 꽃과 나무를 벗삼아 놀면서 자연 속의 나를 알게 되었다. 산 정상에 올라가면 동네가 훤히 보이고 이 산을 정복했다는 마음도 생길 것 같았다. 하지만 이 산은 나에게 정복되어야 할 대상이 아니라 나에게는 친구이자 동반자였고 산 정상에 도달해도 산을 정복하는 것은 아니라는 사실을 알게 되기 시작했다. 이 산의 정상까지는 절대 올라가지 않을 것이다. 이 산은 내가 죽기 전까지 올라가야 하는 희망의 산이고 올라갈 수 있는 곳을 제공해 주는 도전의 산이고 알아가야 할 곳을 한없이 제공해 주는 미지의 산으로 남아 있길 바랐다. 그렇기에 죽기 전까지 가야 하는 인생길은 종착역을 찾아가는 길도 아니고 정상을 향해서만 가는 길도 아니기에 쉬다가 가다가를 반복하면서 끊임없이 걸어가야 하는 도전의 길이기도 했다. 그리고 고통을 동반하는 길까지도 즐기면서 갈 수 있기를 저 높은 산 정상에 우뚝 서 있는 한 그루의 소나무를 보며 간절한 마음을 담아 두 손 모아 기도했다. (2023. 5. 24)

[참고문헌]

사료

民國『江津縣志』(民國13年刊), 臺灣學生書局, 1967.
民國『渠縣志』(民國14年刊), 臺灣學生書局, 1967.
民國『犍爲縣志』(民國26年刊), 臺灣學生書局, 1967.
民國『邛崍縣志』(民國11年刊), 臺灣學生書局, 1967.
民國『灌縣志』(民國24年刊), 臺灣學生書局, 1967.
民國『金堂縣續志』(民國10年刊), 臺灣學生書局, 1967.
民國『樂山縣志』(民國23年刊), 臺灣學生書局, 1967.
民國『重修南川縣志』(民國20年刊), 臺灣學生書局, 1967.
民國『南溪縣志』(民國21年刊), 臺灣學生書局, 1967.
民國『南充縣志』(民國18年刊), 臺灣學生書局, 1967.
民國『新修南充縣志』(民國28年刊), 臺灣學生書局, 1967.
民國『簡陽縣志』(民國16年刊), 臺灣學生書局, 1967.
民國『內江縣志』(民國34年刊), 臺灣學生書局, 1967.
民國『德陽縣志』(民國28年刊), 臺灣學生書局, 1967.
民國『達縣志』(民國22年刊), 臺灣學生書局, 1967.
民國『大邑縣志』(民國19年刊), 臺灣學生書局, 1967.
民國『大竹縣志』(民國17年刊), 臺灣學生書局, 1967.
民國『瀘縣志』(民國27年刊), 臺灣學生書局, 1967.
民國『綿陽縣志』(民國21年刊), 臺灣學生書局, 1967.
民國『綿竹縣志』(民國9年刊), 臺灣學生書局, 1967.
民國『名山縣志』(民國19年刊), 臺灣學生書局, 1967.
民國『眉山縣志』(民國12年刊), 臺灣學生書局, 1967.
民國『武勝縣新志』(民國20年刊), 臺灣學生書局, 1967.

民國『富順縣志』(民國20年刊), 臺灣學生書局, 1967.
民國『郫縣志』(民國37年刊), 臺灣學生書局, 1967.
民國『三台縣志』(民國20年刊), 臺灣學生書局, 1967.
民國『敍永縣志』(民國24年刊), 臺灣學生書局, 1967.
民國『續修筠連縣志』(民國37年刊), 臺灣學生書局, 1967.
民國『松潘縣志』(民國13年刊), 臺灣學生書局, 1967.
民國『宣漢縣志』(民國20年刊), 臺灣學生書局, 1967.
民國『崇慶縣志』(民國15年刊), 臺灣學生書局, 1967.
民國『新都縣志』(民國18年刊), 臺灣學生書局, 1967.
民國『雙流縣志』(民國10年刊), 臺灣學生書局, 1967.
民國『雅安縣志』(民國12年刊), 臺灣學生書局, 1967.
民國『安縣志』(民國27年刊), 臺灣學生書局, 1967.
民國『滎縣志』(民國18年刊), 臺灣學生書局, 1967.
民國『溫江縣志』(民國10年刊), 臺灣學生書局, 1967.
民國『雲陽縣志』(民國18年刊), 臺灣學生書局, 1967.
民國『資中縣續修資州志』(民國18年刊), 臺灣學生書局, 1967.
民國『長壽縣志』(民國17年刊), 臺灣學生書局, 1967.
民國『重修大足縣志』(民國35年刊), 臺灣學生書局, 1967.
民國『重修什邡縣志』(民國18年刊), 臺灣學生書局, 1967.
民國『重修彭山縣志』(民國33年刊), 臺灣學生書局, 1967.
民國『中江縣志』(民國19年刊), 臺灣學生書局, 1967.
民國『巴縣志』(民國28年刊), 臺灣學生書局, 1967.
民國『巴中縣志』(民國16年刊), 臺灣學生書局, 1967.
民國『蒼溪縣志』(民國17年刊), 臺灣學生書局, 1967.
民國『合江縣志』(民國18年刊), 臺灣學生書局, 1967.
民國『夾江縣志』(民國24年刊), 臺灣學生書局, 1967.
民國『新修合川縣志』(民國11年刊), 臺灣學生書局, 1967.

民國『華陽縣志』(民國21年刊), 臺灣學生書局, 1967.
四川省開縣編纂委員會編纂,『開縣志』, 四川大學出版社, 1990.
四川省廣安縣編纂委員會編纂,『廣安縣志』, 四川人民出版社, 1994.
四川省廣漢縣編纂委員會編纂,『廣漢縣志』, 四川人民出版社, 1992.
四川省綦江縣編纂委員會編纂,『綦江縣志』, 西南交通大學出版社, 1991.
四川省南川縣編纂委員會編纂,『南川縣志』, 四川人民出版社, 1991.
四川省達縣編纂委員會編纂,『達縣志』, 四川辭書出版社, 1994.
四川省達縣編纂委員會編纂,『達縣志編餘』 第1輯, 四川辭書出版社, 1994.
四川省大邑縣編纂委員會編纂,『大邑縣志』, 四川人民出版社, 1992.
四川省綿竹縣編纂委員會編纂,『綿竹縣志』, 四川科學技術出版社, 1992.
四川省沐川縣編纂委員會編纂,『沐川縣志』, 巴蜀書社, 1993.
四川省巫山縣編纂委員會編纂,『巫山縣志』, 四川人民出版社, 1991.
四川省富順縣編纂委員會編纂,『富順縣志』, 四川大學出版社, 1993.
四川省郫縣編纂委員會編纂,『郫縣志』, 四川人民出版社, 1989.
四川省新津縣編纂委員會編纂,『新津縣志』, 四川人民出版社, 1989.
四川省岳池縣編纂委員會編纂,『岳池縣志』, 電子科技大學出版社, 1993.
四川省溫江縣編纂委員會編纂,『溫江縣志』, 四川人民出版社, 1990.
四川省儀籠縣編纂委員會編纂,『儀籠縣志』, 四川科學技術出版社, 1994.
四川省宜賓縣編纂委員會編纂,『宜賓縣志』, 巴蜀書社, 1991.
四川省井研縣編纂委員會編纂,『井研縣志』, 四川人民出版社, 1990.
四川省忠縣編纂委員會編纂,『忠縣志』, 四川辭書出版社, 1994.
四川省彭縣編纂委員會編纂,『彭縣志』, 四川人民出版社, 1989.
四川省夾江縣編纂委員會編纂,『夾江縣志』, 四川人民出版社, 1989.
『廣益叢報』, 廣益叢報館 (1903~1911年), 四川大學圖書館所藏本.
『四川官報』, 四川官報書局 (1904~1911年), 四川大學圖書館所藏本.
四川保路同志會主辦, 鄧孝可主筆,『四川保路同志會報告』, 第1號-第38號.
郭孝成,『中國革命紀事本末』, 商務印書館, 1912.

朱之洪 · 童憲章編, 『蜀中先烈備徵錄』, 民國12年啓渝公司鉛印本.
周詢, 『蜀海叢談』, 重慶大公報館, 民國37年.
周善培, 『辛亥四川爭路親歷記』, 重慶人民出版社, 1957.
朱壽朋撰, 『光緒朝東華錄』 5册, 中華書局, 1958.
戴執禮, 『四川保路運動史料』, 科學出版社, 1959.
吳玉章, 『辛亥革命』, 人民出版社, 1961.
宓汝成编, 『中國近代鐵路史資料』 第3册, 中華書局, 1963.
周開慶編著, 『四川與辛亥革命』, 臺北學生書局, 1967.
『民國川事紀要』, 臺北四川文獻研究社, 1974.
『吳玉章回憶錄』, 中國青年出版社, 1978.
『郭沫若選集』 第1卷 上册, 四川人民出版社, 1979.
陳旭麓 · 顧廷龍 · 汪熙主編, 『辛亥革命前後-盛宣懷檔案資料選輯之一』, 上海人民出版社, 1979.
故宮博物院明清檔案館編, 『清末籌備立憲檔案史料』, 中華書局, 1979.
重慶地方史資料組編, 『重慶蜀軍政府資料選編』, 1981.
政協四川省文史資料研究委員會, 『四川保路風雲錄』, 四川人民出版社, 1981.
中國人民政治協商會議全國委員會 · 文史資料研究委員會編, 『辛亥革命回憶錄』 第3輯, 文史資料出版社, 1981.
『孫中山全集』, 人民出版社, 1981.
武漢大學歷史系中國近代史教研室編, 『辛亥革命在湖北史料選輯』, 湖北人民出版社, 1981.
四川省檔案館編, 『四川保路運動檔案選編』, 四川人民出版社, 1981.
四川省文史研究館, 『四川軍閥史料』 第一輯, 四川人民出版社, 1981.
隗瀛濤 · 趙清 主編, 『四川辛亥革命史料』 (上 · 下), 四川人民出版社, 1981.
四川省文史研究館, 『四川軍閥史料』 第二輯, 四川人民出版社, 1983.
魯子健, 『清代四川財政史料』 (上 · 下), 四川省社會科學院出版社, 1984 · 1988.
中國第一歷史檔案館等編選, 『辛亥革命前十年間民變檔案史料』 (上 · 下), 中

華書局, 1985
任一民主編,『四川近現代人物傳』 第1輯, 四川省社會科學院出版社, 1985.
任一民主編,『四川近現代人物傳』 第2輯, 四川省社會科學院出版社, 1985.
任一民主編,『四川近現代人物傳』 第3輯, 四川省社會科學院出版社, 1985.
任一民主編,『四川近現代人物傳』 第4輯, 四川省社會科學院出版社, 1985.
李朝正 編著,『清代四川進士徵略』, 四川大學出版社, 1986.
傅崇矩,『成都通覽』(下), 巴蜀書社, 1987.
丁守和主編,『辛亥革命時期期刊介紹』 第1集-第4集, 人民出版社, 1987.
任一民主編,『四川近現代人物傳』 第5輯, 四川大學出版社, 1988.
陶維全主編,『重慶大事記』, 科學技術文獻出版社重慶分社, 1989.
四川省政協文史資料研究委員會 · 四川省文史館,『四川近現代文化人物』, 四川人民出版社, 1989.
四川省政協文史資料研究委員會 · 四川省文史館, 『四川近現代文化人物續編』, 四川人民出版社, 1989.
朱有瓛主編,『中國近代學制史料』 第1-3輯, 華東師範大學出版社, 1990.
高文 · 高成剛編,『四川歷代碑刻』, 四川大學出版社, 1990.
任一民主編,『四川近現代人物傳』 第6輯, 四川大學出版社, 1990.
卞孝萱 · 唐文權編,『辛亥人物碑傳集』, 團結出版社, 1991.
中國第二歷史檔案館編,『中華民國史檔案資料匯編』 第1 · 2輯, 江蘇古籍出版社, 1991.
戴執禮編,『四川保路運動史料彙纂』(上 · 中 · 下), 中央研究院近代史研究所, 1994

연구논저

閔斗基,『中國近代史硏究-紳士層의 思想과 行動-』, 一潮閣, 1973.

閔斗基,『中國近代改革運動의 硏究』, 一潮閣, 1985.

閔斗基 外,『中國國民革命의 分析的 硏究』, 知識産業社, 1985.

吳金成,『中國近世社會經濟史硏究』, 一潮閣, 1986.

何柄棣著, 曹永祿外譯,『中國科擧制度의 社會史的硏究』, 東國大學校出版部, 1987.

서울대학교동양사학연구실 편,『講座中國史』VI, 知識産業社, 1989.

張義植,『淸末의 敎育改革硏究』, 高麗大學校 大學院 博士學位論文, 1992.

張仲禮著, 金漢植・鄭誠一・金鐘健 共譯,『中國의 紳士』, 신서원, 1993.

閔斗基,『辛亥革命史』, 민음사, 1994.

폴 A. 코헨지음, 장의식외 옮김,『미국의 중국근대사연구』, 고려원, 1995.

金衡鍾,『淸末 江蘇省의 新政과 紳士層』, 서울大學校 大學院 博士學位論文, 1997.

존 K. 페어뱅크外著, 김한식・김종건外譯,『캠브리지 중국사 11』(상・하), 새물결, 2007.

湖北省哲學社會科學學會聯合會編,『辛亥革命五十周年紀念論文集』, 中華書局, 1962.

李時岳,『張謇和立憲派』, 中華書局, 1962.

張朋園,『立憲派與辛亥革命』, 中央硏究院近代史硏究所, 1969.

張玉法,『淸季的立憲團體』, 中央硏究院近代史硏究所, 1971.

陳景磐編,『中國近代敎育史』, 人民敎育出版社, 1979.

李新・孫思白主編,『民國人物傳』 第2卷, 中華書局, 1980.

章開沅・林增平,『辛亥革命史』, 人民出版社, 1980.

隗瀛濤,『四川保路運動史』, 四川人民出版社, 1981.

辛亥革命史硏究會編,『辛亥革命史論文選』(上・下), 三聯書店, 1981.

胡繩,『從鴉片戰爭到五四運動』(上・下), 人民出版社, 1981.

王德昭,『淸代科擧制度硏究』, 中文大學出版社, 1982.
李新主編,『中華民國史』第1編, 中華書局, 1982.
中華書局編輯部編,『紀念辛亥革命七十周年學術討論會論文集』(上·中·下), 中華書局, 1983.
韋慶遠著,『檔論史編集』, 福建人民出版社, 1983.
復旦大學歷史系等編,『近代中國資産階級硏究』, 復旦大學出版社, 1983.
隗瀛濤外,『四川近代史』, 四川省社會科學院出版社, 1985.
蔣維明,『川楚陝白蓮敎起義』, 四川人民出版社, 1986.
吳雁南等主編,『孫中山與近代中國』, 新疆人民出版社, 1986.
王綱,『張獻忠大西軍史』, 湖南人民出版社, 1987.
喬志强,『辛亥革命前的十年』, 山西人民出版社, 1987.
林增平,『資産階級與辛亥革命』, 湖南出版社, 1990.
林家有主編,『辛亥革命運動史』, 中山大學出版社, 1990.
張學君·張莉紅,『四川近代工業史』, 四川人民出版社, 1990.
林增平主編,『中國近代史硏究入門』, 河南人民出版社, 1990.
隗瀛濤主編,『四川近代史稿』, 四川人民出版社, 1990.
隗瀛濤主編,『辛亥革命與四川社會』, 成都出版社, 1991.
孫占元主編,『孫中山與辛亥革命』, 山東人民出版社, 1991.
金沖及·胡繩武,『辛亥革命史稿』, 上海人民出版社, 1991.
匡珊吉·楊光彦主編,『四川軍閥史』, 四川人民出版社, 1991.
史和等編,『中國近代報刊名錄』, 福建人民出版社, 1991.
成都市政協文史資料委員會編,『辛亥四川風雷』, 成都出版社, 1991.
吳劍杰主編,『辛亥革命硏究』, 武漢大學出版社, 1991.
王綱,『大西軍抗淸史略』, 北京燕山出版社, 1991.
李喜所等主編,『辛亥革命硏究一覽』, 天津敎育出版社, 1991.
林增平等主編,『辛亥革命史硏究備要』, 湖南人民出版社, 1991.
朱英,『辛亥革命時期新式商人社團硏究』, 中國人民大學出版社, 1991.

馮維綱,『張瀾』, 四川人民出版社, 1991.
陳旭麓,『近代中國社會的新陳代謝』, 上海人民出版社, 1992.
潘君祥 · 沈祖煒主編,『近代中國國情透視-關於近代中國經濟社會的研究』, 上海社會科學院出版社, 1992.
桑兵,『晩淸學堂學生與社會變遷』, 學林出版社, 1992.
馬敏 · 朱英,『傳統與近代的二重變奏-晩淸蘇州商會的個案研究』, 巴蜀書社, 1993.
王笛,『跨出封閉的世界-長江上流區域社會研究 1644-1911』, 中華書局, 1993.
王純五,『袍哥探秘』, 巴蜀書社, 1993.
侯宜杰,『二十世紀初中国政治改革風潮』, 人民出版社, 1993.
熊明安 · 徐仲林 · 李定開主編,『四川教育史稿』, 四川教育出版社, 1993.
韋慶遠等,『清末憲政史』, 中國人民大學出版社, 1993.
李國均主編,『中國書院史』, 湖南教育出版社, 1994.
中華書局編輯部編,『辛亥革命與近代中國(紀念辛亥革命80周年國際學術討論會文集)』(上 · 下), 中華書局, 1994.
馬敏,『官商之間:社會劇變中的近代紳商』, 天津人民出版社, 1995.
桑兵,『淸末新知識界的社團與活動』, 三聯書店, 1995.
孫穗芳,『我的祖父孫中山』, 人民出版社, 1996.
郭世佑,『晩淸政治革命新論』, 湖南人民出版社, 1997.
孫曉芬,『淸代前期的移民塡四川』, 四川大學出版社, 1997.
王先明,『近代紳士-一個封建階層的歷史命運』, 天津人民出版社, 1997.
梁景和,『淸末國民意識與參政意識研究』, 湖南教育出版社, 1999.
蕭功奏,『危機中的變革-淸末現代化進程中的激進與保守』, 上海三聯書店, 1999
楊天宏,『中國近代轉型與傳統制約』, 貴州人民出版社, 2000.
關曉紅,『晩淸學部研究』, 廣東教育出版社, 2000.
王先明,『中國近代社會文化史論』, 人民出版社, 2000.
章開沅 · 馬敏 · 朱英主編,『中國近代化的官紳商學』, 湖北人民出版社, 2000.
彭朝貴 · 王炎主編,『淸代四川農村社會經濟史』, 天地出版社, 2001.

馬小泉,『國家與社會: 清末地方自治與憲政改革』, 河南大學出版社, 2001.
劉正偉,『督撫與士紳-江蘇教育近代化研究』, 河北教育出版社, 2001.
野澤豊,『辛亥革命』, 岩波書店, 1972.
菊池貴晴,『現代中國革命の起源』, 東京, 1973.
梨本祐平,『辛亥革命』, 雄山閣, 1974.
鈴木中正著,『中國史における革命と宗教』, 東京大出版會, 1974.
野澤豊・田中正俊,『講座中國近現代史』 第3輯, 東京大學出版會, 1978.
小野川秀美・島田虔次編,『辛亥革命の研究』, 筑摩書房, 1978.
藤岡喜久南,『張謇と辛亥革命』, 北海道大學圖書刊行會, 1985.
狹間直樹・森時彦編,『中國歷史學の新しい波-辛亥革命研究について』, 霞山會, 1985.
小島淑南,『留日學生の辛亥革命』, 青木書店, 1989.
阿部洋,『中國近代の教育と明治日本』, 福村出版社, 1990.
辛亥革命研究會編,『中國近代史研究入門』, 汲古書院, 1992.
阿部洋, 『中國近代學校史研究-清末における近代學校制度の成立課程』, 福村出版社, 1993.
山田賢,『移住民の秩序』, 名古屋大學出版會, 1995.
曾田三郎編,『中國近代化過程の指導者たち』, 東方書店, 1997.
Ho Ping-ti, The Ladder of Success in Imperial China(1368-1953), Harvard University Press, 1953.
Chang Chung-li, The Chinese Gentry: Studies on their role in Nineteenth Century China, Seattle, 1955.
Ayers S. W., Chang Chih-tung and Educational Reform in China, Harvard University, 1971.
Borthwick, Sally., Education and Social Change in China: The Beginnings of the Modern Era, Hoover Institution Press, 1983.
Rankin, Mary. B., Elite Activism and Political Transition In China:

Zhejiang Province 1865-1911, Stanford University Press, 1986.
Mann, Susan, Local Merchants and the Chinese Bureaucracy 1750-1950, Stanford University Press, 1987.
Esherick J. W. and M. B. Rankin, eds., Chinese Local Elites and Patterns of Dominance, University of California Press, 1990.
Reynolds, Douglas R, China 1898-1912: The Xinzheng Revolution and Japan, Harvard University Press, 1993.
Chang Peng-Yuan, The Background of Constitutions in late Qing China, in Eto Shinkichi and Harold Z. Schiffrin eds., China`s Republican Revolution, University of Tokyo Press, 1994.
Tompso, Roger R., China`s Local Councils in the Age of Constitutional Reform 1898-1911, Harvard University Press, 1995.
Wakeman Frederick Jr. and Richard Louis Edmonds eds. Reappraising Republican China, Oxford University Press, 2000.

연구논문

閔斗基, 「淸末江浙鐵路紛糾와 辛亥革命前夜의紳士層의 向方」『東亞文化』 11, 1972.
閔斗基, 「淸代'生監層'의 性格」『中國近代史硏究』, 一潮閣, 1973.
金俊燁, 「辛亥革命의 意義」『中國學報』 22, 1981.
閔斗基, 「辛亥革命論의 諸問題」『中國學報』 22, 1981.
裵京漢, 「辛亥革命의 歷史的 評價를 위한 一試論」『서울대東洋史學科論集』 10, 1986.
尹惠英, 「變法運動과 立憲運動」『講座中國史』 VI, 知識産業社, 1989.

朴玖澈(朴敍眞),「辛亥革命期 四川省 入盟紳士의 動向」『中國史硏究』 4, 1998.

朴玖澈(朴敍眞),「四川保路運動과 同盟會員」『明淸史硏究』 22, 2004.

배경한,「동아시아역사 속의 신해혁명-공화혁명의 확산과 동아시아국제질서의 재편」『동양사학연구』 117, 2011

정혜중,「동아시아 신해혁명의 기억-『申報』『每日申報』,『讀賣新聞』 기사분석을 중심으로」『명청사연구』 36, 2011.

莊吉發,「淸季學堂經費的來源」『大陸雜誌』, 57-2, 1978.

鄭子尙,「四川人口發展史的幾個問題」『四川大學學報叢刊』, 1979-3.

張力,「嘓嚕試探」『社會科學硏究』, 1980-2.

陳旭麓,「中國近代史上的革命與改良」『歷史硏究』, 1980-6.

隗瀛濤,「辛亥四川保路運動」『辛亥革命史論文選』(上), 三聯書店, 1981.

隗瀛濤 · 何一民,「同盟會與四川會黨」『重慶文史資料選輯』 13, 1981.

何重仁,「辛亥革命時期四川從保路到獨立的經過」『辛亥革命史論文選』(上), 三聯書店, 1981.

何玉疇,「辛亥革命與資産階級立憲派人」『辛亥革命史論文選』(上), 三聯書店, 1981.

苑書義,「淸末立憲派的階級基礎問題」『辛亥革命史論文選』(上), 三聯書店, 1981.

章開沅,「辛亥革命與江浙資産階級」『歷史硏究』, 1981-5.

李時岳,「近代中國社會的演化和辛亥革命」『吉林大學學報』, 1981-5.

鮮于浩,「試論川路租股」『歷史硏究』, 1982-2.

李喜所,「武昌起義後的農村變動」『歷史硏究』, 1982-2.

王學莊 · 石芳勤,「略論中部同盟會的成立和歷史地位」『河北大學學報』, 1982-2.

林增平,「革命派改良派的離合與淸末民初政局」『歷史硏究』, 1982-2.

牛濟,「淸末立憲派與四川保路運動」『史學月刊』, 1982-5.

朱英,「辛亥革命時期的蘇州商團」『近代史硏究』, 1982-5.

李宗一,「資産階級革命派在淸末收回利權運動中的作用」『中國社會科學』, 1982-6.
韋慶遠著,「論諮議局」『檔房論史編集』, 福建人民出版社, 1983.
趙淸・黃存勛,「保路運動前的四川立憲派」『四川大學學報』 20, 1983.
陳國勇,「四川保路運動中的立憲派」『南充師範學院學報』, 1983.
楊立强・沈渭濱,「近代中國資産階級硏究討論會綜述」『歷史硏究』, 1983-6.
王笛,「淸末四川師範教育的發生和發展槪述」『四川師院學報』, 1984-2.
喬志强,「資産階級革命派的形成」『山東大學學報』, 1984-3.
符和積,「立憲派在四川保路運動中的地位與作用」『海南大學學報』, 1985.
楊鵬程,「試析辛亥革命時期的譚延闓政權」『近代史硏究』, 1985-2.
何澤福,「同盟會成立新論」『近代史硏究』, 1985-2.
侯宜杰,「淸末立憲運動硏究史述評」『近代史硏究』, 1985-3.
劉耀,「中國近代社會性質討論」『社會科學戰線』, 1986-3.
賀躍夫,「廣東士紳在淸末憲政中的政治動向」『近代史硏究』, 1986-4.
徐鼎新,「中國商會硏究綜述」『歷史硏究』, 1986-6.
汪敬虞,「中國近代社會,近代資産階級和資産階級革命」『歷史硏究』, 1986-6.
謝放,「論近代四川農村自然經濟的解體」『四川大學學報叢刊』 32, 1986.
王先明,「近代中國紳士階層的分化」『社會科學戰線』, 1987-3.
郭漢民,「同盟會“非團體聯合”史實考」『湖北社會科學』, 1987-6.
葉玉琴,「關於辛亥革命的階級基礎問題」『中國社會經濟史硏究』, 1988-2.
郭松義,「淸初四川外來移民和經濟發展」『中國經濟史硏究』, 1988-4.
汪敬虞,「近代中國資本主義的發展和不發展」『歷史硏究』, 1988-5.
桑兵,「淸末興學熱潮與社會變遷」『歷史硏究』, 1989-6.
王先明,「論近代社會中的紳士集團」『史學月刊』, 1989-2.
王先明,「近代中國紳士集團轉型初探」『中國近代史』, 1990-10.
隗瀛濤・王笛,「四川保路運動前夜的社會狀況」『辛亥風雲與近代中國』, 貴州人民出版社, 1991.
方行,『淸代前期湖南四川的小農經濟』『中國史硏究』, 1991-2.

金沖及, 「武昌起義後各省獨立的鳥瞰」『近代史硏究』, 1991-6.
馬敏, 「辛亥革命時期的蘇州紳商」『辛亥革命史叢刊』 第8輯, 1991.
何一民, 「試論尊經書院與士林風氣的變化」『四川師範大學學報』, 1991-1.
宋儉, 「略論辛亥革命時期的軍政府」『辛亥革命硏究』, 武漢大學出版社, 1991.
宋國英, 「試析羅泉井會議在保路運動中的重要作用」『四川文物』, 1991-4.
金沖及, 「武昌起義後各省獨立的鳥瞰」『近代史硏究』, 1991-6.
耿雲志, 「利權回收運動・立憲運動與辛亥革命」『近代史硏究』, 1992-2.
侯宜杰, 「論立憲派和革命派的階級基礎」『近代史硏究』, 1992-3.
鮮于浩, 「略論"破約保路"宗旨的提出及其實施」『四川師範大學學報』, 1992-5.
汪林茂, 「江浙士紳與辛亥革命」『近代史硏究』, 1993-1.
賀躍夫, 「晩清士紳與中國的近代化」『中山大學學報』, 1993-3.
崔志海, 「論淸末鐵路政策的演變」『近代史硏究』, 1993-3.
王先明・史春風, 「紳士在收回利權運動中的作用」『山西大學學報』, 1994.
賀躍夫, 「論淸末地方自治思潮」『中山大學學報論叢』, 1994-1.
鄒嵐萍, 「淸末中國的敎育改革與學習日本」『中山大學學報論叢』, 1994-1.
王先明, 「從紳士階級到紳商集團-論利權回收運動的主導力量」『社會科學戰線』, 1995-1.
王先明, 「淸代社會結構中紳士階層的地位與角色」『中國史硏究』, 1995-4.
王先明, 「晩淸士紳基層社會地位的歷史變動」『歷史硏究』, 1996-1.
徐新忠, 「淸後期鄕紳的社會救濟-蘇州豊備義倉硏究」『南開學報』, 1997-3.
王東, 「四川軍政府稱謂質疑」『四川大學學報』, 1997-4.
胡成, 「晩淸新政時期民變的原因及歷史特徵」『二十一世紀』 49, 1998.
鄭永華, 「辛亥革命時期會黨社會心態之變化」『淸史硏究』, 2000-1.
嚴昌洪・馬敏, 「20世紀的辛亥革命史硏究」『歷史硏究』, 2000-3.
趙波, 「義和團運動與山東士紳」『華東師範大學學報』, 2000-3.
邱捷, 「淸末文獻中的廣東紳商」『歷史硏究』, 2001-2.
馬敏, 「紳商詞義及其內涵的幾点討論」『歷史硏究』, 2001-2.

經盛鴻, 「辛亥革命中一位風雲文人的浮沈-劉師培三次思想劇變述論」『民國檔案』, 2001-4.
金沖及, 「辛亥革命和中國近代民族主義」『近代史研究』, 2001-5.
隗瀛濤, 「四川保路運動是一場早期現代化運動」『文史雜志』, 2001-6.
劉君, 「清代四川外國教會述論」『歷史檔案』, 2002-4.
林家有, 「辛亥革命與中國教育的近代化」『中山大學學報』, 2002-6.
王克强, 「從趙爾巽檔案看清末四川禁煙」『清史研究』, 2003-2.
雷冬文, 「近代士紳在民衆起義中的角色扮演-以廣東天地會起義爲例」『安徽史學』, 2003-3.
野澤豊, 「辛亥革命の階級構造-四川暴動と紳商階級-」『歷史學研究』 150, 1953.
倉持德一郎, 「四川の場市」『日本大學史學會研究彙報』 1, 1957.
鈴木中正, 「清末の財政と官僚の性格」『近代中國研究』 第2輯, 東京大學出版會, 1958.
波多野善大, 「辛亥革命への動因」『歷史學研究』 235, 1959.
高橋久美子, 「利權回收運動と辛亥革命」『史艸』 5, 1964.
西川正夫, 「四川保路運動-その前夜の社會狀況」『東洋文化硏究所紀要』 45, 1968.
狹間直樹, 「辛亥革命期の湖北における革命と反革命」『東方學報』 41, 1971.
横山英, 「清末の變革における指導と同盟」『史學研究』 111, 112, 1971.
堀川哲, 「辛亥革命前の利權回收運動」『東洋史研究』 21-2, 1972.
狹間直樹, 「山東萊陽暴動小論-辛亥革命における人民闘爭の役割」『東洋史研究』 22-2, 1973.
久保田文次, 「辛亥革命と孫文・宋教仁-中國同盟會の解體過程」『歷史研究』 408, 1974.
大野德三, 「四川保路運動と哥老會」『東方學』 50, 1975.
西川正夫, 「辛亥革命期における鄉紳の動向-四川省南溪縣-」『金澤大學法文學部論集史學編』 23, 1976.

市古宙三,「四川保路運動の首腦部」『近代中國の政治と社會』, 1977.
市古宙三,「郷紳と辛亥革命」『近代中国の政治と社会』, 東京大學出版会, 1977.
西川正夫,「辛亥革命と民衆運動-四川保路運動と哥老會」『講座中國近現代史』第3輯, 1978.
石田米子,「最近の日本における辛亥革命研究の諸成果をめぐって」『東洋史研究』39-1, 1980.
湯本國穗,「辛亥革命の構造的檢討」『東洋文化硏究所紀要』81, 1980.
山根幸夫,「大西正權と紳士層の對應」『明淸時代の政治と社會』, 京都大學人文科學研究所, 1983.
新村容子,「淸末四川省における局士の歷史的性格」『東洋學報』64-3・4, 1983.
中村義,「辛亥革命史研究をめぐって」『東洋學報』45-4, 1983.
森紀子,「淸代四川の鹽業資本」『明淸時代の政治と社會』, 京都大學人文科學研究所, 1983.
森紀子,「淸代四川の移民經濟」『東洋史研究』45-4, 1987.
山田賢,「紳粮考-淸代四川の地域エリ-ト」『東洋史研究』50-2, 1991.
森時彦,「華西のマンチエスター沙市と四川市場」『東洋史研究』50-1, 1991.
岸本美緒,「市民社會論と中國」『歷史評論』527, 1994.
山本進,「淸代後期四川における財政改革と公局」『史學雜誌』103-7, 1994.
山本進,「淸代四川の地方行政」『名古屋大學東洋史研究報告』20, 1996.
夏井春喜,「辛亥革命と蘇州郷紳」『史朋』28, 1996.
中村哲夫,「光緒新政への政策轉換の背景」『史學雜誌』107-11, 1998.
宮原佳昭,「淸末湖南省長沙における民立學堂設立と新教育界の形成について-胡元倓と明德學堂を中心に」『東洋史研究』62-2, 2003.
小羽田誠治,「淸末成都における都市計劃とその變容-空間構造及び認識の問題から」『東洋學報』84-4, 2003.
早川敦,「淸末の學堂奬勵について-近代學制導入期における科擧と學堂のあいだ」『東洋史研究』62-3, 2003.
Entenmann, Robert, Sichuan and Qing Migration Policy, Ching-shih wen-ti 4-4, 1980.
Skinner, G. William, Sichuan's Population in the Nineteenth Century: Lesson from Disaggregate Data, Late Imperial China 8-1, 1987.
Clup Robert. J., Elite Association and Local Politics in Republican China: Educational Institutions in Jishan and Lanqi Counties, Zhejiang, 1911-1937, Modern China 20-4, 1994.
Reed, Bradly W., Gentry Activism in Nineteenth Century Sichuan: The Three-Fees Bureau, Late Imperial China 20-2, 1999.